BIOGRAFÍAS

Y DOCUMENTOS

*Las cenizas
de Ángela*

Frank McCourt (al frente a la derecha) *en el patio de la Escuela de Leamy en Limerick, Irlanda, circa 1938*

Frank McCourt

Las cenizas
de Ángela

Traducción de Carlos José Restrepo

GRUPO EDITORIAL NORMA
BARCELONA BUENOS AIRES CARACAS GUATEMALA
LIMA MÉXICO PANAMÁ QUITO SAN JOSÉ SAN JUAN
SAN SALVADOR SANTA FE DE BOGOTÁ SANTIAGO

Título original en inglés:
Angela's Ashes. A Memoir
Primera edición en inglés
Scribner, 1996
©Frank McCourt, 1996
Primera edición en castellano
para América Latina: septiembre de 1997
Primera reimpresión, septiembre de 1997
Segunda reimpresión, octubre de 1997
Segunda edición, noviembre de 1997
Primera reimpresión, diciembre de 1997
Segunda reimpresión, enero de 1998
Tercera reimpresión, febrero de 1998
Cuarta reimpresión, febrero de 1998
Quinta reimpresión, febrero de 1998
Sexta reimpresión, mayo de 1998
©Editorial Norma s.a., 1997
Apartado 53550, Santafé de Bogotá

Diseño: Camilo Umaña
Cubierta: Víctor Robledo
Fotografía de cubierta: Culver Pictures Inc.

Impreso en Colombia-*Printed in Colombia*
Impreso por Printer Colombiana s.a.

Este libro se compuso en caracteres Adobe Minion

CC 20540
ISBN 958-04-4070-0

ESTE LIBRO ESTÁ DEDICADO A MIS HERMANOS,
MALACHY, MICHAEL, ALPHONSUS.
APRENDÍ DE USTEDES, LOS ADMIRO, LOS AMO.

AGRADECIMIENTOS

Este es un pequeño himno en exaltación de las mujeres.

R'lene Dahlberg alimentó los rescoldos.
Lisa Schwarzbaum leyó las primeras páginas y me animó.
Mary Breasted Smyth, una elegante novelista, leyó el primer tercio del
manuscrito y lo pasó a Molly Friedrich, quien pensó que Nan
Graham, editor en jefe de Scribner, sería la persona idónea para poner
el libro en el camino.
Y Molly tenía razón.

Mi hija, Maggie, me ha enseñado cómo la vida puede ser una gran
aventura, a la vez que exquisitos momentos con mi nieta, Chiara, me
han ayudado a rememorar la fascinación de un niño.
Mi esposa, Ellen, me escuchó mientras le leía y me vitoreó hasta la
última página.

Soy un bendito entre los hombres.

I ◈

MIS PADRES deberían haberse quedado en Nueva York, donde se conocieron y casaron y donde yo nací. En cambio, regresaron a Irlanda cuando yo tenía cuatro años, mi hermano Malachy, tres, los mellizos, Oliver y Eugene, escasamente uno, y mi hermana, Margaret, ya estaba muerta y enterrada.

Cuando rememoro mi niñez me pregunto cómo sobreviví. Fue, claro, una infancia miserable: la infancia feliz difícilmente vale la pena para nadie. Peor que la infancia miserable común es la infancia miserable irlandesa, y peor aún es la infancia miserable católica irlandesa.

La gente en todas partes se jacta o se queja de los infortunios de sus primeros años, pero nada se puede comparar con la versión irlandesa: la pobreza; el padre alcohólico, locuaz e inestable, la piadosa y derrotada madre gimiendo junto al fuego; sacerdotes pomposos; maestros abusivos; los ingleses y las cosas terribles que nos hicieron durante ochocientos largos años.

Y sobre todo: vivíamos mojados.

Mar adentro en el océano Atlántico se formaban grandes cortinas de agua que se iban deslizando río Shannon arriba para instalarse definitivamente en Limerick. La lluvia empapaba la ciudad desde la fiesta de la Circuncisión hasta la víspera de Año Nuevo. Generaba una cacofonía de toses secas, estertores bronquiales, resuellos asmáticos y graznidos tísicos. Convertía las narices en fuentes, los pulmones en esponjas bacterianas. Suscitaba curas en abundancia: para aliviar el catarro se hervían cebollas en leche ennegrecida con pimienta; para las vías congestionadas se hacía un emplasto de harina hervida con ortigas, se envolvía en un trapo y se aplicaba, chirriando de calor, en el pecho.

De octubre a abril las paredes de Limerick brillaban de humedad. La ropa nunca se secaba: los trajes de paño y los abrigos de lana alojaban seres vivos y a veces pelechaban en ellos misteriosas vegetaciones. En las tabernas el vapor brotaba de los cuerpos y las ropas mojadas y se inhalaba junto con el humo de pipas y cigarrillos diluido en el rancio vaho de los regueros de whisky y de cerveza y mezclado con el olor a orines que flotaba desde los retretes exteriores donde más de uno vomitaba el salario semanal.

La lluvia nos hacía entrar a la iglesia: nuestro refugio, nuestra fuerza, nuestro único sitio seco. En misas, bendiciones y novenas nos hacinábamos en grandes racimos húmedos arrullados por el zumbido monótono del cura mientras el vapor volvía a brotar de nuestra ropa para mezclarse con la dulzura del incienso, las flores y las velas.

Limerick tenía fama por su piedad, pero sabíamos que era sólo la lluvia.

Mi padre, Malachy McCourt, nació en una granja en Toome, condado de Antrim. Como su padre antes que él, se crió salvaje, en líos con los ingleses, o los irlandeses, o ambos. Peleó junto al antiguo IRA y por algún acto temerario acabó siendo un fugitivo con un precio por su cabeza.

De niño miraba a mi padre, la calvicie incipiente, los dientes mellados, y me preguntaba cómo era que alguien daría dinero por una cabeza así. Cuando tenía trece años, la madre de mi padre me contó un secreto: a tu pobre padre lo dejaron caer de cabeza cuando era bebé. Fue un accidente, él no volvió a ser el mismo después, y debes recordar que la gente que dejan caer de cabeza puede ser un poquito rara.

Debido al precio por la cabeza sobre la cual lo habían dejado caer, tuvieron que sacarlo en secreto de Irlanda en un buque de carga que zarpaba de Galway. En Nueva York, con la Prohibición en pleno apogeo, creyó que había muerto e ido al infierno por sus pecados. Luego descubrió los bares clandestinos y se llenó de regocijo.

Tras vagar y beber por América e Inglaterra sintió anhelos de paz en sus años postreros. Regresó a Belfast, que hizo erupción a su alrededor. Decía: Caiga la peste sobre todas sus casas, y charlaba con las damas de Andersontown. Ellas lo tentaban con golosinas pero él las rechazaba con un ademán y se tomaba sólo el té. Ya no fumaba ni probaba el alcohol, así que para qué. Era hora de marcharse y murió en el hospital Royal Victoria.

Mi madre, Ángela Sheehan de soltera, creció en una barriada de Limerick con su madre, dos hermanos, Thomas y Patrick, y una hermana, Agnes. No vio nunca a su padre, quien había huido a Australia unas semanas antes de su nacimiento.

Tras una noche de beber cerveza en las tabernas de Limerick baja haciendo eses por el callejón y canta su canción favorita:

¿Quién en la sopa de la señora Murphy ha tirado la ropa?
Todos estaban mudos, así que él habló más rudo:
esas son cosas de irlandeses taimados y le daré una zurra al
despatriado
que en la sopa de la señora Murphy ha tirado la ropa.[1]

Está de muy buen ánimo y resuelve jugar un rato con el pequeño Patrick, de un año de edad. Un muchachito encantador. Ama a su papi. Se ríe cuando papi lo arroja por los aires. Arriba, mi pequeño Paddy, arriba, arriba por los aires en la oscuridad, tan oscuro, ay Jesús, el niño se te escapa de bajada y el pobrecito Patrick aterriza de cabeza, hace unas gargaritas, lloriquea, se queda mudo. La abuela se levanta de la cama con esfuerzo; le pesa la criatura que tiene en la barriga, mi madre. Casi no logra levantar del suelo al pequeño Patrick. Exhala un largo gemido sobre el niño y mira al abuelo: Sal de aquí. Fuera. Si te quedas aquí un minuto más te agarro con el

---

[1] *Who threw the overalls in Mrs. Murphy's chowder? / Nobody spoke so he said it all the louder / It's a dirty Irish trick and I can lick de Mick / Who threw the overalls in Murphy's chowder.*

hacha, loco borracho. Por Dios, voy a acabar colgada de una soga por culpa tuya. Lárgate.

El abuelo se defiende como un hombre. Tengo derecho, dice, a estar en mi propia casa.

Ella se le abalanza y él capitula ante ese derviche que gira con un niño estropeado en los brazos y uno sano agitándose adentro. Sale a los tumbos de la casa, calle arriba, y no para hasta llegar a Melbourne, Australia.

El pequeño Pat, mi tío, no volvió nunca a ser el mismo. Creció flojo de la mollera, con una pierna izquierda que iba para un lado y el cuerpo para otro. No aprendió a leer y escribir pero Dios lo bendijo de otro modo. Cuando empezó a vender periódicos a la edad de ocho años podía contar dinero mejor que el propio Ministro de Hacienda. Nadie sabía por qué lo llamaban Ab Sheehan, el Abad, pero todos en Limerick lo querían.

Las tribulaciones de mi madre empezaron el día en que nació. Ahí está mi abuela en la cama, pujando y acezando con los dolores del parto, rezándole a san Gerard Majella, santo patrono de las embarazadas. Ahí está la enfermera O'Halloran, la comadrona, vestida con sus mejores galas. Es víspera de Año Nuevo y la señora O'Halloran está ansiosa de que nazca el niño para salir corriendo a las fiestas y celebraciones. Le dice a mi abuela: Puje, ¿sí?, puje. Jesús, María y venerado san José, si no se apresura con este niño no nacerá antes del Año Nuevo, ¿y eso de qué me sirve con mi vestido nuevo? Olvídese de san Gerard Majella. ¿Qué puede hacer un hombre por una mujer en un trance de estos, así sea un santo? San Gerard Majella, el culo.

Mi abuela desvía sus oraciones hacia santa Ana, patrona de los partos difíciles. Pero el niño no sale. La enfermera O'Halloran le dice a mi abuela que le rece a san Judas, patrono de los desesperados.

San Judas, patrono de los desesperados, ayúdame. Estoy desesperada. Ella puja y resopla y la cabeza del bebé se asoma, tan sólo la cabeza, la de mi madre, y dan las doce, el Año Nuevo. La ciudad de

Limerick estalla en pitos, bocinas, sirenas, bandas, gente que grita y canta. Feliz Año Nuevo. *Should auld acquaintance be forgot²*, y las campanas de todas las iglesias tocan al ángelus y la enfermera O'Halloran llora por haber desperdiciado un vestido, ese niño todavía ahí y yo estrenando ropa fina. ¿Quieres salir, niñito, quieres salir? La abuela puja con mucha fuerza y la criatura está en el mundo, una preciosa bebita de rizos negros y tristes ojos azules.

Ay, Señor en las alturas, dice la enfermera O'Halloran, la niña quedó nadando entre dos aguas, con la cabeza en el Año Nuevo y el culo en el viejo, ¿o fue con la cabeza en el año viejo y el culo en el nuevo? Tendrá que escribirle al Papa, señora, para averiguar en qué año nació esta niña y yo voy a guardar este vestido para el año que viene.

Y la niña se llamó Ángela por el ángelus que sonó a los doce de la noche de Año Nuevo, cuando ella llegó, y porque era un angelito de todos modos.

Ámala igual que cuando eras niño
así esté enferma y vieja y cana.
Pues de la madre te hará falta el cariño
cuando ella ya esté muerta y enterrada.³

En la escuela San Vicente de Paúl Ángela aprendió a leer, escribir y sumar, y al cumplir nueve años su educación terminó. Ensayó a ser una empleada por días, una sirvienta, una criada que usaba un sombrerito blanco y abría la puerta, pero no conseguía hacer bien la pequeña venia que se requería y su madre le dijo: No le coges el truco a eso. Eres una completa inútil. ¿Por qué no vas a América, donde hay lugar para toda clase de inutilidades? Yo te doy para el pasaje.

---

2 No se olvidan los viejos camaradas.
3 *Love her as in childhood / Though feeble, old and gray. / For you'll never miss a mother's love / Till she's buried beneath the clay.*

Llegó a Nueva York justo a tiempo para el primer día de Acción de Gracias de la Gran Depresión. Conoció a Malachy en una fiesta ofrecida por Dan MacAdorey y su esposa, Minnie, en la avenida Classon, en Brooklyn. A Malachy le gustó Ángela y a ella le gustó él. Él tenía cara de perro apaleado, a causa de los tres meses que había estado preso por asaltar un camión. Él y su amigo John McErlaine se creyeron lo que les contaron en el bar clandestino, que el camión estaba repleto hasta el techo de latas de fríjoles con tocino. Ninguno de los dos sabía manejar y cuando los policías vieron el camión dando bandazos por la avenida Myrtle lo hicieron detenerse. Los policías registraron el camión y se asombraron de que alguien asaltara un camión lleno, no de fríjoles con tocino, sino de cajas de botones.

Sintiéndose Ángela atraída por la cara de perro apaleado y Malachy solitario después de tres meses en la cárcel, fue inevitable que hubiera un tiemblarrodillas.

Un tiemblarrodillas es el propio acto cuando se hace contra un muro, hombre y mujer en puntas de pies, tan tensos que las rodillas les tiemblan de excitación.

Aquel tiemblarrodillas dejó a Ángela en estado interesante y, por supuesto, hubo habladurías. Ángela tenía unas primas, las hermanas MacNamara, Delia y Philomena, casadas respectivamente con Jimmy Fortune, del condado de Mayo, y Tommy Flynn, del propio Brooklyn.

Delia y Philomena eran mujeres corpulentas, de grandes pechos y muy fieras. Cuando surcaban por las aceras de Brooklyn las criaturas inferiores se hacían a un lado, les mostraban respeto. Las hermanas sabían qué estaba bien y sabían qué estaba mal y cualquier duda podía ser resuelta por la Única, Santa, Católica y Apostólica iglesia romana. Sabían que Ángela, soltera, no tenía derecho a estar en estado interesante, y tomarían medidas.

Y medidas tomaron. Con Jimmy y Tommy de remolque marcharon hacia el bar clandestino de la avenida Atlantic donde se podía encontrar a Malachy los viernes, día de pago cuando tenía empleo. El hombre en la rejilla, Joey Cacciamani, no quería dejar entrar a las hermanas, pero Philomena le dijo que si quería mantener la nariz en la cara y la puerta en las bisagras era mejor que abriera porque ellas venían de parte de Dios. Joey dijo: Está bien, está bien. Irlandeses. ¡Jesús! Qué líos, qué líos.

Malachy, al otro extremo de la barra, se puso pálido, les dirigió a las pechugonas una débil sonrisa, les ofreció un trago. Ellas repudiaron la sonrisa y rechazaron la oferta. Delia dijo: No sabemos de qué clase de tribu vengas en Irlanda del Norte.

Philomena dijo: Hay sospechas de que podría haber presbiterianos en tu familia, cosa que explicaría lo que le hiciste a nuestra prima.

Jimmy dijo: Vamos, vamos, no es culpa suya si hay presbiterianos en su familia.

Delia dijo: Tú te callas.

Tommy tuvo que meter baza: Lo que le hiciste a esa pobre niña desdichada es una desgracia para toda la nación irlandesa y deberías estar avergonzado.

Lo estoy, dijo Malachy. Lo estoy.

Nadie te ha pedido que hables, dijo Philomena. Ya has hecho bastante daño con tus charlatanerías, así que cierra el hocico.

Y ahora que tienes el hocico cerrado, dijo Delia, vinimos a encargarnos de que hagas lo correcto con nuestra pobre prima, Ángela Sheehan.

Malachy dijo: Claro, claro. Lo correcto es lo correcto y me gustaría invitarlos a todos a una copa mientras conversamos.

Coge la copa, dijo Tommy, y métetela por el culo.

Philomena dijo: Nuestra primita no se acaba de bajar del barco y ya tú te le has echado encima. Somos gente de moral en Limerick, ¿sabías?, gente de moral. No somos conejos de Antrim, ese hervidero de presbiterianos.

Jimmy dijo: No tiene cara de presbiteriano.

Tú te callas, dijo Delia.

Notamos otra cosa, dijo Philomena. Te comportas muy raro.

Malachy sonrió: ¿Lo hago?

Sí, dijo Delia. Creo que es una de las primeras cosas que notamos de ti, ese modo de ser tan raro, y eso nos pone muy incómodas.

Es esa sonrisita solapada de presbiteriano, dijo Philomena.

Pero si lo que tengo es un problema con los dientes, dijo Malachy.

Dientes o no, raro o no, te vas a casar con esa chica, dijo Tommy. Vas a subir hasta el altar.

Ay, dijo Malachy, yo no tenía pensado casarme, ¿saben? No hay trabajo y no podría mantener…

Pues te vas a casar, dijo Delia.

A subir al altar, dijo Jimmy.

Tú te callas, dijo Delia.

Malachy los vio marcharse. Estoy en un grave aprieto, le dijo a Joey Cacciamani.

Hasta el culo, dijo Joey. Si a mí esas nenas se me vienen encima me tiro al río Hudson.

Malachy examinó el aprieto en que estaba metido. Tenía unos pocos dólares del último trabajo en el bolsillo y tenía un tío en San Francisco o en otro de los Sanes de California. ¿No estaría mejor en California, lejos de las tetudas hermanas MacNamara y sus tétricos maridos? Lo estaría, en efecto, y se iba a tomar un sorbo de irlandés para celebrar la decisión y la partida. Joey le sirvió y la bebida casi le pela el forro al gargüero de Malachy. ¡Irlandés, cómo no! Le dijo a Joey que eso no era más que un brebaje de la Prohibición hecho en el propio alambique del diablo. Joey se encogió de hombros: Yo no sé nada. Yo sólo sirvo. Así y todo, era mejor que nada y Malachy quería otro y uno para ti, Joey, y pregúntales a esos dos italianos decentes qué quieren tomar, y qué dices, claro que tengo con qué pagar.

Despertó en una banca en la estación del ferrocarril de Long Island, con un policía que le golpeteaba las botas con la porra, el dinero de su fuga desaparecido y las hermanas MacNamara dispuestas a comérselo vivo en Brooklyn.

En la fiesta de San José, un gélido día de marzo, cuatro meses después del tiemblarrodillas, Malachy se casó con Ángela y en agosto nació el hijo. En noviembre Malachy se emborrachó y decidió que ya era hora de registrar el nacimiento del niño. Pensó en poner al niño Malachy como él mismo, pero su acento norirlandés y sus balbuceos alcohólicos confundieron tanto al empleado que simplemente anotó el nombre Masculino en el certificado.

Sólo a finales de diciembre llevaron a Masculino a la iglesia de San Pablo para bautizarlo con el nombre de Francis por el padre de su padre y por el venerado santo de Asís. Ángela quería ponerle un segundo nombre, Munchin, por el santo patrón de Limerick, pero Malachy dijo que sobre su cadáver. Ningún hijo suyo iba a llevar un nombre de Limerick. Ya es bastante difícil ir por la vida con un solo nombre. Porfiar en esos segundos nombres era una atroz costumbre americana y no hay necesidad de otro nombre cuando te han bautizado en honor al santo de Asís.

Hubo un retraso el día del bautismo cuando el padrino elegido, John McErlaine, se emborrachó en el bar y se olvidó de sus responsabilidades. Philomena le dijo a su marido, Tommy, que él tendría que ser el padrino. El alma del niño está en peligro, dijo. Tommy agachó la cabeza y rezongó: Está bien, seré el padrino pero no voy a hacerme responsable si crece como su padre armando líos y comportándose en la vida así de raro, porque si eso ocurre que vaya y busque a John McErlaine al bar clandestino. El sacerdote dijo: Vale por ti, Tom, que eres decente, un hombre bueno que nunca ha puesto el pie en un bar. Malachy, recién llegado del bar, se sintió insultado y le buscó camorra al padre, un sacrilegio encima de otro. Quítese el cuello y veamos quién es más hombre. Lo tuvieron que contener las pechugonas y sus maridos tétricos. Ángela, recién parida, nerviosa, olvidó que cargaba al niño y lo dejó resbalar en la pila bautismal, un inmersión total al estilo protestante. El monagillo que ayudaba al cura pescó al bebé de la pila y se lo devolvió a Ángela, que sollozaba y lo apretaba, chorreando, contra el pecho. El cura se rio, dijo que nunca había visto nada así, que el niño ahora era todo un baptista y no necesitaba un sacerdote. Esto volvió a enfurecer a Malachy y quería lanzársele al cura por llamar al niño protestante de alguna laya. El cura dijo: Calma, hombre, que estás en la casa de Dios, y cuando Malachy dijo: La casa de Dios, el culo, lo arrojaron a la calle Court porque no se puede decir culo en la casa de Dios.

Después del bautismo Philomena dijo que tenía té y jamón y tortas en su casa a la vuelta de la esquina. Malachy dijo: ¿Té?, y ella dijo: Sí, té, ¿o acaso quieres whisky? Él dijo que té sería estupendo pero que primero tenía que ir a vérselas con John McErlaine, que no había tenido la decencia de cumplir con sus deberes de padrino. Ángela dijo: Lo que quieres es una excusa para correr al bar, y él dijo: Dios es testigo de que el trago es lo último en mi mente. Ángela empezó a llorar. El día del bautizo de tu hijo y tú tienes que largarte a beber. Delia le dijo que él era un individuo asqueroso pero que qué se podía esperar de Irlanda del Norte.

Malachy miró a una y luego a la otra, cambió de pie, se caló la gorra hasta los ojos, se metió las manos hasta el fondo de los pantalones, dijo: Ajá, tal como dicen en los remotos confines del condado de Antrim, dio media vuelta y partió calle Court arriba hacia el bar clandestino de la avenida Atlantic donde estaba seguro de que lo iban a empachar de trago gratis en honor al bautismo de su hijo.

En casa de Philomena las hermanas y sus maridos comieron y bebieron mientras Ángela se quedó sentada en un rincón amamantando al bebé y llorando. Philomena se rellenó la boca de pan con jamón y le gruñó a Ángela: Eso te pasa por ser tan imbécil. No te acabas de bajar del barco y ya estás prendada de ese loco. Deberías haberte quedado soltera y entregado al niño en adopción, y hoy serías una mujer libre. Ángela lloró con más fuerza y entonces Delia emprendió el ataque: Ay, basta ya, Ángela, basta ya. Sólo puedes culparte a ti misma por meterte en problemas con un borracho del

Norte, un hombre que ni siquiera tiene cara de católico y con ese modo de ser tan raro. Yo diría que... que... Malachy tiene una vena presbiteriana, segurísimo. Y tú te callas, Jimmy.

Yo de ti, dijo Philomena, me aseguraría de que no hubiera más hijos. Él no tiene empleo, eso es un hecho, y nunca lo tendrá con ese modo de beber. Así que... no más hijos, Ángela. ¿Me estás oyendo?

Sí, Philomena.

Un año después nació otro hijo. Ángela lo llamó Malachy por su padre y le puso un segundo nombre, Gerard, por su tío paterno.

Las hermanas MacNamara dijeron que Ángela no era más que una coneja y que no querían tener nada que ver con ella hasta que no volviera a sus cabales.

Sus maridos estuvieron de acuerdo.

Estoy en un patio de juegos en la avenida Classon de Brooklyn con mi hermano, Malachy. Él tiene dos años y yo tres. Estamos en el balancín.

Arriba, abajo, arriba, abajo.

Malachy sube.

Yo me bajo.

Malachy baja. El balancín pega contra el suelo. Él chilla. Se tapa la boca con la mano y hay sangre.

Ay, Dios. Sangre es malo. Mi madre va a matarme.

Y ahí viene ella, tratando de correr por el patio. La barrigota la obliga a ir despacio.

Dice: ¿Qué hiciste? ¿Qué le hiciste al niño?

No sé qué decir. No sé qué hice.

Ella me tira de la oreja. Ándate a casa. A la cama.

¿La cama? ¿A mediodía?

Me empuja hacia la salida del patio de juegos. Vete.

Levanta a Malachy y echa a andar como un pato.

El amigo de mi padre, míster MacAdorey, está fuera del edificio donde vivimos. Está de pie en el borde de la acera con su mujer, Minnie, mirando el perro que hay tendido en la cuneta. Hay sangre alrededor de la cabeza del perro. Es del color de la sangre en la boca de Malachy.

Malachy tiene sangre de perro y el perro tiene sangre de Malachy.

Tiro de la mano de míster MacAdorey. Le digo que Malachy tiene sangre como la del perro.

La tiene, claro, Francis. Los gatos también. Y los esquimales. Todos la misma sangre.

Minnie dice: Déjate de eso, Dan. Deja de confundir al muchachito. Me cuenta que el pobre perrito fue atropellado por un carro y que se arrastró todo ese trecho desde el centro de la calle antes de morir. Quería ir a casa, pobre criaturita.

Míster MacAdorey dice: Mejor te vas a casa, Francis. No sé qué le hiciste a tu hermanito, pero tu madre lo llevó al hospital. Vete a casa, niño.

¿Malachy se va a morir como el perro, míster MacAdorey?

Minnie dice: Se mordió la lengua. No se va a morir.

¿Por qué se murió el perro?

Le había llegado la hora, Francis.

El apartamento está vacío y yo vago por los dos cuartos, la alcoba y la cocina. Mi padre ha salido a buscar trabajo y mi madre está en el hospital con Malachy. Desearía tener algo de comer pero no hay nada en la nevera aparte de unas hojas de repollo flotando en el hielo derretido. Mi padre dijo que no comiera nunca nada que flotara en el agua por la podredumbre que podría contener. Me quedo dormido en la cama de mis padres y cuando mi madre me sacude para despertarme ya casi ha anochecido. Tu hermanito va a dormir por un rato. Casi se parte la lengua. Un montón de puntos. Vete al otro cuarto.

Mi padre está en la cocina tomando té negro en su gran taza de peltre. Me sube a sus rodillas.

Papá, ¿me cuentas el cuento de Cucu?

Cuchulain. Repite conmigo: Cu-chu-lain. Te contaré el cuento cuando digas correctamente el nombre. Cu-chu-lain.

Lo digo bien y él me cuenta el cuento de Cuchulain, quien tenía otro nombre cuando era niño: Setanta. Creció en Irlanda donde papá vivía de pequeño, en el condado de Antrim. Setanta tenía un palo y una bola y un día le pegó a la bola y la bola se le metió en la boca a un gran perro que pertenecía a Culain y lo ahogó. Culain se enojó mucho y dijo: ¿Qué voy a hacer ahora sin mi perro grande para que cuide de mi casa y de mi esposa y de mis diez hijitos y de esa cantidad de cerdos y gallinas y ovejas?

Setanta dijo: Lo siento mucho. Yo cuidaré su casa con mi palo y mi bola y cambiaré mi nombre por el de Cuchulain, el Mastín de Culain. Así lo hizo. Cuidó la casa y regiones aledañas y se volvió un gran héroe, el mismísimo Mastín de Ulster. Papá decía que era un héroe más grande que ese Hércules o ese Aquiles de los cuales se jactaban tanto los griegos y que podía vérselas con el rey Arturo y todos sus caballeros en franca lid, cosa que, desde luego, sería imposible con un inglés, si a eso vamos.

Es mi cuento. Papá no se lo puede contar a Malachy ni a ningún otro niño del piso.

Él termina el cuento y me da un sorbo de su té. Sabe amargo, pero yo estoy feliz ahí en sus rodillas.

Durante varios días Malachy tiene la lengua hinchada y apenas puede producir sonidos, mucho menos hablar. Pero, así pudiera, nadie le presta atención porque tenemos dos nuevos bebés que trajo un ángel a altas horas de la noche. Los vecinos dicen: Oooh, ahhh, qué lindos niños, mírenles los ojazos.

Malachy está parado en el centro del cuarto, mirando a todo el mundo, señalándose la lengua y diciendo: Ug, ug. Cuando los vecinos le dicen: ¿No ves que estamos viendo a tus hermanitos?, él llora hasta que papá le da unas palmaditas en la cabeza: Mete la lengua, hijo, y sal a jugar con Frankie. Anda.

En el patio de juegos le cuento a Malachy lo del perro que murió en la calle porque alguien le embutió una bola en la boca. Malachy sacude la cabeza. Ninguna ug bola. Carro ug mató al perro. Llora porque la lengua le duele y le cuesta hablar y es horrible cuando no se puede hablar. No deja que lo empuje en el columpio. Dice: Tú ug mataste a mí ug en balancín. Hace que Freddie Leibowitz lo columpie y se pone feliz, y se ríe cuando se balancea hacia el cielo. Freddie es grande, tiene siete años, y yo le pido que me columpie. Él dice: No, tú trataste de matar a tu hermano.

Yo intento mecer el columpio por mí mismo pero sólo consigo moverlo hacia adelante y hacia atrás y me enojo porque Freddie y Malachy se ríen de que no pueda columpiarme. Ahora son grandes compañeros, Freddie de siete y Malachy de dos años. Se ríen todos los días y la lengua de Malachy mejora con todas esas risas.

Cuando se ríe se ve lo blancos y menudos y preciosos que son sus dientes y se le ven brillar los ojos. Tiene ojos azules como mi madre. Tiene el pelo dorado y las mejillas sonrosadas. Yo tengo ojos castaños como papá. Tengo el pelo negro y mis mejillas se ven blancas en el espejo. Mi madre le dice a la señora Leibowitz de nuestro piso que Malachy es el niño más feliz del mundo. Le dice a la señora Leibowitz de nuestro piso que Frankie tiene el modo de ser raro de su padre. Me intriga qué será el modo de ser raro, pero no puedo preguntar porque no se supone que esté escuchando.

Me gustaría columpiarme hasta el cielo, hasta las nubes. Podría volar alrededor del mundo y no oiría más a mis hermanos, Oliver y Eugene, llorando en medio de la noche. Mi madre dice que siempre tienen hambre. Ella llora también en medio de la noche. Dice que está rendida de darles de mamar y alimentarlos y cambiarlos y que cuatro varoncitos es demasiado para ella. Desearía tener una única niñita para ella sola. Daría cualquier cosa por una niña.

Estoy en el patio de juegos con Malachy. Tengo cuatro años, él tres. Me deja columpiarlo porque no sabe columpiarse solo y Freddie está en la escuela. Tenemos que quedarnos en el patio porque los mellizos están dormidos y mi madre dice que está rendida. Salgan a jugar, dice, y déjenme descansar un poco. Papá anda buscando otra vez empleo y a veces vuelve a casa oliendo a whisky, cantando las canciones de la sufrida Irlanda. Mamá se enoja y dice que Irlanda puede besarle el culo. Él dice que ese sí es un bonito modo de hablar frente a los niños y ella dice que no importa la manera de hablar, que comida en la mesa es lo que ella quiere y no la sufrida Irlanda. Dice que a mala hora se acabó la Prohibición porque ahora papá consigue su licor yendo a las cantinas y ofreciéndose a barrer pisos y alzar barriles por un whisky o una cerveza. A veces trae a casa sobras del almuerzo que le dan gratis, pan de centeno, carne enlatada, pepinos encurtidos. Pone la comida en la mesa y él sólo toma té. Dice que la comida es un choque para el organismo y que no sabe de dónde sacamos esos apetitos. Mamá dice: Tienen esos apetitos porque se mueren de hambre la mitad del tiempo.

Cuando papá consigue empleo mamá se pone alegre y canta:

Cualquiera puede ver por qué quería besarte,
eso tenía que ser, de tanto preguntarme:
¿Sería verdad que alguien como tú
pudiera amarme, amarme?[4]

Cuando papá trae a casa el salario de la primera semana mamá está feliz de poder pagarle al amable italiano de la tienda y de poder volver a mantener en alto la cabeza porque no hay nada peor en el mundo que deber y estar obligada con alguien. Limpia la cocina, lava las tazas y los platos, barre las migas y restos de comida de la

---

4 *Anyone can see why I wanted your kiss, / It had to be and the reason is this / Could it be true, someone like you / could love me, love me?*

mesa, asea la nevera y ordena donde otro italiano un bloque de hielo fresco. Compra papel higiénico que podemos llevar al retrete del final del pasillo y que, dice ella, es mejor que ponerse negro el culo con los titulares del *Daily News*. Hierve agua en la estufa y pasa un día entero frente a una gran tina de hojalata lavando nuestras medias y camisas, los pañales de los mellizos, nuestras dos sábanas, nuestras tres toallas. Saca todo a colgar en los tendederos de la parte de atrás del edificio y podemos ver bailar la ropa al sol y al viento. Dice que no conviene dejar que los vecinos sepan qué tienes en materia de ropa lavada pero que no hay nada como el aroma de la ropa secada al sol.

Cuando papá trae a casa el salario de la primera semana en una noche de viernes sabemos que el fin de semana será maravilloso. El sábado por la noche mamá hervirá agua en la estufa para bañarnos en la gran tina de hojalata y papá vendrá a secarnos. Malachy se dará vuelta y mostrará el trasero. Papá fingirá escandalizarse y todos reiremos. Mamá hará chocolate caliente y podremos quedarnos hasta tarde mientras papá nos cuenta un cuento de su propio caletre. Basta con que digamos un nombre, míster MacAdorey o míster Leibowitz de nuestro piso, y papá los pondrá a remar por un río en el Brasil perseguidos por indios de narices verdes y espaldas coloradas. En esas noches podremos quedarnos dormidos a sabiendas de que habrá un desayuno con huevos, tomates fritos y pan frito, té con montones de azúcar y leche y, más tarde, un gran almuerzo con puré de papas, arvejas y jamón, y un bizcocho borracho que mamá sabe hacer, capas de frutas y deliciosa crema inglesa caliente sobre una tarta calada en jerez.

Cuando papá trae a casa el salario de la primera semana y hace buen tiempo mamá nos lleva al patio de juegos. Se sienta en una banca y conversa con Minnie MacAdorey. Le cuenta a Minnie historias de personajes de Limerick y Minnie le cuenta a ella historias de personajes de Belfast y ambas se ríen porque hay gente graciosa en Irlanda, al norte y al sur. Luego se enseñan canciones tristes y

Malachy y yo dejamos los columpios y los balancines para sentarnos con ellas en la banca y cantar:

Un grupo de soldados que acampaban de noche
conversaban de amores que tenían.
Se veían alegres excepto un jovencito
de rostro triste y aspecto deprimido.
Ven, únete a nosotros, dijo uno de los chicos,
seguramente tú tendrás amoríos.
Pero Ned lo negó y dijo con alarde:
Yo sólo quiero a dos, que son como dos madres
y de ninguna de ellas yo voy a separarme.
Pues la una es mi madre, Dios la bendiga y acoja en
Su morada,
y la otra es mi enamorada.[5]

Malachy y yo cantamos la canción y mamá y Minnie ríen hasta llorar por la forma como Malachy hace una profunda reverencia y extiende los brazos hacia mamá al final. Dan MacAdorey se nos une al regreso del trabajo y dice que Rudy Vallee debe empezar a preocuparse por la competencia.

Ya en casa mamá prepara té con pan y mermelada o puré de papas con mantequilla y sal. Papá se toma el té y no come nada. Mamá dice: Dios del cielo, ¿cómo puedes trabajar todo el día sin comer? Él dice: Con el té es suficiente. Ella dice: Vas a acabar con tu salud, y él le vuelve a decir que la comida es un choque para el organismo. Él toma el té y nos cuenta cuentos y nos enseña letras y palabras en el

---

5 *A group of young soldiers one night in a camp /Were talking of sweethearts they had. /All seemed so merry except one young lad, / And he was downhearted and sad. / Come and join us, said one of the boys, / Surely there's something for you. / But Ned shook his head and proudly he said / I am in love with two, Each like a mother to me, / From neither of them shall I part. / For one is my mother, God bless her and love her, / The other is my sweetheart.*

Daily News o fuma un cigarrillo, clava la vista en la pared, se pasa la lengua por los labios.

A la tercera semana de estar trabajando papá no trae el salario. En la noche del viernes nos ponemos a esperarlo y mamá nos da pan y té. Cae la oscuridad y las luces se encienden en la avenida Classon. Otros empleados ya han regresado a casa y comen huevos porque los viernes no se puede comer carne. Se oye la charla de las familias en el piso de arriba y en el de abajo y al otro lado del corredor y Bing Crosby canta en el radio *Brother, can you spare a dime?*[6]

Malachy y yo jugamos con los mellizos. Sabemos que mamá no va a cantar *Anyone can see why I wanted your kiss*. Está en la mesa de la cocina hablando sola: ¿Qué voy a hacer? Hasta que es tarde y papá trepa por la escalera cantando *Roddy McCorley*. Empuja la puerta y nos llama: ¿Dónde están mis soldados? ¿Dónde están mis guerreros?

Mamá dice: Deja en paz a los niños. Se acostaron hambrientos porque tú tenías que llenarte de whisky la barriga.

Él se arrima a la puerta del cuarto. Upa, niños, arriba. Un centavo a todo el que prometa morir por Irlanda.

Del Canadá en un bosque nos hallamos
habiendo huido de una isla clara.
Pero si es grande la tierra que pisamos,
la que amamos es ésa, la lejana.[7]

Upa, niños, arriba. Francis, Malachy, Oliver, Eugene. Los Caballeros de la Rama Roja, los Guerreros Fenianos, el IRA. Upa, upa.

Mamá está en la mesa de la cocina, retemblando, el pelo suelto y húmedo, la cara mojada. ¿No los puedes dejar en paz?, dice. Jesús,

---

6 Hermano, ¿te sobran diez centavos?
7 *Deep in Canadian woods we met / From one bright island flown. / Great is the land we tread, but yet / Our hearts are with our own.*

María y José, ¿no basta con que vengas a casa sin un centavo en el bolsillo para que encima pongas en ridículo a los niños?

Se dirige a nosotros. Vuelvan a la cama, dice.

Quiero que se levanten, dice él. Quiero que estén listos para el día en que Irlanda sea libre desde el centro hasta el mar.

No me hagas enojar, dice ella, si no quieres un luto en casa de tu madre.

Él se encasqueta la gorra en la cara y grita: Mi pobre madre. Pobre Irlanda. Ay, ¿qué será de nosotros?

Mamá dice: Estás loco de remate, y nos vuelve a mandar a la cama.

En la mañana del cuarto viernes de estar papá empleado mamá le pregunta si esa noche traerá el salario o si otra vez va a bebérselo todo. Él nos mira y le menea la cabeza a mamá como diciendo, No deberías hablar así delante de los niños.

Mamá insiste. Te estoy preguntando: ¿Vas a venir y vamos a poder cenar algo o vas a llegar a medianoche, sin plata en el bolsillo y cantando *Kevin Barry* y el resto de las otras canciones tristes?

Él se pone la gorra, mete las manos en los bolsillos del pantalón, suspira y mira al techo. Ya te dije que volveré a casa, dice.

Más tarde en el día mamá nos arregla. Pone a los mellizos en el coche y echamos a andar por las largas calles de Brooklyn. A veces deja que Malachy vaya en el cochecito cuando se cansa de trotar a su lado. A mí me dice que soy muy grande para el coche. Yo podría decirle que me duelen las piernas de tratar de seguirle el paso pero ella no va cantando y sé que no es el día para hablar de mis dolores.

Llegamos a un gran portón donde hay un hombre dentro de una caseta con ventanas por todos lados. Mamá habla con el hombre. Quiere saber si puede entrar donde les pagan a los trabajadores porque tal vez le podrían dar parte del salario de papá para que no se lo gaste en los bares. El hombre sacude la cabeza negativamente. Lo siento, señora, pero si hiciéramos eso la mitad de las esposas de Brooklyn asaltarían el lugar. Muchos tipos tienen el problema del trago pero no podemos hacer nada mientras se presenten aquí en sano juicio y hagan su trabajo.

Esperamos al otro lado de la calle. Mamá me deja sentar en la acera recostado contra la pared. Les da a los mellizos sus teteros de agua con azúcar pero Malachy y yo tenemos que esperar a que ella le saque algún dinero a papá y podamos ir donde el italiano a comprar té y pan y huevos.

Cuando suena el silbato de las cinco y media una multitud de hombres con gorras y overoles pasa por el portón, todos con las caras y las manos negras de trabajar. Mamá nos dice que busquemos con cuidado a papá porque a ella le cuesta ver al otro lado, así de mala está su vista. Hay docenas de hombres, luego unos pocos, luego ninguno. Mamá está llorando. ¿Por qué no lo vieron? ¿Están ciegos o qué?

Regresa donde el hombre de la caseta. ¿Está seguro de que ya no queda nadie adentro?

No, señora, dice él. Todos salieron. No sé cómo se le escapó.

Nos devolvemos por las largas calles de Brooklyn. Los mellizos alzan los teteros y lloran pidiendo más agua con azúcar. Malachy dice que tiene hambre y mamá le dice espera un poco, le vamos a sacar plata a papá y vamos a hacernos una buena comida para todos. Iremos donde el italiano a comprar huevos y vamos a hacer tostadas en las llamas de la estufa y les pondremos mermelada. Ah, sí, y vamos a estar bien calienticos.

Vamos por la avenida Atlantic ya de noche y en todos los bares junto a la estación del ferrocarril de Long Island hay luz y ruido. Vamos de bar en bar buscando a papá. Mamá nos deja afuera con el coche mientras ella entra, o me manda a mí. Hay montones de hombres bulliciosos y esos olores rancios que me recuerdan a papá cuando llega a casa oliendo a whisky.

El hombre tras la barra dice: Ajá, hijo, ¿qué quieres? Este no es sitio para ti, ¿sabes?

Busco a mi padre. ¿Está aquí?

Mira, hijo, ¿cómo voy a saber eso? ¿Quién es tu padre?

Se llama Malachy y canta *Kevin Barry*.

¿Malarkey?

No, Malachy.

¿Malachy? ¿Y canta *Kevin Barry*?

Pregunta a los hombres en la barra: Hey, muchachos, ¿conocen a un tal Malachy que canta *Kevin Barry*?

Los hombres niegan con la cabeza. Uno dice que conocía a un tal Michael que cantaba *Kevin Barry* pero que ya está muerto de todo lo que bebió por sus heridas de guerra.

El cantinero dice: Jesús, Pete, no te pedí que me contaras la historia del mundo, ¿o sí? Mira, niñito: aquí no dejamos cantar a la gente. Eso trae líos. Especialmente los irlandeses. Los dejas cantar y en seguida vuelan los puñetazos. Además, nunca oí ese nombre de Malachy. No, niño, no hay ningún Malachy aquí.

El que se llama Pete me alarga el vaso: Mira, niño, toma un sorbo, pero el cantinero dice: ¿Qué estás haciendo, Pete? ¿Tratando de emborrachar a un niño? Vuelves a hacer eso, Pete, y salgo y te quiebro el culo.

Mamá prueba en todos los bares junto a la estación antes de darse por vencida. Se apoya contra un muro y llora. Jesús, nos falta caminar todo ese trecho hasta la avenida Classon y tengo cuatro niños muriéndose de hambre. Me manda otra vez al bar donde Pete me ofreció el sorbo a preguntar si el cantinero puede llenar los teteros de los mellizos con agua y ponerles quizás un poquito de azúcar. A los hombres de la barra se les hace muy gracioso ver al cantinero llenando teteros pero él es grande y les dice que se callen la jeta. Me dice que los bebés deben tomar leche en vez de agua y cuando yo le digo que mamá no tiene con qué él vacía los teteros y los llena de leche. Dice: Dile a tu mamá que la necesitan para los dientes y los huesos. Tomas agua con azúcar y lo único que logras es ponerte raquítico. Díselo a tu mamá.

Mamá se pone feliz con la leche. Dice que sabe todo lo de los dientes y los huesos y el raquitismo pero que el indigente no ha de ser exigente.

Cuando llegamos a la avenida Classon va derecho a la tienda del italiano. Le dice al hombre que su esposo está retrasado, que a lo mejor está trabajando horas extras y que si sería posible llevarse algunas cosas, que ella promete volver al otro día.

El italiano dice: Señora, usted siempre paga sus cuentas tarde o temprano y puede llevarse lo que quiera de esta tienda.

No sería mucho, dice ella.

Lo que quiera, señora, porque sé que es honesta y tiene ahí esa linda prole.

Comemos huevos con tostadas y mermelada aunque estamos tan cansados de caminar las largas calles de Brooklyn que a duras penas podemos mover las mandíbulas para mascar. Los mellizos se duermen después de comer y mamá los acuesta en la cama para cambiarles los pañales. Me manda al fondo del pasillo a enjuagar los pañales sucios en el lavamanos para poder colgarlos a secar y usarlos al otro día. Malachy le ayuda a lavarles el trasero a los mellizos aunque él también se cae del sueño.

Me meto en la cama con Malachy y los mellizos. Miro a mamá allá en la mesa de la cocina, fumando un cigarrillo, tomando té y llorando. Tengo ganas de levantarme y decirle que pronto seré un hombre y que conseguiré un empleo en ese sitio del portón y vendré a casa todos los viernes por la noche con dinero para los huevos y las tostadas con mermelada para que vuelva a cantar *Anyone can see why I wanted your kiss.*

A la semana siguiente papá pierde el empleo. Vuelve a casa ese viernes por la noche, tira el salario sobre la mesa y le dice a mamá: ¿Ya estás contenta? Rondas por la salida quejándote y acusándome y ellos me despiden. Buscaban un pretexto y tú se los diste.

Saca unos cuantos dólares del pago y sale. Vuelve tarde hablando a gritos y cantando. Los mellizos lloran y mamá los calma y ella también se pone a llorar un largo rato.

Pasamos horas enteras en el patio de juegos cuando los mellizos duermen, cuando mamá está cansada y cuando papá llega a casa oliendo a whisky, vociferando que a Kevin Barry lo colgaron la mañana de un lunes, o la canción de Roddy McCorley:

> *Paso a paso subió la calle estrecha,*
> *sonriente y joven y altanero.*
> *Entre la soga que llevaba al cuello*
> *se le enredaban los dorados crespos.*
> *No asoman lágrimas en sus ojos azules*
> *que únicamente ríen y relucen*
> *mientras Roddy McCorley la muerte encara*
> *en el puente de Toome esta mañana.[8]*

Canta y marcha alrededor de la mesa y mamá llora y los mellizos berrean con ella. Ella nos dice: Vete, Frankie, vete, Malachy. No deben ver así a su papá. Quédense en el patio.

No nos importa ir al patio de juegos. Podemos jugar con las hojas que se amontonan en el suelo y podemos empujarnos el uno al otro en los columpios pero el invierno llega a la avenida Classon y los columpios se congelan y ni siquiera se mueven. Minnie MacAdorey dice: Dios se apiade de esos pobres niñitos. No tienen un guante entre los dos. Eso me hace reír porque sé que Malachy y yo tenemos cuatro manos entre los dos y un solo guante sería una tontería. Malachy no sabe de qué me río: no sabrá nada hasta que tenga cuatro, casi cinco años.

Minnie nos hace entrar y nos da té y papilla de avena revuelta con mermelada. Míster MacAdorey está sentado en una poltrona con la nueva bebita, Maisie. Le sostiene el tetero y canta:

---

8 *Up the narrow street he stepped / Smiling and proud and young / About the hemp-rope on his neck / The golden ringlets clung, / There's never a tear in the blue eyes / Both glad and bright are they, / As Roddy McCorley goes to die / On the bridge of Toome today.*

A ver manitas, manitas
mientras papá regresa
trayendo unas tortitas
para Maisie solita.
A ver manitas, manitas
mientras papá regresa,
pues papá tiene dinero
pero mamá, nadita.[9]

Malachy trata de cantar esa canción pero yo le digo que pare, que es la canción de Maisie. Él se pone a llorar y Minnie dice: Vamos, vamos. Puedes cantarla. Esa canción es para todos los niños. Míster MacAdorey le sonríe a Malachy y yo me pregunto qué clase de mundo es este donde cualquiera puede cantar la canción de otro.

Minnie dice: No hagas pucheros, Frankie. Te oscurece la cara, y sabe Dios que ya es bastante oscura. Algún día tendrás una hermanita y le podrás cantar esa canción. Ah, sí. Tendrás una hermanita, de eso no hay duda.

Minnie tiene razón y a mamá se le cumple su deseo. Pronto hay otro bebé, una niñita, y la llaman Margaret. Todos adoramos a Margaret. Tiene el pelo negro y rizado y ojos azules como mamá y mueve las manitos y trina como cualquiera de los pajaritos en los árboles de la avenida Classon. Minnie dice que hubo fiesta en el cielo el día que hicieron a esa niña. La señora Leibowitz dice que nunca vio semejantes ojos, semejante sonrisa, semejante alegría. Me hace bailar, dice la señora Leibowitz.

Cuando papá vuelve a casa después de andar buscando trabajo carga a Margaret y le canta:

---

9 *Clap hands, clap hands, / Till Daddy comes home, / With buns in his pocket / For Maisie alone. / Clap hands, clap hands, / Till Daddy comes home, / For Daddy has money / And Mammy has none.*

En un paraje oscuro una noche de luna
un duende me topé.
Tenía la gorra roja y el chaleco esmeralda
y un jarro junto a él.
Tic tac toc hacía con el martillo
pegando en un zapato chiquitico.
Ah, cómo me reía de verlo al fin cogido,
pero él reía también.[10]

Camina por la cocina acunándola y le habla. Le dice lo linda que es con esos rizos negros y los ojos azules de su madre. Le dice que va a llevarla a Irlanda y van a caminar por las vegas de Antrim y se van a bañar en el lago Neagh. Él pronto tendrá un empleo, sí señor, y ella tendrá vestidos de seda y zapatos con hebillas de plata.

Mientras más le canta papá a Margaret menos llora ella y a medida que pasan los días ella incluso empieza a reírse. Mamá dice: Mírenlo tratando de bailar con esa niña en los brazos, a él que tiene dos pies izquierdos. Se ríe y todos nos reímos.

Los mellizos lloraban de recién nacidos y papá y mamá les decían Chito y Chiss y los alimentaban y ellos se volvían a dormir. Pero cuando Margaret llora hay una intensa sensación de soledad en el aire y papá está fuera de la cama en un segundo, apretándola contra el pecho, haciendo una lenta danza alrededor de la mesa, cantándole, haciendo ruiditos como una madre. Cuando pasa por la ventana por donde entra la luz de la calle se le ven lágrimas en los ojos y eso es raro porque él nunca llora por nadie a menos que haya tomado trago y esté cantando la canción de Kevin Barry o de Roddy McCorley. Ahora llora sobre Margaret y no huele a alcohol.

Mamá le dice a Minnie MacAdorey: Está en la gloria con esa

---

10 *In a shady nook one moonlit night / A leprechaun I spied. / With scarlet cap and coat of green / A cruiskeen by his side. / 'Twas tick tock tick his hammer went / Upon a tiny shoe. / Oh, I laugh to think he was caught at last, / But the fairy was laughing, too.*

niña. No se ha tomado una gota desde que nació. Debí tener una niñita hace mucho tiempo.

Son un encanto, ¿verdad?, dice Minnie. Los niños son magníficos, también, pero una necesita una niñita para una misma.

Mi madre ríe: ¿Para mí misma? Dios del cielo, si no la amamantara no podría acercármele de todo lo que él quiere cargarla día y noche.

Minnie dice que de todas maneras es una maravilla ver a un hombre tan fascinado con su propia hijita, ¿pues no está todo el mundo fascinado con ella?

Todo el mundo.

Los mellizos aprenden a pararse y a caminar y a todas horas tienen accidentes. Sus traseros están quemados porque andan siempre mojados y cagados. Se meten cosas sucias en la boca, pedazos de papel, plumas, cordones de zapato, y se enferman. Mamá dice que la vamos a enloquecer. Viste a los mellizos, los pone en el coche y Malachy y yo los llevamos al patio. Ya no hace frío y los árboles tienen hojas verdes por toda la avenida.

Correteamos con el coche por el patio y los mellizos se ríen y hacen gugú hasta que les da hambre y empiezan a llorar. En el coche hay dos teteros llenos de agua con azúcar y eso los tiene quietos por un rato hasta que otra vez les da hambre y berrean tan duro que yo no sé qué hacer porque son tan chiquitos y me gustaría poder darles toda clase de comida para que se rieran e hicieran ruiditos de bebés. Adoran las papillas que mamá les prepara en un pote, pan empapado en leche y agua y azúcar. Mamá le dice a eso sopitas de pan con dulce.

Si ahora llevo a los mellizos a la casa mamá me va a gritar por no dejarla descansar o por despertar a Margaret. Tenemos que quedarnos en el patio hasta que ella saque la cabeza por la ventana y nos llame. Les hago monerías a los mellizos para que dejen de llorar. Me pongo un pedazo de papel en la cabeza y lo dejo caer y ellos ríen y ríen. Llevo el coche donde Malachy está jugando en los columpios con Freddie Leibowitz. Malachy trata de contarle a Freddie cómo fue que Setanta se convirtió en Cuchulain. Le digo que deje de contar ese cuento, que es mío. Él no quiere. Le doy un empujón y se pone a llorar, Gua, gua, se lo voy a decir a mamá. Freddie me empuja y todo se pone oscuro en mi cabeza y lo ataco a puñetazos y rodillazos y patadas hasta que él grita: Hey, para, para, y yo no paro porque no puedo, no sé cómo, y si paro Malachy va a seguir robándose mi cuento. Freddie me aparta y sale corriendo, gritando: Frankie trató de matarme, Frankie trató de matarme. No sé qué hacer porque yo nunca había tratado de matar a nadie y ahora Malachy grita en el columpio: No me mates, Frankie, y se ve tan indefenso que lo rodeo con los brazos y le ayudo a bajarse del columpio. Él me abraza. No vuelvo a contar tu cuento. No le voy a decir a Freddie nada de Cucu. Quiero reír pero no puedo porque los mellizos están llorando en el coche y está oscuro en el patio y de nada sirve hacer monerías y dejar caer cosas de tu cabeza cuando no te pueden ver en la oscuridad.

La tienda italiana queda al frente y alcanzo a ver bananos, manzanas, naranjas. Sé que los mellizos pueden comer bananos. Malachy adora los bananos y a mí también me gustan. Pero hay que tener dinero, los italianos no tiene fama de regalar bananos, especialmente a los McCourt que ya les deben dinero por los víveres.

Mi madre me dice a todas horas: Nunca, nunca salgas del patio si no es para la casa. ¿Pero qué voy a hacer con los mellizos chillando de hambre en el coche? Le digo a Malachy que vuelvo en un minuto. Me aseguro de que nadie esté mirando, agarro un gajo de bananos en la parte de afuera de la tienda del italiano y echo a correr por la avenida Myrtle, lejos del patio, alrededor de la manzana y de regreso por el otro lado donde hay un boquete en la valla. Llevamos el coche a un rincón oscuro y les pelamos los bananos a los mellizos. Hay cinco bananos en el gajo y nos damos un festín con ellos en el rincón oscuro. Los mellizos se babean y mastican y se untan banano por la cara, el pelo, la ropa. Entonces me doy cuenta de que me van a hacer preguntas. Mamá va a querer saber por qué los mellizos están embadurnados de banano, ¿dónde los conseguiste? No le puedo decir que en la tienda italiana de la esquina. Tendré que decirle: Un señor.

Eso diré: un señor.

Entonces pasa lo más extraño. Hay un señor en la entrada del patio. Me está llamando. Ay, Dios, es el italiano. Hey, hijo, ven acá. Hey, te hablo a ti. Ven acá.

Voy donde él.

Tú eres el niño de los hermanitos, ¿cierto? ¿Los mellizos?

Sí, señor.

Mira: tengo esta bolsa de frutas. Si no te la doy la tengo que tirar, ¿entiendes? Así pues, mira, toma la bolsa. Hay manzanas, naranjas, bananos. Te gustan los bananos, ¿no? Creo que te gustan los bananos, ¿eh? Ja, ja. Sé que te gustan. Anda, toma la bolsa. Tienen una mamá muy linda. ¿Tu padre? Bueno, tú sabes, tiene ese problema, esa cosa irlandesa. Dales un banano a los mellizos. Cállalos. Los oigo desde el otro lado de la calle.

Gracias, señor.

Qué niño tan educado, ¿eh? ¿Dónde aprendiste eso?

Mi padre me enseñó a dar las gracias, señor.

¿Tu padre? Mira tú.

Papá está en la mesa leyendo el periódico. Dice que el presidente Roosevelt es un buen hombre y que pronto todo el mundo tendrá un empleo en América. Mamá está al frente dándole el tetero a Margaret. Tiene esa mirada dura que me asusta.

¿Dónde conseguiste esas frutas?

El señor.

¿Qué señor?

El señor italiano me las regaló.

¿Robaste esas frutas?

Malachy dice: El señor. El señor le dio a Frankie la bolsa.

¿Y qué le hiciste a Freddie Leibowitz? Su madre vino acá. Una mujer encantadora. No sé qué haríamos sin ella y Minnie MacAdorey. Y tú tenías que atacar al pobre Freddie.

Malachy se pone a dar brincos. Él no fue. Él no fue. Él no trató de matar a Freddie. Él no trató de matarme a mí.

Papá dice: Chito, Malachy, chito. Ven acá. Y monta a Malachy en las rodillas.

Mi madre dice: Ve al pasillo y dile a Freddie que lo sientes.

Pero papá dice: ¿Quieres decirle a Freddie que lo sientes?

No quiero.

Mis padres se miran. Papá dice: Freddie es un buen chico. Tan sólo estaba columpiando a tu hermanito. ¿No es verdad?

Quería robarme el cuento de Cuchulain.

Vamos. A Freddie no le importa el cuento de Cuchulain. Él tiene sus propios cuentos. Centenares de cuentos. Él es judío.

¿Qué es judío?

Papá se ríe. Judío es, judío es gente que tiene sus propios cuentos. Ellos no necesitan a Cuchulain. Tienen a Moisés. Tienen a Sansón.

¿Qué es Sansón?

Si vas y hablas con Freddie te contaré después todo lo de Sansón. Puedes decirle a Freddie que lo sientes y que no lo vas a volver a hacer y hasta le puedes preguntar sobre Sansón. Lo que quieras mientras hables con Freddie. ¿Lo harás?

La bebé suelta un gritico en los brazos de mamá y papá da un salto y deja caer a Malachy al piso. ¿Le pasa algo? Mi madre dice: Claro que no le pasa nada. Está comiendo. Dios del cielo, eres un manojo de nervios.

Ahora están hablando de Margaret y se olvidan de mí. No me importa. Voy a ir a preguntarle a Freddie sobre Sansón, a ver si Sansón es tan bueno como Cuchulain, a ver si Freddie tiene su propio cuento o si aún quiere robarse a Cuchulain. Malachy quiere ir conmigo ahora que mi padre está de pie y ya no tiene rodillas.

La señora Leibowitz dice: Ay, Frankie, Frankie, entra, entra. Y el pequeñito Malachy. Y dime, Frankie, ¿qué le hiciste a Freddie? ¿Trataste de matarlo? Freddie es un buen chico, Frankie. Lee libros. Oye radio con su papá. Columpia a tu hermano en el columpio. Y tú quieres matarlo. Ay, Frankie, Frankie. Y tu pobre madre con la bebé enfermita.

Ella no está enferma, señora Leibowitz.

Enferma sí está. Es una nena enferma. Yo sé de niños enfermos. Trabajo en un hospital. No me digas a mí, Frankie. Entren, entren. Freddie, Freddie, Frankie está aquí. Sal de ahí. Frankie no te va a matar más. Tú y ese chiquitín de Malachy. Lindo nombre judío, toma un poco de torta, ¿eh? ¿Por qué te pusieron un nombre judío, eh? Un vaso de leche, un pedazo de torta. Están tan flacos, niños. Los irlandeses no comen.

Estamos en la mesa con Freddie, comiendo torta, tomando leche. Míster Leibowitz está en su sillón leyendo el periódico, oyendo radio. A veces le habla a la señora Leibowitz y no le entiendo porque le salen sonidos raros de la boca. Freddie entiende. Cuando míster Leibowitz hace los ruidos raros Freddie se levanta y le lleva un trozo de torta. Míster Leibowitz le sonríe a Freddie y le acaricia la cabeza y Freddie le devuelve la sonrisa y hace los ruidos raros.

La señora Leibowitz nos menea la cabeza a Malachy y a mí. *Oy*, tan flacos. Dice *Oy* tantas veces que Malachy se ríe y dice *Oy* y los Leibowitz se ríen y míster Leibowitz dice palabras que nosotros entendemos: Los niños irlandeses dicen *Oy* y se sonríen. La señora Leibowitz ríe tan duro que le tiembla el cuerpo y se coge el estómago y Malachy vuelve a decir *Oy* porque sabe que eso los hace reír a todos. Yo digo *Oy* pero nadie se ríe y comprendo que *Oy* le pertenece a Malachy de la misma manera que Cuchulain me pertenece a mí y Malachy puede quedarse con su *Oy*.

Señora Leibowitz, mi padre dice que Freddie tiene un cuento preferido.

Malachy dice: San, San, *Oy*. Todos se ríen otra vez pero yo no porque no me acuerdo de lo que sigue después de San. Freddie masculla todo atarugado con la torta: Sansón, y la señora Leibowitz le dice: No hables con la *boga* llena, y yo me río porque ella ya es grande y dice boga en vez de boca. Malachy se ríe porque yo me estoy riendo y los Leibowitz se miran y sonríen. Freddie dice: No el de Sansón. Mi cuento preferido es el de David y el gigante Goliat. David lo mató de un tiro de honda, de una pedrada en la cabeza. Los sesos le quedó en el suelo.

Le quedaron en el suelo, dice míster Leibowitz.

Sí, papi.

Papi. Así llama Freddie a su padre, y yo le digo al mío papá.

Los susurros de mi madre me despiertan. ¿Qué pasa con la niña? Es temprano todavía y no hay mucha luz en el cuarto pero se puede ver a papá junto a la ventana cargando a Margaret. La está meciendo y suspira.

Mamá dice: ¿Está... está enferma?

Sí. Está muy quieta y un poquito fría.

Mi madre está fuera de la cama, recibiendo a la niña. Ve por el doctor. Ve, por el amor de Dios, y mi padre se pone los pantalones sobre el camisón, sin chaqueta, los zapatos sin medias en este día helado.

Esperamos en el cuarto, los mellizos dormidos al pie de la cama, Malachy moviéndose junto a mí: Frankie, quiero agua. Mamá acuna en su cama a la niña. Ay, Margaret, Margaret, amorcito mío. Abre esos lindos ojos azules, mi muñeca.

Lleno una taza de agua para Malachy y otra para mí y mi madre aúlla: Agua para tu hermano y para ti. Ah, sí, agua, ¿no? Y nada para tu hermana. Tu pobre hermanita. ¿Preguntaste si ella tenía boca en la cara? ¿Preguntaste si quería una gota de agua? No, para qué. Tómense el agua, tú y tu hermano, como si no pasara nada. Es un día cualquiera para ustedes dos, ¿no? Y los mellizos durmiendo como si no tuvieran una sola preocupación y su pobre hermanita enferma aquí en mis brazos. Enferma en mis brazos. Ay, dulce Jesús del cielo.

¿Por qué está hablando así? Hoy no está hablando como mi madre. Quiero a mi padre. ¿Dónde está mi padre?

Me meto otra vez a la cama y me pongo a llorar. Malachy dice: ¿Por qué lloras? ¿Por qué lloras? Hasta que mamá la vuelve a emprender conmigo. Tu hermana enferma aquí en mis brazos y tú ahí gimiendo y lloriqueando. Si voy hasta esa cama te voy a dar una razón para lloriquear.

Papá vuelve con el doctor. Papá tiene el olor a whisky. El doctor examina a la niña, la pincha, le alza los párpados, le palpa el cuello, los brazos, las piernas. Se endereza y menea la cabeza. Está muerta. Mamá le arrebata a la nenita, la abraza, se vuelve hacia la pared. El doctor quiere saber: ¿Hubo algún accidente? ¿Alguien la dejó caer? ¿Los niños jugaron muy duro con ella? ¿Alguna cosa?

Mi padre niega con la cabeza. El doctor dice que tendrá que llevársela para examinarla y papá firma un papel. Mi madre implora unos minutos más con su bebé pero el doctor le dice que él no tiene todo el día. Cuando papá trata de quitarle a Margaret mi madre se arrincona contra la pared. Tiene la mirada loca, los rizos de pelo negro se le pegan en la frente y hay sudor sobre toda su cara, tiene los ojos muy abiertos y la cara le brilla con las lágrimas, no deja de sacudir la cabeza y de gemir: Ay, no, ay, no, hasta que papá le zafa la nenita de las manos. El doctor envuelve a Margaret en una manta y mi madre grita: Ay, Jesús, la va a ahogar. Jesús, María y José, socorro. El doctor se va. Mi madre se vuelve hacia la pared y no hace un movimiento ni un sonido. Los mellizos están despiertos, llorando de hambre, pero papá está plantado en la mitad del cuarto, mirando al techo. Tiene la cara blanca y se pega en los muslos con los puños. Camina hasta la cama, me pone la mano en la cabeza. La mano le tiembla. Francis, voy a salir a buscar cigarrillos.

Mamá se queda en la cama todo el día, sin moverse casi. Malachy y yo llenamos los teteros de los mellizos con agua y azúcar. En la cocina encontramos media rebanada de pan rancio y dos salchichas frías. No podemos tomar té porque la leche está agria en la nevera donde el hielo se ha vuelto a derretir y todo el mundo sabe que no se puede tomar té sin leche a menos que tu padre te lo dé de su taza mientras te cuenta de Cuchulain.

Los mellizos tienen hambre otra vez pero sé que no les puedo dar agua con azúcar día y noche. Hiervo leche agria en un perol, disuelvo parte del pan rancio e intento darles de comer en una taza, sopitas de pan dulce. Ellos hacen muecas y corren a la cama de mamá, llorando. Ella sigue mirando a la pared y ellos corren otra vez hacia mí, todavía llorando. No se van a comer las sopitas de pan dulce si yo no mato con azúcar el sabor de la leche agria. Ahora comen y sonríen y se untan la cara. Malachy quiere un poco y si él puede comerlo, yo también. Nos sentamos en el suelo a comer sopitas de pan y a roer las salchichas frías y a tomar del agua que mi madre mantiene en una botella de leche en la nevera.

Después de comer y beber tenemos que ir al retrete al final del pasillo pero no podemos entrar porque la señora Leibowitz está adentro, cantando y tarareando. Dice: Esperen, niños, esperen, queridos. No tardo dos segundos. Malachy se pone a dar palmas y a bailar, cantando: Esperen, niños, esperen, queridos. La señora Leibowitz abre la puerta del retrete. Mírenlo: ya todo un actorcito. Y bueno, niños, ¿cómo está su madre?

Está en cama, señora Leibowitz. El doctor se llevó a Margaret y mi padre salió por cigarrillos.

Ay, Frankie, Frankie. Te dije que esa niñita estaba enferma.

Malachy se agarra. Tengo que hacer pipí. Tengo que hacer pipí.

Bueno, haz pipí ya. Ustedes niños hacen pipí y vamos a ver a su mamá.

Después de que hacemos pipí la señora Leibowitz viene a ver a mamá. Ay, señora McCourt. Oy, querida. Vean esto. Vean a estos mellizos. Desnudos. Señora McCourt, ¿qué pasa, eh? ¿La niña está enferma? Hábleme, pues. Pobre mujer. Vamos, dése vuelta, señora. Hábleme. Oy, esto es un desastre. Hábleme, señora McCourt.

Ayuda a mi madre a recostarse contra la pared. Mamá parece más pequeña. La señora Leibowitz dice que va a traer un poco de sopa y me manda a buscar un poco de agua para lavarle la cara a mi madre. Yo mojo una toalla en agua fría y le doy palmaditas en la frente. Ella aprieta mi mano contra sus mejillas. Ay, Jesús, Frankie.

Ay, Jesús. No me quiere soltar la mano y yo me asusto porque nunca la he visto así. Dice Frankie sólo porque es mi mano la que tiene agarrada pero es en Margaret en quien está pensando, no en mí. Tu linda hermanita está muerta, Frankie. Muerta. ¿Y dónde está tu padre? Me suelta la mano. Digo que dónde está tu padre. Bebiendo. Allá estará. No hay un centavo en la casa. No puede conseguir empleo pero sí dinero para el trago, dinero para el trago, dinero para el trago, dinero para el trago. Se endereza un poco, se golpea la cabeza con la pared y grita: ¿Dónde está ella? ¿Dónde está? ¿Dónde está mi niñita? Ay, Jesús, María y José, socorredme esta noche. Me voy a enloquecer, sí, me voy a enloquecer completamente.

La señora Leibowitz entra corriendo. Señora, señora, ¿qué pasa? La niñita. ¿Dónde está?

Mi madre vuelve a gritar: Muerta, señora Leibowitz. Muerta. Agacha la cabeza y se pone a mecerse. En medio de la noche, señora Leibowitz. En su cochecito. Yo debía haber estado cuidándola. Siete semanas tenía de estar en este mundo y murió a medianoche, sola, señora Leibowitz, solita en ese coche.

La señora Leibowitz sostiene a mi madre entre sus brazos. Calle, vamos, calle. A veces los bebés se van así. Eso suele pasar, señora. Dios se los lleva.

En el cochecito, señora Leibowitz. Junto a mi cama. Yo pude haberla levantado y ella no se hubiera muerto, ¿verdad? Dios no necesita bebecitas. ¿Qué va a hacer Dios con una bebecita?

No lo sé, señora. No sé nada de Dios. Tome sopa. Buena sopa. La pone fuerte. Ustedes, niños, traigan los tazones. Les voy a dar sopa.

¿Qué son tazones, señora Leibowitz?

Ay, Frankie. ¿No conoces los tazones? Para la sopa, encanto. ¿No tienen un tazón? Entonces traigan tazas para la sopa. Mezclé sopa de arvejas y sopa de lentejas. No hay jamón. A los irlandeses les gusta el jamón. No hay jamón, Frankie. Tómesela, señora. Tómese su sopa.

Le da la sopa a mi madre con una cuchara, le limpia la que le chorrea por la barbilla. Malachy y yo estamos sentados en el suelo tomando en las tazas. Damos cucharadas de sopa a los mellizos. Está caliente y deliciosa y sabe bien. Mi madre nunca hace sopas así y me pregunto si habría alguna posibilidad de que la señora Leibowitz fuera mi madre. Freddie podría ser yo y quedarse con mi madre y mi padre también, y podría quedarse con Malachy y los mellizos como hermanos. Ya no puede quedarse con Margaret porque ella está como el perro de la calle que se llevaron. Yo no sé por qué se la llevaron. Mi madre dijo que se murió en el cochecito y eso debe de ser como que te atropelle un carro porque entonces te llevan.

Ojalá Margaret estuviera aquí tomándose esta sopa. Podría dársela con cuchara así como la señora Leibowitz se la está dando a mi madre y ella haría gargaritas y se reiría así como hacía con papá. Ya no lloraría más y mi madre no estaría en la cama día y noche y papá me estaría contando cuentos de Cuchulain y yo ya no querría que la señora Leibowitz fuera mi madre. La señora Leibowitz es amable pero yo preferiría estar con mi papá contándome cuentos de Cuchulain y Margaret trinando y mamá riéndose cuando papá baila con dos pies izquierdos.

Minnie McAdorey viene a ayudar. Madre de Dios, señora Leibowitz, estos mellizos hieden hasta los cielos.

Yo no sé de la Madre de Dios, Minnie, pero a estos mellizos les hace falta una restregada. Necesitan pañales limpios. Frankie, ¿dónde están los pañales limpios?

No sé.

Minnie dice: Están usando trapos en lugar de pañales. Voy a traer de los de Maisie. Frankie, quítales esos trapos y tíralos a la basura.

Malachy le quita el trapo a Oliver y yo brego con Eugene. El imperdible está atorado y cuando él se retuerce se le suelta, lo pincha en la cadera y lo pone a llorar y a llamar a mamá. Pero ya Minnie ha vuelto con una toalla y jabón y agua caliente. La ayudo a lavarles la mierda apelmazada y ella me deja rociar polvo de talco en la piel irritada y pelada de los mellizos. Dice que son unos chicos buenos y que les tiene una gran sorpresa. Sale al pasillo y vuelve con una olla de puré de papas para todos nosotros. Las papas tienen montones de mantequilla y sal y me pregunto si sería posible que Minnie fuera mi madre para poder comer siempre así. Si pudiera tener de madres a Minnie y a la señora Leibowitz al mismo tiempo no se me acabarían nunca la sopa ni el puré de papas.

Minnie y la señora Leibowitz se sientan a la mesa. La señora Leibowitz dice que hay que hacer algo. Estos niños andan como unos animalitos, ¿y dónde está el padre? Oigo que Minnie le susurra que salió a tomarse un trago. La señora Leibowitz dice que es terrible, terrible, la forma de beber de los irlandeses. Minnie dice que su Dan no bebe nunca. No toca el alcohol y Dan le dijo que cuando murió la niña ese pobre hombre de Malachy McCourt iba y venía como loco por la avenida Flatbush y por la avenida Atlantic, que lo echaron de todos los bares alrededor de la estación de ferrocarril de Long Island, que los policías lo hubieran metido a la cárcel de no tratarse de la muerte de esa bebita encantadora.

Aquí tiene cuatro niños encantadores, dice Minnie, pero eso no es consuelo para él. Esa bebita sacaba a relucir algo especial en él. Sabes, dejó de beber después de que nació y eso fue un milagro.

La señora Leibowitz quiere saber dónde están las primas de mamá, las mujeronas de los maridos silenciosos. Minnie va a buscarlas para decirles que los niños andan abandonados, como animalitos, con los culos pelados y todo eso.

Dos días después regresa papá de su expedición en busca de cigarrillos. Es medianoche pero nos saca a Malachy y a mí de la cama. Huele a trago. Nos cuadra en posición de firmes en la cocina. Somos soldados. Nos hace prometer que moriremos por Irlanda.

Sí, papá, sí.

Cantamos todos juntos *Kevin Barry*.

Un lunes en Mountjoy, al clarear,

del palo de la horca en la mitad,
el joven Kevin Barry dio la vida
en los altares de la libertad.
Era apenas un chico de dieciocho veranos,
y no habrá nadie que se atreva a afirmar
que al ir esa mañana hacia el cadalzo
no sostenía la cabeza en alto.[11]

Golpean a la puerta, es míster MacAdorey: Malachy, por el amor de Dios, son las tres de la mañana. Tienes despierto a todo el edificio con la cantadera.

Sólo les enseño a los niños a morir por Irlanda.

Les puedes enseñar a morir por Irlanda de día, Malachy.

Es urgente, Dan, es urgente.

Lo sé, Malachy, pero son sólo niños. Unos bebés. Y ahora vete a la cama como un hombre decente.

¡A la cama, Dan! ¿Qué voy a hacer en la cama? Su carita está ahí día y noche, sus rizos negros y sus bellos ojos azules. Jesús, Dan, ¿qué voy a hacer? ¿La mató el hambre, Dan?

Claro que no. Tu mujer la estaba amamantando. Dios se la llevó. Él tendrá sus razones.

Una canción más, Dan, antes de irnos a la cama.

Buenas noches, Malachy.

Vamos, niños. Canten.

Porque amaba la patria
y amaba el color verde
se encamina al martirio
orgulloso y alegre.

---

11 *On Mountjoy one Monday morning, / High upon the gallows tree, / Kevin Barry gave his young life / For the cause of liberty. / Just a lad of eighteen summers / Sure there's no one can deny / As he marched to death that morning / How he held his head on high.*

Fiel hasta el fin, ¡oh!, fiel hasta el fin,
sube uno tras otro los peldaños.
Roddy McCorley se prepara a morir
en el puente de Toome a sus tempranos años.[12]

Morirán por Irlanda, ¿verdad, muchachos?

Sí, papá.

Y nos encontraremos con su hermanita en el cielo, ¿verdad, muchachos?

Sí, papá.

Mi hermano está de pie con la cara pegada a la pata de la mesa y está dormido. Papá lo alza, se tambalea mientras cruza el cuarto, lo pone en la cama al lado de mi madre. Yo subo a mi cama y mi padre, vestido, se me echa al lado. Tengo la esperanza de que me estreche entre sus brazos pero él sigue cantando sobre Roddy McCorley y hablándole a Margaret: Ay, mis rizos adorados, mis ojitos azules, te vestiré de seda para ir al lago Neagh, hasta que el día asoma por la ventana y yo me quedo dormido.

Esa noche Cuchulain me visita. Lleva al hombro un gran pájaro verde que no deja de cantar sobre Kevin Barry y Roddy McCorley y a mí no me gusta ese pájaro porque le chorrea sangre por la boca cuando canta. Cuchulain lleva en una mano el *gae bolga*, esa lanza que es tan colosal que sólo él puede arrojarla. En la otra tiene un banano que no deja de ofrecerle al pájaro, pero este sólo grazna y le escupe sangre a él. Es curioso que Cuchulain soporte a semejante pájaro. Si los mellizos me escupieran sangre cuando yo les ofrezco un banano creo que les pegaría en la cabeza con él.

Por la mañana mi padre está en la mesa de la cocina y yo le cuento el sueño. Él dice que en los viejos tiempos no había bananos en

---

12 *Because he loved the motherland, / Because he loved the green / He goes to meet a martyr's fate / With proud and joyous mien; / True to the last, oh! true to the last / He treads the upward way; / Young Roddy McCorley goes to die / On the bridge at Toome today.*

Irlanda y que incluso si los hubiera Cuchulain no le habría ofrecido uno a ese pájaro porque ese era el pájaro que había venido de Inglaterra en el verano y se había posado en su hombro cuando él agonizaba recostado en una roca y cuando los hombres de Erín que es lo mismo que Irlanda fueron a matarlo les dio miedo hasta que vieron que el pájaro bebía la sangre de Cuchulain y entonces supieron que podían atacarlo sin peligro, los muy asquerosos y canallas. Así que tienes que cuidarte de los pájaros, Francis, de los pájaros y de los ingleses.

Mamá pasa la mayor parte del día en la cama con la cara contra la pared. Si toma té o come cualquier cosa la vomita en el balde que hay debajo de la cama y yo tengo que vaciarlo y lavarlo en el retrete al final del pasillo. La senora Leibowitz le trae sopa y un pan raro que viene todo retorcido. Mamá quiere cortarlo pero la señora Leibowitz se ríe y le dice que jale nada más. Malachy lo llama pan jalado pero la señora Leibowitz le dice: No, es *chalá*, y nos enseña a pronunciarlo. Sacude la cabeza: *Oy*, ustedes los irlandeses. Podrán vivir eternamente, pero jamás van a decir *chalá* como un judío.

Minnie MacAdorey trae repollo y papas y a veces un trozo de carne. Los tiempos son difíciles, Ángela, pero ese encanto de señor, míster Roosevelt, le dará empleo a todo el mundo y tu marido va a tener trabajo. Pobre hombre, no es culpa suya que haya una depresión. Busca trabajo día y noche. Mi Dan tiene suerte, cuatro años con el municipio y no se toma un trago. Se crió en Toome con tu marido. Unos beben, otros no. La maldición de los irlandeses. Ahora come, Ángela. Tienes que reponerte después de esa pérdida.

Míster MacAdorey le dice a papá que hay trabajo en la Administración de Proyectos Laborales y cuando consigue el trabajo hay dinero para la comida y mamá deja la cama para limpiar a los mellizos y darnos de comer. Cuando papá llega oliendo a trago no hay dinero y mamá le grita hasta que los mellizos se ponen a llorar, y Malachy y yo corremos al patio de juegos. En esas noches mamá vuelve a meterse en la cama y papá canta las canciones tristes sobre

Irlanda. ¿Por qué no la abraza y le ayuda a dormirse como hacía con
mi hermanita que murió? ¿Por qué no canta una de las canciones de
Margaret o una canción que le seque las lágrimas a mamá? Sigue
sacándonos a Malachy y a mí de la cama para que ahí cuadrados y
en nuestros camisones prometamos morir por Irlanda. Una noche
quería hacer que los mellizos prometieran morir por Irlanda pero
ellos no sabían ni hablar y mamá le gritó: Viejo loco, bastardo, ¿no
puedes dejar a los niños en paz?

Nos va a dar cinco centavos para comprar helados si prometemos morir por Irlanda y se lo prometemos pero no recibimos nunca los cinco centavos.

Recibimos sopa de la señora Leibowitz y puré de papas de Minnie
MacAdorey y nos enseñan a cuidar a los mellizos, a lavarles los traseros y a lavar los pañales de trapo después de que los cagan todos.
La señora Leibowitz los llama fajeros y Minnie les dice pañales pero
no importa cómo los llamen porque los mellizos los cagan de todos
modos. Si mamá se queda en cama y papá sale a buscar trabajo podemos hacer lo que queramos todo el día. Podemos montar a los
mellizos en los columpios más pequeños del parque y columpiarlos
hasta que les da hambre y se ponen a llorar. El señor italiano me
llama del frente: Hey, Francis, ven acá. Cuidado al cruzar la calle.
¿Otra vez con hambre esos mellizos? Nos da trocitos de queso y de
jamón y bananos pero yo ya no puedo comer bananos por la manera como el pájaro le escupía sangre a Cuchulain.

El señor dice que su nombre es míster Dimino y que esa es su
mujer, Ángela, detrás del mostrador. Yo le digo que así se llama mi
madre. ¿En serio, chico? ¿Tu madre es Ángela? No sabía que los irlandeses tuvieran Ángelas. Hey, Ángela, la madre de él se llama
Ángela. La otra se sonríe. Dice: Qué bien.

Míster Dimino me pregunta por papá y mamá y que quién nos
cocina. Yo le digo que la señora Leibowitz y Minnie MacAdorey nos
dan comida. Le cuento todo lo de los pañales y los fajeros y cómo se
ensucian de todos modos y él se ríe. Ángela, ¿estás oyendo? Gracias

a Dios tú eres italiana, Ángela. Me dice: Niño, tengo que hablar con la señora Leibowitz. Tiene que haber parientes que te puedan cuidar. Si ves a Minnie MacAdorey dile que venga a verme. Ustedes están creciendo abandonados.

Hay dos mujeres grandes en la puerta. Dicen: ¿Quién eres?

Soy Frank.

¡Frank! ¿Qué edad tienes?

Voy a cumplir cinco.

No eres muy alto para tu edad, ¿no?

No lo sé.

¿Está tu madre?

Está en la cama.

¿Qué hace en la cama con tan buen tiempo y a pleno día?

Está durmiendo.

Bueno, vamos a entrar. Tenemos que hablar con tu madre.

Se cuelan en el cuarto: Jesús, María y José, cómo huele este sitio. ¿Y quiénes son estos niños?

Malachy corre sonriendo hacia las mujeronas. Cuando sonríe se ven lo blancos y parejos y bonitos que son sus dientes y se le ve el azul brillante de los ojos y el rosado de las mejillas. Todo eso hace sonreír a esas mujeres grandes y me pregunto por qué no sonrieron al hablarme a mí.

Malachy dice: Yo soy Malachy y este es Oliver y este es Eugene, son mellizos, y ese allá es Frankie.

La mujerona de cabello castaño dice: Y bien, no tienes un pelo de tímido, ¿verdad? Soy Philomena, una prima de tu madre, y esta es Delia, otra prima de tu madre. Soy la señora Flynn y ella es la señora Fortune y así nos vas a llamar.

Santo Dios, dice Philomena. Esos mellizos andan desnudos. ¿No tienen ropa?

Malachy dice: Están todos cagados.

Delia vocifera: ¿Ves? Eso es lo que pasa. Tiene la boca como una alcantarilla, nada raro, con un padre del norte. No digas esa palabra.

Es una palabra fea, una blasfemia. Puedes ir al infierno por decir una palabra así.

¿Qué es el infierno?, dice Malachy. Pronto lo sabrás, dice Delia.

Las mujeronas se sientan alrededor de la mesa con la señora Leibowitz y Minnie MacAdorey. Philomena dice que es terrible lo que le sucedió a la bebita de Ángela. Ellas se enteraron de todo y ustedes se preguntarán, ¿no?, qué hicieron con su cuerpecito. Ustedes se lo preguntarán y yo también pero Tommy Flynn no. Tommy dijo que ese Malachy del norte obtuvo dinero por la niña. ¿Dinero?, dice la señora Leibowitz. Así es, dice Philomena: dinero. Cogen cadáveres de cualquier edad y hacen experimentos con ellos y no queda mucho que devolver ni a una le gustaría que le devolvieran pedacitos de niño que no se pueden enterrar en camposanto en esas condiciones.

Eso es espantoso, dice la señora Leibowitz. Un padre o una madre jamás entregarían al bebé para algo así.

Serían capaces, dice Delia, si tienen esas ansias de beber. Entregarían hasta a sus propias madres si tienen esas ansias, así que qué importa un niño que en todo caso ya está muerto.

La señora Leibowitz menea la cabeza y se mece en la silla. *Oy*, dice, *oy, oy, oy*. Pobre bebé. Pobre madre. Le doy gracias a Dios de que mi marido no tenga, ¿cómo le dicen?, ¿ansias? Sí, ansias. Esas ansias son cosa de irlandeses.

De mi marido no, dice Philomena. Le partiría la cara si llegara a casa con esas ansias. Claro que el Jimmy de Delia sí las tiene. Todos los viernes por la noche lo puedes ver escurriéndose dentro de la cantina.

Ahora no empieces a insultar a mi Jimmy, dice Delia. Él trabaja. Y trae a casa el salario.

No deberías quitarle el ojo de encima, dice Philomena. Esas ansias podrían echarlo a perder y tendrías otro Malachy del norte en tus manos.

Ocúpate de tus malditos asuntos, dice Delia. Al menos Jimmy es irlandés y no nacido en Brooklyn como ese Tommy tuyo.

Y Philomena no tiene respuesta para eso.

Minnie está cargando a su bebé y las mujeronas dicen que es un encanto de niñita, limpia, no como esa manada de salvajes de Ángela corriendo por ahí. Philomena dice que no sabe de dónde sacó Ángela esos hábitos sucios porque la madre de Ángela era impecable, tan limpia que se podía comer en el suelo de su casa.

Yo me pregunto para qué querría comer alguien en el suelo cuando hay mesas y sillas.

Delia dice que hay que hacer algo con Ángela y esos niños porque son un desastre, sí señor, como para avergonzarse de estar emparentados. Hay que escribirle una carta a la madre de Ángela. Philomena lo hará porque una vez un maestro de Limerick le dijo que tenía buen pulso. Delia tiene que explicarle a la señora Leibowitz que buen pulso quiere decir buena letra.

La señora Leibowitz sale a pedirle prestado a su marido la pluma fuente, papel y un sobre. Las cuatro mujeres se acomodan en la mesa y redactan una carta para mandarle a la madre de mi madre:

Querida tía Margaret:

Tomo la pluma para escribirte esta carta a la espera de que ésta te encuentre como nos deja a nosotras con la mejor salud. Mi esposo Tommy está en muy buena condición y trabajando y el esposo de Delia Jimmy está en muy buena condición y trabajando y esperamos que ésta te encuentre en muy buena condición. Siento mucho contarte que Ángela no está en muy buena condición pues la nena murió, la niñita que se llamaba Margaret en honor a ti, y Ángela no ha sido la misma desde que se echó a la cama con la cara contra la pared. Para empeorar las cosas creemos que está otra vez preñada y eso es ya demasiado. En el instante en que pierde un hijo ya hay otro en camino. No sabemos cómo lo hace. Lleva cuatro años de casada, cinco niños y otro en camino. Eso muestra lo que puede pasar cuando te casas con alguien del norte porque ellos no se saben controlar allá arriba siendo esa recua de protestantes que son. Sale a buscar trabajo todos los días pero sabemos que pasa todo el tiempo en las cantinas y se gana unos dólares barriendo pisos y alzando barriles y ahí mismo se gasta el pago en trago. Es terrible, tía Margaret, y todos pensamos que Ángela y los niños estarían mejor en su tierra nativa. No tenemos el dinero para comprar los pasajes de cuenta nuestra pues son tiempos difíciles pero a lo mejor tú podrías arreglártelas. Esperando que ésta te encuentre en buen estado como nos deja a nosotras gracias a Dios y a su Santa Madre.

    Con el cariño de siempre
    de tu sobrina Philomena Flynn (antes MacNamara)
    y de última pero no menos importante de tu sobrina
    Delia Fortune (antes MacNamara también, ja ja ja)

La abuela Sheehan les mandó el dinero a Philomena y Delia. Compraron los pasajes, se consiguieron un baúl de viaje en la sociedad de San Vicente de Paúl, alquilaron un furgón para llevarnos al muelle en Manhattan, nos subieron al barco, dijeron adiós y por fin salimos de eso, y se marcharon.

El barco zarpó. Mamá dijo: Esa es la Estatua de la Libertad y esa es Ellis Island por donde entran todos los inmigrantes. Luego se asomó por la borda y vomitó y el viento del Atlántico nos salpicó a todos y a otras gentes felices que admiraban la vista. Los pasajeros corrieron y maldijeron, las gaviotas llegaron de todas partes del puerto y mamá se colgó desfallecida y pálida del barandal del barco.

II ◈

EN UNA SEMANA llegamos a Moville, condado de Donegal, donde tomamos un bus hasta Belfast y de ahí otro hasta Toome en el condado de Antrim. Dejamos el baúl en una tienda y emprendimos la caminada de dos millas por la carretera hasta la casa del abuelo McCourt. El camino estaba oscuro, el amanecer apenas despuntaba en las colinas a lo lejos.

Papá llevaba en brazos a los mellizos y ellos se turnaban para llorar de hambre. Mamá se detenía a cada minuto para sentarse a descansar en el muro de piedra que bordeaba el camino. Nos sentábamos con ella y vimos cómo el cielo se ponía rojo y luego azul. Las aves empezaron a piar y cantar en los árboles y al clarear el día vimos criaturas extrañas en los campos, de pie, mirándonos. Malachy dijo: ¿Qué son, papá?

Vacas, hijo.

¿Qué son vacas, papá?

Las vacas son vacas, hijo.

Anduvimos otro trecho por el camino que se iba iluminando y vimos otras criaturas en los campos, criaturas blancas y peludas.

Malachy dijo: ¿Qué son, papá?

Ovejas, hijo.

¿Qué son ovejas, papá?

Mi padre le gritó: ¿No vas a dejar de preguntar? Las ovejas son ovejas, las vacas son vacas y eso allá es una cabra. Una cabra es una cabra. La cabra da leche, la oveja da lana, la vaca da de todo. ¿Qué más en el nombre de Dios quieres saber?

Y Malachy dio un chillido de miedo porque papá nunca hablaba así, nunca nos hablaba con brusquedad. Podía levantarnos a medianoche y hacernos prometer que moriríamos por Irlanda pero nunca vociferaba así. Malachy corrió donde mamá y ella le dijo: Ya, ya, mi amor, no llores. Es que tu padre está agotado de cargar a los mellizos y es difícil contestar todas esas preguntas cuando vas cargando a un par de mellizos por medio mundo.

Papá puso a los mellizos en la carretera y extendió los brazos hacia Malachy. Ahora los mellizos empezaron a llorar y Malachy se aferró más a mamá, sollozando. Las vacas hicieron muuu, las ovejas hicieron baaa, la cabra hizo beee, los pájaros trinaron en los árboles, y el bip bip de un automóvil cortó todo ese ruido. Un hombre llamó desde el automóvil: Santo Dios, ¿qué hacen ustedes en esta carretera a estas horas de la mañana de un domingo de Resurrección?

Papá dijo: Buenos días, padre.

¿Padre? dije yo. Papá, ¿ese es tu padre?

Mamá dijo: No le hagas preguntas.

Papá dijo: No, no, este es un sacerdote.

Malachy dijo: ¿Qué es un...?, pero mamá le tapó la boca con la mano.

El sacerdote tenía el pelo blanco y un alzacuello blanco. Dijo: ¿Adónde van?

Papá dijo: Carretera arriba donde los McCourt de Moneyglass, y el sacerdote nos hizo subir al automóvil. Dijo que conocía a los McCourt, una buena familia, buenos católicos, algunos de ellos comulgantes diarios, y que esperaba vernos en misa, en especial al pequeño yanqui que no sabía qué era un sacerdote, Dios nos libre.

En la casa mamá alarga la mano hacia la aldaba del portón. Papá dice: No, no, por ahí no. No por la puerta principal. La usan sólo para las visitas del cura y los funerales.

Le damos la vuelta a la casa hasta la puerta de la cocina. Papá la empuja y ahí está el abuelo McCourt tomando té en una gran taza y la abuela McCourt friendo algo.

Ya llegaron, dice el abuelo.

Ajá, dice papá. Señala a mi madre. Esta es Ángela, dice. El abuelo dice: Debes de estar rendida, Ángela. La abuela no dice nada y se vuelve otra vez hacia la sartén. El abuelo nos conduce a través de la cocina hasta un cuarto grande con una mesa larga y sillas. Dice: Siéntense y tomen un poco de té. ¿Quieren *boxty*?

Malachy dice: ¿Qué es *boxty*?

Papá se ríe. Tortillas, hijo. Tortillas hechas con papas.

El abuelo dice: Tenemos huevos. Es domingo de Resurrección y se pueden comer todos lo huevos que les quepan.

Tomamos té con *boxty* y huevos pasados por agua y después todos nos dormimos. Me despierto en una cama con Malachy y los mellizos. Mis padres están en otra cama junto a la ventana. ¿Dónde estoy? Anochece. Esto no es el barco. Mamá ronca jip, papá ronca jop. Me levanto y hurgo a papá con el dedo. Tengo que orinar. El dice: Usa el orinal.

¿Qué?

Bajo la cama, hijo. El orinal. Tiene rosas pintadas y doncellas retozando en el prado. Orina en eso, hijo.

Le quiero preguntar de qué está hablando pues aunque estoy que me reviento se me hace extraño orinar en una vasija con rosas y doncellas retozando, sean lo que sean. No había nada parecido en la avenida Classon donde la señora Leibowitz cantaba en el retrete mientras nosotros nos retorcíamos en el pasillo.

Ahora Malachy necesita usar el orinal pero se quiere sentar en él. Papá le dice: No, no puedes hacer eso, hijo. Tienes que ir afuera. Apenas dice eso yo también quiero salir, a sentarme. Bajamos con él las escaleras y atravesamos el cuarto grande donde el abuelo está leyendo junto al fuego y la abuela está dormitando en una silla. Afuera está oscuro, aunque la luna brilla lo suficiente para dejarnos ver por dónde vamos. Papá abre la puerta de una casita que tiene un asiento con un hoyo en el centro. Nos muestra a Malachy y a mí cómo sentarnos en el hoyo y cómo limpiarnos con recortes de periódico que hay ensartados en un clavo. Luego nos dice que esperemos mientras él entra, cierra la puerta y gruñe. La luna alumbra tanto que puedo divisar el campo y ver esas cosas que se llaman vacas y ovejas y me pregunto por qué no se van a sus casas.

En la casa hay otra gente en el cuarto con mi abuelo. Papá dice:

Estas son sus tías Emily, Nora, Maggie y Vera. La tía Eva está en Ballymena con hijos como ustedes. Mis tías no son como la señora Leibowitz y Minnie MacAdorey, inclinan la cabeza pero no nos abrazan ni sonríen. Mamá entra al cuarto con los mellizos y cuando papá les dice a sus hermanas: Esta es Ángela y esos son los mellizos, ellas se limitan a inclinar otra vez la cabeza.

La abuela va a la cocina y pronto estamos comiendo pan con salchichas y té. El único que habla en la mesa es Malachy. Señala con la cuchara a las tías y les vuelve a preguntar los nombres. Cuando mamá le dice que se calle y se coma la salchicha sus ojos se llenan de lágrimas y la tía Nora se agacha a consolarlo. Le dice: Ya, ya, y yo me pregunto por qué todo el mundo dice ya ya cuando Malachy llora. Me pregunto qué quiere decir ya ya.

Hay silencio en la mesa hasta que papá dice: Las cosas van muy mal en América. La abuela dice: Sí. Lo leí en el periódico. Pero dicen que míster Roosevelt es un hombre bueno y si te hubieras quedado a lo mejor ya tendrías un empleo.

Papá menea la cabeza y la abuela dice: No sé qué vas a hacer, Malachy. Las cosas están peor aquí que en América. Aquí no hay trabajo y sabe Dios que en esta casa no tenemos espacio para otra seis personas.

Papá dice: Pensé que podría emplearme en una de las granjas. Podríamos conseguirnos un lugarcito por ahí.

¿Y dónde se quedarían mientras tanto? dice la abuela. ¿Y cómo vas a sostener a tu familia?

Me imagino que podría vivir del subsidio estatal.

No te puedes bajar de un barco que viene de América y ponerte a vivir del subsidio, dice el abuelo. Te hacen esperar un tiempo, ¿y qué harías mientras tanto?

Papá no dice nada y mamá tiene la vista fija en la pared del frente.

Estarían mejor en el Estado Libre, dice la abuela. Dublín es grande y tiene que haber trabajo allá o en las granjas vecinas.

Además, tienes derecho a algún dinero del IRA, dice el abuelo.

Hiciste tu parte y ellos andan repartiendo dinero por todos lados en el Estado Libre. Podrías ir a Dubín y pedir ayuda. Te podemos prestar lo del bus hasta Dublín. Puedes llevar a los mellizos en las rodillas sin tener que pagar por ellos.

Papá dice: Ajá, y mamá mira a la pared con lágrimas en los ojos.

Después de comer volvimos a la cama y al otro día todos los mayores estaban sentados por ahí con cara de tristeza. Pronto llegó un hombre en un automóvil y nos llevó de regreso a la tienda donde guardamos el baúl. Montaron el baúl en el techo de un bus y nosotros nos subimos al bus. Papá nos dijo que íbamos a Dublín. Malachy dijo: ¿Qué es Dublín?, pero nadie le respondió. Papá llevaba a Eugene en las rodillas y mamá a Oliver. Papá miró los campos y me dijo que por allá era por donde a Cuchulain le gustaba pasearse. Le pregunté que dónde era que Cuchulain le había arrojado la bola en la boca al perro y él dijo que a unas pocas millas de allí.

Malachy dijo: Miren, miren, y nosotros miramos. Era una enorme sábana de agua plateada y papá dijo que era el lago Neagh, el lago más grande de Irlanda, el lugar donde Cuchulain iba a bañarse después de sus grandes combates. Cuchulain se calentaba tanto que cuando se zambullía en el lago Neagh lo hacía hervir y entibiaba la campiña de los alrededores durante días. Algún día volveríamos a bañarnos allí como el propio Cuchulain. Pescaríamos anguilas para freírlas en una sartén, a diferencia de Cuchulain, que las sacaba del lago con la mano y se las tragaba vivitas y coleando porque hay mucho poder en las anguilas.

¿Verdad, papá?

Verdad.

Mamá no miraba el lago Neagh por la ventanilla. Tenía la mejilla apoyada en la cabeza de Oliver y clavaba la vista en el suelo del bus.

Al poco tiempo el bus rueda por un lugar donde hay casas grandes, automóviles, caballos que tiran de carretas, gente en bicicleta y montones a pie. Malachy está excitado: Papá, papá, ¿dónde está el parque y los columpios? Quiero ver a Freddie Leibowitz.

Ay, hijo, ahora estás en Dublín, muy lejos de la avenida Classon. Estás en Irlanda, muy lejos de Nueva York.

Cuando el bus se detiene bajan el baúl y lo ponen en el suelo de la estación. Papá le dice a mamá que se puede sentar en una banca de la estación mientras él va a buscar al hombre del IRA a un sitio llamado Terenure. Dice que hay retretes para los niños en la estación, que no se tardará, que tendrá dinero cuando vuelva y podremos comer. Me dice que lo acompañe y mamá dice: No, lo necesito para que me ayude. Pero cuando papá dice: Voy a necesitar quién me ayude a cargar toda esa plata, ella se ríe y dice: Está bien, anda con tu papito.

Tu papito: eso quiere decir que está de buen humor. Si ella dice tu padre quiere decir que está de mal humor.

Papá me lleva de la mano y yo troto a su lado. Él camina rápido, Terenure está lejos y tengo la esperanza de que pare y me cargue como hizo con los mellizos en Toome. Pero él anda a paso largo y no abre la boca sino para preguntarle a la gente dónde queda Terenure. Al rato dice que estamos en Terenure y ahora hay que buscar a míster Charles Heggarty del IRA. Un hombre con un parche rosado en el ojo nos dice que estamos en la calle correcta, que Charlie Heggarty vive en el número catorce, Dios lo maldiga. Le dice a papá: Se le nota que usted hizo su parte. Papá dice: Hice mi parte, y el hombre le dice: Yo también, y qué saqué fuera de un ojo menos y una pensión que no alimentaría a un canario.

Pero Irlanda es libre, dice papá, y eso es grandioso.

Libre, el culo, dice el hombre. Se me hace que estábamos mejor con los ingleses. Buena suerte de todos modos, señor, porque creo saber qué lo trae por acá.

Una mujer abre la puerta del número catorce. Me temo, dice, que míster Heggarty está ocupado. Papá le dice que ha caminado todo el trecho desde el centro de Dublín con su hijito, que dejó a su mujer y a otros tres hijos esperando en la estación del bus, y que si míster Heggarty está tan ocupado entonces lo esperaremos en la puerta.

La mujer regresa en un minuto para decirle que míster Heggarty tiene un momento libre y que la siga. Míster Heggarty está en un escritorio junto a una chimenea resplandeciente. Dice: ¿Qué puedo hacer por usted? Papá se hace al frente del escritorio y le dice: Acabo de regresar de América con mi mujer y cuatro niños. No tenemos nada. Yo combatí en un cuerpo volante cuando la insurrección y espero que me puedan ayudar ahora en estos tiempos de necesidad.

Míster Heggarty anota el nombre de papá y pasa las páginas de un gran libro en el escritorio. Menea la cabeza. No, no hay registro de sus servicios con nosotros.

Papá echa un largo discurso. Le cuenta a míster Heggarty cómo luchó, dónde, cuándo, cómo tuvieron que sacarlo clandestinamente de Irlanda debido al precio por su cabeza, cómo ha criado a sus hijos en el amor a Irlanda.

Míster Heggarty dice que lo siente pero que él no puede andar repartiendo dinero a todo el que entre allí alegando haber hecho su parte. Papá me dice: Recuerda esto, Francis. Esta es la nueva Irlanda. Unos hombrecitos en unas sillitas con unos papelitos. Esta es la Irlanda por la que tantos murieron.

Míster Heggarty dice que va a investigar la reclamación de papá y que promete hacérselo saber si algo resulta. Nos ofrece algo para el bus de vuelta a la ciudad. Papá mira las monedas en la mano de míster Heggarty y dice: Podría sumarle a eso un poco y completar lo que vale una pinta.

Ah, lo que quiere es beber, ¿no?

Una pinta no es beber.

Usted es capaz de devolverse a pie y hacer que el niño camine todo el trecho porque quiere una pinta, ¿verdad?

Nadie se ha muerto nunca de caminar.

Quiero que salga de esta casa, dice míster Heggarty, o si no llamo a un guardia. Y puede estar seguro de que jamás volverá a oír de mí. No repartimos dinero para apoyar a la familia Guinness.

La noche cae sobre las calles de Dublín. Los niños ríen y juegan bajo los faroles, las madres los llaman desde los umbrales, los olores de las cocinas llegan hasta nosotros, por las ventanas vemos gente a la mesa, comiendo. Estoy cansado y hambriento y quiero que papá me cargue pero sé que es inútil pedírselo porque tiene la cara tensa y rígida. Dejo que me lleve de la mano y corro para seguirle el paso hasta que llegamos al sitio de los buses donde mamá espera con mis hermanos.

Todos están dormidos en la banca, mi madre y los tres hermanos. Cuando papá le dice a mamá que no hay dinero ella sacude la cabeza y solloza: Ay, Jesús, ¿qué vamos a hacer? Un hombre de uniforme azul se acerca y le pregunta: ¿Qué pasa, señora? Papá le dice que estamos varados en aquella estación, que no tenemos dinero ni dónde quedarnos y que los niños tienen hambre. El hombre dice que su turno está para terminarse, que nos llevará al cuartel de la policía, donde tiene que reportarse de todas formas, y allá verán qué puede hacerse.

El hombre de uniforme dice que le podemos decir guardia. Así se llaman los policías en Irlanda. Nos pregunta cómo se llaman los policías en América, y Malachy le dice: *Cops*. El guardia le da una palmadita en la cabeza y le dice que es un yanqui muy avispadito.

En el cuartel de la policía el sargento nos dice que podemos pasar la noche allí. Lo siente pero lo único que puede ofrecernos es el suelo. Es jueves y las celdas están llenas de hombres que se bebieron el subsidio y se negaban a salir de las tabernas.

Los guardias nos dan un té dulce y caliente y gruesas rebanadas de pan embadurnadas de mantequilla y mermelada y estamos tan contentos que corremos por todo el cuartel, jugando. Los guardias dicen que somos una soberana pandillita de yanquis y que les gustaría llevarnos con ellos a sus casas pero yo digo: No, Malachy dice: No, los mellizos dicen No, No, y todos los guardias se ríen. Los hombres de las celdas alargan las manos y nos acarician la cabeza, huelen como papá cuando llega a casa cantando que Kevin Barry y Roddy McCorley van a morir. Los hombres dicen: Jesús, óiganlos.

Suenan como unas rejodidas estrellas de cine. ¿Son caídos del cielo o qué? Las mujeres de las celdas del frente le dicen a Malachy que es divino y los mellizos son unos primores. Una de ellas me habla: Ven acá, amor, ¿quieres un dulce? Yo asiento con la cabeza y ella dice: Está bien, extiende la mano. Se saca algo pegajoso de la boca y me lo pone en la mano. Ahí tienes, dice, un delicioso pedacito de caramelo. Póntelo en la boca. Yo no quiero ponérmelo en la boca porque está pegajoso y mojado de la boca de ella pero no sé qué debe hacer uno cuando una mujer en una celda te ofrece caramelo pegajoso y estoy a punto de ponérmelo en la boca cuando llega un guardia, me quita el caramelo y se lo arroja a la mujer. Puta borracha, dice, deja al chico en paz, y todas las mujeres sueltan la carcajada.

El sargento le da una manta a mi madre y ella duerme tendida en una banca. Los demás dormimos en el suelo. Papá se sienta recostado a la pared con los ojos abiertos bajo la visera de la gorra y fuma cuando los guardias le ofrecen cigarrillos. El guardia que le arrojó el caramelo a la mujer dice que él es de Ballymena en el norte y habla con papá de conocidos que tienen allí y en otras partes como Cushendall y Toome. El guardia dice que algún día tendrá una pensión y vivirá a la orilla del lago Neagh y pasará todo el día pescando. Anguilas, dice, montones de anguilas. Jesús, nada mejor que una anguila frita. Le pregunto a papá si el hombre es Cuchulain y el guardia se pone colorado de la risa: Ay, Madre de Dios, ¿oyes eso? El chico quiere saber si soy Cuchulain. No es más que un yanqui pequeñito y ya sabe todo acerca de Cuchulain.

Papá me dice: No, él no es Cuchulain pero es un hombre de bien que va a vivir a la orilla del lago Neagh pescando todo el día.

Papá me sacude. Arriba, Francis, upa. Hay ruido en el cuartel. Un chico trapea el piso y canta:

> Anyone can see why I wanted your kiss,
> It had to be and the reason is this,

Could it be true, someone like you
Could love me, love me?

Le digo que esa canción es de mi madre y que la deje de cantar pero él aspira el cigarrillo y se aleja y yo me pregunto por qué la gente tiene que andar cantando las canciones de otros. Los hombres y mujeres que salen de las celdas carraspean y bostezan. La mujer que me dio el caramelo se detiene y me dice: Me tomé unas copitas, niño. Siento haberte puesto en ridículo, pero el guardia de Ballymena le dice: Andando, vieja puta, antes de que vuelva a encerrarte.

Enciérrame, dice ella. Entro, salgo. Qué me importa, so bergante, culimorado.

Mamá está sentada en la banca, envuelta en la manta. Una mujer de pelo gris le trae una taza de té y le dice: Ajá, soy la esposa del sargento y me dijo que usted podía necesitar ayuda. ¿Le gustaría un buen huevo blando pasado por agua, señora?

Mamá sacude la cabeza, no.

Vamos, señora, le caería muy bien un buen huevo en su condición.

Pero mamá sacude la cabeza y yo me pregunto cómo es capaz de decirle no a un buen huevo pasado por agua cuando en el mundo no hay nada igual.

Está bien, señora, dice la mujer del sargento, entonces una tostadita y algo para los niños y su pobre marido.

Se mete por ahí y pronto hay pan y té. Papá se toma el té pero nos da el pan y mamá dice: Cómete el pan, por el amor de Dios. No nos vas a servir de mucho cayéndote del hambre. Él dice que no con la cabeza y le pregunta a la esposa del sargento si por casualidad tiene un cigarrillo. Ella le trae el cigarrillo y le dice a mamá que los guardias del cuartel están organizando una colecta para pagarnos los boletos de tren hasta Limerick. Vendrá un automóvil a recoger nuestro baúl y llevarnos a la estación de Kingsbridge y van a llegar a Limerick en tres o cuatro horas.

Mamá estira los brazos y abraza a la señora del sargento. Dios la bendiga a usted y a su marido y a todos los guardias, dice mamá. No sé qué hubiéramos hecho sin ustedes. Dios sabe lo bueno que es volver a estar entre la gente de uno.

Es lo menos que podemos hacer, dice la mujer del sargento. Tiene unos lindos niños y yo misma soy de Cork y sé lo que es estar en Dublín sin dos peniques uno encima de otro.

Papá está sentado al otro extremo de la banca, fumando el cigarrillo, tomándose el té. Se queda así hasta que llega el automóvil a llevarnos por las calles de Dublín. Papá le pregunta al conductor si le importaría pasar por la Dirección General de Correos y el conductor dice: ¿Necesita una estampilla? No, dice papá. Dicen que pusieron una estatua de Cuchulain para honrar a los hombres que murieron en 1916 y me gustaría mostrársela a mi hijo aquí que admira mucho a Cuchulain.

El conductor dice que no tiene idea de quién era ese tal Cuchulain pero que no le importaría detenerse en lo más mínimo. Él podría entrar también y ver de qué se trata todo ese alboroto pues no ha estado en la Dirección de Correos desde que era un niño y los ingleses casi la destruyeron disparándole con sus enormes fusiles desde el río Liffey. Dice que se pueden ver los hoyos de las balas por toda la fachada y que los deberían dejar ahí para recordarles a los irlandeses la perfidia inglesa. Le pregunto al hombre qué es perfidia y él dice que se lo pregunte a mi padre y yo ya voy a hacerlo pero paramos frente a un gran edificio con columnas y ahí queda la Dirección General de Correos.

Mamá se queda en el automóvil mientras nosotros entramos al edificio tras el conductor. Ahí está, dice, ahí está su Cuchulain.

Y yo siento que me brotan las lágrimas porque al fin lo veo, a Cuchulain, ahí en su pedestal de la Dirección General de Correos. Es dorado y tiene el pelo largo, la cabeza le cuelga desmayada y hay un pájaro grande encaramado en su hombro.

El conductor dice: ¿Y qué es todo esto en el nombre de Dios? ¿Qué hace ese tipo con el pelo largo y un pájaro en el hombro? ¿Y tendría la amabilidad de decirme, señor, qué tiene esto que ver con las tropas de 1916?

Papá dice: Cuchulain luchó hasta el final como los hombres de la Semana Santa. Sus enemigos temían acercársele sin estar seguros de que había muerto y cuando el pájaro aterrizó encima de él y bebió de su sangre lo supieron.

Bueno, dice el conductor, triste día para los hombres de Irlanda cuando necesiten un pájaro para enterarse de que alguien está muerto. Mejor vámonos ya porque nos va a dejar el tren de Limerick.

La mujer del sargento había dicho que le iba a mandar un telegrama a la abuela para que fuera a recibirnos en Limerick y ahí estaba ella en la plataforma, la abuela, de pelo blanco, mirada agria, un chal negro y ni una sonrisa para mi madre ni ninguno de nosotros, ni siquiera mi hermano Malachy, que tenía esa sonrisa grande con esos lindos dientes blancos. Mamá señaló a papá. Este es Malachy, dijo, y la abuela inclinó la cabeza y desvió la vista. Llamó a dos chicos que vagaban por la estación y les pagó para que cargaran el baúl. Tenían las cabezas rapadas, las narices mocosas y andaban descalzos y los seguimos por las calles de Limerick. Le pregunté a mamá por qué no tenían pelo y ella dijo que estaban rapados para que la piojería no tuviera dónde esconderse. Malachy dijo: ¿Quién es la piojería? y mamá dijo: No es nadie. Es un montón de piojos. La abuela dijo: Cállense, ¿quieren? ¿Qué clase de conversación es esa? Los chicos silbaban y se reían e iban al trote como si tuvieran zapatos y la abuela les dijo: Dejen esas risas o se les cae el baúl y lo estropean. Ellos dejaron de silbar y reírse y los seguimos hasta un parque con una gran columna y una estatua en el medio y una hierba tan verde que lo encandilaba a uno.

Papá llevaba a los mellizos, mamá llevaba una bolsa en una mano y le cogía la mano a Malachy con la otra. Se detenía a cada rato para recobrar el aliento y la abuela le decía: ¿Sigues fumando de esos pitos? Te van a matar. Hay suficiente tisis en Limerick para que encima la gente fume cigarrillos, y además esos son despilfarros de rico.

A lo largo del sendero que atravesaba el parque había cientos de flores de distintos colores que emocionaron a los mellizos. Las señalaban con el dedo y lanzaban chilliditos y todos nos reíamos, excepto la abuela, que se tapaba la cabeza con el chal. Papá se detuvo y bajó a los mellizos para que estuvieran más cerca de las flores. Dijo: Flores, y ellos correteaban, señalando, tratando de decir flores. Uno de los chicos del baúl dijo: Dios mío, ¿son americanos? y mamá dijo: Sí. Nacieron en Nueva York. El chico le dijo al otro: Dios mío, son americanos. Bajaron el baúl y se pusieron a mirarnos y nosotros a ellos hasta que la abuela dijo: ¿Se van a quedar aquí todo el día mirando flores y fisgándose los unos a los otros? Y otra vez echamos a andar, fuera del parque, por un estrecho callejón abajo y después por otro hasta la casa de la abuela.

Hay una hilera de casitas a cada lado del callejón y la abuela vive en una de las casitas. En su cocina hay un hornillo de hierro negro pulido y brillante y las brasas arden en la parrilla. Hay una mesa contra la pared bajo la ventana y una alacena al frente con tazas y platos y jarrones. La alacena se mantiene cerrada y ella guarda las llaves en el bolso porque no se puede usar nada de allí a menos que alguien muera o vuelva del exterior o un cura venga de visita.

En la pared junto al hornillo hay un retrato de un hombre de pelo largo castaño y ojos tristes. Se señala el pecho en donde hay un gran corazón de donde salen llamas. Mamá nos dice: Ese es el Sagrado Corazón de Jesús, y yo quiero saber por qué tiene incendiado el corazón y por qué no se echa agua. La abuela dice: ¿Es que estos niños no saben nada de su religión?, y mamá le dice que en América es distinto. La abuela dice que el Sagrado Corazón está en todas partes y que no hay excusas para semejante ignorancia.

Bajo el retrato del hombre del corazón incendiado hay una repisa con un vaso rojo con una vela que titila y al lado hay una estatua pequeña. Mamá nos dice: Ese es el Niño Jesús de Praga, y cuando necesiten algo récenle a Él.

Malachy dice: Mamá, ¿le puedo decir que tengo hambre?, y mamá se pone un dedo en los labios.

La abuela rezonga en la cocina mientras hace el té y le dice a mamá que corte el pan pero que las rebanadas no sean demasiado gruesas. Mamá está sentada junto a la mesa respirando con dificultad y dice que en un minuto va a cortar el pan. Papá coge el cuchillo y empieza a rebanar el pan y se nota que a la abuela no le gusta eso. Le frunce el ceño pero no le dice nada aunque él corta gruesas las rebanadas.

No hay suficientes sillas para todos de modo que me siento en la escalera con mis hermanos a tomar el té con el pan. Papá y mamá están en la mesa y la abuela se sienta con su taza de té debajo del Sagrado Corazón. Nos dice: Por Dios que me mira que no sé qué voy a hacer con vustedes. No caben en esta casa. No cabe ni uno solo de vustedes.

Malachy dice: Vustedes, vustedes, y le da risa, y yo digo: Vustedes, vustedes, y los mellizos dicen: Vustedes, vustedes, y nos reímos tan duro que casi no podemos comernos el pan.

La abuela nos mira furiosa: ¿De qué se ríen? No hay nada de qué reírse en esta casa. Vustedes se comportan o se las ven conmigo.

No deja de decir vustedes, y ahora Malachy revienta de la risa y escupe té con pan, con la cara cada vez más roja.

Papá dice: Malachy y los demás, paren ya. Pero Malachy no puede, sigue riéndose hasta que papá le dice: Ven acá. Le remanga la camisa a Malachy y alza la mano como para golpearlo en el brazo.

¿Te vas a comportar?

Los ojos de Malachy se llenan de lágrimas y asiente: Sí, porque papá jamás le había levantado así la mano. Papá le dice: Sé un buen chico y siéntate con tus hermanos, y le baja la manga y le da una palmadita en la cabeza.

Por la noche la hermana de mamá, la tía Aggie, volvió de su trabajo en la fábrica de confecciones. Era grande como las hermanas Mac-Namara y tenía el pelo rojo encendido. Entró rodando una gran bicicleta al cuartico trasero de la cocina y vino a buscar la cena. Vivía con la abuela porque se había peleado con su esposo, Pa Keating, que le había dicho, pasado de copas: Eres tamaña vaca gorda, vete con tu madre. Eso fue lo que la abuela le contó a mamá y por eso no había espacio para nosotros en la casa de la abuela. Allá vivían ella, la tía Aggie y otro hijo, Pat, que era mi tío y estaba afuera vendiendo periódicos.

La tía Aggie protestó cuando la abuela le dijo que mamá tendría que dormir con ella esa noche. La abuela dijo: Cierra la jeta. Es sólo por una noche y por eso no te vas a morir y si no te gusta puedes volver con tu marido que es donde debes estar de todos modos en vez de venir acá corriendo. Jesús, María y venerado San José, miren esta casa: tú y Pat y Ángela y esa pelotera de americanitos. ¿Es que no voy a tener paz en los últimos años de mi vida?

Tendió trapos y abrigos en el suelo del cuarto trasero y dormimos ahí con la bicicleta. Papá se quedó en una silla de la cocina, nos llevó a la letrina del patio de atrás cuando nos dieron ganas y durante la noche calmó a los mellizos cuando lloraron de frío.

Por la mañana la tía Aggie vino por la bicicleta y nos dijo: Un permisito, ¿sí? Vustedes se me quitan del medio, ¿sí?

Cuando se fue, Malachy se puso a remedarla: Un permisito, ¿sí? Vustedes se me quitan del medio, ¿sí? y se podía oír a papá riéndose en la cocina hasta que la abuela bajó las escaleras y él tuvo que decirle a Malachy que se callara.

Ese día la abuela y mamá salieron y encontraron un cuarto amoblado en la calle Windmill donde la tía Aggie tenía un pisito con su esposo, Pa Keating. La abuela pagó el alquiler, diez chelines por dos semanas. Le dio a mamá dinero para los víveres, nos prestó una tetera, una olla, una sartén, cucharas y cuchillos, frascos de mermelada para que usáramos como tazas, una manta y una almohada. Dijo que eso era todo lo que podía prestarnos, que papá iba a tener que mover el trasero, conseguirse un empleo, conseguirse un subsidio estatal, pedir caridad en la Sociedad de San Vicente de Paúl o vivir de la ayuda pública.

En el cuarto había una chimenea donde podíamos hervir agua para el té o un huevo en caso de que consiguiéramos algún dinero. Teníamos una mesa, tres sillas y una cama que según mamá era la más grande que había visto en la vida. Esa noche nos alegramos de tener esa cama, rendidos como estábamos de pasar noches en el suelo en Dublín y en casa de la abuela. No importaba que fuéramos seis en la misma cama, estábamos juntos, lejos de abuelas y de guardias, y Malachy podía decir vustedes y vustedes y podíamos reírnos todo lo que quisiéramos.

Papá y mamá se hicieron en la cabecera de la cama, Malachy y yo al otro extremo y los mellizos donde pudieron acomodarse. Malachy nos hizo reír de nuevo. Vustedes, vustedes, vustedes, decía, y *oy, oy, oy*, hasta que se quedó dormido. Mamá hacía el ronquidito de jip jip que nos decía que ya estaba dormida. A la luz de la luna yo podía ver toda la cama y a papá todavía despierto y cuando Oliver se puso a llorar dormido papá lo buscó y lo abrazó. Chiss, le decía, chiss.

Entonces Eugene se enderezó, berreando, arañándose. Ay, ay, mami, mami. Papá se enderezó: ¿Qué? ¿Qué pasa, hijo? Eugene siguió llorando y cuando papá saltó de la cama y encendió la lámpara de gas vimos las pulgas, saltando, brincando, pegadas de nuestros cueros. Les dábamos palmadas y palmadas pero ellas brincaban de cuerpo en cuerpo, brincando, picando. Nos rascamos las picaduras hasta que sangraron. Saltamos de la cama, los mellizos llorando, mamá gimiendo: ¡Ay, Jesús! ¿No tendremos descanso? Papá echó agua con sal en uno de los frascos de mermelada y nos la untó en las picaduras. La sal ardía pero él dijo que pronto nos sentiríamos mejor.

Mamá se sentó junto a la chimenea con los mellizos en el regazo. Papá se puso los pantalones y arrastró el colchón hasta la calle. Llenó la olla y la tetera de agua, alzó el colchón contra la pared, se puso a golpearlo con un zapato y me dijo a mí que echara agua en el suelo sin parar para ahogar las pulgas que caían. La luna de Limerick brillaba tanto que yo podía ver pedacitos de ella reflejados en el agua y quería recoger pedacitos de luna pero cómo iba a hacerlo con las pulgas saltándome a las piernas. Papá seguía golpeando con el zapato y yo tuve que correr hasta el grifo del patio trasero de la casa por más agua para la olla y la tetera. Mamá dijo: Mírate. Tienes los zapatos empapados y te vas a enfermar de muerte y a tu padre seguro le va a dar una neumonía con esos pies descalzos.

Un hombre que bajaba en bicicleta se detuvo a preguntarnos por qué papá zurraba ese colchón. Madre de Dios, dijo, jamás oí de semejante remedio para las pulgas. ¿Saben que si un hombre pudiera saltar como una pulga recorrería de un salto la mitad del camino hasta la luna? Lo que hay que hacer es esto: cuando vuelvan a entrar el colchón pónganlo al revés en la cama y eso confundirá a los bichos. No sabrán dónde están y se pondrán a picar el colchón o entre ellas mismas, y ese es el mejor remedio de todos. Después de picar a un ser humano les entra el frenesí, ¿saben?, porque hay otras pulgas que también han picado a un ser humano y el olor de la sangre es demasiado para ellas y se enloquecen. Son un maldito tormento y no iba yo a saberlo pues por algo me crié en Limerick, en Irishtown, donde las pulgas eran tantas y tan atrevidas que se te sentaban en la punta de la bota a discutir contigo la triste historia de Irlanda. Dicen que no había pulgas en la antigua Irlanda, que las trajeron los ingleses para que nos sacaran de quicio completamente, y los creo capaces hasta de eso. ¿Y no es muy raro que san Patricio haya expulsado a las serpientes de Irlanda y los ingleses hayan traído las pulgas? Durante siglos Irlanda fue un lugar pacífico y encantador, sin nada de culebras y sin una sola pulga. La gente podía pasearse por los cuatro confines verdes de Irlanda sin miedo de las serpientes y dormir toda la noche sin pulgas molestando. Esas serpientes no hacían nada malo, ellas no molestaban a menos que uno las acorralara y vivían de otras criaturas que se arrastraban bajo los matorrales y lugares así, mientras que la pulga te chupa la sangre a la mañana y al mediodía y por la noche porque esa es su naturaleza y no puede evitarlo. Tengo entendido que en los sitios donde hay montones de serpientes no hay pulgas. En Arizona, por ejemplo. Uno oye a todas horas de las serpientes de Arizona pero, ¿cuándo han oído hablar de las pulgas de Arizona? Buena suerte. Tengo que tener cuidado de no pararme aquí porque si una de ellas se me mete en la ropa daría lo mismo invitar de una vez a toda su familia. Se multiplican más rápido que los hindúes.

Papá dijo: ¿No tendría por casualidad un cigarrillo?

¿Un cigarrillo? Seguro, por supuesto. Aquí tiene. ¿No me estoy acabando yo también por culpa de estos pitos? Esa tos de perro. Tan fuerte que por poco me tumba de la bicicleta. Siento venir la tos desde el plexo solar y subir por las entrañas hasta que lo próximo que sé es que me va a reventar la cabeza.

Frotó un fósforo en una cajita, encendió un cigarrillo para él mismo y le pasó el fósforo a papá. Por supuesto, dijo, que uno está condenado a que le dé la tos si vive en Limerick porque esta es la capital de los pechos débiles y los pechos débiles conducen a la tisis. Si se muriera toda la gente que tiene tisis en Limerick esta sería una ciudad fantasma, aunque no es que yo tenga tisis. No, esta tos fue un regalo de los alemanes. Calló, le dio una chupada al cigarrillo y ahí mismo sufrió un ataque de tos. Por Cristo, si me perdonan el lenguaje, pero estos pitos van a acabar conmigo. Bueno, es hora de dejarlos con su colchón y recuerden lo que les dije: confundan a esos bichos.

Partió haciendo eses en la bicicleta, el cigarrillo colgándole en la boca, la tos sacudiéndole el cuerpo. Papá dijo: La gente de Limerick habla demasiado. Vamos, tendamos otra vez este colchón a ver si esta noche podemos dormir un poco.

Mamá estaba sentada junto a la chimenea con los mellizos dormidos en el regazo y Malachy dormía acurrucado en el piso a sus pies. Ella dijo: ¿Con quién hablabas? Sonaba muy parecido a Pa Keating, el marido de Aggie. Lo reconocí por la tos. Se ganó esa tos en la guerra en Francia una vez que tragó gas.

Dormimos el resto de esa noche y al otro día vimos dónde se habían dado su festín las pulgas, en nuestra piel colorada por las ronchas y brillante por la sangre de las rascaduras.

Mamá hizo té y pan frito y otra vez papá nos untó agua con sal en las picaduras. Volvió a cargar el colchón y lo sacó al patio de atrás. En un día tan frío como ese las pulgas tenían que morir congeladas y todos íbamos a poder dormir por la noche.

Unos días después, ya acomodados en el cuarto, papá me despierta a sacudones: Arriba, Francis, upa. Ponte la ropa y corre a buscar a la tía Aggie. Tu madre la necesita. Corre.

Mamá se queja en la cama, con la cara pura blanca. Papá ha levantado a Malachy y a los mellizos y los ha hecho sentarse en el suelo junto a la chimenea apagada. Yo corro al otro lado de la calle y llamo a la puerta de la tía Aggie hasta que el tío Pat Keating aparece tosiendo y rezongando: ¿Qué pasa? ¿Qué pasa?

Mi madre está quejándose en la cama. Creo que está enferma.

Ahora es la tía Aggie la que llega rezongando: No han traído sino problemas desde que llegaron de América.

Déjalo en paz, Aggie. Es sólo un niño que hace lo que le ordenan.

Ella le dice al tío Pa que regrese a la cama, que él tiene que trabajar al otro día y no como ciertos norteños que ella no va a nombrar. Él dice: No, no, voy contigo. Algo le pasa a Ángela.

Papá me manda a sentarme con mis hermanos. No sé qué le pasa a mamá porque todos susurran y a duras penas alcanzo a oír a la tía Aggie diciéndole al tío Pa que el niño está perdido y que busque una ambulancia y el tío Pa sale por la puerta, mientras la tía Aggie le dice a mamá que puede decir lo que quiera de Limerick pero que la ambulancia es rápida. No le habla a mi padre, nunca lo mira nunca.

Malachy dice: Papá, ¿mamá está enferma?

Se pondrá bien, hijo. Tiene que ir donde el doctor.

Me pregunto cuál niño está perdido porque todos estamos ahí, uno dos tres los cuatro, no hay un niño perdido en ningún lado y no veo por qué no me pueden decir qué le pasa a mi madre. El tío Pa regresa y la ambulancia llega ahí mismo. Entra un hombre con una camilla y después de que se llevan a mamá quedan manchas de sangre en el piso junto a la cama. Malachy se mordió la lengua y le salió sangre y el perro de la calle tenía sangre y se murió. Quiero preguntarle a papá si mamá se va a ir para siempre como mi hermana Margaret pero él se va con mamá y es inútil preguntarle a la tía Aggie nada por miedo a que le arranque a uno la cabeza de un mordisco. Ella limpia las manchas de sangre y nos manda a la cama otra vez y a quedarnos ahí hasta que papá vuelva.

Es medianoche y los cuatro estamos calienticos en la cama y nos quedamos dormidos hasta que papá regresa y nos dice que mamá está bien y muy cómoda en el hospital y que volverá a casa en un abrir y cerrar de ojos.

Días después papá va a la Oficina del Trabajo a buscar el subsidio. No hay esperanzas de que un hombre trabajador con acento de Irlanda del Norte consiga un empleo en Limerick.

Al regreso le cuenta a mamá que nos van a dar diecinueve chelines semanales. Ella dice que con eso basta para que todos nos muramos de hambre. ¿Diecinueve chelines para los seis? Eso son menos de cuatro dólares, ¿y cómo se supone que vivamos de eso? ¿Qué vamos a hacer cuando haya que pagar el alquiler dentro de dos semanas? Si el alquiler de este cuarto es de cinco chelines semanales nos quedarán catorce chelines para comida y ropa y carbón para hervir el agua del té.

Papá menea la cabeza, toma su té en un frasco de mermelada, mira por la ventana y silba *The Boys of Wexford*. Malachy y Oliver palmotean y bailan por el cuarto y papá no sabe si silbar o sonreír porque no se puede hacer las dos cosas al tiempo y él no se aguanta más. Tiene que parar y sonreír y acariciarle la cabeza a Oliver y después volver a silbar. Mamá sonríe también, pero es una sonrisa muy rápida y cuando se agacha a hurgar en las cenizas se le ve la preocupación en las esquinas caídas de la boca.

Al día siguiente le dice a papá que cuide a los mellizos y nos lleva a Malachy y a mí a la Sociedad de San Vicente de Paúl. Hacemos cola con una mujeres que llevan chales negros. Nos preguntan el nombre y se sonríen al oírnos hablar. Dicen: Señor de las alturas, oigan a esos pequeños yanquis, y se preguntan por qué mamá con ese abrigo americano anda pidiendo caridad siendo que apenas alcanza para los pobres de Limerick sin que vengan los yanquis a quitarles el pan de la boca.

Mamá les dice que una prima de ella le dio ese abrigo en Brooklyn, que su esposo anda sin trabajo, que tiene otros hijos en la casa, mellizos. Las mujeres resoplan y se ajustan los chales, ya ellas tiene sus propios líos. Mamá les cuenta que tuvo que salir de América porque no la soportaba después de que murió su hijita. Las mujeres vuelven a resoplar pero esta vez es porque mamá llora. Algunas dicen que ellas también han perdido hijos y que no hay nada peor en el mundo, podrías vivir tanto como la esposa de Matusalén pero jamás te recuperas de eso. Ningún hombre sabe lo que es ser una madre que ha perdido a un hijo, ni siquiera si el hombre es más viejo que dos Matusalenes.

Se pegan todas su buena llorada hasta que una pelirroja hace circular una cajita. Las mujeres sacan algo de la caja con los dedos y se lo meten por la nariz. Una mujer joven estornuda y la pelirroja se ríe. Ese rapé no es para ti, Biddie. Vengan, niñitos yanquis, tengan un pellizco. Nos embute el polvito marrón por las narices y nos ponemos a estornudar tan duro que las mujeres dejan de llorar y se carcajean hasta que tienen que secarse los ojos con los chales. Mamá nos dice: Eso les conviene, para que se les despeje la cabeza.

La joven, Biddy, le dice a mamá que somos dos niños encantadores. Señala a Malachy: ¿No es soberbio este hombrecito de los bucles dorados? Podría ser estrella de cine con Shirley Temple. Y Malachy sonríe y la fila se alegra.

La mujer del rapé le dice a mamá: No quiero parecer atrevida, señora, pero creo que usted debería sentarse porque ya oímos lo de su pérdida.

Otra mujer se preocupa: Ah, no, eso no les gusta.

¿A quién no le gusta qué?

Seguro, Nora Molloy, a los de la Sociedad no les gusta que nos sentemos en los peldaños. Quieren que nos paremos muy respetuosas contra la pared.

Que me besen el culo, dice Nora, la pelirroja. Siéntese ahí, señora, en ese escalón y yo me siento junto a usted y si en la Sociedad de San Vicente de Paúl dicen una sola palabra les arranco la cara, lo prometo. ¿Fuma, señora?

Sí, dice mamá, pero no tengo.

Nora se saca un cigarrillo del bolsillo de su delantal, lo parte y le ofrece la mitad a mamá.

La mujer preocupada dice: Eso tampoco les gusta. Dicen que cada cigarrillo que te fumas le quita la comida de la boca a tu niño. Míster Quinlivan ahí dentro está emperrado en eso. Dice que si tienes plata para cigarrillos la tienes para comida.

Quinlivan me puede besar el culo también, ese bastardo hipócrita. ¿Nos quiere escatimar hasta un pitazo, el único placer que nos queda en el mundo?

Una puerta se abre al final del pasillo y un señor se asoma: ¿Hay alguna esperando botas para los niños?

Algunas levantan la mano: Yo, yo.

Bueno, las botas se acabaron. Tendrán que volver el mes entrante.

Pero mi Mickey necesita botas para ir a la escuela.

Se acabaron todas, ya le dije.

Pero está helado afuera, míster Quinlivan.

Las botas se acabaron. No puedo hacer nada. ¿Qué es esto? ¿Quién está fumando?

Nora agita en el aire el cigarrillo: Yo, dice, y lo estoy disfrutando hasta la última brizna.

Cada fumada que le da... comienza a decir él.

Ya sé, dice ella: les estoy quitando comida de la boca a mis hijos.

Es usted una insolente, mujer. No espere caridad aquí.

¿Es un hecho? Bueno, míster Quinlivan, si no me la dan aquí, sé dónde conseguirla.

¿De qué habla?

Iré donde los cuáqueros. Ellos me ayudarán.

Míster Quinlivan se le acerca a Nora y la señala con el dedo: ¿Saben qué tenemos aquí? Tenemos a una sopera entre nosotros. Cuando la Gran Hambruna hubo muchos soperos. Los protestantes andaban diciéndoles a los buenos católicos que si renunciaban a su fe y se volvían protestantes les darían más sopa de la que les cabía en el estómago y, Dios se apiade de nosotros, algunos católicos aceptaron la sopa, y desde entonces los llamamos soperos y perdieron sus almas inmortales, condenadas a lo más hondo del infierno. Y usted, mujer, si va donde los cuáqueros, perderá su alma inmortal y las almas de sus hijos.

Entonces usted va a tener que salvarnos, ¿no míster Quinlivan?

Él le clava la mirada y ella se la sostiene. Los ojos de él se desvían hacia las demás mujeres. Una de ellas se tapa la boca con la mano para sofocar la risa.

¿A qué se debe esa risita? ¿De qué se ríe? le chilla él.

A nada, míster Quinlivan. Juro por Dios.

Se los repito: No hay botas. Y vuelve a entrar dando un portazo.

Una tras otra van llamando a las mujeres a ese cuarto. Nora sale sonriendo y agitando un papelito. Botas, dice. Me van a dar tres pares para mis niños. Si amenazas a esos tipos de adentro con los cuáqueros son capaces hasta de quitarse los calzoncillos del culo.

Cuando a mamá le toca el turno nos hace entrar a Malachy y a mí. Nos hacemos delante de una mesa donde hay tres señores que hacen preguntas. Míster Quinlivan empieza a decir algo pero el señor del medio dice: Suficiente, Quinlivan. Si esto dependiera de ti, tendríamos a los pobres de Limerick saltando en brazos de los protestantes.

Se dirige a mamá, quiere saber dónde consiguió ese fino abrigo rojo. Ella le cuenta lo mismo que les contó a las mujeres de afuera y cuando llega a la muerte de Margaret se pone a temblar y sollozar. Les dice a los señores que siente mucho llorar así pero que eso pasó hace apenas unos meses y ella aún no lo ha superado, ni siquiera sabe dónde enterraron a su nena si es que la enterraron, ni siquiera sabe si la bautizaron porque ella estaba tan débil de los cuatro varoncitos que no tuvo ánimos para ir a la iglesia a bautizarla y es una llaga en el corazón pensar que Margaret podría estar en el limbo eternamente sin esperanza de volver a vernos al resto de nosotros así estemos en el cielo, en el infierno o en el propio purgatorio.

Míster Quinlivan le arrima su silla: Cálmense, señora, calma. Siéntese, ¿quiere? Vamos.

Los otros señores miran a la mesa, al techo. El del medio dice que le va a dar a mamá un vale para el mercado de la semana en la tienda de la señora McGrath en la calle Parnell. Habrá té, azúcar, harina, leche y mantequilla, y un vale adicional para un bulto de carbón de la carbonería de Sutton en la calle Dock.

El tercer señor dice: Desde luego que no podremos darle lo mismo todas las semanas, señora. Visitaremos su casa para ver si está verdaderamente necesitada. Tenemos que hacer eso, señora, para considerar su petición.

Mamá se seca la cara con la manga y toma el vale. Les dice a los señores: Dios los bendiga por su bondad. Ellos inclinan la cabeza y miran a la mesa, al techo y la pared y le dicen que envíe a la siguiente.

Las mujeres de afuera le dicen a mamá: Cuando vayas donde la McGrath no le quites el ojo de encima a la vieja perra porque te hace trampa con las pesas. Pone las cosas sobre un papel en la balanza con una esquina del papel colgando del lado de ella detrás del mostrador donde ella cree que no la puedes ver. Entonces ella jala ese papel y tú tienes suerte si te da la mitad de lo que se supone que te debe dar. Y eso que tiene láminas de la Virgen María y del Sagrado Corazón de Jesús por toda la tienda, y se la pasa arrodillada en la capilla de San José zangoloteando las cuentas del rosario y respirando como una virgen mártir, la vieja perra esa.

Nora dice: Yo la acompaño, señora. Voy a la misma tienda y ya me daré cuenta si le hace trampa.

Nos guía hasta la tienda en la calle Parnell. La mujer del mostrador es muy amable con mamá en su abrigo americano hasta que mamá muestra el vale de la San Vicente de Paúl. La mujer dice: No sé qué hace por acá a estas horas del día. No atiendo casos de caridad antes de las seis de la tarde. Pero esta es su primera vez y voy a hacer una excepción.

Le dice a Nora: ¿Usted también tiene un vale?

No. Soy una amiga que le ayuda a esta pobre familia con el primer vale de la San Vicente de Paúl.

La mujer pone una hoja de periódico en la balanza y le echa harina de una gran bolsa. Cuando termina, dice: Ahí tiene, una libra de harina.

No me parece, dice Nora. Esa es una libra de harina muy pequeña.

La mujer se pone roja y la mira furiosa: ¿Me está acusando?

No, señora McGrath, dice Nora. Creo que hubo un pequeño accidente ahí con su cadera presionando el papel y usted ni siquiera notó que el papel se templó un tris. Ay, Díos mío, no. Una mujer como usted que se mantiene arrodillada frente a la Virgen María es un ejemplo para todo el mundo ¿y ese dinero que hay ahí en el suelo no es suyo?

La señora McGrath da un paso atrás rápidamente y la aguja de la balanza salta y se queda bailando. ¿Cuál dinero?, dice, hasta que mira a Nora y cae en cuenta. Nora sonríe. Me dejé engañar por las sombras, dice, y sonríe mirando la balanza. Hubo un error patente porque ahí señala apenas media libra de harina.

Esa balanza me da muchos problemas, dice la señora McGrath.

Estoy segura, dice Nora.

Pero ante Dios tengo limpia mi conciencia, dice la señora McGrath.

Estoy segura, dice Nora, y a usted todos la admiran en la Sociedad de San Vicente de Paúl y en la Legión de María.

Trato de ser una buena católica.

¿Trata? Dios sabe que es poco lo que ha tenido que tratar pues todos saben que usted tiene un corazón caritativo y yo me preguntaba si nos podría regalar un par de dulces para estos niños aquí.

Bueno, pues, no es que yo sea millonaria, pero aquí...

Dios la bendiga, señora McGrath, y sé que ya es mucho pedir pero, ¿no podría fiarme un par de cigarrillos?

Pues mire, no están en el vale. Yo no estoy aquí para suministrar lujos.

Si encuentra cómo hacerlo, señora, no se me olvidaría mencionar su bondad en la San Vicente de Paúl.

Está bien, está bien, dice la señora McGrath. Aquí tiene. Esta vez paso lo de los cigarrillos, sólo por esta vez.

Dios la bendiga, dice Nora, y siento mucho que haya tenido tantos problemas con esa balanza.

De regreso a casa nos detuvimos en el Parque del Pueblo y nos sentamos en una banca mientras Malachy y yo chupábamos nuestros dulces y mamá y Nora fumaban sus cigarrillos. El cigarrillo hizo toser a Nora y le dijo a mamá que esos pitos iban a acabar con ella, que había una vena tísica en su familia y nadie llegaba a viejo, aunque quién iba a querer eso en Limerick, un sitio donde bastaba con echar una mirada para ver que había una escasez de canas, todas las canas estaban en el cementerio o al otro lado del Atlántico trabajando en los ferrocarriles o callejeando por ahí en uniformes de la policía.

Usted, señora, tiene la suerte de haber visto un poquito de mundo. Ay, Dios, yo daría cualquier cosa por conocer Nueva York, con la gente bailando por todo Broadway sin una sola cuita. Pero no, yo tenía que enamorarme de un borrachín con ángel, Peter Molloy; un campeón bebedor de cerveza que me puso en vía de maternidad y del altar cuando yo tenía escasos diecisiete años. Yo era una ignorante, señora. Crecemos ignorantes en Limerick, sí señor, sin saber un comino de nada, y aparecen los síntomas y somos madres antes de ser mujeres. Y aquí no hay nada más que lluvia y viejas chismosas que rezan el rosario. Yo daría los dientes por salir de acá, por ir a

América o aunque fuera a la propia Inglaterra. El campeón de la cerveza vive principalmente del subsidio y a veces hasta se bebe eso y me chifla tanto que voy a parar al manicomio.

Le dio una fumada al cigarrillo y se ahogó, tosiendo cada vez más hasta sacudirse toda, y entre tos y tos gemía: Jesús, Jesús. Cuando se le pasó la tos dijo que tenía que ir a su casa a tomarse la medicina. Dijo: Nos vemos la semana entrante, señora, en la San Vicente de Paúl. Si tiene algún aprieto mándeme un mensaje a Vize's Field. Pregúntele a cualquiera por la mujer de Peter Molloy, campeón de la cerveza.

Eugene duerme en la cama tapado con un abrigo. Papá está junto a la chimenea con Oliver en las rodillas. Yo me pregunto por qué papá le cuenta a Oliver un cuento de Cuchulain. Él sabe que los cuentos de Cuchulain son míos, pero entonces miro a Oliver y no me importa. Las mejillas le brillan de lo rojas, tiene la vista fija en el fuego apagado y se nota que Cuchulain no le interesa. Mamá le pone una mano en la frente. Creo que tiene fiebre, dice. Ojalá hubiera una cebolla para hervirla en leche con pimienta. Eso es bueno para la fiebre. Pero aunque la tuviera, ¿en qué iba a hervir la leche? Necesitamos carbón para la chimenea.

Le da a papá el vale para el carbón en la calle Dock. Él me lleva consigo pero está de noche y las carbonerías están cerradas.

¿Qué vamos a hacer ahora, papá?

No lo sé, hijo.

Al frente hay mujeres con chales y niñitos que recogen carbón por la calle.

Ahí, papá, ahí hay carbón.

No, hijo. No vamos a recoger carbón de la calle. No somos mendigos.

Le dice a mamá que las carbonerías están cerradas y que tendremos que tomar leche y comer pan esta noche, pero cuando yo le cuento lo de las mujeres en la calle ella le pone a Eugene en los brazos.

Si tú eres demasiado fino para recoger carbón del piso yo sí me puedo poner mi abrigo y bajar por la calle Dock.

Busca un costal y nos lleva a Malachy y a mí con ella. Más allá de la calle Dock hay algo ancho y oscuro con luces que le titilan dentro. Mamá dice que ese es el río Shannon. Dice que era lo que más falta le hacía en América, el río Shannon. El Hudson era muy bonito pero el Shannon canta. Yo no oigo el canto pero mi madre sí y eso la pone alegre. Las demás mujeres se han ido ya y nos ponemos a buscar trocitos de carbón que hayan caído de los camiones. Mamá nos manda a recoger cualquier cosa que arda, carbón, madera, cartón, papel. Dice: Hay quienes queman cagajón de caballo pero nosotros todavía no hemos caído tan bajo. Cuando el costal está casi lleno ella dice: Ahora tenemos que encontrar una cebolla para Oliver. Malachy dice que él va a encontrar una pero ella le dice: No, no se encuentran cebollas en la calle, se compran en las tiendas.

Apenas él ve una tienda grita: Ahí hay una tienda, y entra corriendo.

Cebosha, dice. *Cebosha* para Oliver.

Mamá entra corriendo a la tienda y le dice a las mujer detrás del mostrador: Lo siento. La mujer dice: Cristo, pero si es un primor. ¿Es americano o qué?

Mamá dice que sí. La mujer se sonríe y enseña dos dientes, uno a cada lado de la encía superior. Un primor, dice, y mírenle esos soberbios rizos dorados. ¿Y qué quiere? ¿Un dulce?

No, dice mamá. Una cebolla.

La mujer se ríe. ¿Una cebolla? Nunca he oído de un niño que quiera una cebolla. ¿Eso es lo que les gusta en América?

Mamá dice: Fue que le dije que necesitaba conseguir una cebolla para mi otro hijo que está enfermo. Para hervirla en leche, usted sabe.

Está en lo cierto, señora. Nada mejor que una cebolla hervida en leche. Y mira, niñito, aquí tienes un dulce para ti y otro para el otro niñito, el hermano, supongo.

Mamá dice: De veras, no debería molestarse. Digan gracias, niños.

La mujer dice: Tenga esta buena cebolla para el niño enfermo, señora.

Mamá dice: No la puedo comprar por el momento, señora. No tengo ni un penique.

Se la estoy regalando, señora. Que jamás se diga que un niño se enfermó en Limerick por falta de una cebolla. Y no olvide ponerle una pizca de pimienta. ¿Tiene pimienta, señora?

No, pero la voy a conseguir en estos días.

Bueno, tenga, señora. Pimienta y un poquito de sal. Le hará al niño todo el bien del mundo.

Mamá dice: Dios la bendiga, señora, y tiene los ojos llorosos.

Papá camina por el cuarto con Oliver en los brazos y Eugene juega en el suelo con un perol y una cuchara. Papá dice: ¿Conseguiste la cebolla?

Sí, dice mamá, y algo más. Conseguí carbón y con qué prenderlo.

Sabía que lo harías. Le recé una oración a san Judas. Es mi santo favorito, patrono de los casos desesperados.

Yo conseguí el carbón. Yo conseguí la cebolla, sin la ayuda de san Judas.

Papá dice: No deberías andar recogiendo carbón por las calles como una mendiga. Eso no está bien. Mal ejemplo para los niños.

Entonces debiste haber mandado a san Judas a la calle Dock.

Malachy dice: Tengo hambre, y yo tengo hambre también, pero mamá dice: Se tienen que esperar a que hierva en leche la cebolla de Oliver.

Enciende el fuego, corta en dos la cebolla, echa media en la leche hirviente con un poco de mantequilla y salpica la leche con pimienta. Sienta a Oliver en sus rodillas y trata de dársela pero él voltea la cara y mira a la chimenea.

Vamos, amorcito, dice ella. Te hará bien. Te pondrá grande y fuerte.

Él aprieta la boca contra la cuchara. Ella aparta el perol, lo arrulla hasta dormirlo, lo pone en la cama y nos dice a los demás que nos estemos quietos si no queremos que ella nos haga trizas. Corta la otra mitad de la cebolla en tajadas y la fríe en mantequilla con rebanadas de pan. Nos deja sentar en el suelo junto a la chimenea donde comemos el pan frito y tomamos sorbitos de té hirviendo con azúcar en los frascos de mermelada. Ella dice: Ese fuego es potente y alumbra bien así que apaguemos la lámpara de gas hasta que haya con qué comprar un contador.

El fuego calienta la habitación y en las llamas que bailan sobre el carbón se pueden ver caras y montañas y valles y animales que saltan. Eugene se queda dormido en el suelo y papá lo lleva hasta la cama junto a Oliver. Mamá pone el perol de la cebolla hervida en la repisa de la chimenea por temor a que lo alcance un ratón o una rata. Dice que está rendida después de semejante día, con la Sociedad de San Vicente de Paúl, la tienda de la señora McGrath, la recogida de carbón por la calle Dock, la preocupación de que Oliver no quisiera la cebolla hervida, y es que si él sigue así mañana lo va a llevar al doctor, y ella se va a acostar ahora mismo.

Pronto estamos todos acostados y si hay una que otra pulga por ahí no me importa porque la cama está muy tibia con los seis adentro y me encanta el resplandor del fuego y cómo se refleja en las paredes y en el techo y hace que el cuarto se ponga rojo y negro, rojo y negro, hasta que se opaca y queda blanco y negro y lo único que se oye es el débil gemido de Oliver agitándose en los brazos de mi madre.

Por la mañana papá está encendiendo el fuego, haciendo té, cortando el pan. Ya está vestido y le dice a mamá que se vista de prisa. Me dice a mí: Francis, tu hermanito Oliver está enfermo y lo vamos a llevar al hospital. Pórtate bien y cuida a tus hermanitos. Volveremos pronto.

Mamá dice: Cuando salgamos ojo con el azúcar. No somos millonarios.

Cuando mamá levanta a Oliver y lo envuelve en un abrigo Eugene se endereza en la cama. Quiero a Ollie, dice. Ollie juega.

Ollie va a volver pronto, dice ella, y podrás jugar con él. Ahora puedes jugar con Malachy y Frank.

Ollie, Ollie, quiero a Ollie.

Sigue a Oliver con la mirada y cuando ellos se van se sienta en la cama a mirar por la ventana. Malachy dice: Genie, Genie, tenemos pan, tenemos té. Azúcar en tu pan, Genie. El otro sacude la cabeza y aparta el pan que Malachy le ofrece. Se acurruca en el sitio donde Oliver durmió con mamá, recuesta la cabeza y mira fuera de la ventana.

La abuela está en la puerta. Me dijeron que sus padres pasaron corriendo por la calle Henry con el niño en los brazos. ¿Adónde iban?

Oliver está enfermo, le digo yo. No se quiso comer la cebolla hervida en leche.

¿Qué disparates dices?

No se quiso comer la cebolla hervida y se enfermó.

¿Y quién los cuida a ustedes?

Yo.

¿Y qué le pasa al niño que está en la cama? ¿Cómo se llama?

Ese es Eugene. Oliver le hace falta. Son mellizos.

Ya sé que son mellizos. Ese niño se ve famélico. ¿No tienen ni gachas aquí?

¿Qué es gachas?, dice Malachy.

¡Jesús, María y venerado San José! ¡Qué es gachas! Gachas son gachas. Eso es gachas. Vustedes son la recua de yanquis más ignorantes que haya visto. Pónganse la ropa y vamos a donde su tía Aggie al otro lado de la calle. Ella está allá con el marido, Pa Keating, y les puede dar un poco de gachas.

Alza a Eugene, lo arropa con el chal y cruzamos la calle hasta la casa de la tía Aggie. Está viviendo otra vez con el tío Pa porque él dijo que después de todo ella no era una vaca gorda.

¿Tienes gachas por ahí?, le dice la abuela a la tía Aggie.

¿Gachas? ¿Se supone que debo alimentar de gachas a un batallón de yanquis?

Apiádate un poco, dice la abuela. No te vas a morir si les das un poco de gachas.

Y me figuro que encima van a querer azúcar y leche o que van a tumbarme la puerta a ver si les doy un huevo si no hay inconveniente. No veo por qué tenemos que pagar por los errores de Ángela.

Jesús, dice la abuela, qué bueno que no fuiste la dueña del establo de Belén o si no la Sagrada Familia todavía andaría vagando por el mundo muerta de hambre.

La abuela se abre paso, pone a Eugene en una silla junto a la chimenea y prepara las gachas. Un hombre sale de otro cuarto. Tiene el pelo rizado y negro y la piel negra y me gustan sus ojos porque son muy azules y amistosos. Es el marido de la tía Aggie, el hombre que se detuvo a hablarnos la noche en que atacábamos las pulgas y nos contó todo sobre las pulgas y las serpientes, el hombre que le dio la tos de tragar gas en la guerra.

Malachy dice: ¿Por qué está todo negro?, y el tío Pa Keating se ríe y tose tan duro que tiene que calmarse con un cigarrillo. Ay, los pequeños yanquis, dice. No tienen un pelo de tímidos. Estoy negro porque trabajo en la Fábrica de Gas de Limerick paleando carbón y coque a los hornos. Me envenenan con gas en Francia y vuelvo a Limerick a trabajar en una fábrica de gas. Cuando crezcan eso les va a parecer gracioso.

Malachy y yo tenemos que quitarnos de la mesa para que los grandes se puedan sentar a tomar el té. Se toman el té pero el tío Pa Keating, que es tío mío porque está casado con mi tía Aggie, levanta a Eugene y lo sienta en sus rodillas. Dice: Este caballerito está triste, y le hace caras graciosas y ruidos tontos. Malachy y yo nos reímos pero Eugene sólo extiende la mano para tocar la negrura de la piel del tío Pa Keating, y entonces cuando Pa hace como si le fuera a morder la mano, Eugene se ríe y todos en el cuarto se ríen. Malachy se le acerca a Eugene y trata de hacerlo reír todavía más pero Eugene esconde la cara en la camisa del tío Pa Keating.

Creo que yo le agrado, dice Pa, y entonces la tía Aggie baja la taza y se pone a berrear, Guaa, guaa, guaa, con grandes lágrimas que le ruedan por esa cara gorda y colorada.

Ay, Jesús, dice la abuela, dale otra vez. ¿Ahora qué te pasa?

Y la tía Aggie balbucea: Ver a Pa ahí con un niño en las rodillas y yo sin esperanzas de tener uno propio.

La abuela le grita: Deja de hablar así delante de los niños. ¿No tienes vergüenza? Cuando a Dios le convenga y le parezca te enviará tu prole.

La tía Aggie solloza: Ángela ya tiene cinco paridos y uno de ellos muerto y es tan inútil que no puede ni fregar suelos y yo sin uno y eso que sé fregar y limpiar como la que más y hacer cualquier clase de guisos y de fritos.

Pa Keating se ríe: Creo que me voy a quedar con este caballerito.

Malachy corre hacia él: No, no, no. Ese es mi hermano, ese es Eugene. Y yo digo: No, no, no, ese es nuestro hermano.

La tía Aggie se seca las lágrimas de los cachetes. Dice: Yo no quiero nada de Ángela. No quiero nada que sea mitad de Limerick y mitad de Irlanda del Norte, no lo quiero, así que pueden llevárselo a su casa. Algún día tendré el mío aunque tenga que rezarle cien novenas a la Virgen María y a su madre Santa Ana, o aunque tenga que ir de rodillas desde aquí hasta Lourdes.

La abuela dice: Ya basta. Ya se comieron las gachas y es hora de volver a casa y ver si sus padres regresaron del hospital.

Se pone el chal y se le acerca a Eugene para cargarlo pero él se aferra con tanta fuerza de la camisa de Pa Keating que ella se lo tiene que arrancar aunque él sigue mirando a Pa hasta que salimos por la puerta.

Seguimos a la abuela de regreso al cuarto. Puso a Eugene en la cama y le dio un trago de agua. Le dijo que se portara bien y se durmiera porque su hermanito, Oliver, ya iba a volver y podrían jugar otra vez juntos en el suelo.

Pero él se puso a mirar por la ventana.

Ella nos dijo a Malachy y a mí que nos podíamos sentar a jugar en el suelo pero que no hiciéramos ruido porque iba a rezar sus oraciones. Malachy fue a la cama y se sentó junto a Eugene y yo me senté en una de las sillas de la mesa a deletrear palabras del periódico que nos servía de mantel. Lo único que se oía eran los cuchicheos de Malachy tratando de alegrar a Eugene y el murmullo de la abuela al son de los chasquidos de las cuentas del rosario. Había tanto silencio que apoyé la cabeza en la mesa y me quedé dormido.

Papá me toca el hombro. Vamos, Francis, tienes que cuidar a tus hermanitos.

Mamá está echada en el borde de la cama, haciendo ruiditos llorosos como un pájaro. La abuela se pone el chal. Dice: Voy a ir a la funeraria de Thompson para lo del ataúd y el coche. De más que la Sociedad de San Vicente de Paúl va a pagar todo eso, Dios lo sabe.

Sale. Papá está de pie mirando a la pared sobre la chimenea, pegándose en los muslos con los puños, suspirando.

Papá me asusta con esos suspiros, y mamá me asusta con sus ruiditos de pájaro y no sé qué hacer aunque me pregunto si alguien va a encender el fuego en la hornilla para que podamos tomar té y comer pan porque hace ya mucho rato que nos comimos las gachas. Si papá se apartara de la chimenea yo mismo podría prender el fuego. Lo único que se necesita es papel, unos trocitos de carbón o de turba y un fósforo. Él no se mueve así que trato de colarme al lado de sus piernas mientras se pega en los muslos pero él me ve y me pregunta por qué quiero prender el fuego. Yo le digo que tenemos hambre y él suelta una risa de loco. ¿Hambre? dice. Francis, tu hermanito Oliver está muerto. Tu hermanita está muerta y tu hermanito está muerto.

Me alza y me aprieta tanto que me hace gritar. Entonces Malachy llora, mi madre llora, papá llora, yo lloro, pero Eugene sigue callado. Entonces papá dice sorbiéndose los mocos: Démonos un banquete. Vamos, Francis.

Le dice a mi madre que ya volvemos pero ella está acostada con Malachy y Eugene y no alza la vista. Él me lleva por las calles de Limerick y vamos de tienda en tienda mientras pide comida o lo que puedan darle a una familia a la que se le han muerto dos hijos en un año, uno en América, otro en Limerick, y en peligro de perder otros tres por falta de comida y de bebida. La mayoría de los tenderos sacuden la cabeza. Sentido pésame pero podrían acudir a la Sociedad de San Vicente de Paúl o conseguir caridad pública.

Papá dice que se alegra de ver vivo el espíritu de Cristo en Limerick y ellos le dicen que en Limerick no necesitan que personas como él con ese acento norteño vengan a hablarles de Cristo y que le debería dar vergüenza arrastrar por la calle a un niño como si fuera un mendigo cualquiera, un remendón, un chatarrero.

Unos pocos tenderos nos dan pan, papas o latas de fríjoles y papá dice: Volvamos ya para que puedan comer algo, pero nos encontramos con el tío Pa Keating y él le dice a papá que sentido pésame y que si no le gustaría tomarse una pinta en esa taberna que hay ahí.

En la taberna los hombres están sentados con grandes vasos de una cosa negra frente a ellos. El tío Pa Keating y papá toman de esa cosa negra también. Alzan los vasos con cuidado y beben despacio. Hay algo cremoso y blanco en sus labios, que se lamen mientras suspiran suavemente. El tío Pa me trae una botella de limonada y papá me da un trozo de pan y ya no tengo hambre. Así y todo, me pregunto cuánto vamos a quedarnos aquí mientras Malachy y Eugene están en casa con hambre, y han pasado horas desde las gachas, que Eugene no probó de todas formas.

Papá y el tío Pa beben sus vasos de líquido negro y piden más. El tío Pa dice: Frankie, esto es una pinta. Esta es la fuente de la vida. Esto es lo mejor para las madres en estado de lactancia y para los que llevan mucho tiempo destetados.

Ríe y papá sonríe y yo río porque pienso que eso es lo que hay que hacer cuando el tío Pa dice algo. Él no se ríe cuando les cuenta a los presentes lo de la muerte de Oliver. Los otros hombres se tocan el sombrero mirando a papá. Sentido pésame, señor, venga, tómese una pinta.

Papá dice que sí a las pintas y pronto está cantando *Roddy McCorley* y *Kevin Barry* y una canción tras otra que yo no había oído antes y llorando por su linda niñita, Margaret, que murió en América, y su hijito, Oliver, que murió allá en el hospital del asilo. A mí me asusta su modo de aullar y llorar y cantar y desearía estar en casa con mis tres hermanos, no, mis dos hermanos, y mi madre.

El hombre de la barra le dice a papá: Me parece, señor, que ya ha tomado suficiente. Nuestro sentido pésame pero usted tiene que llevar a ese niño donde su madre que debe de estar desconsolada junto al fuego.

Papá dice: Una, una pinta más, sólo una, ¿eh?, y el hombre dice que no. Papá sacude el puño: Yo hice mi parte por Irlanda, y cuando el hombre sale y agarra a papá del brazo, papá trata de sacudírselo de encima.

El tío Pa dice: Vámonos ya, Malachy, déjate de bravuconadas. Tienes que volver a casa con Ángela. Mañana tienes un entierro y los niños te esperan.

Pero papá se resiste hasta que unos cuantos hombres lo sacan a empellones a la oscuridad. El tío Pa sale dando tropezones con la bolsa de comida. Vamos, dice. Volvamos a tu cuarto.

Papá quiere ir a otro sitio a tomarse una pinta pero el tío Pa le dice que ya no tiene plata. Papá dice que él le puede contar sus penas a la gente y que ellos le brindarán cerveza. El tío Pa dice que hacer eso es una deshonra y papá le llora en el hombro. Eres un buen amigo, le dice al tío Pa. Vuelve a llorar hasta que el tío Pa le da unas palmaditas en la espalda. Es terrible, terrible, dice el tío Pa, pero con el tiempo lo vas a superar.

Papá se endereza y lo mira. Nunca, dice. Nunca.

Al día siguiente fuimos al hospital en un coche con un caballo. Pusieron a Oliver en una caja blanca que venía con nosotros en el coche y lo llevamos al cementerio. Pusieron la caja blanca en un hoyo en el suelo y la taparon con tierra. Mi madre y la tía Aggie lloraron, la abuela tenía cara de enojada, papá, el tío Pa Keating y el tío Pat Sheehan tenían cara de tristes pero no lloraron y yo pensé que si uno era un hombre podía llorar únicamente cuando tomaba de esa cosa negra que llaman pinta.

No me gustaron los grajos posados en los árboles y en las lápidas y no quería dejar a Oliver con ellos. Le tiré una pedrada a uno que se contoneaba hacia la tumba de Oliver. Papá dijo que no debería tirarles piedras a los grajos, que podían ser el alma de alguien. Yo no sabía qué era un alma pero no se lo pregunté porque no me importaba. Oliver estaba muerto y yo odiaba los grajos. Algún día yo sería grande y volvería con un costal de piedras y dejaría un tendal de grajos muertos por todo el cementerio.

Al otro día del entierro de Oliver papá fue a la Oficina del Trabajo a firmar y cobrar el subsidio de la semana, diecinueve chelines y seis peniques. Dijo que volvería al mediodía, que traería carbón para hacer fuego, que comeríamos huevos con tocino y té en honor a Oliver, que a lo mejor nos tocaba un dulce o dos.

No volvió al mediodía, ni a la una, ni a las dos, y nosotros hervimos y nos comimos las pocas papas que los tenderos nos habían regalado el día anterior. No regresó antes de la puesta del sol de ese día de mayo. No hubo señas de él hasta que lo escuchamos, mucho después de que hubieran cerrado las tabernas, trastabillando por la calle Windmill, cantando:

Todos alrededor están en vela
pero el Oeste sueña, pero el Oeste sueña...
¡Ay! Y bien puede llorar Erín su pena
cuando en Connacht la somnolencia impera.
Allí el lago y el llano sonríen libres y amenos
entre riscos que son sus fieles caballeros.

Cantad, ¡oh!, que los hombres aprendan libertad
del fragoroso viento y el proceloso mar.[1]

Entró dando tumbos en el cuarto, agarrándose de las paredes. De la nariz le chorreaba un moco y se lo limpió con el reverso de la mano. Trataba de hablar. Esos niños debían eggstar aggostados. Oiggannme. Niños agguéstense.

Mamá se le encaró. Esos niños tienen hambre. ¿Dónde está el dinero del subsidio? Comprémosles pescado y papas fritas para que tengan algo en la barriga antes de dormirse.

Trató de meterle las manos en los bolsillos pero él la apartó. Ggespeto, dijo. Ggespeto frente a niños.

Ella bregaba por llegarle a los bolsillos. ¿Dónde está el dinero? Los niños tienen hambre. Bastardo, viejo loco, ¿te volviste a beber todo el dinero? Lo mismo que hacías en Brooklyn.

Él se trababa: Pobre Ángela. Y pobrecita Maggaret y pobrecito Oliver.

Trastabilló hacia mí y me abrazó y olí el alcohol que antes olía en América. Yo tenía la cara mojada con sus lágrimas y sus babas y sus mocos y tenía hambre y no supe qué decir cuando me lloró encima de la cabeza.

Entonces me soltó y abrazó a Malachy, todavía dándole a eso de la hermanita y el hermanito fríos bajo tierra y cómo teníamos todos que rezar y ser buenos y teníamos que ser obedientes y hacer lo que nuestra madre nos dijera. Dijo que no nos faltaban penas pero que ya era hora de que Malachy y yo entráramos a la escuela porque no hay nada como la educación, les va a servir a la larga y tienen que estar preparados para que hagan su parte por Irlanda.

1 *When all around a vigil keep, / The West's asleep, the West's asleep– / Alas, and well may Erin weep / When Connacht lies in slumber deep. / There lake and plain smile fair and free, / 'Mid rocks their guardian chivalry. / Sing, Oh, let man learn liberty / From crashing wind and lashing sea.*

Mamá dice que no puede pasar un minuto más en ese cuarto de la calle Windmill. No la deja dormir el recuerdo de Oliver en ese cuarto, Oliver en la cama, Oliver jugando en el suelo, Oliver sentado en las rodillas de papá junto a la chimenea. Dice que a Eugene no le conviene estar en ese cuarto, que un mellizo sufre por la muerte de su hermano incluso más de lo que una madre puede comprender. Hay un cuarto en la calle Hartstonge con dos camas en vez de la única que tenemos aquí para los seis, no, para los cinco. Vamos a conseguir ese cuarto y para asegurarse ella va a ir a la Oficina del Trabajo el jueves a hacer la cola para echarle mano al subsidio en el instante en que se lo entreguen a papá. Él dice que ella no puede hacer eso, que él quedaría mal delante de los otros. La Oficina del Trabajo es un lugar para hombres y no para mujeres que les quitan el dinero en las propias narices. Ella dice: Lo siento por ti. Si no te gastaras el dinero en las tabernas yo no tendría que perseguirte como pasaba en Brooklyn.

Él le dice que quedará deshonrado para siempre. Ella dice que no le importa. Quiere ese cuarto de la calle Hartstonge, un cuarto tibio y cómodo con un retrete al final del pasillo como en Brooklyn, un cuarto sin pulgas y esa humedad que mata. Quiere ese cuarto porque queda en la misma calle que la Escuela Nacional de Leamy y Malachy y yo podemos ir a casa a la hora de almuerzo, que es a las doce, a tomarnos una taza de té y comernos una rebanada de pan frito.

El jueves mamá sigue a papá hasta la Oficina del Trabajo. Entra campante detrás de él y cuando el empleado empuja el dinero hacia mi papá ella le echa mano. Los otros hombres se codean y sonríen y papá queda deshonrado porque se supone que una mujer no puede entrometerse con el subsidio de un hombre. Él podría querer apostarle seis peniques a un caballo o tomarse una pinta y si todas las mujeres empezaran a obrar como mamá los caballos dejarían de correr y la cervecería Guinness se quebraría. Pero ella tiene ahora el dinero y nos mudamos a la calle Hartstonge. Más adelante ella levanta a Eugene y vamos por la calle hasta la Escuela Nacional de

Leamy. El director, míster Scallan, dice que volvamos el lunes con un cuaderno de ejercicios, un lápiz y una pluma bien afilada. No debemos asistir a la escuela ni con tiña ni con piojos y hay que sonarnos las narices a todas horas, no hacia el suelo, eso propaga la tisis, ni en las mangas de la camisa, sino en un pañuelo o un trapo limpio. Nos pregunta si somos chicos buenos y cuando decimos que sí, que somos chicos buenos, dice: Santo Dios, ¿qué es esto? ¿Son yanquis o qué?

Mamá le cuenta lo de Margaret y Oliver y él dice: Dios del cielo, Dios del cielo, hay mucho sufrimiento en este mundo. De todos modos, pondremos al pequeño, Malachy, con los párvulos y a su hermano en el primer grado. Están en la misma aula con un solo maestro. El lunes por la mañana, pues, a las nueve en punto.

Los alumnos de Leamy quieren saber por qué hablamos así. ¿Son yanquis o qué? Y cuando les decimos que venimos de América quieren saber: ¿Son gángsteres o vaqueros?

Un chico grandulón se me encara. Te estoy preguntando algo, dice. ¿Son gángsteres o vaqueros?

Le digo que no lo sé y cuando él me clava el dedo en el pecho Malachy dice: Yo soy un gángster y Frank es un vaquero. El grandulón dice: Tu hermanito es muy listo y tú eres un yanqui imbécil.

Los chicos que lo rodean se animan. Pelea, gritan, pelea, y él me empuja tan duro que me voy al suelo. Quiero llorar pero la negrura se apodera de mí igual que cuando lo de Freddie Leibowitz y me le abalanzo dando patadas y puñetazos. Lo tumbo y trato de agarrarlo del pelo para golpearle la cabeza contra el suelo pero siento un pinchazo agudo en la parte trasera de mis piernas y me separan de él.

Míster Benson, el maestro, me agarra de la oreja y me azota las piernas. Matoncito, me dice. ¿Esa es la case de comportamiento que has traído de América? Bueno, por Dios que vas a saber comportarte cuando haya terminado contigo.

Me ordena que extienda una mano y luego la otra y me pega con la vara una vez en cada una. Ahora vete a casa, dice, y cuéntale a tu madre lo malo que fuiste. Eres un yanqui malo. Repite conmigo: soy un niño malo.

Soy un niño malo.

Ahora di: soy un yanqui malo.

Soy un yanqui malo.

Malachy dice: Él no es un niño malo. El malo es ese grande. Dijo que éramos vaqueros y gángsteres.

¿Hiciste eso, Heffernan?

Sólo estaba bromeando, señor.

No más bromas, Heffernan. No es culpa de ellos si son yanquis.

No, señor.

Y tú, Heffernan, deberías ponerte de rodillas todas las noches y agradecerle a Dios que no seas un yanqui porque si lo fueras, Heffernan, serías el principal gángster a ambos lados del Atlántico. Al Capone te buscaría para que le dieras lecciones. No molestes más a estos dos yanquis, Heffernan.

No, señor.

Y si lo haces, Heffernan, voy a colgar tu cuero en la pared. Ahora a casa, todos.

Hay varios maestros en la Escuela Nacional de Leamy y todos llevan correas, varas, palos de endrino. Te zurran en los hombros, la espalda, las piernas y especialmente en las manos. Si te pegan en las manos eso se llama un palmetazo. Te pegan si llegas tarde, si la punta de tu pluma chorrea, si te ríes, si hablas y si no sabes cosas.

Te pegan si no sabes por qué Dios hizo el mundo, si no te sabes el santo patrón de Limerick, si no puedes recitar el Credo de los Apóstoles, si no puedes sumar diecinueve y cuarenta y siete, si no puedes restar diecinueve de cuarenta y siete, si no te sabes las principales ciudades y productos de los treinta y dos condados de Irlanda, si no puedes encontrar a Bulgaria en el mapa del mundo que hay en la pared y que está salpicado de escupitajos, mocos y manchones de tinta arrojada por alumnos furiosos que fueron expulsados de por vida.

Te pegan si no sabes decir tu nombre en irlandés, si no sabes decir el Ave María en irlandés, si no sabes pedir permiso para ir al retrete en irlandés.

Escuchar a los niños grandes que van más adelante ayuda. Te informan sobre el maestro que tienes ahora, qué le gusta y qué odia.

Un maestro te pega si no sabes que Eamon De Valera es el hombre más grande que ha existido. Otro te pega si no sabes que Michael Collins fue el hombre más grande que ha existido.

Míster Benson odia a América y tienes que acordarte de odiar a América o si no te pega.

Si llegas a decir algo bueno de Oliver Cromwell todos te pegan.

Incluso si te dan seis palmetazos en cada mano con la vara de fresno o la de endrino que tiene nudos tú no debes llorar. Serías un mariquita. Hay niños que se reirían de ti y te humillarían en la calle pero hasta ellos tienen que andarse con cuidado porque ya llegará el día en que el maestro los azote y les dé palmetazos y tendrán que guardarse las lágrimas en los ojos o caer en desgracia para siempre. Algunos niños dicen que es mejor llorar porque eso les agrada a los maestros. Si no lloras los maestros te odian porque eso los hace quedar como unos débiles delante de la clase y se prometen que la próxima vez que te echen mano te van a sacar lágrimas o sangre o las dos cosas.

Unos niños grandes del quinto grado me cuentan que a míster O'Dea le gusta ponerte delante de la clase y cuadrarse detrás de ti y pellizcarte las patillas, que se llaman chuletas, y jalártelas. Upa, upa, dice, hasta que quedas en puntillas y los ojos se te llenan de lágrimas. No quieres que los demás te vean llorando pero que te jalen las chuletas te saca las lágrimas quieras o no y al maestro le gusta eso. Míster O'Dea es el único maestro que siempre te provoca las lágrimas y la humillación.

Es mejor no llorar porque hay que ser solidario con los niños de la escuela y uno no quiere darles ningún gusto a los maestros.

Si el maestro te pega de nada sirve quejarse con tu padre o tu madre. Siempre dicen: Te lo buscaste. Ahora no te comportes como un bebé.

Yo sé que Oliver está muerto y Malachy sabe que Oliver está muerto pero Eugene es demasiado pequeño para saber nada. Cuando se despierta por la mañana dice: Ollie, Ollie, y hace pinitos por el cuarto buscando bajo las camas o se sube a la cama junto a la ventana y señala a los niños en la calle, especialmente a los niños rubios como él y Oliver. Ollie, Ollie, dice, y mamá lo levanta, solloza, lo abraza. Él forcejea por bajarse porque no quiere que lo carguen y lo aprieten. Quiere encontrar a Oliver.

Papá y mamá le dicen que Oliver está en el cielo jugando con los angelitos y que algún día todos lo vamos a volver a ver pero él no entiende pues sólo tiene dos años y no tiene las palabras y eso es lo peor que hay en todo el mundo.

Malachy y yo jugamos con él. Tratamos de hacerlo reír. Le hacemos muecas. Nos ponemos ollas en la cabeza y hacemos como que se nos caen. Corremos por el cuarto y fingimos caernos. Lo llevamos al Parque del Pueblo a ver las flores lindas, a jugar con los perros, a revolcarnos en la hierba.

Él se fija en los niñitos rubios como Oliver. Ya no dice más Oliver. Sólo señala.

Papá dice que Eugene tiene suerte de tener hermanos como Malachy y yo porque le ayudamos a olvidar y pronto, con la ayuda de Dios, no tendrá ningún recuerdo de Oliver.

Murió, de todas formas.

A los seis meses de haberse ido Oliver nos despertamos en una fea mañana de noviembre y ahí estaba Eugene, frío en la cama de al lado. El doctor Troy vino y dijo que el niño había muerto de neumonía y que por qué no lo habían llevado al hospital hacía rato. Papá dijo que él no sabía y mamá dijo que ella no sabía y el doctor Troy dijo que por eso los niños se morían. La gente no sabe. Dijo que si Malachy o yo mostrábamos el más mínimo síntoma de tos o la más mínima carraspera en la garganta debíamos llamarlo sin importar la hora del día o de la noche. Había que mantenernos secos a todas horas porque al parecer la familia era como un poquito débil del pecho. Le dijo a mamá que sentido pésame y que le iba a recetar algo para aliviar la pena de los próximos días. Dijo que Dios estaba exigiendo demasiado, no joda.

La abuela vino a visitarnos con la tía Aggie. Lavó a Eugene, y la tía Aggie fue a una tienda por una batica blanca y lo acostó al pie de la ventana por donde él solía buscar a Oliver. Le pusieron las manos en el pecho, una encima de la otra, enlazadas en las pequeñas cuentas blancas de un rosario. La abuela le despejó los ojos y la frente con un peine y dijo: Tiene un lindo pelo, suave y sedoso. Mamá fue a la cama y le tendió una manta en las piernas para calentarlo. La abuela y la tía Aggie se miraron sin decir nada. Papá estaba al pie de la cama golpeándose los muslos con los puños, hablando con Eugene, diciéndole: Ay, fue el río Shannon el que te hizo daño, la humedad de ese río que vino y te llevó a ti y se llevó a Oliver. La abuela dijo: ¿Quieres callarte? Estás poniendo nervioso a todo el mundo. Tomó la fórmula del doctor Troy y me mandó donde O'Connor el boticario por las píldoras, sin costo gracias a la amabilidad del doctor Troy. Papá dijo que me iba a acompañar, que iríamos a la iglesia de los jesuitas a rezar una oración por Margaret y Oliver y Eugene, todos felices en el cielo. El boticario nos dio las píldoras, nos detuvimos a rezar las oraciones y cuando regresamos al cuarto la abuela le dio a papá algún dinero para que trajera unas botellas de cerveza de malta de la taberna. Mamá dijo: No, no, pero la abuela dijo: Él no tiene de esas píldoras para calmarse, Dios nos ampare y favorezca, y una cerveza servirá al menos de un poquito de alivio. Luego le dijo a él que al otro día iba a tener que ir a la funeraria para traer el ataúd en un coche. A mí me dijo que fuera con mi padre para asegurarme de que no se quedara toda la noche en la taberna y se bebiera todo el dinero. Papá dijo: Frankie no debe andar por las tabernas, y ella le dijo: Entonces no te quedes allá. Él se puso la gorra y fuimos a la taberna de South y él me dijo en la puerta que ya podía regresarme, que él volvería después de tomarse una pinta. Yo dije: No, y él dijo: No seas desobediente. Ve a casa con tu pobre madre. Yo dije: No, y él dijo que yo era un niño malo y que Dios se iba a enojar conmigo. Yo le dije que no iba a volver a casa sin él y él dijo: ¿Para dónde va el mundo? Se apuró una pinta de cerveza amarga en la taberna y regresamos a la casa con las botellas de cerveza de malta. Pa Keating estaba en nuestro cuarto con una botellita de whisky y botellas de cerveza y el tío Pat Sheehan trajo otras dos botellas para él solo. El tío Pat se sentó en el suelo protegiendo las botellas con los brazos y no dejaba de decir: Son mías, son mías, por miedo a que se las quitaran. A las personas que dejan caer de cabeza les preocupa mucho que alguien les robe la cerveza. La abuela dijo: Está bien, Pat, tómate tu cerveza. Nadie te va a molestar. Ella y la tía Aggie estaban sentadas en la cama junto a Eugene. Pa Keating estaba sentado en una de las sillas de la mesa de la cocina y se tomaba su cerveza y le ofrecía a todo el mundo un traguito de whisky. Mamá se tomó sus píldoras y se sentó junto al fuego con Malachy en el regazo. No paraba de decir que Malachy tenía el pelo como el de Eugene y la tía Aggie decía que no, no lo tenía, hasta que la abuela le clavó el codo a la tía Aggie en las costillas y le dijo que se callara. Papá bebía su cerveza recostado en la pared entre la chimenea y la cama de Eugene. Pa Keating contaba historias y los grandes se reían aunque no quisieran reírse o no debieran reírse en presencia de un niño muerto. Dijo que cuando estaba con el ejército inglés en Francia los alemanes les dispararon un gas que lo puso tan mal que tuvieron que llevarlo al hospital. Lo dejaron un tiempo en el hospital y después lo mandaron otra vez a las trincheras. A los soldados ingleses los mandaban a casa pero allá no daban el pedo de un violinista por la vida de los soldados irlandeses. En lugar de morirse Pa hizo una gran fortuna. Dijo que había resuelto uno de los mayores problemas de la guerra de trincheras. Las trincheras se mantenían tan mojadas y embarradas que no había modo de hervir el agua para el té. Se dijo: Jesús, tengo todo este gas en el cuerpo y sería una gran lástima desperdiciarlo, así que se metió un tubo por el culo, le puso un fósforo encendido y he ahí que en un segundo tenía una magnífica llama para hervir agua en cualquier lata. Los soldaduchos ingleses vinieron corriendo de todas las trincheras de los alrededores cuando oyeron la noticia y le ofrecieron cualquier cantidad de dinero si los dejaba hervir agua. Hizo tanta plata que pudo sobornar a los generales para que lo dieran de baja del ejército y partió hacia París donde la pasó divinamente tomando vino con artistas y modelos. La juerga fue tal que se gastó toda la plata y cuando regresó a Limerick el único trabajo que pudo conseguir fue en la fábrica de gas paleando carbón a los hornos. Dijo que ahora tenía tanto gas en el cuerpo que podía alumbrar un pueblo entero por un año. La tía Aggie tragó saliva y dijo que esa no era una historia apropiada para contar delante de un niño muerto y la abuela dijo que era mejor oír una historia como esa que estar sentados con la cara larga. El tío Pat Sheehan, sentado en el suelo con su cerveza, dijo que iba a cantar una canción. Que te aproveche, dijo Pa Keating, y el tío Pat cantó *The Road to Rasheen*. Repetía: *Rasheen, Rasheen, mavourneen mean*[2] y la canción no tenía sentido porque su padre lo había dejado caer de cabeza hacía mucho tiempo y cada vez que él cantaba esa canción le ponía una letra distinta. La abuela dijo que esa era una buena canción y Pa Keating dijo que a Caruso más le valdría cuidarse la espalda. Papá caminó hasta la cama en el rincón donde dormía con mamá. Se sentó en el borde, puso la botella en el suelo, se tapó la cara con las manos y se puso a llorar. Dijo: Frank, Frank, ven acá, y yo tuve que ir dónde él para que me abrazara del mismo modo como mamá abrazaba a Malachy. La abuela dijo: Mejor nos vamos ya y dormimos un poco antes del entierro de mañana. Cada uno se arrodilló frente a la cama de Eugene y le rezó una oración y le besó la frente. Papá me soltó, se puso de pie y los fue despidiendo con una inclinación de la cabeza. Cuando se fueron se llevó una a una todas las botellas a la boca y las terminó de vaciar. Metió el dedo en la botella de whisky y se lo lamió. Le bajó a la llama de la lámpara de

---

2 Rasheen, Rasheen, miserable amor mío.

kerosene sobre la mesa y dijo que ya era hora de que Malachy y yo nos acostáramos. Tendríamos que dormir con él y con mamá en la misma cama porque el pequeño Eugene iba a necesitar la otra para él. Ahora estaba a oscuras en el cuarto a excepción del rayito de luz que venía de la calle y pegaba en el lindo pelo suave y sedoso de Eugene.

Papá enciende el fuego por la mañana, prepara el té, tuesta el pan en el fuego. Le lleva el té con tostadas a mamá pero ella lo aparta con la mano y se vuelve contra la pared. Luego hace que Malachy y yo nos pongamos de rodillas y recemos con él delante de Eugene. Dice que las oraciones de niños como nosotros valen más en el cielo que las de diez cardenales y cuarenta obispos. Nos enseña a darnos la bendición. En el nombre del Padre y del Hijo y del Espíritu Santo, amén, y dice: Amado Dios, esto es lo que Tú quieres, ¿no? Quieres a mi hijo, Eugene. Te llevaste a su hermano, Oliver. Te llevaste a su hermana, Margaret. Quién soy yo para oponerme a eso, ¿verdad? Amado Dios del cielo, no sé por qué tienen que morir los niños pero esa es Tu voluntad. Le ordenaste al río que matara y el río Shannon mató. ¿Podrías por fin ser compasivo? ¿Podrías dejarnos los hijos que nos quedan? Eso es todo lo que pedimos. Amén.

Nos ayuda a Malachy y a mí a lavarnos la cabeza y los pies para que estemos limpios para el entierro de Eugene. Tenemos que quedarnos muy quietos incluso cuando nos lastima los oídos limpiándonos con la punta de la toalla que trajimos de América. Tenemos que estar quietos porque Eugene está ahí con los ojos cerrados y no queremos que despierte y se ponga a mirar por la ventana buscando a Oliver.

La abuela llega y le dice a mamá que se levante. Hay niños muertos, dice, pero hay niños vivos y necesitan a la madre. Le trae a mamá un poco de té en una taza para que pase las píldoras que calman el dolor. Papá le dice a la abuela que es jueves y que tiene que ir a la Oficina del Trabajo por el subsidio y después a la funeraria a traer el coche y el ataúd. La abuela le dice que me lleve con él pero él dice que mejor me quede con Malachy rezando por mi hermanito muerto en la cama. La abuela dice: ¿Me tomas por boba? ¿Rezar por un niñito de tan sólo dos años que ya está jugando con su hermanito en el cielo? Te llevas a tu hijo contigo y él te recordará que hoy no es día para andar de juerga. Ella lo mira a él y él la mira a ella y él se pone la gorra.

En la Oficina del Trabajo nos hacemos al final de la cola hasta que alguien sale de detrás de la caja y le dice a papá que sentido pésame y que puede adelantársele a los demás en este triste día. Los hombres se tocan la gorra y le dicen que sentido pésame y algunos me acarician la cabeza y me dan monedas, veinticuatro peniques, dos chelines. Papá me dice que ahora soy rico y debería comprarme un caramelo mientras él entra a ese sitio un minuto. Yo sé que ese sitio es una taberna y sé que quiere tomar de esa cosa negra que llaman pinta pero no digo nada porque quiero ir a la tienda de al lado por un caramelo. Mastico el caramelo hasta que se derrite y me deja la boca toda dulce y pegajosa. Papá sigue en la taberna y yo me pregunto si me debo comprar otro caramelo mientras él está ahí dentro con su pinta. Estoy a punto de darle las monedas a la mujer de la tienda cuando me dan una palmada en la mano y ahí está la tía Aggie, furibunda. ¿Esto es lo que haces, dice, el día del entierro de tu hermano? Empalagándote de caramelos. ¿Y dónde está ese padre tuyo?

Está... está en la taberna.

Claro que está en la taberna. Tú aquí afuera embutiéndote caramelos y él ahí dentro bebiendo hasta no poder dar un paso en el preciso día en que llevan al cementerio a tu pobre hermanito. Le dice a la vendedora: Igualito a su padre, el mismo modo de ser raro, la misma insolencia de norteño.

Me ordena entrar a la taberna y decirle a mi padre que deje de beber y vaya por el ataúd y el coche. Ella no va a poner los pies en esa taberna porque el licor es la maldición de este pobre país desgraciado.

Papá está al fondo con un hombre que tiene la cara sucia y pelos que le salen por la nariz. No charlan sino que miran al frente y sus cervezas negras descansan en un pequeño ataúd blanco que hay entre los dos en el asiento. Sé que es el ataúd de Eugene porque Oliver tuvo uno igual y me dan ganas de llorar cuando veo las pintas negras puestas encima. Ahora me arrepiento de haber comido ese caramelo y desearía poder sacármelo del estómago y devolvérselo a la mujer de la tienda porque no está bien andar comiendo caramelo cuando Eugene está muerto en la cama y además me asustan esas dos pintas negras en el ataúd blanco. El hombre que acompaña a papá dice: No, señor, ya no se puede dejar el ataúd de un niño en el coche. Yo una vez hice eso, salí a tomarme una cerveza y se robaron el ataúd del condenado coche. ¿Puede creerlo? Estaba vacío, gracias a Dios, pero ya usted ve. Vivimos malos tiempos, sí señor. El hombre que acompaña a papá alza su pinta y se toma un trago largo y cuando asienta el vaso el ataúd suena hueco. Papá me hace un gesto. Nos iremos en un minuto, hijo, pero cuando va a poner el vaso en el ataúd después del trago largo yo lo aparto.

Ese es el ataúd de Eugene. Le contaré a mamá que pusiste tu vaso en el ataúd de Eugene.

Vamos, hijo. Vamos, hijo.

Papá, ese es el ataúd de Eugene.

El otro dice: ¿Nos tomamos otra pinta, señor?

Papá me dice, Espera afuera otro rato, Francis.

No.

No seas un niño malo.

No.

El otro dice: Por Cristo, si fuera hijo mío lo mandaría de un puntapié en el culo desde aquí al condado de Kerry. No tiene derecho a hablarle a su padre de ese modo en un día de luto. Si un hombre no se puede tomar una pinta el día de un entierro qué sentido tiene la vida, qué sentido.

Papá dice, Está bien. Vámonos.

Terminan sus cervezas y limpian con las mangas las manchas marrones sobre el ataúd. El hombre se trepa a la silla del cochero y papá y yo vamos adentro. Él lleva el ataúd sobre los muslos y lo aprieta contra el pecho. En casa el cuarto está lleno de gente grande, mamá, la abuela, la tía Aggie y su esposo Pa Keating, el tío Pat Sheehan, el tío Tom Sheehan, que es el hermano mayor de mamá y que nunca se nos había arrimado porque detesta a la gente de Irlanda del Norte. El tío Tom ha venido con su esposa, Jane. Ella es de Gallway y dicen que tiene cara de española y por eso nadie de la familia le habla.

El hombre le recibe el ataúd a papá y cuando entra con él al cuarto mamá rompe a llorar: Ay, no, ay, Dios, no. El hombre le dice a la abuela que volverá en un rato para llevarnos al cementerio. La abuela le dice que más le vale no volver a esta casa si está borracho porque ese niño que va para el cementerio sufrió inmensamente y merece un poquito de respeto y ella no va a tolerar un cochero borracho y a punto de caerse de la silla de arriba.

El hombre dice: Doña, he llevado docenas de niños al cementerio y nunca me he caído de una silla, ni de arriba ni de abajo.

Los hombres toman otra vez cerveza de malta en botellas y las mujeres toman jerez en frascos de mermelada. El tío Pat Sheehan le dice a todo el mundo: Esta cerveza es mía, esta cerveza es mía, y la abuela le dice: Tranquilo, Pat. Nadie te la va a quitar. Entonces él dice que quiere cantar *The Road to Rasheen* hasta que Pa Keating dice: No, Pat, no puedes cantar en el día de un entierro. Puedes cantar la víspera. Pero el tío Pat sigue diciendo: Esta cerveza es mía y yo quiero cantar *The Road to Rasheen*, y todos saben que habla así porque lo dejaron caer de cabeza. Empieza a cantar su canción pero deja de hacerlo cuando la abuela destapa el ataúd y mamá se pone a sollozar: Ay, Jesús, ay, Jesús, ¿esto no tendrá fin? ¿Me quedará algún hijo?

Mamá está sentada en una silla junto a la cabecera de la cama. Le acaricia el pelo a Eugene y la cara y las manos. Le dice que de todos los niños del mundo él era el más dulce y el más delicado y cariñoso. Le dice que es terrible perderlo pero que ahora está en el cielo con su hermano y su hermana y que eso nos consuela, saber que Oliver ya no extraña a su mellizo. Así y todo, agacha la cabeza junto a Eugene y llora tan duro que todas las mujeres en el cuarto lloran con ella. Llora hasta que Pa Keating le dice que tenemos que irnos antes de que anochezca, que no podemos andar de noche por los cementerios.

La abuela le susurra a la tía Aggie: ¿Quién va a poner al niño en el ataúd? y la tía Aggie le susurra: Yo no. Eso le toca a la madre.

El tío Pat alcanza a oírlas. Yo pondré al niño en el ataúd, dice. Cojea hasta la cama y rodea con los brazos los hombros de mamá. Ella levanta la mirada y tiene la cara empapada. Él dice: Yo pondré al niño en el ataúd, Ángela.

Ay, Pat, dice ella. Pat.

Soy capaz, dice él. No es sino un niño pequeñito y yo nunca en la vida he cargado a un niño pequeñito. Nunca he tenido a un niño pequeñito en los brazos. No lo voy a dejar caer, Ángela. No. Por Dios que no.

Sé que no, Pat, dice mamá.

Pat corre la manta que mamá le había puesto a Eugene para calentarlo. Los pies de Eugene están blancos y brillantes y tienen unas venitas azules. Pat se inclina, alza a Eugene y lo sostiene contra el pecho. Le besa la frente a Eugene y en seguida todos los que están ahí besan a Eugene. Acomoda a Eugene en el ataúd y da un paso atrás. Todos hacemos un corrillo para mirar a Eugene por última vez.

El tío Pat dice: Ves, no lo dejé caer, Ángela, y ella le acaricia la cara.

La tía Aggie va a buscar al cochero a la taberna. Él le pone la tapa al ataúd y la atornilla. Dice: ¿Quién viene en el coche?, y lleva el ataúd al coche. Sólo hay espacio para papá y mamá, Malachy y yo. La abuela dice: Vustedes vayan al cementerio y nosotros esperamos aquí.

No sé por qué no podemos quedarnos con Eugene. No sé por qué hay que mandarlo lejos con ese hombre que pone el vaso de cerveza en el ataúd blanco. No sé por qué tuvieron que mandar lejos a Margaret y a Oliver. Es malo poner a mi hermana y a mis hermanos en una caja y desearía poder decirle algo a alguien.

Los cascos del caballo sonaban por las calles de Limerick. Malachy dijo: ¿Vamos a ver a Oliver? Y papá dijo: No, Oliver está en el cielo y no me preguntes qué es el cielo porque no lo sé.

Mamá dijo: El cielo es un lugar donde Oliver y Eugene y Margaret están felices y calienticos y algún día los veremos allá.

Malachy dijo: El caballo hizo caca en la calle y olía, y mamá y papá tuvieron que sonreír.

Ya en el cementerio el cochero se baja y abre la puerta del coche. A ver ese ataúd, dice, que yo lo llevo hasta la tumba. Le da un tirón al ataúd y por poco se cae. Mamá dice: Ni crea que va a llevar a mi niño en esa condición en que anda usted. Se dirige a papá. Tú lo llevas, le dice.

Hagan lo que quieran, dice el cochero. Hagan lo que se les dé la maldita gana, y se trepa a su asiento.

Anochece y el ataúd se ve más blanco que nunca en los brazos de papá. Mamá nos toma de la mano y seguimos a papá por entre las tumbas. Los grajos están quietos en los árboles porque el día ya casi ha terminado y ellos tienen que descansar para levantarse temprano a alimentar a sus bebés.

Dos hombres con palas aguardan junto a una fosa pequeña. Uno dice: Llegan muy tarde. Agradezcan que es un trabajito o ya nos hubiéramos ido. Salta a la fosa. Pásemelo, dice, y papá le pasa el ataúd.

El hombre le echa un poco de paja y hierba al ataúd y cuando sale de la fosa el otro hombre le arroja paladas de tierra. Mamá deja escapar un largo grito: Ay, Jesús, Jesús, y un grajo grazna en una rama. Ojalá yo tuviera una piedra para tirársela al grajo. Cuando los hombres acaban de echar la tierra se secan la frente y esperan. Uno dice: Bueno, siempre nos dan cualquier cosita para la sed que esto produce.

Papá dice: Sí, sí, y les da dinero. Ellos dicen: Sentido pésame, y se van.

Caminamos de regreso al coche que aguarda en las puertas del cementerio pero el coche ya no está. Papá sale a buscarlo por ahí en la oscuridad y vuelve sacudiendo la cabeza. Mamá dice: Ese cochero era un borrachín de asco, Dios me perdone.

La caminada desde el cementerio hasta nuestro cuarto es larga. Mamá le dice a papá: Los niños necesitan algo de comer y a ti te queda plata del subsidio de esta mañana. Si crees que vas a ir a las tabernas esta noche puedes ir olvidándolo. Llevémoslos a Naughton y que coman pescado y papas fritas con limonada porque no todos los días entierran a un hermano.

El pescado y las papas fritas son una delicia con vinagre y sal y la limonada nos pica en la garganta.

Cuando volvemos el cuarto está vacío. Hay botellas de cerveza vacías en la mesa y el fuego está apagado. Papá enciende la lámpara de kerosene y se puede ver el hueco que dejó en la almohada la cabeza de Eugene. Esperarías oírlo y verlo haciendo sus pinitos por el cuarto, trepándose a la cama para mirar por la ventana buscando a Oliver.

Papá le dice a mamá que va a dar un paseo. Ella dice que no. Sabe qué se trae entre manos, que él no ve la hora de gastarse en las tabernas los últimos chelines que le quedan. Está bien, dice él. Enciende el fuego y mamá hace té y pronto nos vamos a la cama.

Malachy y yo ocupamos de nuevo la cama donde murió Eugene. Espero que no tenga frío en ese ataúd blanco en el cementerio aunque sé que él ya no está allí porque los ángeles bajan al cementerio y abren el ataúd y él anda lejos de la humedad del Shannon que mata, allá arriba en el cielo con Oliver y Margaret donde hay montones de pescado y papas fritas y caramelo y no hay tías que te fastidien, donde todos los padres traen a casa el dinero de la Oficina del Trabajo y no hay que ir corriendo a las tabernas a buscarlos.

III ◈

MAMÁ DICE QUE NO puede pasar un solo minuto más en ese cuarto de la calle Hartstonge. Ve a Eugene mañana, día y noche. Lo ve trepándose a la cama para mirar a la calle buscando a Oliver y a veces ella ve a Oliver afuera y a Eugene adentro, charlando entre ellos. Se alegra de que charlen así pero no quiere estar viéndolos y oyéndolos por el resto de su vida. Es una lástima tener que mudarnos estando tan cerca de la Escuela Nacional de Leamy pero si ella no lo hace pronto se va a enloquecer e irá a parar al manicomio.

Nos trasteamos al callejón de Roden en la parte alta de un sitio llamado Barrack Hill. Hay seis casas a un lado del callejón y una al otro. A esas casas les dicen dos arriba y dos abajo: dos cuartos arriba y dos abajo. La nuestra queda al final del callejón, la última de las seis. Al lado de nuestra puerta hay un cobertizo, un retrete, y después un establo.

Mamá va a la Sociedad de San Vicente de Paúl a ver si puede conseguir unos muebles. El señor dice que nos va a dar un vale para una mesa, dos sillas y dos camas. Dice que tendremos que ir a una tienda de muebles usados en Irishtown y transportar nosotros los muebles. Mamá dice que podemos usar el cochecito de los mellizos y cuando dice eso se pone a llorar. Se seca las lágrimas con la manga y le pregunta al señor si las camas que nos van a dar son de segunda mano. Él dice que por supuesto y ella dice que le preocupa mucho tener que dormir en una cama en la que alguien pudo haber muerto, especialmente si era tísico. El señor dice: Lo siento mucho pero los indigentes no han de ser exigentes.

Nos toma todo el día llevar los muebles en el cochecito de un extremo de Limerick al otro. El coche tiene cuatro ruedas pero una está suelta, quiere ir en otra dirección. Tenemos dos camas, un aparador con un espejo, una mesa y dos sillas. Estamos contentos con la casa. Podemos caminar de un cuarto a otro y subir y bajar las escaleras. Uno se cree muy rico cuando puede subir y bajar las escaleras todo el día cuantas veces quiera. Papá prende el fuego y mamá hace té. Él se sienta junto a la mesa en una silla, ella en la otra y Malachy y yo nos sentamos en el baúl que trajimos de América. Mientras nos tomamos el té un viejo pasa por la acera con un balde en la mano. Vacía el balde en el retrete y lo suelta y la cocina se llena de una potente fetidez. Mamá va a la puerta y dice: ¿Por qué vacía su balde en nuestro retrete? Él la saluda con la gorra: ¿Su retrete, señora? Ah, no. Está un poquito equivocada en eso, ja, ja. Este no es su retrete. Si mal no entiendo, este retrete es de todo el callejón. Verá pasar por esta puerta suya los baldes de once familias y le puedo decir que esto aquí se pone muy fuerte cuando calienta el tiempo, muy pero muy fuerte. Estamos en diciembre, gracias a Dios, con vientos fríos y la Navidad a la vuelta de la esquina y el retrete no está tan mal ahora, pero llegará el día en que van a pedir a gritos una máscara de gas. Así que buenas noches, señora, y que disfruten de la casa.

Mamá dice: Un momento, señor. Me podría decir quién limpia el retrete.

¿Limpia? Ay, Jesús, esa si está buena. Limpia, dice ella. ¿Está bromeando? Estas casas fueron hechas en tiempos de la mismísima reina Victoria y si alguna vez limpiaron este retrete tiene que haber sido alguien en mitad de la noche cuando nadie miraba.

Y arranca calle arriba riéndose solo.

Mamá regresa a su silla y su té. No podemos quedarnos aquí, dice. Ese retrete nos va a matar de mil enfermedades.

Papá dice: No podemos volver a trastearnos. ¿Dónde vamos a conseguir una casa por seis chelines semanales? Vamos a mantener limpio el retrete por cuenta nuestra. Podemos hervir baldes de agua para echársela.

¿De veras? dice mamá. ¿Y de dónde vamos a sacar el carbón o la turba o la leña para hervirla?

Papá no dice nada. Termina el té y busca un clavo para colgar nuestro único cuadro. El hombre de la lámina tiene la cara flaca. Tiene un gorro amarillo pegado a la cabeza y una bata negra con una cruz en el pecho. Papá dice que era un Papa, León XIII, un gran amigo de los trabajadores. Trajo el cuadro desde América donde lo encontró tirado por alguien que no tenía tiempo para los trabajadores. Mamá dice que está hablando un montón de malditos disparates y él dice que ella no debería decir maldito delante de los niños. Papá encuentra un clavo pero no sabe cómo lo va a clavar en la pared sin un martillo. Mamá dice que por qué no va donde los vecinos a que le presten uno pero él dice que uno no anda pidiendo prestadas cosas a gente que no conoce. Apoya el cuadro en la pared y clava el clavo con la base de un frasco de mermelada. El frasco se quiebra y le corta la mano y un goterón de sangre le cae al Papa en la cabeza. Él se envuelve la mano en el trapo de la cocina y le dice a mamá: Rápido, rápido, límpiale la sangre al Papa antes de que se seque. Ella trata de limpiarle la sangre con la manga pero es de lana y riega la sangre hasta que todo un lado de la cara del Papa queda embadurnado. Papá dice: Dios del cielo, Ángela, acabaste completamente con el Papa, y ella dice: Dale, deja de quejarte, un día de estos conseguimos pintura y le retocamos la cara, y papá dice: Él es el único Papa que ha sido amigo de los trabajadores, ¿y qué vamos a decir si alguien de la Sociedad de San Vicente de Paúl viene y lo ve todo untado de sangre? Mamá dice: No sé. Es tu sangre y es una lástima que un hombre ni siquiera sepa clavar un clavo derecho. Eso sólo demuestra lo inútil que eres. Estarías mejor arando el campo y de todas maneras no me importa. Me duele la espalda y me voy a acostar.

¿Qué voy a hacer? dice papá.

Descuelga al Papa y escóndelo en el cuchitril del carbón bajo las escaleras donde nadie lo vea y no le pueda pasar nada.

No puedo, dice papá. Sería de mal agüero. El cuchitril del carbón no es lugar para un Papa. Cuando el Papa se cuelga, ahí se queda.

Haz como gustes.

Lo haré, dice papá.

Esta es nuestra primera Navidad en Limerick y las niñas están en el callejón saltando la cuerda y cantando:

> *Viene la Navidad*
> *y el ganso engorda,*
> *eche un penique por caridad*
> *en esta vieja gorra.*
> *Y si uno usted no tiene*
> *con medio alcanza*
> *y si medio no tiene*
> *adiós y gracias.*[1]

Los niños remedan a las niñas y rematan:

> *Y que tu madre aborte*
> *cuando el retrete vacía.*[2]

Mamá dice que le gustaría tener una buena cena de Navidad pero qué podemos hacer si la Oficina del Trabajo bajó el subsidio a dieciséis chelines después de la muerte de Oliver y Eugene. Pagas los seis chelines de alquiler, te quedan diez chelines, ¿y eso de qué les sirve a cuatro personas?

Papá no logra conseguir empleo. Se levanta temprano entre semana, prende el fuego y hierve agua para el té y el pote de afeitar. Se pone una camisa y le abotona un cuello falso. Se pone la corbata y la gorra y sale para la Oficina del Trabajo a cobrar el subsidio. Nunca saldría de la casa sin cuello y sin corbata. Un hombre sin cuello y sin corbata es un hombre que no se respeta. Nunca se sabe cuándo te va a decir el funcionario de la Oficina del Trabajo que hay un puesto

---

1 *Christmas is coming / And the goose is getting fat, / Please put a penny / In the old man's hat. / If you haven't a penny / A ha'penny will do / And if you haven't a ha'penny / God bless you.*

2 *May your mother have an accident / Abroad in the loo.*

en los Molinos Rank o en la Compañía Cementera de Limerick, y así sea un trabajo de obreros, ¿qué van a pensar si te apareces sin cuello y corbata?

Los jefes y los capataces siempre le muestran respeto y están dispuestos a emplearlo, pero cuando él abre la boca y le oyen ese acento de Irlanda del Norte prefieren colocar a alguien de Limerick. Eso le cuenta él a mamá junto a la chimenea y cuando ella dice: ¿Por qué no te vistes como un obrero corriente?, él dice que jamás va a ceder una pulgada, que jamás va a dejar que se le note, y cuando ella dice: ¿Por qué no intentas hablar como alguien de Limerick?, él dice que jamás va a llegar tan bajo y que la pena más grande de su vida es que a sus hijos se les haya contagiado el acento de Limerick. Ella dice: Siento mucho tus cuitas y espero que sean las únicas que tengas en la vida, y él dice que algún día, con la ayuda de Dios, nos iremos de Limerick, lejos de este Shannon que mata.

Le pregunto a papá qué quiere decir contagiado y él dice: Enfermo, hijo, y cosas que no van con uno.

Cuando no está buscando empleo papá sale a dar largas caminadas, millas enteras campo adentro. Les pregunta a los granjeros si necesitan un ayudante, porque él creció en una granja y sabe hacer de todo. Si lo contratan se pone a trabajar ahí mismo con la gorra puesta y con el cuello y la corbata puestos. Trabaja tanto y tan duro que los granjeros le tienen que decir que pare. Le preguntan cómo puede alguien trabajar durante todo un largo día de calor sin pensar en comer ni en beber. Papá sonríe. Nunca trae a casa el dinero que se gana en las granjas. Le parece distinto al del subsidio, que se supone hay que traerlo a casa. Va con el dinero de la granja a la taberna y se lo bebe. Si no está de vuelta cuando tocan al ángelus a las seis en punto mamá sabe que ese día hubo trabajo. Ella quisiera que él pensara en la familia y se brincara la taberna aunque fuera por una vez, pero él nunca lo hace. Ella quisiera que él trajera algo de la granja, papas, repollo, nabos, zanahorias, pero él nunca se aparece con nada porque jamás se rebajaría hasta el punto de pedirle algo a un granjero. Mamá dice que está bien que ella vaya a mendigar un vale de comida en la Sociedad de San Vicente de Paúl pero que él no se puede meter dos papas en el bolsillo. Él dice que no es lo mismo con los hombres. Hay que salvar la dignidad. Hay que usar cuello y corbata, mantener buena facha y nunca pedir nada. Mamá dice: Bueno, ojalá te dure la linda facha.

Cuando se acaba el dinero de la granja él se tambalea hasta la casa cantando y llorando por Irlanda y por sus hijos muertos, pero sobre todo por Irlanda. Si canta *Roddy McCorley* quiere decir que sólo tenía para una pinta o dos. Si canta *Kevin Barry* quiere decir que tuvo un buen día, que está que se cae de borracho y ya nos va a sacar de la cama, nos va a cuadrar y nos va a hacer jurar que moriremos por Irlanda, a no ser que mamá le diga que nos deje en paz o le salta los sesos con el atizador.

Tú no harías eso, Ángela.

Eso y más. Mejor te dejas de bobadas y te vas a la cama.

Cama, cama, cama. ¿De qué sirve irse a la cama? Si me voy a la cama será para tener que volver a levantarme y además no puedo dormir en un lugar donde hay un río que nos manda veneno entre la bruma y la neblina.

Va a la cama, le da puñetazos a la pared, canta una canción lastimera y se queda dormido. Se levanta con las primeras luces porque nadie debe dormir después de la madrugada. Nos despierta a Malachy y a mí y estamos trasnochados con su palabrería y con sus cantos de la noche anterior. Nos quejamos y decimos que estamos enfermos, que estamos cansados, pero él levanta los abrigos que nos cubren y nos pone los pies en el suelo por la fuerza. Estamos en diciembre y está helado y podemos ver nuestra respiración. Orinamos en el balde que hay junto a la puerta de la alcoba y bajamos al otro piso a buscar el calor del fuego que papá ya ha encendido. Nos lavamos las manos y la cara en una palangana que hay bajo el grifo del agua al lado de la entrada. Hay que amarrar el tubo del grifo a la pared con un pedazo de cordel enrollado en un clavo. Todo a su alrededor está húmedo, el suelo, la pared, la silla donde está la palangana. El agua del grifo está helada y los dedos se nos entumecen.

Papá dice que eso nos conviene, que nos va a hacer más hombres. Él se echa el agua helada en la cara y el cuello y el pecho para mostrarnos que no hay nada que temer. Nosotros extendemos las manos hacia el fuego para calentárnoslas pero no podemos quedarnos ahí porque hay que tomarse el té y comerse el pan y salir para la escuela. Papá nos hace bendecir la mesa antes y después de comer y nos dice que nos portemos bien en la escuela porque Dios ve todo lo que hacemos y la menor desobediencia nos mandará derecho al infierno donde no tendremos que preocuparnos nunca más por el frío.

Y sonríe.

Dos semanas antes de Navidad Malachy y yo volvemos de la escuela bajo un aguacero y cuando abrimos la puerta vemos que la cocina está vacía. Ya no están las sillas ni la mesa ni el baúl y el fuego está apagado en el hogar. El Papa sigue allí y eso quiere decir que no nos hemos vuelto a mudar. Papá jamás se mudaría sin el Papa. El piso de la cocina está mojado, hay charquitos de agua por todos lados y las paredes brillan de humedad. Suena algo arriba y cuando subimos encontramos a papá y a mamá con los muebles que faltaban. Está muy bueno y tibio allí con un fuego muy vivo en la hornilla, y mamá está sentada en la cama y papá lee *The Irish Press* y fuma un cigarrillo junto al fuego. Mamá nos dice que hubo una terrible inundación, que el agua bajó por el callejón y se metió a chorros por debajo de la puerta. Trataron de atajarla con trapos pero lo único que lograron fue empaparse y al fin dejaron que la lluvia se colara. La gente vaciando los baldes empeoró las cosas y se metió un hedor de lo más asqueroso en la cocina. Ella piensa que debemos quedarnos en el piso de arriba mientras haya lluvia. Pasaremos el invierno calienticos y en la primavera podremos bajar si es que las paredes y el suelo ya están secos. Papá dice que es como salir de vacaciones al extranjero a un sitio templado como Italia. Así se va a llamar el piso de arriba de ahora en adelante: Italia. Malachy dice que el Papa sigue colgado en la pared de abajo y que va a darle mucho frío y que por qué no lo subimos, pero mamá dice: No, se va a quedar donde está porque no lo quiero al frente de la cama mirándome como una fiera. ¿No basta con que hayamos cargado con él todo el camino desde Brooklyn a Belfast y a Dublín y a Limerick? Lo único que quiero ahora es un poco de paz, calma y comodidad.

Mamá nos lleva a Malachy y a mí a la Sociedad de San Vicente de Paúl para hacer cola y ver si hay alguna posibilidad de conseguir algo para la cena de Navidad, un ganso o un jamón, pero el señor dice que todo el mundo en Limerick está necesitadísimo en estas Navidades. Le da un vale para comestibles de la tienda de la señora McGrath y otro para el carnicero.

Ni ganso, dice el carnicero, ni jamón. Nada de artículos de lujo cuando traen un vale de la San Vicente de Paúl. Lo que le puedo dar ahora, señora, es morcilla y mondongo o una cabeza de carnero o una buena cabeza de cerdo. No hay nada malo con una cabeza de cerdo, señora, tiene cantidades de carne y a los niños les encanta, le trincha este cachete, le unta una buena capa de mostaza y está en los cielos, aunque me figuro que no tienen de eso en América donde se chiflan por un buen filete y toda clase de aves, vuelen, naden o caminen.

Le dice a mamá que no, que no puede llevar tocino hervido ni salchichas y que si tiene un poco de sentido debe llevarse la cabeza de cerdo antes de que se acaben todas por la forma como los pobres de Limerick claman por ellas.

Mamá dice que la cabeza de cerdo no es apropiada para la Navidad y él dice que es más de lo que comió la Sagrada Familia en ese frío establo de Belén hace muchos años. Ellos no se habrían quejado si alguien les hubiera ofrecido una buena cabeza de cerdo bien cebado.

No, no se habrían quejado, dice mamá, pero jamás se la hubieran comido. Eran judíos.

¿Y eso qué tiene que ver? Una cabeza de cerdo es una cabeza de cerdo.

Y un judío es un judío y eso va contra su religión y no los culpo.

El carnicero dice: Usted como que es una experta, señora, en judíos y cerdos.

No, dice mamá, pero había una judía, la señora Leibowitz, en Nueva York, y no sé que hubiéramos hecho sin ella.

El carnicero levanta de un estante la cabeza de cerdo y cuando Malachy dice: Huy, mira el perro muerto, el carnicero y mamá sueltan la carcajada. Él la envuelve en papel periódico, se la entrega a mamá y dice: Feliz Navidad. Después envuelve unas salchichas y le dice: Tenga estas salchichas para el desayuno de Navidad. Mamá dice: Yo no tengo con qué comprar salchichas, y él dice: ¿Le estoy pidiendo dinero? ¿Eh? Lléveselas. A lo mejor compensan por la falta del ganso o de jamón.

Mire, usted no tiene que hacer eso, dice mamá.

Lo sé, señora. Si tuviera que hacerlo no lo haría.

Mamá dice que le duele la espalda, que yo tendré que llevar la cabeza de cerdo. La aprieto contra el pecho pero está húmeda y cuando el periódico empieza a deshacerse todo el mundo puede ver la cabeza. Mamá dice: Me da la vergüenza de la vida que todo el mundo se entere de que vamos a cenar cabeza de cerdo en Navidad. Unos chicos de la Escuela Nacional de Leamy me ven y me señalan y se burlan: Ay, Dios, miren a Frankie McCourt con esa jeta de marrano. ¿Eso es lo que los yanquis cenan en Navidad, Frankie?

Uno le grita a otro: Hey, Christy, ¿sabes cómo se come una cabeza de marrano?

No, no lo sé, Paddy.

La coges de las orejas y le arrancas la cara de un mordisco.

Y Christy dice: Hey, Paddy, ¿sabes cuál es la única parte del marrano que los McCourt no prueban?

No lo sé, Christy.

La único que no se comen es el *oinc*.

Después de varias calles ya no queda nada del periódico y todo el mundo ve la cabeza del cerdo. El hocico me queda en todo el pecho y me apunta al mentón y siento lástima de él porque está muerto y el mundo se burla de él. Mi hermana y mis dos hermanos están muertos también pero si alguien se burlara de ellos le tiraría una pedrada.

Ojalá que papá viniera a ayudarnos porque mamá tiene que detenerse a cada paso y recostarse en la pared. Se coge la espalda y dice que no va a ser capaz de subir por Barrack Hill. Y aun si papá viniera no sería de mucha utilidad porque él nunca carga nada, ni envoltorios ni bolsas ni paquetes. Si uno carga esas cosas pierde la dignidad. Eso dice él. Él cargaba a los mellizos cuando se cansaban y cargó al Papa, pero eso no es lo mismo que cargar cosas ordinarias como la cabeza de un cerdo. Nos dice a Malachy y a mí que cuando seamos grandes tendremos que usar cuello y corbata y no dejar que nadie nos vea cargando cosas.

Él está arriba sentado junto al fuego, fumando un cigarrillo, leyendo *The Irish Press*, que él adora porque es el periódico de De Valera y él piensa que De Valera es el hombre más grande del mundo. Me mira a mí y la cabeza de cerdo y le dice a mamá que es una deshonra dejar que un niño cargue un objeto como ese por las calles de Limerick. Ella se quita el abrigo y se deja caer en la cama y le dice que la próxima Navidad bien puede salir a buscar la cena. Está rendida y se muere por una taza de té así que él más bien puede ir dejando de darse aires y hervir el agua para el té y freír algo de pan antes de que sus dos hijitos se mueran de hambre.

En la mañana del día de Navidad él prende el fuego temprano para que podamos comer pan con salchichas y té. Mamá me manda donde la abuela a ver si nos presta un caldero para la cabeza de cerdo. La abuela dice: ¿Y que van a cenar vustedes hoy? ¡Cabeza de cerdo! Jesús, María y José, eso sí es pasar la raya de las rayas. ¿No fue capaz tu padre de salir a buscarse un jamón o un ganso por lo menos? ¿Qué clase de hombre es? ¿Qué clase?

Mamá pone la cabeza en el caldero cubierta a ras con agua, y mientras el cerdo se sancocha papá nos lleva a misa a Malachy y a mí a la iglesia de los redentoristas. El aire de la iglesia está tibio y dulce por el olor de las flores y el incienso y las velas. Papá nos lleva a ver al Niño Jesús en la cuna. Es un niño grande y gordo con rizos dorados como Malachy. Papá nos dice que esa de allá es la madre de Jesús, María, la del vestido azul, y su padre, san José, es el viejo de barba. Dice que están tristes porque saben que Jesús va a crecer y lo van a matar para que todos podamos ir al cielo. Yo pregunto que por qué tiene que morir el Niño Jesús y papá me dice que esas preguntas no se hacen y Malachy dice: ¿Por qué? y papá le dice que se calle.

Encontramos a mamá en un terrible estado. No hay suficiente carbón para cocinar la cena, el agua ha dejado de hervir y dice que la angustia la está volviendo loca. Tendremos que ir de nuevo a la calle Dock a ver si hay un poco de carbón o de turba de los camiones por el suelo. Seguro que ese día de todos los días encontraremos algo en el pavimento. Ni siquiera los pobres más pobres salen a recoger carbón por la calle en el día de Navidad. Es inútil pedirle a papá que vaya porque él nunca se va a rebajar tanto y aunque lo hiciera no cargaría cosas por la calle. Es una regla suya. Mamá no puede ir por el dolor de espalda.

Ella dice: Tendrás que ir tú, Frank, y lleva a Malachy contigo.

Hay mucho trecho hasta la calle Dock pero no nos importa porque tenemos el buche lleno de pan con salchichas y no está lloviendo. Llevamos un saco de lona que mamá le pidió prestado a la señora Hannon de la casa vecina y mamá tenía razón, no hay nadie en la calle Dock. Todos los pobres están en casa comiendo cabeza de cerdo o si acaso ganso y la calle Dock es para nosotros solos. Encontramos trocitos de carbón y turba incrustados en las grietas de la calzada y en los muros de las carbonerías. Encontramos pedacitos de papel y cartón que servirán para volver a prender el fuego. Damos vueltas por ahí tratando de llenar el saco cuando aparece Pa Keating. Debe de haberse lavado para la Navidad porque no está tan negro como cuando Eugene murió. Quiere saber qué hacemos con el saco y cuando Malachy se lo cuenta dice: ¡Jesús, María y venerado san José! Es Navidad y vustedes no tienen con qué cocinar su cabeza de cerdo. Qué jodida desgracia.

Nos lleva a la taberna de South, que debería estar cerrada, pero él es un cliente asiduo y hay una puerta trasera para los que quieran tomarse una pinta en honor al cumpleaños del Niño Jesús allá arriba en la cuna. Él pide su pinta y limonada para nosotros y le pregunta al hombre si hay alguna posibilidad de comprar unos cuantos trozos de carbón. El hombre dice que ha servido licor durante veintisiete años y que nunca antes nadie le había pedido carbón. Pa dice que es un favor especial y el hombre dice que si Pa le pidiera la luna él se echaría a volar para traérsela. El hombre nos lleva al cuchitril del carbón bajo las escaleras y nos dice que nos llevemos todo el que podamos cargar. Es carbón de verdad y no trocitos de la calle y si no podemos con él podemos arrastrarlo por el asfalto.

Nos toma mucho tiempo ir de la taberna de South a Barrack Hill porque el saco tiene un agujero. Yo arrastro el saco y Malachy se encarga de recoger los trozos que se salen por el agujero y de volverlos a meter. Luego empieza a llover y no podemos hacernos en un portal hasta que pase porque vamos con ese carbón y está dejando un rastro negro en el asfalto y Malachy se está tiznando todo de recoger los trozos, embutirlos en el saco y limpiarse la lluvia de la cara con sus manos negras y mojadas. Yo le digo que está todo negro, él me dice que estoy todo negro, y una mujer en una tienda nos dice que nos larguemos de la puerta, que es Navidad y ella no quiere estar mirando al África.

Tenemos que seguir arrastrando el saco o nunca vamos a comer nuestra cena de Navidad. Tomará siglos encender el fuego y siglos más hasta que esté la cena porque el agua tiene que estar hirviendo cuando mamá le eche el repollo y las papas para que le hagan compañía al cerdo en el caldero. Arrastramos el saco por la avenida O'Connell y vemos en las casas gente sentada alrededor de mesas con toda clase de adornos y luces brillantes. En una casa suben la ventana y unos niños nos señalan y se ríen y nos gritan: Miren a los zulúes. ¿Dónde están las lanzas?

Malachy les hace muecas y quiere tirarles carbón pero yo le digo que si tira carbón va a haber menos para el cerdo y nunca vamos a poder cenar.

El piso de abajo de nuestra casa es otra vez un lago por toda el agua que se mete por debajo de la puerta pero no importa porque estamos empapados de todos modos y podemos vadearlo. Papá baja y arrastra el saco escaleras arriba hasta Italia. Dice que somos unos niños buenos por haber conseguido tanto carbón, que la calle Dock tiene que haber estado repleta de carbón. Cuando mamá nos ve se ríe primero y después llora. Se ríe porque estamos tan negros y llora porque estamos calados hasta los huesos. Nos manda a quitarnos toda la ropa y nos lava el tizne de la cara y las manos. Le dice a papá que la cabeza de cerdo puede esperar un rato mientras nos tomamos un té caliente en los frascos de mermelada.

Afuera llueve y abajo en la cocina hay un lago pero aquí en Italia el fuego arde otra vez y el cuarto está tan seco y tibio que, después del té, Malachy y yo nos vamos quedando dormidos en la cama y no despertamos hasta que papá nos dice que la cena está lista. Nuestra ropa está mojada todavía, así que Malachy se sienta en el baúl frente a la mesa arropado en el abrigo americano rojo de mamá y yo me envuelvo en un viejo abrigo que el padre de mamá dejó olvidado al partir para Australia.

Hay olores deliciosos en el cuarto, a repollo, a papas y a cabeza de cerdo, pero cuando papá saca la cabeza del caldero y la pone en un plato Malachy dice: Ay, pobre cerdito. Yo no quiero comerme al pobre cerdito.

Mamá dice: Si tuvieras hambre te lo comerías. Ahora déjate de bobadas y come tu cena.

Papá dice: Un momento. Corta tajadas de los dos carrillos, nos las pone en los platos y les unta mostaza. Toma el plato en que está la cabeza del cerdo y lo pone en el suelo debajo de la mesa. Ahí tienes, le dice a Malachy, eso es jamón, y Malachy se lo come porque no está viendo de dónde salió y ya no es cabeza de cerdo. El repollo está blando y caliente y hay montones de papas con mantequilla y sal. Mamá nos pela las papas pero papá se come las cáscaras y todo.

Dice que todo el alimento de una papa está en la corteza y mamá dice que afortunadamente no está comiendo huevos porque se los comería con cáscaras y todo.

Él dice que sí y que es una desgracia que los irlandeses tiren a la basura millones de cáscaras de papa cada día y que por eso hay miles muriéndose de tisis y que seguro que hay alimento en las cáscaras de huevo ya que el desperdicio es el octavo pecado capital. Si yo diera las órdenes, y mamá le dice: A quién le importan tus órdenes. Olvídate de eso. Cómete la cena.

Él se come media papa sin quitarle la corteza y vuelve a echar la otra media al caldero. Se come una tajadita del carrillo del cerdo y una hoja de repollo y deja el resto en el plato para Malachy y para mí. Hace más té y nos lo tomamos con pan y mermelada para que nadie pueda decir que no probamos postre en Nochebuena.

Ya ha oscurecido y sigue lloviendo afuera y las brasas brillan en la chimenea junto a la cual están sentados papá y mamá fumándose sus cigarrillos. No hay nada que hacer cuando tienes la ropa mojada fuera de volver a la cama que está tan agradable y tu padre te puede contar el cuento de cómo Cuchulain se volvió católico y te quedas dormido y sueñas con el cerdo metido en la cuna de la iglesia de los redentoristas llorando porque él y el Niño Jesús y Cuchulain se tienen que volver grandes y morir.

El ángel que trajo a Margaret y a los mellizos regresa y nos trae otro hermano, Michael. Papá dice que se topó a Michael en el séptimo peldaño de la escalera a Italia. Dice que a eso es a lo que hay que estar atentos cuando se encarga un nuevo bebé: al Ángel del Séptimo Peldaño.

Malachy quiere saber cómo se encarga un hermano al Ángel del Séptimo Peldaño si no hay escaleras en la casa y papá le dice que preguntar demasiado es una calamidad.

Malachy quiere saber qué es una calamidad.

Calamidad. A mí me gustaría saber qué quiere decir esa palabra: calamidad, pero papá dice: Niño, el mundo y todo lo que hay en él es una calamidad, y se pone la gorra y sale hacia el hospital de la calle Bedford a ver a mamá y a Michael. Ella está en el hospital con el dolor de espalda y tiene el bebé con ella para asegurarse de que se lo dejaron sano en el séptimo peldaño. Yo no entiendo eso porque estoy seguro de que los ángeles no dejarían a un bebé enfermo en el séptimo peldaño. De nada sirve preguntarle a papá o a mamá sobre eso. Dicen: Te estás volviendo tan malo como tu hermano en eso de hacer preguntas. Vete a jugar.

Sé que a los grandes no les gustan las preguntas de los niños. Ellos sí pueden hacer todas las preguntas que quieran: ¿Cómo va la escuela? ¿Eres un niño bueno? ¿Rezaste tus oraciones? Pero si tú les preguntas si rezaron sus oraciones puedes recibir un golpe en la cabeza.

Papá trae a mamá con el nuevo bebé y ella tiene que guardar cama por unos días por el dolor de espalda. Dice que este nene es la imagen calcada de nuestra hermanita muerta, con ese pelo negro ondulado, esos ojos azules y esas cejas soberbias. Eso dice mamá.

Quiero saber si el bebé va a seguir calcando. También quiero saber cuál es el séptimo peldaño porque hay nueve peldaños en la escalera y me gustaría saber si se cuentan desde abajo o desde arriba. A papá no le importa responder esa pregunta. Los ángeles bajan de arriba, dice, y no suben de cocinas como la nuestra que son lagos desde octubre hasta abril.

Así que localizo el séptimo peldaño contando desde arriba.

El bebé Michael tiene un resfriado. Tiene la cabeza tupida y a duras penas puede respirar. Mamá está preocupada porque es domingo y el dispensario de los pobres está cerrado. Si vas a la casa del doctor y la criada ve que eres de clase baja te dice que vayas al dispensario donde te corresponde. Si le dices que el niño se está muriendo en tus brazos ella responde que el doctor está en el campo montando a caballo.

Mamá llora porque el niño brega por pasar aire por la boca. Trata de destaparle las narices con un pedacito de papel enrollado pero le da miedo metérselo demasiado hondo. Papá dice: No hay necesidad de eso. No debes meterle cosas por la cabeza a un niño. Hace como si fuera a besar al bebé. En lugar de eso pone la boca en la nariz del niño y chupa y chupa para sacarle la materia mala de la cabeza a Michael. La escupe en el fuego, Michael pega un grito y se ve cómo le entra el aire a la cabeza y él se pone a mover las piernitas y a reírse. Mamá mira a papá como si acabara de bajar del cielo y papá dice: Eso hacíamos en Antrim mucho antes de que hubiera doctores montando a caballo.

Michael nos da derecho a unos cuantos chelines más de subsidio pero mamá dice que no alcanzan y ahora tiene que volver a la Sociedad de San Vicente de Paúl a pedir comida. Una noche golpean a la puerta y mamá me manda abajo a ver quién es. Hay dos señores de la San Vicente de Paúl y quieren ver a mis padres. Les digo que ellos están arriba en Italia y ellos dicen: ¿Qué?

Arriba que está seco. Voy a ir a decirles.

Quieren saber qué es ese cobertizo al lado de la entrada. Les digo que es el retrete. Quieren saber por qué no está en la parte de atrás de la casa y les digo que es el retrete de todo el callejón y que es bueno que no esté en la parte de atrás porque habría gente andando por nuestra cocina con unos baldes que le dan asco a uno.

Ellos dicen: ¿Estás seguro de que hay un solo retrete para todo el callejón?

Sí.

Dicen: Madre de Dios.

Mamá llama desde Italia: ¿Quién está abajo?

Los señores.

¿Qué señores?

De la San Vicente de Paúl.

Pisan con cuidado al entrar al lago de la cocina y hacen chasquidos y clo clos con la lengua y uno le dice al otro: ¡Qué desastre!, hasta que suben a Italia. Le dicen a mamá y a papá que sienten importunarlos pero que en la Sociedad tienen que asegurarse de que están ayudando en casos que lo merezcan. Mamá les ofrece una taza de té pero ellos miran alrededor y dicen: No, gracias. Quieren saber por qué vivimos arriba. Quieren saber acerca del retrete. Hacen preguntas porque los grandes pueden preguntar todo lo que quieran y escribir en libretas, especialmente si llevan cuellos y corbatas y trajes. Preguntan la edad de Michael, cuánto le dan a papá en la Oficina del Trabajo, cuándo tuvo el último empleo, por qué no tiene empleo ahora y qué clase de acento es el que tiene.

Papá les dice que el retrete nos podría matar con toda clase de enfermedades, que la cocina se inunda en invierno y tenemos que trastearnos arriba para estar secos. Dice que el río Shannon tiene la culpa de toda la humedad que hay en el mundo y de estar matándonos uno a uno.

Malachy les dice que vivimos en Italia y ellos sonríen.

Mamá les pregunta si sería posible conseguir unas botas para Malachy y para mí y ellos dicen que tendrá que ir al asilo Ozanam y hacer la solicitud. Ella dice que no se ha sentido bien desde que llegó el niño y no sería capaz de estar de pie por mucho rato en una fila, pero ellos dicen que todo el mundo tiene que recibir el mismo tratamiento, hasta una mujer de Irishtown que tuvo trillizos, y muchas gracias, pasaremos el informe a la Sociedad.

Ya de salida Malachy les quiere mostrar el séptimo peldaño donde el ángel dejó a Michael pero papá le dice: Ahora no, ahora no. Malachy se pone a llorar y uno de los señores le da un caramelo que saca del bolsillo y ojalá yo tuviera algo por qué llorar para que me dieran también un caramelo.

Tengo que volver a bajar a mostrarles a los señores dónde pisar para que no se mojen los pies. Ellos no dejan de menear la cabeza y decir: Dios todopoderoso y María Santísima, qué cosa más grave. Lo que tienen arriba no es Italia, es Calcuta.

Allá en Italia papá le está diciendo a mamá que no debería mendigar así nunca.

¿Cómo así que mendigar?

¿No tienes orgullo, para andar mendigando un par de botas?

¿Y que haría usted, señor solemnidad? ¿Los dejaría andar descalzos?

Preferiría remendarles los zapatos que tienen.

Los zapatos que tienen se están deshaciendo en pedacitos.

Yo los puedo remendar, dice él.

Tú no sabes remendar nada. Eres un inútil, dice ella.

Al otro día él vuelve a casa con una llanta usada de bicicleta. Me manda donde el vecino míster Hannon a que nos preste una horma y un martillo. Coge el cuchillo filudo de mamá y recorta la llanta hasta sacarle unos parches que casen con las suelas y los tacones de nuestros zapatos. Mamá le dice que va a acabar del todo con los zapatos pero él sigue dándole al martillo, clavándoles los parches de caucho a los zapatos. Mamá dice: Dios del cielo, si los dejaras en paz esos zapatos durarían hasta Pascua como mínimo, y a lo mejor nos regalan las botas en la San Vicente de Paúl. Pero él no para hasta que las suelas y los tacones quedan tapados con rectángulos de llanta de caucho que sobresalen a cada lado del zapato y golpetean adelante y atrás. Nos hace ponernos los zapatos y nos dice que vamos a tener los pies bien calienticos pero nosotros no queremos usarlos más porque los parches de llanta son tan gruesos que tropezamos al dar una vuelta por Italia. Me envía otra vez donde míster Hannon con la horma y el martillo y la señora Hannon dice: Dios del cielo, ¿qué les pasa a tus zapatos? Se ríe y míster Hannon menea la cabeza y yo siento vergüenza. No quiero ir a la escuela al otro día y me hago el enfermo pero papá nos hace levantar y nos da el té con pan frito y nos dice que deberíamos estar agradecidos de tener siquiera un par de zapatos, que en la Escuela Nacional de Leamy hay niños que van descalzos en los días más gélidos. Camino de la escuela otros niños de Leamy se burlan de nosotros porque los pedazos de llanta son tan gruesos que nos añaden unas pulgadas de altura y los chicos dicen: ¿Cómo está el aire allá arriba? Hay seis o siete chicos descalzos en mi clase y ellos no dicen nada y me pregunto si es mejor tener zapatos con llantas de caucho que lo hacen tropezar y tambalearse a uno o andar descalzo. Si no tienes ni un par de zapatos todos los chicos descalzos están de parte tuya. Si tienes llantas de caucho en tus zapatos estás solito con tu hermano y tienes que luchar tus propias batallas. Me siento en una banca del cobertizo del patio de la escuela y me quito los zapatos y las medias pero cuando vuelvo al salón el maestro quiere saber dónde están mis zapatos. Él sabe que yo no soy uno de los descalzos y me manda otra vez al patio a traer los zapatos y ponérmelos. Entonces le dice a la clase: Hay burlas por ahí. Hay desprecio por la desgracia ajena. ¿Hay alguien en esta clase que se crea perfecto? Que levante la mano.

Nadie la levanta.

¿Hay alguien en esta clase que venga de una familia rica con pilas de dinero para gastar en zapatos? Que levante la mano.

Nadie la levanta.

Él dice: Aquí hay niños que tienen que remendarse los zapatos como puedan. Hay niños en esta clase que no tienen zapatos. Eso no es culpa de ellos y no es ninguna vergüenza. Nuestro Señor no tenía zapatos. Murió descalzo. ¿Lo ven clavado en la cruz luciendo unos zapatos? ¿Lo ven, niños?

No, señor.

¿Qué es lo que no ven haciendo a Nuestro Señor?

Clavado en la cruz y luciendo zapatos, señor.

El palo les va a arder, niños. La vara de fresno zumbará por los aires y caerá en el trasero del niño que se burle, del niño que se ría. ¿Dónde caerá, niños?

En el niño que se burle, señor.

¿Y?

El niño que se ría, señor.

Los chicos dejan de molestarnos y usamos nuestros zapatos con llantas de caucho las pocas semanas que faltan para Pascua, cuando la Sociedad de San Vicente de Paúl nos da unas botas de regalo.

Si tengo que levantarme en medio de la noche a orinar en el balde voy hasta la escalera y miro abajo a ver si el ángel está en el séptimo peldaño. A veces estoy seguro de ver una luz allí y si todos duermen me siento en el peldaño por si acaso el ángel trae otro bebé o sólo viene de visita. Le pregunto a mamá si el ángel no hace más que traer a los bebés y después se olvida de ellos. Ella dice: Claro que no. El ángel nunca se olvida de los bebés y vuelve a asegurarse de que vivan felices.

Podría hacerle al ángel toda clase de preguntas y estoy seguro de que él las respondería, a menos de que fuera un ángel niña. Pero estoy seguro de que un ángel niña respondería también a las preguntas. Nunca oí decir que no lo hicieran.

Me siento largo rato en el séptimo peldaño y estoy seguro de que el ángel está ahí. Le cuento todo lo que no se le puede contar ni a la madre ni al padre por miedo a que te den en la cabeza o te manden a jugar. Le cuento todo sobre la escuela y todo el miedo que le tengo al maestro con su vara cuando nos ruge en irlandés y sigo sin saber de qué está hablando porque vengo de América y los otros niños llevan un año más que yo aprendiendo irlandés.

Me quedo en el séptimo peldaño hasta que hace demasiado frío o papá se levanta y me dice que regrese a la cama. Él fue el que me contó que el ángel viene al séptimo peldaño y sería de esperarse que supiera por qué estoy sentado ahí. Una noche le dije que aguardaba al ángel y él me dijo: Ay, Francis, eres un soñador.

Vuelvo a la cama pero alcanzo a oírlo susurrándole a mi madre: El pobre muchachito andaba sentado en la escalera charlando con un ángel.

Él se ríe y mi madre se ríe y yo pienso: Qué tan raro que los grandes se rían del ángel que les trajo un nuevo hijo.

Antes de Pascua volvemos a pasarnos abajo, a Irlanda. La Pascua es mejor que la Navidad porque el aire es más templado, las paredes no chorrean de humedad y la cocina ya no es un lago, y si nos levantamos temprano podemos tomar un poquito del sol que por un minuto entra de refilón por la ventana de la cocina.

Cuando hace buen tiempo los hombres se sientan afuera a fumar cigarrillos si los tienen, a ver el mundo y a vernos jugar. Las

mujeres cruzan los brazos y charlan entre ellas. No se sientan porque lo único que hacen es quedarse en casa, cuidar a los niños, asear
la casa y cocinar un poco, y los hombres necesitan las sillas. Los
hombres se sientan porque están rendidos de caminar hasta la
Oficina del Trabajo todas las mañanas a cobrar el subsidio, de discutir los problemas del mundo y de preguntarse qué van a hacer
con el resto del día. Algunos pasan por donde el corredor de apuestas a estudiar el formulario y apostarle uno o dos chelines a algo seguro. Algunos pasan las horas en la biblioteca Carnegie leyendo los
periódicos ingleses e irlandeses. Un desempleado debe estar al tanto
de las cosas porque todos los otros desempleados son expertos en lo
que pasa en el mundo. Un desempleado debe estar preparado en
caso de que otro desempleado ponga el tema de Hitler o Mussolini
o las terribles condiciones de los millones de chinos. Un desempleado vuelve a casa después de un día con el corredor de apuestas o
el periódico y su esposa no le va a escatimar unos minutos de paz y
tranquilidad con su cigarrillo y su té, ni un rato para sentarse en
una silla a pensar en el mundo.

La Pascua es mejor que la Navidad porque papá nos lleva a la
iglesia de los redentoristas donde todos los sacerdotes se visten de
blanco y cantan. Están felices porque Nuestro Señor está en el cielo.
Le pregunto a papá si el bebé en la cuna está muerto y él dice: No, Él
tenía treinta y tres años cuando murió y míralo allá, colgando en la
cruz. No entiendo cómo creció tan rápido para estar colgado allá
con un sombrero de espinas y sangre por todas partes, chorreándo-
le de la cabeza, de las manos, de los pies, y una cortada grande junto
al estómago.

Papá dice que ya entenderé cuando crezca. Ahora me dice eso
todo el tiempo y yo quiero ser grande como él para poder entenderlo todo. Debe de ser delicioso despertar por la mañana y entenderlo
todo. Me gustaría ser como todos los grandes en la iglesia, y pararme y arrodillarme y rezar y entenderlo todo.

En la misa la gente camina hasta el altar y el sacerdote les pone
algo en la boca. Vuelven a sus asientos con la cabeza agachada y

moviendo la boca. Malachy dice que tiene hambre y que él también quiere de eso. Papá dice: Chsss, esa es la Santa Comunión, el cuerpo y la sangre de Nuestro Señor.

Pero papá.

Chito. Es un misterio.

Es inútil hacer más preguntas. Si haces una pregunta te dicen que es un misterio, ya entenderás cuando seas grande, sé un niño bueno, pregúntale a tu madre, pregúntale a tu padre, por el amor de Cristo déjame en paz, vete a jugar.

Papá consigue su primer trabajo en Limerick en la fábrica de cemento y mamá está dichosa. No tendrá que hacer fila en la Sociedad de San Vicente de Paúl para pedir ropa y botas para Malachy o para mí. Ella dice que eso no es mendigar, que es caridad, pero papá dice que es mendigar y es deshonroso. Mamá dice que ahora podrá pagar las pocas libras que debe en la tienda de Kathleen O'Connell y que también puede pagarle a su madre lo que le debe. Odia estar endeudada con alguien, especialmente con su propia madre.

La fábrica de cemento queda a varias millas de Limerick y eso significa que papá tiene que salir de la casa a las seis de la mañana. A él no le importa porque está acostumbrado a las caminatas largas. La víspera mamá le prepara un frasco de té, un sándwich y un huevo duro. Lo compadece por tener que caminar tres millas de ida y tres de vuelta. Una bicicleta sería muy útil pero habría que trabajar un año para pagarla.

El viernes es el día de pago y mamá se levanta temprano a limpiar la casa y a cantar.

> *Cualquiera puede ver por qué quería besarte,*
> *eso tenía que ser, de tanto...*

No hay mucho que limpiar en la casa. Barre el piso de la cocina y el de Italia, arriba. Lava los cuatro frascos de mermelada que usamos como tazas. Dice que si a papá le dura el empleo compraremos unas tazas como corresponde y tal vez unos platos y algún día, con la ayuda de Dios y de su Santa Madre, tendremos sábanas para la cama, y si ahorramos mucho una manta o dos en vez de esos abrigos viejos que la gente debe de haber dejado abandonados cuando la Gran Hambruna. Hierve agua y lava los trapos que evitan que Michael se cague en el cochecito y en toda la casa. Ah, dice ella, nos vamos a hacer un té delicioso esta noche cuando su papi traiga a casa el salario.

Papi. Está de buen humor.

Suenan pitos y sirenas por toda la ciudad cuando los obreros terminan su trabajo a las cinco y media. Malachy y yo estamos excitados porque sabemos que cuando tu padre trabaja y trae a casa el pago te dan el penique del viernes. Sabemos eso por otros chicos cuyos padres trabajan y sabemos que después del té puedes ir a la tienda de Kathleen O'Connell a comprar dulces. Si tu madre está de buen humor te podría dar hasta dos peniques para que al otro día vayas al cine Lyric a ver una película de James Cagney.

Los trabajadores de las fábricas y tiendas de la ciudad regresan a sus calles a cenar, lavarse y salir para la taberna. Las mujeres van al cine en el Coliseum o el Lyric. Compran dulces y cigarrillos Wild Woodbine y si sus maridos llevan mucho tiempo trabajando se regalan con cajas de chocolates Black Magic. Les encantan las películas de amor y pasan un estupendo rato llorando a moco tendido cuando hay un final triste o un apuesto galán se marcha a que los hindúes y demás no católicos le peguen un tiro.

Tenemos que esperar mucho rato a papá mientras camina las tres millas desde la fábrica. No podemos tomar el té hasta que vuelva y eso es muy duro porque se puede oler lo que cocinan otras familias en el callejón. Mamá dice que qué bueno que el día de pago caiga en viernes cuando no se puede comer carne porque el olor a tocino o a salchicha en las otras casas le haría perder el juicio. En todo caso podemos comer pan y queso y tomarnos un buen té en el frasco de mermelada, ¿y qué más puede pedirse?

Las mujeres se han ido al cine, los hombres están en las tabernas y papá todavía no regresa. Mamá dice que la distancia es larga desde la fábrica de cemento así él ande a buen paso. Ella dice eso pero tiene los ojos llorosos y ya no canta. Está sentada junto a la chimenea fumándose un Wild Woodbine sacado a crédito donde Kathleen O'Connell. El cigarrillo es el único lujo que se da y nunca olvidará a Kathleen por su bondad. No sabe cuánto va a poder mantener el agua hirviendo en la tetera. De nada sirve hacer el té antes de que papá vuelva porque se va a pasar, se va a amargar, se va a recalentar y no se va a poder tomar. Malachy dice que tiene hambre y ella le da un pedazo de pan y queso para que aguante. Ella dice: Este empleo podría ser nuestra salvación. Harto trabajo le costó conseguirlo con ese acento norteño que tiene y si lo pierde no sé qué vamos a hacer.

Ya está oscuro en el callejón y tenemos que prender una vela. Ella se ve obligada a darnos el té y el pan y el queso porque tenemos tanta hambre que no resistimos un minuto más. Se sienta a la mesa, come un poco de pan y queso, se fuma su Wild Woodbine. Va a la puerta a ver si papá viene por el callejón y habla de los días de pago cuando teníamos que buscarlo por todo Brooklyn. Dice: Algún día volveremos a América y tendremos un lugar lindo y tibio dónde vivir y un retrete al final del pasillo como el de la avenida Classon y no esa cosa sucia por fuera de la casa.

Las mujeres ya regresan del cine, riéndose, y los hombres, cantando, de las tabernas. Mamá dice que de nada sirve esperar más. Si papá se queda en las tabernas hasta la hora de cerrar no va a quedar nada del salario y da lo mismo irnos a la cama. Se acuesta en su cama estrechando a Michael. No hay ruido en el callejón y puedo oírla llorar aunque se tapa la cara con uno de los abrigos viejos hasta que oigo algo en la distancia: es mi padre.

Sé que es mi padre porque es el único en Limerick que canta esa canción del norte, *Roddy McCorley la muerte encara en el puente de Toome esta mañana*. Dobla la esquina en lo alto del callejón y empieza *Kevin Barry*. Canta un verso, para, se agarra a la pared, llora por Kevin Barry. La gente saca la cabeza por las ventanas y las puertas y le grita: Por Cristo, métete un calcetín. Hay quienes tenemos que levantarnos mañana para ir a trabajar. Vete a cantar a casa tus jodidas canciones patrioteras.

Él se planta en el medio de la calle y reta a todo el mundo a salir, está dispuesto a pelearse, dispuesto a pelearse y morir por Irlanda, que es más de lo que puede decir de los hombres de Limerick, que son conocidos a lo largo y ancho del mundo por colaborar con los pérfidos sajones.

Ahora abre la puerta y va cantando:

> *Y si todos alrededor están en vela*
> *y el Oeste sueña, y el Oeste sueña,*
> *¡ay! bien podrá llorar Erín su pena*
> *porque en Connacht la somnolencia impera.*
> *Mas, ¡escuchad!, hay una voz que truena:*
> *"¡El Oeste despierta! ¡El Oeste despierta!*
> *Cantad, ¡hurra! y que tiemble Inglaterra*
> *que de Erín a morir velaremos por ella!"*[3]

Llama desde el pie de la escalera: Ángela, Ángela, ¿hay un sorbo de té en esta casa?

Ella no le responde y él vuelve a gritar: Francis, Malachy, bajen acá, niños. Tengo el penique del viernes para ustedes.

Yo quiero bajar por el penique del viernes pero mamá está sollozando con el abrigo en la boca y Malachy dice: Yo no quiero su penique del viernes. Que se quede con él.

Papá sube dando tumbos la escalera, echándose un discurso sobre cómo debemos morir todos por Irlanda. Prende un fósforo y lo

---

3 *And if, when all a vigil keep, / The West's asleep, the West's asleep! / Alas! and well may Erin weep, / That Connacht lies in slumber deep, / But hark! a voice like thunder spake / The West's awake! the West's awake! /Sing, Oh, hurrah, let England quake, / We'll watch till death for Erin's sake!'*

arrima a la vela que hay junto a la cama de mamá. Levanta la vela sobre su cabeza y se pone a marchar por el cuarto, cantando:

Mirad quién atraviesa los brezales de rojo florecidos,
los verdes estandartes besando el aire puro de los montes,
las cabezas erguidas, la vista al frente y en orgullosa
marcha unidos,
la clara libertad entronizada en el espíritu de esos
altivos hombres.[4]

Michael se despierta y suelta un berrido, los Hannon le pegan a la pared de la casa de al lado, mamá le dice a papá que es una desgracia y que por qué no se va de la casa de una vez.

Él se hace en el centro del cuarto con la vela sobre la cabeza. Se saca un penique del bolsillo y nos saluda con la mano a Malachy y a mí. Su penique del viernes, niños, dice. Quiero que salten de esa cama y se cuadren aquí como dos soldados y prometan morir por Irlanda y les daré a los dos el penique del viernes.

Malachy se endereza en la cama. No lo quiero, dice.

Y yo le digo que yo tampoco lo quiero.

Papá se queda ahí un minuto, bamboleándose, y vuelve a echarse el penique al bolsillo. Se vuelve hacia mamá y ella le dice: Esta noche no duermes en esta cama. Él se abre camino con la vela hasta el piso de abajo, duerme en un asiento, no va a trabajar al otro día, pierde el empleo en la fábrica de cemento y otra vez a vivir del subsidio.

---

4 *See who comes over the red-blossomed heather, / Their green banners kissing the pure mountain air, / Heads erect, eyes to front, stepping proudly together, / Sure freedom sits throned on each proud spirit there.*

IV ◈

EL MAESTRO DICE que es hora de prepararnos para la primera confesión y la primera comunión, de saber y recordar todas las preguntas y respuestas del catecismo, de ser buenos católicos, de saber la diferencia entre el bien y el mal y de morir por la fe si a ello somos llamados.

El maestro dice que morir por la fe es una cosa gloriosa y papá dice que morir por Irlanda es una cosa gloriosa y me pregunto si en el mundo habrá alguien que quiera que vivamos. Mis hermanos están muertos y mi hermana está muerta y me pregunto si murieron por Irlanda o por la fe. Papá dice que eran demasiado jóvenes para morir por algo. Mamá dice que fue por la enfermedad y el hambre y porque él nunca tiene trabajo. Papá dice: Ay, Ángela, se pone la gorra y sale a dar una de sus caminatas.

El maestro dice que cada uno debe traer tres peniques para el catecismo de la primera comunión que es el del forro verde. El catecismo tiene todas las preguntas y respuestas que hay que saberse de memoria antes de recibir la primera comunión. A los mayores de quinto grado les toca el catecismo grueso de confirmación que es el del forro rojo y cuesta seis peniques. Me encantaría ser grande e importante y pasearme por ahí con el catecismo de confirmación rojo pero no creo que vaya a vivir tanto con la forma como se espera que muera por esto o aquello. Quisiera preguntar por qué hay tanta gente grande que no ha muerto por Irlanda o por la fe pero sé que si haces una pregunta así te dan tu coscorrón en la cabeza y te dicen que salgas a jugar.

Es muy conveniente que Mikey Molloy viva a la vuelta de la esquina. Tiene once años, le dan ataques y a sus espaldas le decimos Molloy Ataques. En el callejón dicen que un ataque es una calamidad y yo ya sé lo que quiere decir calamidad. Mikey lo sabe todo porque tiene visiones durante los ataques y lee libros. Es el experto de la cuadra en Cuerpos de Niñas y Groserías en General y me promete: Te voy a contar todo, Frankie, cuando cumplas once años como yo y no seas tan bruto e ignorante.

Es bueno que diga Frankie pues así sé que me está hablando a mí porque él es bizco y nunca se sabe a quién está mirando. Si le habla a Malachy y yo creo que me está hablando a mí le podría dar tanta rabia que tendría un ataque que acabe con él. Dice que es un don ser bizco porque eres como un dios que mira para dos lados al mismo tiempo y si eras bizco en los tiempos de los antiguos romanos no era problema conseguir un buen empleo. Si miras retratos de emperadores romanos verás que siempre hay un rasgo muy marcado de bizquera. Cuando no tiene los ataques se sienta en el suelo en la parte alta del callejón a leer libros que su padre le trae de la biblioteca Carnegie. Su madre dice libros, libros, libros, se va a dañar los ojos de tanto leer, necesita una operación para que se los enderecen pero quién la va a pagar. Le dice que si sigue forzando los ojos se le van a ir juntando hasta que tenga un solo ojo en la mitad de la cabeza. De ahí en adelante su padre lo llama Cíclope, que sale en un cuento griego.

Nora Molloy se trata con mi madre en las filas de la Sociedad de San Vicente de Paúl. Le dice a mamá que Mikey tiene más juicio que doce hombres bebiendo en la taberna. Se sabe los nombres de todos los papas desde san Pedro hasta Pío XI. Sólo tiene once años pero es un hombre, todo un hombre. Más de una semana ha salvado a su familia de morirse de hambre. Toma prestada una carretilla de Adrian Farrell y llama a las puertas de todo Limerick a ver si hay quien necesite que le traigan carbón o turba, y se va por la calle Dock a traer grandes costales de un quintal o más. Sirve de recadero a los viejos que no pueden caminar y si no tienen un penique que darle se conforma con una oración.

Si gana algún dinero se lo entrega a su madre, que adora a su Mikey. Él es su mundo, la sangre y el latido de su corazón, y si algo le llegara a pasar bien podían meterla de una vez al manicomio y tirar la llave.

El padre de Mikey, Peter, es un gran campeón. Gana apuestas en las tabernas tomándose más pintas que los demás. Todo lo que tiene que hacer es ir a los orinales, meterse el dedo en la garganta y hacer que todo salga para poder empezar otra tanda. Peter es un campeón de tanta talla que puede pararse frente al orinal y vomitar sin meterse el dedo. Es un campeón de tanta talla que le podrían cortar los dedos y él seguiría como si nada. Gana mucho dinero pero no lo trae a casa. A veces es como mi padre y se bebe hasta el subsidio y por eso es que a cada rato se llevan a Nora Molloy para el manicomio, loca de preocupación por su familia que se muere de hambre. Ella sabe que mientras uno está en el manicomio está a salvo del mundo y sus tormentos, no se puede hacer nada, uno está guardado y de nada sirve preocuparse. Es bien sabido que a todos los locos del manicomio los tienen que meter a la fuerza pero ella es la única a la que tienen que sacar a la fuerza, de vuelta con sus cinco hijos y el campeón de todos los bebedores de cerveza.

Uno sabe que Nora Molloy está para llevar al manicomio cuando ve a sus niños correteando por ahí blancos de harina desde la coronilla hasta los pies. Eso ocurre cuando Peter se bebe el dinero del subsidio y la deja a ella en situación crítica y ella sabe que los hombres van a venir a llevársela. Uno sabe que ella está adentro horneando frenéticamente. Quiere asegurarse de que sus hijos no se mueran de hambre mientras ella está lejos y recorre todo Limerick mendigando harina. Acude a sacerdotes, monjas, protestantes, cuáqueros. Va a los Molinos Rank y pide las barreduras del suelo. Hornea día y noche. Peter le ruega que pare pero ella chilla: Esto pasa por beberte el subsidio. Él le dice que el pan se va a poner rancio. De nada sirve hablarle. Hornea, hornea, hornea. Si tuviera con qué hornearía toda la harina de Limerick y zonas aledañas. Si los hombres del manicomio no vinieran por ella hornearía hasta rodar por tierra.

Los niños se atarugan de pan hasta que en la cuadra dicen que parecen hogazas. Así y todo el pan se pone rancio y a Mikey lo molesta tanto el desperdicio que le pregunta a una mujer rica y ella le dice que haga budín de pan. Hierve el pan duro en agua y leche agria y le agrega una taza de azúcar y a sus hermanos les encanta aunque es lo único que comen durante los quince días que su madre pasa en el manicomio.

Mi padre dice: ¿Se la llevan porque se enloqueció de hacer pan o le dio la locura de hacer pan porque se la van a llevar?

Nora vuelve calmada como de una temporada en la costa. Siempre dice: ¿Dónde está Mikey? ¿Está vivo? Mikey la preocupa porque no es un católico en regla y si le diera un ataque y se muriera quién sabe dónde iría a parar en la otra vida. No es un católico en regla porque nunca pudo recibir la primera comunión por miedo a que le pusieran algo en la lengua que le provocara un ataque y lo ahogara. El maestro ensayó una y otra vez con pedacitos del *Limerick Leader* pero Mikey los escupía todos hasta que el maestro se enfureció y lo mandó donde el cura, quien le escribió al obispo, quien dijo: No me moleste, encárguese usted de eso. El maestro envió una nota a su casa diciendo que Mikey debía practicar a recibir la comunión con su padre o su madre pero ni siquiera ellos pudieron hacer que se tragara un pedacito del *Limerick Leader* en forma de hostia. Incluso ensayaron con un trocito de pan en forma de hostia con mermelada y de nada sirvió. El cura le dice a la señora Molloy que no se preocupe. Dios se mueve de modo misterioso para obrar Sus maravillas y de seguro Él tiene un propósito especial para con Mikey, ataques y todo. Ella dice: ¿No es muy raro que se pueda tragar toda clase de dulces y mojicones pero si se tiene que tragar el cuerpo de Nuestro Señor le da un ataque? ¿No es muy raro? La angustia que a Mikey le dé un ataque y muera y se vaya al infierno si tiene algún pecado en su alma aunque todo el mundo sabe que es un ángel bajado del cielo. Mikey le dice que Dios no lo va a afligir a uno con los ataques y encima de eso lo va a mandar de una patada al infierno. ¿Qué clase de Dios haría algo así?

¿Estás seguro, Mikey?

Sí. Lo leí en un libro.

Se sienta bajo el farol en lo alto del callejón y se ríe del día de su primera comunión, que fue toda una farsa. No se pudo tragar la hostia pero eso no impidió que su madre lo hiciera desfilar por todo Limerick en su trajecito negro para la colecta. Le dijo a Mikey: Pues no estoy mintiendo, no señor. Sólo les digo a los vecinos: Miren a Mikey en su vestido de primera comunión. Eso es todo lo que digo, fíjate: Miren a Mikey. Si ellos creen que te tragaste la primera comunión, ¿quién soy yo para contradecirlos y desilusionarlos? El padre de Mikey dijo: No te preocupes, Cíclope. Tienes montones de tiempo. Jesús no se volvió un católico en regla hasta que tomó el pan y el vino en la última cena cuando ya había cumplido treinta y tres años. Nora Molloy dijo: ¿Quieres dejar de llamarlo Cíclope? Él tiene dos ojos en la cara y no es griego. Pero el padre de Mikey, campeón de todos los bebedores de cerveza, se parece a mi tío Pa Keating, le importa el pedo de un violinista lo que diga le gente y así me gustaría ser a mí también.

Mikey me dice que lo mejor de la primera comunión es la colecta. Tu madre tiene que conseguirte a toda costa un traje nuevo para poder mostrarte a los vecinos y parientes y ellos te dan dulces y dinero y puedes ir al cine Lyric a ver a Charlie Chaplin.

¿Y James Cagney?

Olvídate de James Cagney. Pura bulla. Charlie Chaplin es único. Pero tienes que ir de colecta con tu madre. La gente grande de Limerick no le va a regalar plata a cualquier Fulano Mengano y Zutano que se aparezca con un traje de primera comunión y sin su madre.

Mikey se hizo más de cinco chelines en su primera comunión y comió tantos dulces y mojicones que se vomitó en el cine Lyric y Frank Goggin, el taquillero, lo echó a patadas. Él dice que no le importó porque todavía le quedaba dinero y fue al cine Savoy ese mismo día a ver una película de piratas y comió chocolate Cadbury y tomó limonada hasta que el estómago se le agrandó como una milla. No ve la hora de la confirmación porque ya estás más grande y hay otra colecta que deja más dinero que la primera comunión. Él piensa ir al cine el resto de su vida, a sentarse junto a las muchachas de los callejones y hacer porquerías como un experto. Ama a su madre pero nunca se va a casar por miedo a tener una mujer que esté entrando y saliendo del manicomio. Para qué casarse cuando puedes ir al cine y hacer porquerías con las muchachas de los callejones a las que no les importa lo que hacen porque ya lo hicieron con sus hermanos. Si no te casas no va a haber una tropa de hijos en casa berreando por un té con pan y boqueando con ataques y mirando a todos lados al tiempo con los ojos. Cuando sea mayor él va a ir a la taberna como su padre a beber pintas por montones, meterse el dedo en la garganta para sacárselas, beber más pintas, ganarse las apuestas y traerle el dinero a su madre para que no se vuelva loca. Dice que no es un católico en regla lo que quiere decir que está condenado así que puede hacer lo que le dé la puerca gana.

Dice: Te contaré más cuando crezcas, Frankie. Eres demasiado joven y no distingues tu culo de tu codo.

El maestro, míster Benson, es muy viejo. Ruge y escupe sobre nosotros todos los días. Los chicos de la primera fila esperan que no tenga enfermedades porque las babas son las que transmiten las enfermedades y él podría estar regando la tisis por todos lados. Nos dice que tenemos que aprendernos el catecismo al revés, al derecho y en diagonal. Tenemos que aprendernos los diez mandamientos, las siete virtudes cardinales y las siete teologales, los siete sacramentos, los siete pecados capitales. Tenemos que aprendernos de memoria todas las oraciones, al avemaría, el padrenuestro, el yo pecador, el credo, al acto de contrición, las letanías de la Sagrada Virgen María. Tenemos que aprendérnoslas en irlandés y en inglés y si se nos olvida una palabra en irlandés y la decimos en inglés él se pone iracundo y nos arrea con la vara. Si por él fuera nos haría aprender la religión en latín, el idioma de los santos que comulgan íntimamente con Dios y su Santa Madre, el lenguaje de los primeros cristianos, que se ocultaban en las catacumbas y partían a morir en el potro de tormento o bajo la espada, que expiraban en las fauces espumosas del voraz león. El irlandés está muy bien para los patriotas, el inglés para los traidores y los delatores, pero el latín nos dará la entrada al mismísimo cielo. Es el latín que rezaban los mártires cuando los bárbaros les arrancaban las uñas y los despellejaban poco a poco. Nos dice que nosotros somos una desgracia para Irlanda y su larga y triste historia, que estaríamos mejor en África rezándole a cualquier árbol o matojo. Nos dice que somos casos perdidos, la peor clase que ha tenido que preparar para la primera comunión pero que así como Dios hizo las manzanas así él nos va a hacer buenos católicos, nos va a sacar a golpes la holgazanería y nos va a meter a golpes la gracia santificante.

Brendan Quigley alza la mano. Le decimos Preguntas Quigley porque se la pasa haciendo preguntas. No lo puede evitar. Señor, dice, ¿qué es la gracia santificante?

El maestro alza los ojos al cielo. Va a matar a Quigley. Pero se limita a aullarle: Olvídate de la gracia santificante, Quigley. Eso no es asunto tuyo. Estás aquí para aprender el catecismo y hacer lo que te ordenen. No estás aquí para hacer preguntas. Ya hay demasiada gente que vaga por el mundo haciendo preguntas y por eso estamos como estamos y si pillo a cualquiera de esta clase haciendo preguntas no seré responsable de lo que pase. ¿Has entendido, Quigley?

Sí.

¿Sí, qué?

Sí, señor.

Sigue con el sermón: En esta clase hay niños que jamás probarán la gracia santificante. ¿Por qué? Por la codicia. Los he oído allá afuera en el patio hablando del día de la primera comunión, el día más feliz de sus vidas. ¿Hablan de recibir el cuerpo y la sangre de Nuestro Señor? Ah, no. Esos pillastres codiciosos hablan del dinero que les van a dar, de la colecta. Van de casa en casa con sus trajecitos como unos pordioseros en colecta. ¿Y sacan algo de ese dinero para enviárselo a los negritos del África? ¿Pensarán en esos pequeños paganos condenados para siempre por falta de bautismo y de conocimiento de la fe verdadera? ¿En los niñitos negros privados de conocer el cuerpo místico de Cristo? El limbo está atestado de bebés negritos que vuelan por ahí llorando por sus madres porque jamás van a ser admitidos ante la inefable presencia de Nuestro Señor y la gloriosa compañía de los santos, los mártires y las vírgenes. Ah, no. Hay que largarse para el cine, nuestros primeros comulgantes corren a revolcarse en las porquerías que vomitan sobre el ancho mundo los esbirros del demonio en Hollywood. ¿No es verdad, McCourt?

Sí, señor.

Preguntas Quigley vuelve a alzar la mano. Las miradas se cruzan en la clase y nos preguntamos si quiere suicidarse.

¿Qué son esbirros, señor?

La cara del maestro se pone blanca y luego roja. Tiembla la boca y luego la abre y la saliva vuela por todas partes. Se acerca a Preguntas y lo arranca del asiento. Respira duro y gaguea y su saliva vuela por toda el aula. Azota a Preguntas en los hombros, las nalgas y las piernas. Lo agarra del cuello de la camisa y lo arrastra al frente.

Miren a este individuo, dice con un rugido.

Preguntas tiembla y gimotea: Perdón, señor.

El maestro lo remeda: Perdón, señor. ¿Por qué pides perdón?

Por haber hecho la pregunta. No voy a preguntar nunca más, señor.

El día que lo hagas, Quigley, será el día en que vas a querer que Dios te acoja en Su seno. ¿Qué vas a querer, Quigley?

Que Dios me acoja en Su seno, señor.

Vuelve a tu asiento, so cafre, so poca cosa, so animalejo del rincón más oscuro de un pantano.

Se sienta con la vara puesta en el escritorio. Le dice a Preguntas que deje de lloriquear y se comporte como un hombre. Si vuelve a oír a un alumno de esta clase haciendo preguntas tontas o hablando de la colecta lo va a azotar hasta sacarle sangre a chorros.

¿Qué voy a hacer?

Lo va a azotar, señor.

¿Hasta?

Hasta sacarle sangre a chorros, señor.

Ahora, Clohessy, ¿cuál es el sexto mandamiento?

No cometerás adulterio.

¿No cometerás adulterio, qué?

No cometerás adulterio, señor.

¿Y qué es adulterio, Clohessy?

Pensamientos impuros, palabras impuras y obras impuras, señor.

Muy bien, Clohessy. Eres un buen chico. Serás un poco lerdo y olvidadizo en la esfera de decir señor y andarás descalzo por ahí pero tu fuerte es el sexto mandamiento y eso te mantendrá puro.

Paddy Clohessy anda descalzo por ahí, su madre le rapa la cabeza para espantar los piojos y tiene los ojos rojos y la nariz llena de mocos. Los raspones en las rodillas nunca se le curan porque se arranca las costras y se las mete en la boca. Su ropa son harapos que tiene que compartir con sus seis hermanos y una hermana y cuando llega a la escuela con la sangre en la nariz o un ojo morado se sabe que tuvo una pelea esa mañana por la ropa. Odia la escuela. Va a cumplir ocho años, es el chico más grande y más viejo de la clase y no ve la hora de crecer y cumplir los catorce para poder escaparse y hacerse pasar por un muchacho de diecisiete y alistarse en el ejército inglés e irse para la India donde el clima es muy bueno y cálido y va a vivir en una tienda de campaña con una de esas morenas con un punto rojo en la frente y se la va a pasar echado comiendo higos, eso es lo que comen en la India, higos, y ella hará curry día y noche y tocará el ukelele y cuando tenga suficiente dinero él mandará por toda la familia y todos vivirán en una tienda especialmente su pobre padre que está en casa tosiendo goterones de sangre por culpa de la tisis. Cuando mi madre ve a Paddy en la calle dice: Carajo, mira a ese pobre niño. Es un esqueleto envuelto en trapos y si fueran a hacer una película sobre la Hambruna seguramente lo pondrían en el papel central.

Creo que yo le agrado a Paddy por lo de la uva pasa y me siento un poquito culpable porque no es que haya sido tan generoso para empezar. El maestro, míster Benson, dijo que el gobierno iba a darnos almuerzos gratis para que no tuviéramos que ir a casa en el frío del invierno. Nos llevó a un cuarto helado en los sótanos de la escuela de Leamy donde la criada por días, Nellie Ahearn, estaba repartiendo la media pinta de leche y el panecillo de pasas. La leche estaba congelada en las botellas y tuvimos que derretirla entre los muslos. Los chicos bromearon y dijeron que la leche nos iba a tumbar las cosas por congelación y el maestro vociferó: Sigan hablando así y les caliento las botellas en el cogote. Todos hurgábamos en los panecillos buscando una uva pasa pero Nellie dijo que se les habría olvidado ponérselas y que le iba a preguntar al hombre que los había traído. Seguimos hurgándolos todos los días hasta que yo me encontré una pasa en el mío y la levanté para mostrarla. Los chicos empezaron a quejarse y a decir que querían una pasa y Nellie dijo que eso no era culpa suya. Le iba a volver a preguntar al repartidor. Ahora los chicos me estaban rogando que les diera la pasa y me ofrecían de todo, un trago de la leche de ellos, un lápiz, un libro de historietas. Toby Mackey me ofreció a su hermanita y míster Benson lo oyó y lo sacó al pasillo y lo azotó hasta hacerlo chillar. Yo quería la pasa para mí pero vi a Paddy Clohessy parado en un rincón, sin zapatos, y el salón estaba helado y él temblaba como un perro corrido a las patadas y a mí siempre me dieron mucha tristeza los perros pateados así que me arrimé y le di a Paddy la pasa porque no sabía qué otra cosa hacer y todos los niños gritaron que yo era un bobo y un rejodido idiota y que ya me arrepentiría y después de haberle dado la pasa a Paddy me dieron muchas ganas de comérmela pero ya era demasiado tarde porque él se la metió en la boca y se la tragó y me miró y no dijo nada y yo me dije en la cabeza qué clase de idiota eres para haber regalado tu pasa.

Míster Benson me miró y no dijo nada y Nellie Ahearn dijo: Eres un yanqui de lo más grandioso, Frankie.

El padre pronto vendrá a hacernos el examen de catecismo y todo lo demás. El maestro en persona nos tiene que enseñar cómo recibir la sagrada comunión. Nos dice que nos le acerquemos. Llena el sombrero con pedacitos rasgados del *Limerick Leader*. Le entrega a Paddy Clohessy el sombrero, se arrodilla en el suelo y le dice a Paddy que saque un pedacito y se lo ponga en la lengua. Nos enseña a sacar la lengua, recibir el recorte de papel, sostenerlo por un momento, meter la lengua, juntar las manos en oración, mirar al cielo, cerrar los ojos en adoración, esperar a que el papel se derrita en la boca, tragarlo y agradecer a Dios Su don, la gracia santificante que va calando en el olor de santidad. Cuando saca la lengua tenemos que aguantarnos la risa porque no habíamos visto tamaña lengua tan grande y morada. Él abre los ojos para pillar a los niños que se ríen entre dientes pero no puede decir nada porque todavía tiene a Dios en la lengua y es un momento sagrado. Se pone de pie y ordena arrodíllense por toda la clase para practicar la sagrada comunión. Pasa poniendo trocitos de papel en nuestras lenguas y murmurando en latín. Algunos niños se ríen y él les grita que si no dejan las risitas no será la sagrada comunión lo que reciban sino los santos óleos, ¿y cómo se llama ese sacramento, McCourt?

La extremaunción, señor.

Correcto, McCourt. No está mal para un yanqui de las pecaminosas costas de América.

Nos dice que debemos fijarnos en sacar la lengua lo suficiente para que la hostia no se caiga al suelo. Dice: Eso es lo peor que le puede pasar a un sacerdote. Si la hostia se desliza de la lengua el pobre sacerdote tiene que ponerse de rodillas y recogerla con la lengua y lamer el piso dado el caso de que haya rodado por él. Al sacerdote puede clavársele una astilla que le hinche la lengua del tamaño de un nabo y eso basta para asfixiarlo y matarlo completamente a uno.

Nos dice que después de las reliquias de la verdadera cruz la comunión es la cosa más sagrada del mundo y que nuestra primera comunión es el momento más sagrado de nuestras vidas. Hablar de la primera comunión excita al maestro. Camina de acá para allá, agita la vara, nos dice que jamás debemos olvidar que en el momento en que nos pongan en la lengua la sagrada comunión nos volveremos miembros de la más sagrada de las congregaciones, de la Única, Santa, Católica y Apostólica Iglesia romana, que a lo largo de dos mil años hombres, mujeres y niños han muerto por la fe, que los irlandeses no tienen nada de qué avergonzarse en cuestión de mártires. ¿No hemos contribuido con multitudes de mártires? ¿No hemos desnudado nuestros cuellos bajo el hacha protestante? ¿No hemos subido al patíbulo, cantando, como saliendo para un día de campo, no hemos hecho eso, niños?

Lo hemos hecho, señor.

¿Qué es lo que hemos hecho?

Desnudado nuestros cuellos bajo el hacha protestante, señor.

¿Y?

Subido al patíbulo cantando, señor.

¿Como qué?

Como saliendo para un día de campo, señor.

Él dice que, tal vez, en esta clase haya un futuro sacerdote o un mártir de la fe, aunque lo duda mucho porque somos la manada más perezosa de ignorantes que haya tenido la desgracia de educar jamás.

Pero de todo tiene que haber en esta vida, dice, y seguramente Dios tenía algún designio cuando envió a los de su ralea a infestar esta tierra. Seguramente Dios tenía Sus designios cuando envió entre nosotros a Clohessy sin zapatos, a Quigley con sus abominables preguntas y a McCourt cargado de pecados de América. Y recuerden esto, niños: Dios no envió a Su Hijo encarnado a que colgara de la cruz para que ustedes pudieran ir por ahí en el día de la primera comunión con las zarpas extendidas para la colecta. Nuestro Señor murió para que ustedes fueran redimidos. Es suficiente con recibir el don de la fe. ¿Me están poniendo atención?

Sí, señor.

¿Y qué es suficiente?

El don de la fe, señor.
Bien. Ya pueden irse a casa.

Por la noche tres de nosotros nos sentamos al pie del farol en la parte alta del callejón y nos ponemos a leer: Mikey, Malachy y yo. Los Molloy son como nosotros, con un padre que se bebe el subsidio o el salario y no deja nada para las velas o el kerosene para la lámpara. Mikey lee libros y nosotros leemos historietas. Su padre, Peter, trae libros de la biblioteca Carnegie para tener algo en que ocuparse cuando no está tomando pintas o cuidando a la familia. La señora Molloy está en el manicomio. Él le deja leer a Mikey cualquier libro que se le antoje y ahora Mikey está leyendo un libro sobre Cuchulain y hablando como si supiera todo acerca de él. Yo le quiero decir que lo sabía todo acerca de Cuchulain desde que iba a cumplir cuatro años, que vi a Cuchulain en Dublín, que a Cuchulain no se le da nada aparecérseme en los sueños. Quiero decirle que deje de hablar de Cuchulain, que él es mío, que es mío desde hace años cuando yo era pequeñito, pero no puedo porque Mikey nos lee un cuento que yo no había oído antes, un cuento sucio sobre Cuchulain que yo nunca le podría contar a mi padre o mi madre, la historia de cómo Emer se convirtió en la esposa de Cuchulain.

Cuchulain se estaba volviendo un viejo de veintiún años. Se sentía solo y quería casarse, cosa que lo debilitó, dice Mikey, y le valió la muerte al final. Todas las mujeres de Irlanda estaban locas por Cuchulain y querían casarse con él. Él decía que eso sería magnífico, que a él no le importaría casarse con todas las mujeres de Irlanda. Si él podía luchar contra todos los hombres de Irlanda, ¿por qué no podría casarse con todas las mujeres? Pero el rey, Conor MacNessa, dijo: Eso estaría muy bien para ti, Cu, pero los hombres de Irlanda no querrían estar solos a altas horas de la noche. El rey decidió que tendría que haber un concurso para ver quién se iba a casar con Cuchulain y que iba a ser un concurso de meadas. Todas las mujeres de Irlanda se reunieron en los llanos de Muirthemne para ver cuál podía mear más largo y ganó Emer. Ella era la campeona meona de

Irlanda y se casó con Cuchulain y por eso hasta el día de hoy la llaman Emer la Vejigona.

Mikey y Malachy se ríen con el cuento aunque no creo que Malachy lo entienda. Es muy pequeño y le falta mucho para hacer la primera comunión y sólo se ríe por la palabra meada. Entonces Mikey me dice que he cometido un pecado por oír un cuento que tiene esa palabra y que cuando vaya a mi primera confesión tendré que contárselo al sacerdote. Malachy dice: Es cierto. Meada es una palabra fea y tienes que contárselo al padre porque decirla es pecado.

Yo no sé que hacer. ¿Cómo ir donde el padre y decirle algo tan horrible en mi primera confesión? Todos los chicos saben qué pecados le van a contar al sacerdote para que les den la primera comunión y puedan hacer la colecta e ir a ver a James Cagney y comer dulces y galletas en el Lyric. El maestro nos ayudó con eso de los pecados y todo el mundo tiene los mismos pecados. Le pegué a mi hermanito. Dije una mentira. Robé un penique del monedero de mi madre. Desobedecí a mis padres. Comí salchicha un viernes.

Pero ahora tengo un pecado que nadie más tiene y el padre se va a escandalizar y me va a sacar del confesionario en plena iglesia y va a echarme a la calle donde todos sabrán que escuché un cuento en el que la esposa de Cuchulain gana el campeonato de meadas de Irlanda. Jamás podré recibir la primera comunión y las madres cargarán a sus hijos y les dirán: Míralo, es igual a Mikey Molloy, nunca hizo la primera comunión, anda por ahí en estado de pecado, nunca hizo la colecta, nunca ha visto a James Cagney.

Quisiera no haber sabido nunca de primeras comuniones y colectas. No me siento bien y no quiero ni té ni pan ni nada. Mamá le dice a papá que es muy raro que un niño rechace el té con pan y papá dice: Sólo está nervioso por la primera comunión. Yo quiero acercármele y sentarme en sus rodillas y contarle lo que me hizo Mikey Molloy pero ya estoy muy grande para andar sentándome en sus rodillas y si lo hiciera Malachy saldría y le diría a toda la cuadra que soy un bebé grande. Me gustaría poder contarle mis cuitas al

Ángel del Séptimo Peldaño pero él está muy ocupado trayéndoles niños a las madres de todo el mundo. Así y todo, le pregunto a papá:

Papá, ¿el Ángel de Séptimo Peldaño tiene otros trabajos fuera de traer niños?

Los tiene.

¿Y el Ángel del Séptimo Peldaño te diría qué hacer si no sabes qué hacer?

Lo haría, hijo, lo haría. Para eso están los ángeles, hasta el del séptimo peldaño.

Papá sale a dar una caminata, mamá se va con Michael a visitar a la abuela, Malachy está jugando en el callejón y yo tengo la casa para mí solo así que me puedo sentar en el séptimo peldaño a hablarle al ángel. Sé que está ahí porque el séptimo peldaño está más tibio que los demás y hay una luz en mi cabeza. Le cuento mis cuitas y oigo una voz. Temer no debes, dice la voz.

Habla al revés y le digo que no sé de qué está hablando.

No debes temer, dice la voz. Dile al sacerdote tu pecado y serás perdonado.

Al otro día me levanto temprano y tomo el té con papá y le cuento lo del Ángel del Séptimo Peldaño. Él me pone la mano en la frente para ver si me estoy sintiendo bien. Me pregunta si estoy seguro de que tenía una luz en la cabeza y escuché una voz y qué fue lo que dijo esa voz.

Le digo que la voz dijo Temer no debes y que eso quiere decir No debes temer.

Papá me dice que el ángel tiene razón, que no debo tener miedo, y yo le cuento lo que me hizo Mikey Molloy. Le cuento todo lo de Emer la Vejigona y hasta digo la palabra mear porque el ángel dijo: No debes temer. Papá baja su frasco de mermelada con el té y me acaricia la mano por encima. Ay, ay, ay, dice, y me pregunto si se estará enloqueciendo como la señora Molloy, que entra y sale del manicomio, pero él dice: ¿Eso es lo que te tenía preocupado anoche?

Le digo que sí y él me dice que eso no es pecado y que no tengo que decírselo al padre.

Pero el Ángel del Séptimo Peldaño dijo que sí.

Está bien. Díselo al padre si quieres pero el Ángel del Séptimo Peldaño dijo eso porque no me lo dijiste a mí primero. ¿Nos es mejor contarle tus cuitas a tu padre que a un ángel que es una luz y una voz en tu cabeza?

Sí, papá.

La víspera de la primera comunión el maestro nos lleva a la iglesia de San José para nuestra primera confesión. Marchamos por parejas y si nos atrevemos a mover siquiera un labio por las calles de Limerick él nos va a matar ahí mismo y nos va a enviar al infierno repletos de pecados. Eso no impide el faroleo con los grandes pecados. Willie Harold susurra su gran pecado: que miró el cuerpo desnudo de su hermana. Paddy Hartigan dice que robó diez chelines del monedero de su tía y se enfermó de comer helado y papas fritas. Preguntas Quigley dice que se escapó de la casa y pasó media noche en una zanja con cuatro cabras. Yo trato de contarles lo de Cuchulain y Emer pero el maestro me pilla hablando y me da un pescozón.

Nos arrodillamos en los bancos junto al confesionario y yo me pregunto si mi pecado de Emer es tan malo como mirar el cuerpo desnudo de tu hermana porque a estas alturas sé que algunas cosas en este mundo son peores que otras. Es por eso que hay diferentes pecados, el sacrilegio, el pecado mortal, el pecado venial. Además los maestros y los grandes en general hablan del pecado imperdonable, que es un gran misterio. Nadie sabe qué es y te preguntas cómo vas a saber que lo has cometido si no sabes qué es. Si yo le cuento al padre lo de Emer la Vejigona y el concurso de meadas él podría decirme que ese es el pecado imperdonable y echarme a patadas del confesionario y yo quedaría en desgracia delante de todo Limerick y me condenaría a ser torturado eternamente en el infierno por diablos que no tienen más que hacer que pincharme con horcas calientes hasta depellejarme todo.

Trato de oír la confesión de Willie cuando le toca el turno pero lo único que alcanzo a escuchar es el seseo del padre y cuando Willie sale está llorando.

Ahora me toca a mí. El confesionario es oscuro y hay un gran crucifijo colgado sobre mi cabeza. Alcanzo a oír a otro niño que murmura su confesión del otro lado. Me pregunto si serviría de algo tratar de hablar con el Ángel del Séptimo Peldaño. Sé que se supone que él no debe andar rondando confesionarios pero siento la luz en mi cabeza y la voz me dice: Temer no debes.

El cancel se corre delante de mi cara y el padre dice: ¿Sí, hijo mío?

La bendición, padre, porque he pecado. Esta es mi primera confesión.

Sí, hijo mío. ¿Y cuáles son tus pecados?

Dije una mentira. Le pegué a mi hermanito. Saqué un penique del monedero de mi madre. Dije una palabra fea.

Sí, hijo mío. ¿Algo más?

Oí... oí un cuento de Cuchulain y Emer.

Pero eso no es ningún pecado, hijo mío. Después de todo algunos escritores aseguran que Cuchulain se convirtió al catolicismo en los últimos momentos de su vida, lo mismo que el rey, Conor MacNessa.

Era sobre Emer, padre, y cómo se casó con él.

¿Y cómo fue eso, hijo mío?

Ella se lo ganó en un concurso de meadas.

Se oye un resoplido. El sacerdote tiene la boca tapada con la mano y está haciendo ruidos de ahogado y hablando solo: Madre de Dios.

¿Quién... quién te contó ese cuento, hijo mío?

Mikey Molloy, padre.

¿Y dónde oyó él eso?

Lo leyó en un libro, padre.

Ah, un libro. Los libros pueden ser peligrosos para los niños, hijo mío. Aleja el pensamiento de esos cuentos tontos y piensa en las vidas de los santos. Piensa en san José, en santa Teresita del Niño

Jesús, en el dulce y suave san Francisco de Asís, que amaba las aves del cielo y las fieras del campo. ¿Harás eso, hijo mío?

Sí, padre.

¿Hay más pecados, hijo mío?

No, padre.

De penitencia reza tres avemarías, tres padrenuestros y una oración especial por mí.

Está bien. Padre, ¿fue ese el peor pecado?

¿Qué quieres decir?

¿Soy el peor de todos los niños, padre?

No, hijo mío, todavía te falta mucho. Ahora reza el acto de contrición y recuerda que Nuestro Señor te observa a cada minuto. Dios te bendiga, hijo mío.

El día de la primera comunión es el más feliz de tu vida por lo de la colecta y James Cagney y el Lyric. La víspera yo estaba tan excitado que no pegué el ojo hasta el amanecer. Estaría dormido todavía si mi abuela no hubiera venido a golpear a la puerta.

¡Levántense! ¡Levántense! Saquen a ese niño de la cama. El día más feliz de su vida y él allá arriba roncando en la cama.

Corrí a la cocina. Quítate esa camisa, dijo ella. Yo me la quité y ella me hizo meterme en una tina de hojalata llena de agua helada. Mi madre me restregó, la abuela me restregó. Quedé todo raspado, quedé rojo.

Me secaron. Me pusieron mi traje de primera comunión de terciopelo negro con la camisa blanca con chorrera de encaje, los pantalones cortos, las medias blancas y los zapatos de charol. En el brazo me pusieron un moño de satín blanco y en la solapa me prendieron el Sagrado Corazón de Jesús, una imagen del Sagrado Corazón que goteaba sangre, despedía llamas y tenía encima una horripilante corona de espinas.

Ven acá te peino, dijo la abuela. Mira qué melena, no se quiere asentar. Ese pelo no lo sacaste de mi lado de la familia. Ese pelo es de Irlanda del Norte y lo heredaste de tu padre. Es la clase de pelo que tienen los presbiterianos. Si tu madre se hubiera casado con un hombre de Limerick digno y decente no tendrías este pelo erizado, de norteño, de presbiteriano.

Dos veces me escupió en la cabeza.

Abuela, por favor deja de escupirme en la cabeza.

Si tienes algo que decir, cierra la boca. Un poco de saliva no te va a matar. Apúrate, vamos a llegar tarde a la misa.

Corrimos a la iglesia. Mi madre jadeaba unos pasos atrás con Michael en sus brazos. Llegamos a la iglesia justo cuando el último de los chicos se alejaba del comulgatorio en donde estaba el padre con el cáliz y la hostia, mirándome iracundo. Entonces me la puso en la lengua, el cuerpo y la sangre de Jesús. Al fin, al fin.

La tengo en la lengua. La empujó para atrás.

Se me atasca.

Tenía a Dios pegado al paladar. Escuchaba las palabras del maestro: No dejen que la hostia toque sus dientes porque si parten a Dios en dos se asarán en el infierno por toda la eternidad.

Traté de hacer bajar a Dios con la lengua pero el padre me murmuró entre dientes: Deja de chasquear y regresa a tu puesto.

Dios fue bueno conmigo. Se deshizo y yo me lo tragué y ahora, por fin, yo era un miembro de la verdadera Iglesia, un pecador oficial.

Cuando la misa terminó ellas estaban en la puerta de la iglesia, mi madre cargando a Michael, y la abuela. Cada una me apretó contra el pecho. Cada una me dijo que ese era el día más feliz de mi vida. Cada una me lloró encima y después de la contribución de la abuela esa mañana mi cabeza era un pantano.

Mamá, ¿puedo salir para la colecta?

Después de que desayunes algo, dijo ella.

No, dijo la abuela. No vas a hacer ninguna colecta hasta que no te comas un buen desayuno de primera comunión en mi casa. Vamos.

La seguimos. Golpeó las ollas y sacudió las sartenes y se quejó de que todo el mundo creyera que ella se mantenía a su entera disposición. Yo me comí el huevo, me comí la salchicha, y cuando fui a coger más azúcar para el té me apartó la mano de una palmada.

Ojo con el azúcar. ¿Crees que soy una millonaria? ¿Una americana? ¿Me ves toda repleta de joyas brillantes? ¿Cubierta de pieles finas?

La comida se me revolvió en el estómago. Me empezaron las arcadas. Corrí al patio de atrás y la vomité toda. Ella salió.

Miren lo que ha hecho. Vomitó el desayuno de la primera comunión. Vomitó el cuerpo y la sangre de Jesús. Tengo a Dios por todo el patio. ¿Qué voy a hacer? Hay que llevarlo donde los jesuitas, que conocen los pecados del mismísimo Papa.

Me arrastró por las calles de Limerick. Iba contándoles a los vecinos y a los desconocidos que pasaban por ahí lo de Dios en su patio trasero. Me forzó a entrar en el confesionario.

En el nombre del Padre, del Hijo y del Espíritu Santo. La bendición, padre, porque he pecado. Hace un día que me confesé.

¿Un día? ¿Y qué pecados has cometido en un día, hijo mío?

Me quedé dormido. Casi me pierdo mi primera comunión. Mi abuela dijo que tengo el pelo erizado y del norte de Irlanda y presbiteriano. Vomité el desayuno de la primera comunión. Ahora la abuela dice que tiene a Dios por todo el patio de atrás y que qué va a hacer.

El padre se parece al de la primera confesión. Se oyen el resoplido y los ruidos ahogados.

Eh... eh... Dile a tu abuela que lave a Dios con un poco de agua y de penitencia reza un avemaría y un padrenuestro. Reza una oración por mí y que Dios te bendiga, hijo mío.

La abuela y mamá esperaban al pie del confesionario. La abuela dijo: ¿Le estabas contando chistes a ese sacerdote en el confesionario? Si alguna vez llego a saber que les contaste chistes a los jesuitas te voy a arrancar los malditos riñones. Bueno, ¿y qué dijo de Dios en mi patio?

Dijo que lo lavaras con un poco de agua, abuela.

¿Agua bendita o agua común?

No dijo, abuela.

Bueno, regresa y pregúntaselo.

Pero, abuela...

Me empuja otra vez dentro del confesionario.

La bendición, padre, porque he pecado. Hace un minuto que me confesé.

¡Un minuto! ¿Eres el niño que acaba de salir?

Sí, padre.

¿Y ahora de qué se trata?

Mi abuela dice que si con agua bendita o con agua común.

Con agua común, y dile a tu abuela que deje de molestarme.

Le dije: Que con agua común, abuela, y dijo que no lo molestaras más.

Que no lo moleste más. El muy paisano, el muy ignorante...

Le pregunté a mamá: ¿Puedo salir ahora de colecta? Quiero ver a James Cagney.

La abuela dijo: Ya puedes olvidarte de la colecta y de James Cagney porque no eres un católico en regla, dejar a Dios así regado por el suelo. Vamos, para la casa.

Mamá dijo: Un momento. Él es mi hijo. Él es mi hijo en el día de su primera comunión. Y va a ir a ver a James Cagney.

No, no lo va a hacer.

Sí, sí lo va a hacer.

La abuela dijo: Llévalo pues a ver a James Cagney y ya verás si eso le salva esa alma presbiteriana y norteña y americana que tiene. Anda, ve.

Se envolvió en el chal y se marchó.

Mamá dijo: Dios mío, se está haciendo tarde para la colecta y así no vas a poder ver a James Cagney. Vamos al Lyric a ver si de todas formas te dejan entrar con tu vestido de primera comunión.

Nos topamos con Mikey Molloy en la calle Barrington. Me preguntó si iba para el Lyric y yo le dije que tenía intenciones. ¿Intenciones? dijo él. ¿No tienes dinero?

Me daba vergüenza decirle que no pero tuve que hacerlo y él dijo: No importa. Yo te meto. Voy a crear una distracción.

¿Qué es una distracción?

Yo tengo con qué entrar y cuando entre voy a fingir que me dio un ataque y el taquillero no va a saber qué hacer y tú te cuelas cuando yo dé el berrido. Estaré vigilando la entrada y cuando te vea adentro me voy a curar milagrosamente. Eso es una distracción. Eso es lo que siempre hago para meter a mis hermanos.

Mamá dijo: No sé qué tan buena idea sea eso, Mikey. Puede ser pecado y no querrás que Frank cometa un pecado el día de su primera comunión.

Mikey dijo que si era pecado correría por cuenta de su alma y que de todos modos él no era un católico en regla así que no importaba. Soltó el berrido y yo me colé y me senté al lado de Preguntas Quigley y el taquillero, Frank Goggin, se asustó tanto con Mikey que nunca se dio cuenta. Era una película de acción pero con un final triste porque James Cagney era un enemigo público y cuando lo mataron a tiros lo vendaron todo y lo tiraron en la puerta, aterrorizando a su pobre madre irlandesa, y así terminó el día de mi primera comunión.

V.

LA ABUELA NO le habla a mamá por lo que yo le hice a Dios en el patio de atrás. Mamá no le habla a su hermana, la tía Aggie, ni a su hermano el tío Tom. Papá no le habla a nadie de la familia de mamá y ellos no le hablan a él porque es norteño y tiene ese modo de ser raro. Nadie le habla a la mujer de Tom, Jane, porque es de Galway y tiene cara de española. Todo el mundo le habla al hermano de mamá, el tío Pat, porque lo dejaron caer de cabeza, es zonzo y vende periódicos. Todo el mundo lo llama el Abad o Ab Sheehan y nadie sabe por qué. Todo el mundo le habla al tío Pa Keating porque le echaron gas en la guerra y se casó con la tía Aggie y si no le hablaran a él le importaría el pedo de un violinista de todas formas y por eso los hombres de la taberna de South lo llaman el gaseoso.

Así me gustaría ser a mí en este mundo, un gaseoso, que todo me importara el pedo de un violinista, y se lo cuento al Ángel del Séptimo Peldaño hasta que me acuerdo de que no se debe decir pedo en presencia de un ángel.

El tío Tom y Jane la de Galway tienen hijos pero se supone que no debemos hablarles porque nuestros padres no se hablan. Tienen un hijo y una hija, Gerry y Peggy, y mamá nos grita por hablarles pero nosotros no sabemos cómo no hablarles a los primos.

Las familias de los callejones de Limerick tienen sus modos de no hablarse y eso toma años de práctica. Hay gente que no se habla porque sus padres lucharon en bandos opuestos durante la guerra civil de 1922. Si un hombre se enlista en el ejército inglés su familia bien puede ir mudándose a otra parte de Limerick donde haya familias con hombres en el ejército inglés. Si alguien de tu familia les mostró la más mínima amistad a los ingleses en los últimos ochocientos años eso va a salir a colación y te lo van a echar en cara y bien podrás ir mudándote a Dublín donde a nadie le importa. Hay familias que se avergüenzan porque sus antepasados renunciaron a su religión por un plato de sopa protestante durante la Gran Hambruna y esas familias son tildadas de soperas para siempre. Es espantoso ser un sopero porque estás condenado eternamente a la sección de los soperos en el infierno. Peor aún es ser un delator. El maestro dijo en la escuela que cada vez que los irlandeses estaban a punto de aplastar a los ingleses en justo combate un asqueroso delator los traicionaba. Quien se descubra que es un delator merece la horca o, peor aún, que nadie le hable porque si nadie te habla estarías mejor colgando de una soga.

En cada callejón siempre hay alguien que no le habla a alguien o todos no le hablan a alguien o alguien no le habla a nadie. Uno se da cuenta cuando la gente no se habla por la forma como se cruzan en la calle. Las mujeres empinan la nariz, aprietan la boca y voltean la cara. Si la mujer lleva un chal, toma una punta y se la arroja sobre el hombro como diciendo: Una palabra o una mirada tuya, perra loca, y te arranco la expresión de la cara.

Es malo cuando la abuela no nos habla porque no podemos correr donde ella cuando hace falta azúcar o té o leche. Es inútil pedirle a la tía Aggie. Te arrancaría la cabeza de un mordisco. Vete a casa, diría, y dile a tu padre que mueva ese culo norteño y consiga un empleo como los hombres decentes de Limerick.

Dicen que ella vive furiosa porque es pelirroja o que es pelirroja porque vive furiosa.

Mamá es amiga de Bridey Hannon, que vive en la casa del lado con sus padres. Mamá y Bridey charlan a todas horas. Cuando papá sale a sus caminatas Bridey viene y ella y mamá se sientan junto a la chimenea a tomar té y fumar cigarrillos. Si mamá no tiene nada en casa Bridey trae té, azúcar y leche. A veces usan varias veces las mismas hojas de té y mamá dice que el té sabe pasado, amargo y recalentado.

Mamá y Bridey se hacen tan cerca del fuego que las mejillas se les ponen de todos los colores. Hablan horas enteras y murmuran y se ríen de cosas secretas. Nosotros no debemos oír las cosas secretas así que nos mandan a jugar. Yo muchas veces me siento a oírlas en el séptimo peldaño y ellas no tienen idea de que estoy allá. Afuera puede estar cayendo un aguacero pero mamá dice: Llueva o no llueva, te vas afuera, y también nos dice: Si ven venir a su padre corran a contármelo. Mamá le dice a Bridey: ¿Has oído ese poema que es como inventado para él y para mí?

¿Qué poema, Ángela?

Se llama *El hombre del norte*. Ese poema lo aprendí de Minnie MacAdorey en América.

Nunca lo he oído. Recítamelo.

Mamá recita el poema pero se ríe todo el tiempo y yo no entiendo por qué.

> *Venía del norte y era parco al hablar*
> *mas su tono era amable y su pecho, leal.*
> *Y se leía en sus ojos que no era un hombre avieso,*
> *así que me casé con mi norteño.*
>
> *Oh, Garry Owen podrá ser mas jocundo*
> *que éste del lago Neagh, tan taciturno,*
> *y bien sé yo que el sol baña en luz viva*
> *el río que parte mi ciudad nativa.*
>
> *Pero no hay –y mi dicha y orgullo son sentidos–*
> *en todo Munster un mejor partido*
> *y en la ciudad de Limerick no hay hogar más feliz*
> *que el que con mi norteño yo vine a compartir.*
>
> *Ojalá todo Limerick estuviera enterado*
> *con qué buenos vecinos nos topamos.*
> *Y no debería haber ni odio ni desprecio*
> *entre el país del sur y el país norteño.*[1]

---

[1] *He came from the North so his words were few / But his voice was kind*

Ella siempre repite la tercer estrofa y ríe con tanta gana que se le saltan las lágrimas y yo no entiendo por qué. Se pone histérica cuando dice:

y en la ciudad de Limerick no hay hogar más feliz
que el que con mi norteño yo vine a compartir.

Si regresa temprano y ve a Bridey en la cocina, el hombre del norte dice: Chismes, chismes, chismes, y se queda ahí parado con la gorra puesta hasta que ella se va.

La madre de Bridey y otras personas de la cuadra y de más allá vienen a la puerta y le piden a papá que les escriba una carta para el gobierno o un pariente en un lugar lejano. Él se sienta en la mesa con la pluma y el tintero y cuando la gente le dice qué escribir él dice: No, eso no es lo que usted quiere decir, y escribe lo que a él le parece. La gente le dice que eso es lo que ellos querían decir desde el principio, que tiene una forma muy linda de manejar el inglés y muy buen pulso para escribir. Le ofrecen seis peniques por la molestia pero él los aparta con la mano y ellos se los dan a mamá porque él es demasiado señor para recibir seis peniques. Cuando la gente se va él toma los seis peniques y me manda a comprar cigarrillos en la tienda de Kathleen O'Connell.

La abuela duerme en una cama grande en el segundo piso con un cuadro del Sagrado Corazón de Jesús sobre la cabecera y una ima-

---

and his heart was true. / And I knew by his eyes that no guile had he, / So I married my man from the North Country. / Oh, Garryowen may be more gay / Than this quiet man from beside Lough Neagh / And I know that the sun shines softly down / On the river that runs through my native town. / But there's not –and I say it with joy and with pride / A better man in all Munster wide / And Limerick town has no happier hearth / Than mine has been with my man from the North. / I wish that in Limerick they only knew / The kind kind neighbors I came unto. / Small hate or scorn would there ever be / Between the South and the North Country.

gen del Sagrado Corazón en la repisa de la chimenea. Quiere pasarse del gas a la luz eléctrica algún día para poder tener siempre una lucecita roja a los pies de la imagen. Su devoción por el Sagrado Corazón es famosa en toda la cuadra y en los alrededores.

El tío Pat duerme en un catre en un rincón del mismo cuarto donde la abuela pueda asegurarse de que llega a una hora decente y se arrodilla junto a la cama a rezar sus oraciones. Pueden haberlo dejado caer de cabeza, puede no saber ni leer ni escribir, puede tomarse una pinta de más, pero no hay excusa para que no rece sus oraciones antes de dormirse.

El tío Pat le dice a la abuela que conoció a alguien que anda buscando un sitio donde vivir donde pueda bañarse por la mañana y por la noche y le den dos comidas al día, la cena y el té. Se llama Bill Galvin y tiene un buen trabajo allá en la calera. Se mantiene cubierto de polvo blanco de cal pero eso es harto mejor que polvo de carbón.

La abuela tendría que prestar su cama y pasarse al cuarto chico. Se llevaría el cuadro del Sagrado Corazón pero dejaría la imagen para que vigilara a los dos hombres. Además, la imagen no cabría en el cuartico.

Bill Galvin pasa después del trabajo a ver el lugar. Es un tipo bajito y todo blanco y husmea como un perro. Le pregunta a la abuela si le importaría quitar esa estatua porque él es protestante y no lo dejaría dormir. La abuela regaña al tío Pat por no contarle que le iba a meter a un protestante en la casa. Jesús mío, dice, esto va a dar que hablar por todo el callejón y los alrededores.

El tío Pat dice que él no sabía que Bill Galvin era protestante. No se le nota a primera vista, especialmente todo cubierto de cal. Parece un católico común y corriente y uno no se imaginaría a un protestante paleando cal.

Bill Galvin dice que su pobre mujer recién fallecida era católica y que tenía las paredes repletas de cuadros del Sagrado Corazón y de la Virgen María mostrando los corazones. No es que él tenga algo contra el Sagrado Corazón, sino que ver la estatua le recordaría a su pobre mujer y le daría congoja.

La abuela dice: Ah, Dios nos ampare, ¿por qué no me dijo eso de una vez? Claro que puedo poner la estatua en el antepecho de la ventana de mi cuarto y así su corazón no se va a atormentar al verla.

Todas las mañanas la abuela le cocina el almuerzo a Bill y se lo lleva a la calera. Mamá pregunta por qué no se lo lleva él mismo por la mañana y la abuela dice: ¿Esperas que yo madrugue y le guise repollo y pezuñas de cerdo a su señoría para llevar en la fiambrera?

Mamá le dice: Dentro de una semana se terminan las clases y si le das seis peniques semanales a Frank él estaría encantado de llevarle el almuerzo a Bill Galvin.

Yo no quiero ir a la casa de la abuela todos los días. No quiero llevarle el almuerzo a Bill Galvin hasta la calle Dock, pero mamá dice que esos seis peniques nos ayudarían y que si me niego no podré salir a ninguna parte.

Te quedas en la casa, dice. No podrás jugar con tus amigos.

La abuela me advierte que lleve la fiambrera directamente y no vagabundee mirando acá y allá, pateando tarros y arruinando la punta de los zapatos. El almuerzo está caliente y así es como le gusta a Bill Galvin.

La fiambrera despide un olor delicioso, hay tocino guisado con repollo y dos papas blancas y harinosas. Seguro que él no se va a dar cuenta si pruebo media papa. No le va a poner quejas a la abuela porque él casi nunca habla y apenas olisquea por ahí.

Es mejor comerse la otra media papa para que no pregunte por qué le dieron media. Y da igual si pruebo también el tocino y el repollo, y si me como la otra papa él va a pensar que no le mandaron ninguna.

La segunda papa se me disuelve en la boca y tendré que probar otro trocito de repollo, otro bocadito de tocino. Ahora no queda mucho y él se va a llenar de sospechas y daría igual si me despacho el resto.

¿Y ahora qué voy a hacer? La abuela me va a hacer pedazos,

mamá me va a arrestar por un año. Bill Galvin me va a sepultar en cal. Le diré que un perro me atacó en la calle Dock y se comió todo el almuerzo y que tengo suerte de haberme escapado sin que me comiera a mí también.

¿Ah, de veras?, dice Bill Gavin. ¿Y qué es ese trocito de repollo que te cuelga del bozo? ¿Te lamió el perro con un bocado de repollo? Ve a casa y dile a tu abuela que te comiste todo mi almuerzo y que me estoy cayendo de hambre aquí en esta calera.

Ella me mataría.

Dile que no te mate antes de mandarme cualquier cosa de almuerzo y si no te vas ya donde ella seré yo el que te mate y arroje tu cadáver en esa cal allá y no va a quedar mucho para el velorio.

La abuela dice: ¿Qué haces de vuelta con la fiambrera? Él la podía traer después del trabajo.

Quiere más almuerzo.

¿Cómo así que más almuerzo? Jesús del cielo, ¿acaso tiene un roto en la pierna?

Se está cayendo de hambre allá en esa calera.

¿Me estás tomando el pelo?

Dice que le mandes cualquier cosa de almuerzo.

Claro que no. Ya le mandé el almuerzo.

No lo recibió.

¿No? ¿Por qué?

Yo me lo comí.

¿Qué?

Tenía hambre y lo probé y no pude parar.

Jesús, María y venerado san José.

Me da una palmada en la cabeza que me saca las lágrimas. Me grita como una ogra y salta por toda la cocina y me amenaza con arrastrarme ante el sacerdote, el obispo, el propio Papa si viviera a la vuelta de la esquina. Corta el pan y me amenaza con el cuchillo y hace sándwiches de cerdo y papas frías.

Llévale estos sándwiches a Bill Gavin y si los miras siquiera de reojo te despellejo vivo.

Por supuesto que corre a contárselo a mamá y acuerdan que la única manera de pagar mi terrible pecado es llevarle el almuerzo a Bill Galvin durante dos semanas y sin pago. Tendré que regresar con la fiambrera todos los días y eso quiere decir que tendré que sentarme a verlo zamparse la comida y él no es de los que preguntan si uno tiene una boca en la cara.

Todos los días al regresar con la fiambrera la abuela me hace arrodillarme ante la imagen del Sagrado Corazón y pedirle perdón y todo eso por culpa de Bill Galvin, un protestante.

Mamá dice: Soy una mártir por esos cigarrillos y tu padre también.

Pueden faltar el té o el pan en la casa pero mamá y papá se las arreglan siempre para conseguirse sus pitos, los Wild Woodbines. Tienen que fumar todas las mañanas y cada vez que toman té. Todos los días nos dicen que jamás vayamos a fumar, que es malo para los pulmones, que retarda el crecimiento, y ellos se hacen junto a la chimenea a soplar humo. Mamá dice: Si los llego a ver con un pito en la jeta les rompo la cara. Nos dicen que los cigarrillos pudren los dientes y se les ve que no mienten. Se les ponen amarillos y negros en la boca y se les van cayendo uno tras otro. Papá dice que en las muelas tiene unas cavidades con suficiente espacio para que un gorrión críe a la familia. Le quedan unas pocas pero se las arrancan en la clínica y se apunta para una dentadura postiza. Cuando llega a casa con los dientes nuevos nos enseña su nueva sonrisa grande y blanca que lo hace ver como un americano y cuando nos cuenta una historia de fantasmas junto al fuego se saca los dientes de abajo, los pasa por encima del labio y los levanta hasta la nariz y nos mata del susto. Los dientes de mamá están tan malos que tiene que ir al hospital Barrington para que se los saquen todos de una vez y cuando vuelve a casa viene tapándose la boca con un trapo manchado de sangre. Tiene que pasar toda la noche sentada junto a la chimenea porque uno no se puede acostar cuando las encías están sangrando si no quiere ahogarse dormido. Ella dice que va a dejar de fumar del todo cuando le dejen de sangrar pero que ahora mismo necesita un pitazo porque eso la alivia. Le dice a Malachy que vaya a la tienda de Kathleen O'Connell y le pregunte si le fía cinco Woodbines mientras papá cobra el subsidio el jueves. Si alguien puede sacarle los cigarrillos a Kathleen, ese es Malachy. Mamá dice que él tiene ese encanto, y a mí me dice: De nada sirve mandarte a ti con esa trompa larga que mantienes y ese modo de ser raro de tu padre.

Cuando las encías de mamá dejan de sangrar y se le curan ella va a la clínica por la dentadura postiza. Dice que va a dejar de fumar cuando se la pongan pero nunca lo hace. Los dientes nuevos le magullan las encías y se las pelan y el humo de los Woodbines la alivia. Ella y papá se sientan junto al fuego cuando hay fuego y fuman sus cigarrillos y al hablar los dientes chasquean. Tratan de impedirlo moviendo las quijadas adelante y atrás pero eso sólo empeora las cosas y maldicen a los dentistas y la gente allá en Dublín que hizo los dientes y mientras maldicen chasquean. Papá asegura que esos dientes fueron hechos para unos ricos de Dublín y que no les quedaron bien y entonces los enviaron para los pobres de Limerick a los que no les importa porque al fin y al cabo no hay mucho que mascar cuando uno es pobre y hay que estar agradecidos de tener cualquier clase de dientes en la cabeza. Después de eso siguen charlando junto al fuego con las cabezas agachadas. Todas las noches dejan las dentaduras en la cocina en frascos de mermelada llenos de agua. Malachy quiere saber por qué y papá le dice que eso los limpia. Mamá dice: No, no se puede tener los dientes entre la cabeza mientras duermes porque se te resbalan y te ahogan y te matan completamente.

Los dientes tienen la culpa de que Malachy vaya al hospital Barrington y de que a mí me operen. Malachy me susurra a medianoche: ¿Quieres bajar conmigo a ver si nos podemos poner los dientes?

Los dientes son tan grandes que nos cuesta mucho metérnoslo en la boca pero Malachy no se da por vencido. Se mete los dientes superiores de papá en la boca a la fuerza y no puede volver a sacárselos. Tiene los labios echados para atrás y los dientes hacen una enorme sonrisa. Parece el monstruo de una película y me hace reír pero él se los jala y gruñe: Ugg ugg y los ojos se le llenan de lágrimas. Mientras más hace ugg ugg más duro me carcajeo hasta que papá llama desde arriba: ¿Qué andan haciendo, niños? Malachy me deja solo y corre escaleras arriba y ahora oigo a papá y a mamá riéndose hasta que se dan cuenta de que se puede ahogar con la dentadura. Los dos le meten los dedos a ver si se la pueden zafar pero Malachy se asusta y hace ugg, ugg como un desesperado. Mamá dice: Hay que llevarlo al hospital, y papá dice que él lo lleva. Me ordena acompañarlos por si acaso el doctor hace preguntas porque yo soy mayor que Malachy y eso quiere decir que yo empecé todo el jaleo. Papá vuela por las calles con Malachy en los brazos y yo trato de seguirle el paso. Malachy me da lástima allá arriba en el hombro de papá, mirándome a mí con lágrimas en las mejillas y los dientes de papá haciéndole bulto en la boca. El doctor del hospital Barrington dice: No hay problema. Echa aceite en la boca de Malachy y saca los dientes en un segundo. Luego me mira a mí y le dice a papá: ¿Y ese niño por qué está ahí con la boca abierta?

Papá dice: Es un vicio que tiene, pararse con la boca abierta.

El doctor dice: Ven acá. Me mira por la nariz, por los oídos, por la garganta, y me toca el cuello.

Las amígdalas, dice. Las adenoides. Hay que sacárselas. Cuanto más pronto mejor, o va a tener cara de idiota cuando crezca con esa boca más ancha que una bota.

Al otro día a Malachy le dan un trozo grande de caramelo como premio por meterse una dentadura que no es capaz de sacarse y yo tengo que ir al hospital a que me operen para cerrarme la boca.

Un sábado por la mañana mamá termina el té y me dice: Vas a bailar.

¿Bailar? ¿Por qué?

Tienes siete años, ya hiciste la primera comunión y ahora te toca bailar. Voy a llevarte a la calle Catherine a las clases de danzas irlandesas de la señora O'Connor. Vas a ir todos los sábados por la mañana y eso te mantendrá alejado de las calles. Así vas a dejar de vagar por todo Limerick con esa horda de vándalos.

Me manda a lavarme la cara sin olvidar orejas y cuello, peinarme, sonarme la nariz, dejar de hacer esa cara, ¿qué cara?, no importa, sólo deja de hacerla, ponerme los calcetines largos y los zapatos de la primera comunión, los cuales, dice ella, están acabados porque no puedo pasar junto a un tarro o una piedra sin darle una patada. Ella está rendida de hacer filas en la Sociedad de San Vicente de Paúl para mendigar unas botas para Malachy y para mí de modo que podamos gastarles las punteras a las patadas. Tu padre dice que nunca es demasiado temprano para aprender los cantos y las danzas de tus antepasados.

¿Qué son antepasados?

No importa, dice, vas a bailar.

Pregunto cómo voy a morir por Irlanda si también tengo que cantar y bailar por Irlanda. Pregunto por qué nunca me dicen: Puedes comer dulces y faltar a la escuela e ir a bañarte al río por Irlanda.

Mamá dice: No te hagas el vivo o te caliento las orejas.

Cyril Benson baila. Las medallas le cuelgan desde los hombros hasta las rodillas. Gana concursos por toda Irlanda y se ve lindo en su faldita azafrán. Es motivo de orgullo para su madre y su nombre sale en el periódico a cada rato y puedes estar seguro de que lleva a casa una que otra libra esterlina. No lo ves vagando por la calle dándole patadas a todo lo que ve hasta que los dedos se le salen por las puntas, ah no, él es un chico bueno que baila por su pobre madre.

Mamá humedece una toalla vieja y me restriega la cara hasta que me quema, se enrolla la toalla en el dedo y me la mete por los oídos y jura que ahí hay cera suficiente para cultivar papas, me moja el pelo para asentármelo, me dice que me calle y deje de chillar, que esas clases de danza le van a costar seis peniques cada sábado, que yo podía habérmelos ganado llevándole el almuerzo a Bill Gavin y sabe Dios que ella mal puede darse el lujo. Yo trato de decirle: Mamá, pero si tú no tienes que mandarme a la escuela de danzas cuando podrías estar fumándote un Woodbine y tomándote un té, pero ella dice: Cómo eres de avispado. Vas a bailar así yo tenga que dejar los pitos para siempre.

Si mis amigos llegaran a ver a mi madre arrastrándome por las calles hacia una clase de danzas irlandesas yo caería en la desgracia total. Ellos piensan que está bien bailar jugando a ser Fred Astaire porque se puede saltar por toda la pantalla con Ginger Rogers. Pero no hay ninguna Ginger Rogers en las danzas irlandesas y uno no puede saltar por todas partes. Subes o bajas muy derecho y mantienes los brazos contra el cuerpo y pateas hacia arriba y alrededor y nunca sonríes. Mi tío Pa Keating dice que a los bailarines irlandeses parece como si les hubieran metido una varilla de acero por el culo, pero no le puedo decir eso a mamá, me mataría.

Hay un gramófono donde la señora O'Connor toca una giga o un *reel* irlandés y hay niños y niñas que bailan dando patadas hacia adelante y con las manos pegadas a los lados. La señora O'Connor es una mujer grande y gorda y cuando detiene el disco para enseñar unos pasos le tiembla toda la gordura desde la papada hasta los tobillos y yo me pregunto cómo puede enseñar a bailar. Viene donde mi madre y dice: ¿Así que este es el pequeño Frankie? Creo que aquí tenemos a un bailarín en ciernes. Niños y niñas: ¿Tenemos aquí a un bailarín en ciernes?

Sí, señora O'Connor.

Mamá dice: Traje los seis peniques, señora O'Connor.

Ah, sí, señora McCourt, espere un momento.

Se contonea hasta una mesa y vuelve con la cabeza de un negrito de pelo crespo, ojos grandes, enormes labios rojos y una bocota abierta. Me dice que le eche la moneda en la boca y que saque la mano antes de que el negrito me la muerda. Todos los niños miran y todos tienen una sonrisita en los labios. Yo echo los seis peniques y saco la mano justo antes de que la boca dé el mordisco. Todos se ríen y yo comprendo que querían que la boca me mordiera la mano. La señora O'Connor se ríe a carcajadas y le dice a mi madre: ¿No es como para desternillarse de risa? Mamá dice que sí. Me dice que me porte bien y que vuelva a casa bailando.

Yo no quiero quedarme en este sitio donde la señora O'Connor no puede recibir ella misma los seis peniques en vez de dejar que yo casi pierda la mano en la boca del negrito. Yo no quiero quedarme en este sitio donde hay que hacer fila con los niños y las niñas, enderezar la espalda, las manos a los lados, miren al frente, no miren abajo, muevan los pies, muevan los pies, miren a Cyril, miren a Cyril, y ahí va Cyril, todo arreglado con su faldita azafrán y las medallas tintineando, medallas por esto y medallas por aquello y las niñas adoran a Cyril y la señora O'Connor adora a Cyril porque, ¿acaso no la volvió famosa? ¿Y no le enseñó ella todos los pasos que él sabe? Baila, Cyril, baila, Jesús, flota por todo el salón, es un ángel bajado del cielo y deja de hacer mala cara, Frankie McCourt, o te va a salir un hocico como una libra de mondongo, baila, Frankie, baila, levanta los pies del suelo por el amor de Cristo, undostrescuatro-cincoséis undostrés, Maura, ayúdale por favor a Frankie antes de que se enrede los dos pies en la nuca, ayúdale, Maura.

Maura es una niña grande de unos diez años. Se me arrima bailando con sus dientes blancos y su vestido de bailarina lleno de figuras doradas y amarillas y verdes que se supone que vienen de los tiempos antiguos y me dice: Dame la mano, niñito, y me pone a dar vueltas por todo el salón hasta que me mareo y estoy haciendo el perfecto idiota y me pongo rojo y parezco un imbécil hasta que me entran ganas de llorar pero me salvo cuando el disco para y el gramófono hace chusss chusss.

La señora O'Connor dice: Gracias, Maura, y la próxima semana, Cyril, vas a enseñarle a Frankie algunos de los pasos que te hicieron famoso. Hasta la próxima semana, niños y niñas, y no olviden los seis peniques para el negrito.

Los niños y las niñas salen juntos. Yo bajo las escaleras por mi cuenta y salgo por la puerta con la esperanza de que mis amigos no me vean con niños que usan falditas y niñas de dientes blancos y vestidos de gala de los tiempos antiguos.

Mamá está tomando el té con Bridey Hannon, su amiga de la casa vecina. Mamá dice: ¿Qué aprendiste? y me hace bailar por la cocina, undostrescuatrocincoséis undostrés undostrés. Se da gusto riéndose con Bridey. No está muy mal para ser la primera vez. En un mes vas a ser todo un Cyril Benson.

Yo no quiero ser Cyril Benson. Yo quiero ser Fred Astaire.

Se ponen histéricas, carcajeándose y escupiendo el té a chorros por la boca. Jesús se apiade de él, dice Bridey. Como que se cree mucha cosa. Hola, Fred Astaire.

Mamá me dice que Fred Astaire iba a las clases todos los sábados y no andaba por ahí raspándoles las punteras a las botas y que si yo quiero parecerme a él tengo que ir todas las semanas donde la señora O'Connor.

Al cuarto sábado Billy Campbell golpea en la puerta. Señora McCourt, ¿deja salir a Frankie? Mamá le dice: No, Billy. Frankie tiene que ir a su clase de baile.

Billy me espera al pie de Barrack Hill. Quiere saber por qué estoy bailando si todo el mundo sabe que el baile es de maricas y voy a terminar como Cyril Benson usando falda y un montón de medallas y bailando con niñas por todas partes. Dice que lo que falta es que me ponga a tejer medias en la cocina. Dice que el baile va a acabar conmigo y no voy a servir para jugar ninguna clase de fútbol, balompié, rugby o hasta fútbol gaélico porque el baile te enseña a correr como marica y todo el mundo se va a reír.

Le digo que eso del baile se acabó para mí, que tengo en el bolsillo seis peniques para la señora O'Connor que hay que meter en la boca de un negrito pero que en cambio voy a ir al cine Lyric. Con seis peniques entramos los dos y quedan dos peniques para dos recortes de caramelo Cleeves y la pasamos de maravilla viendo *Riders of the Purple Sage*.

Papá está sentado junto a la chimenea con mamá y quieren saber qué pasos aprendí hoy y cómo se llaman. Ya les bailé *El sitio de Ennis* y *Las murallas de Limerick*, que son bailes de verdad. Ahora tengo que inventar bailes y nombres. Mamá dice que nunca oyó hablar de uno llamado *El sitio de Dingle* pero que si eso es lo que aprendí, adelante, báilalo, y yo bailo por la cocina con las manos pegadas al cuerpo y haciendo mi propia música, chírili ay di ay di ay chírili ay de ti de ti, mientras papá y mamá aplauden al ritmo de mis pies. Papá dice: Es un baile bonito y vas a ser un poderoso bailarín irlandés y un motivo de orgullo para los hombres que han muerto por su país. Mamá dice: No me parece gran cosa por seis peniques.

A la semana siguiente hay una película con George Raft y a la que sigue una de vaqueros con George O'Brien. Después sigue James Cagney y no puedo llevar a Billy porque quiero comprar una barra de chocolate para acompañar mi caramelo Cleeves y la estoy pasando de maravilla hasta que siento un horrible dolor en la mandíbula y es un diente que se me ha caído de la encía y está pegado del caramelo y el dolor me va a matar. Así y todo no puedo desperdiciar el caramelo de modo que le saco el diente y me lo guardo en el bolsillo y chupo el caramelo por el otro lado de la boca con sangre y todo. Hay dolor a un lado y caramelo delicioso al otro y me acuerdo de lo que decía mi tío Pa Keating: Hay veces que uno no sabe si cagar o desmayarse.

Ahora tengo que volver a casa y me preocupo porque no puedes andar por el mundo con un diente menos sin que tu madre se dé cuenta. Las madres lo saben todo y ella se mantiene mirándonos la boca a ver si hay alguna enfermedad. Ella está ahí junto a la chimenea y papá está ahí y me hacen la mismas preguntas de siempre, el baile y el nombre del baile. Les digo que me enseñaron *Las murallas de Cork* y bailo por la cocina tratando de tararear una canción inventada y muriéndome de dolor por lo del diente. Mamá dice: ¿*Las murallas de Cork*? Qué va, ese baile no existe, y papá dice: Ven acá. Ponte ahí al frente. Dinos la verdad: ¿fuiste a la clase de baile esta mañana?

Yo ya no puedo decir mentiras porque la encía me está matando y tengo sangre en la boca. Además sé que ellos se dan cuenta de todo y eso es lo que me están diciendo en este momento. Alguna rata de la clase de baile me vio entrar al Lyric y me delató y la señora O'Connor envió una nota diciendo que tenía siglos de no verme y que si estaba bien porque tenía mucha madera y podía seguir los pasos del gran Cyril Benson.

A papá no le importa ni mi diente ni nada. Dice que tengo que confesarme y me lleva a la iglesia redentorista porque es sábado y hay confesión todo el día. Me dice que soy un niño malo, que lo avergüenzo por haber ido al cine en vez de aprender los bailes nacionales de Irlanda, la giga, el *reel*, los bailes por los que han muerto hombres y mujeres a lo largo de siglos de dolor. Dice que más de un joven ahorcado que ahora yace convertido en polvo en una fosa de cal resucitaría con gusto para bailar un baile irlandés.

El padre es un anciano y tengo que gritarle mis pecados y él me dice que soy un cafre por ir al cine en vez de ir a las clases de baile aunque él piensa que el baile es casi tan peligroso como las películas, que de por sí despierta pensamientos pecaminosos, pero aunque el baile sea una abominación yo pequé por haberme robado los seis peniques de mi madre y por haber mentido y en el infierno hay un lugar ardiente para los de mi laya, reza un diez del rosario y ruega por el perdón de Dios porque estás bailando a las puertas del infierno, hijo mío.

Tengo siete, ocho, nueve, casi diez años y papá sigue sin trabajo. Se toma el té por la mañana, cobra el subsidio en la Oficina del Trabajo, lee los periódicos en la biblioteca Carnegie, sale a sus caminatas campo adentro. Si consigue un empleo en la Compañía de Cementos de Limerick o en los Molinos Rank lo pierde a la tercera semana. Lo pierde porque va a las tabernas al tercer viernes de estar trabajando, se bebe todo el salario y falta al medio día de trabajo de la mañana del sábado.

Mamá dice que por qué no puede ser como los demás hombres de los callejones de Limerick. Ellos están en casa antes de que toquen al ángelus a las seis en punto, entregan su salario, se cambian de camisa, se toman el té, le piden unos cuantos chelines a la esposa y van a la taberna a tomarse una pinta o dos.

Mamá le dice a Bridey Hannon que papá ni puede ni quiere ser así. Dice que es un jodido idiota, ir así a las tabernas y convidar a beber a otros hombres mientras sus hijos están en casa con la barriga pegada al espinazo por falta de un almuerzo decente. Se jacta ante el mundo de haber hecho su parte por Irlanda cuando eso no era ni popular ni productivo, que moriría gustoso por Irlanda cuando sea llamado, que lamenta tener sólo una vida para dar por su pobre y desdichado país y si alguien no está de acuerdo lo invita a salir a la calle a resolver de una vez por todas el asunto.

No, dice mamá, ellos no van a contradecirlo ni a salir a la calle, esa manada de remendones y chatarreros y avarientos que se mantienen en las tabernas. Ellos le dicen que es un gran hombre, así sea norteño, y que sería un honor aceptarle una pinta a semejante patriota.

Mamá le dice a Bridey: No sé por Dios qué voy a hacer. El subsidio son diecinueve chelines y seis peniques semanales, la renta son seis y seis, y quedan trece chelines para alimentar y vestir a cinco personas y para calentarnos en el invierno.

Bridey le da una fumada a su Woodbine, toma té y afirma que Dios es bueno. Mamá dice que claro que Dios es bueno con alguien en algún lugar pero que no Lo han visto últimamente por los callejones de Limerick.

Bridey se ríe: Ay, Ángela, podrías ir al infierno por decir eso, y mamá dice: ¿No estoy ahí ya, Bridey?

Y se ríen y toman té y fuman Woodbines y dicen que los pitos son el único placer que tienen.

Así es.

Preguntas Quigley me dice que el viernes tengo que ir a la iglesia redentorista para inscribirme en la archicofradía. Tienes que inscribirte. No puedes decir no. Todos los niños de las calles y los callejones que tienen padres desempleados o que trabajan como obreros se tienen que inscribir.

Preguntas dice: Tu padre es un extranjero del norte y no cuenta, pero así y todo te tienes que inscribir.

Todo el mundo sabe que Limerick es la ciudad más santa de Irlanda porque tiene la Archicofradía de la Sagrada Familia, la hermandad más grande del mundo. Cualquier ciudad puede tener una cofradía; únicamente Limerick la tiene archi.

Nuestra cofradía llena la iglesia redentorista cinco noches a la semana, tres para los hombres, una para las mujeres y una para los niños. Hay una bendición y cantos de himnos en inglés, irlandés y latín y lo mejor de todo es el poderoso sermón que ha hecho famosos a los padres redentoristas. Es el sermón que salva a millones de chinos y otros paganos de ir a parar al infierno con los protestantes.

Preguntas dice que hay que inscribirse en la cofradía para que tu madre pueda contárselo a los de la Sociedad de San Vicente de Paúl y ellos sepan que eres un buen católico. Dice que su padre es un miembro leal y que por eso se consiguió un buen empleo con derecho a pensión lavando retretes en la estación del ferrocarril y que cuando él crezca también le van a dar un buen trabajo a menos que se escape y se una a la Real Policía Montada del Canadá para poder cantar "*I'll Be Calling You Ooo Ooo Ooo*" como Nelson Eddy cantándole a Jeanette MacDonald que está agonizando de tisis ahí en el sofá. Si él me presenta en la cofradía el señor de la oficina escribirá su nombre en un gran libro y algún día lo podrían ascender a prefecto de una sección, que es todo lo que quiere en esta vida después de ponerse un uniforme de la Policía Montada.

El prefecto es el jefe de una sección, que son treinta niños de calles y callejones vecinos. Cada sección tiene el nombre de un santo cuyo retrato está pintado en un escudo pegado en la punta de una vara junto al asiento del prefecto. El prefecto y su ayudante toman lista y no nos quitan el ojo para poder darnos un coscorrón si nos reímos durante la bendición o cometemos cualquier otro sacrilegio. Si faltas una noche el señor de la oficina quiere saber por qué, quiere saber si te estás zafando de la cofradía, o le puede decir al otro señor de la oficina: Creo que nuestro amiguito aquí presente ya probó la sopa. Eso es lo peor que se le puede decir a un católico en Limerick o en la misma Irlanda por lo que pasó durante la Gran

Hambruna. Si faltas dos veces el señor de la oficina te manda una citación amarilla para que te presentes y des explicaciones y si faltas tres veces te manda La Cuadrilla, que son cinco o seis chicos de tu sección que patrullan las calles para asegurarse de que no andas por ahí divirtiéndote cuando deberías estar arrodillado en la cofradía rezando por los chinos y otras almas perdidas. La Cuadrilla va a tu casa y le informa a tu madre que tu alma inmortal está en peligro. Algunas madres se preocupan pero otras dicen: Largo de mi puerta o salgo y le doy a cada uno una buena patada en el culo. Esas no son buenas madres de cofradía y el director dice después que debemos rezar por ellas para que vean el error en su modo de obrar.

Lo peor de todo es una visita del propio director de la cofradía, el padre Gorey. Se hace en lo alto del callejón y ruge con la voz que convirtió a las muchedumbres de la China: ¿Cuál es la casa de Frank McCourt? Ruge aunque tiene la dirección en el bolsillo y sabe muy bien dónde vives. Ruge porque quiere que el mundo sepa que te estás zafando de la cofradía y poniendo en peligro tu alma inmortal. Las madres se aterrorizan y los padres susurran: No estoy, no estoy, y toman medidas para que en adelante vayas a la cofradía y no quedar ellos completamente humillados y avergonzados frente a los vecinos que murmuran tapándose la boca con la mano.

Preguntas me lleva a la sección de san Finbar y el prefecto me ordena sentarme ahí y cerrar la boca. Se llama Declan Collopy, tiene catorce años y unos tolondros en la cabeza que parecen cuernos. Tiene unas gruesas cejas rojizas que se unen en el medio y le cuelgan sobre los ojos, y los brazos le cuelgan hasta las rodillas. Me dice que está haciendo de esta la mejor sección de la cofradía y que si falto alguna vez me va a quebrar el culo y le va a mandar los pedacitos a mi madre. No hay excusa para faltar porque en otra sección había un niño que se estaba muriendo y así y todo lo traían en una camilla. Dice: Si faltas será mejor que sea por una muerte, no alguna muerte en tu familia sino tu propia muerte. ¿Entiendes?

Sí, Declan.

Unos chicos de mi sección me cuentan que al prefecto lo premian si la asistencia es total. Declan quiere salirse de la escuela en cuanto pueda y conseguir un empleo vendiendo linóleo en la gran tienda de Cannock en la calle Patrick. Su tío, Foncey, vendió linóleo allí durante años y reunió suficiente dinero para montar su propia tienda en Dublín, donde tiene tres hijos que venden linóleo. Al padre Gorey, el director, no le costaría nada premiar a Declan con un empleo donde Cannock si demuestra ser un buen prefecto y la asistencia en su sección es total y por eso es que Declan nos haría trizas si faltáramos. Nos dice: Nadie se va a interponer entre el linóleo y yo.

A Declan le cae bien Preguntas Quigley y lo deja faltar una que otra noche del viernes porque Preguntas le dijo: Declan, cuando yo sea grande y me case voy a recubrir mi casa con linóleo y te lo voy a comprar todo a ti.

Otros chicos de la sección ensayan el mismo truco con Declan pero él les dice: A joder a otro. Considérense con suerte si consiguen un tiesto donde mear porque no van a ver ni una yarda de linóleo.

Papá dice que cuando tenía mi edad en Toome ayudó en la misa varios años y que ya es hora de que yo sea monaguillo. Mamá dice: ¿Y para qué? El niño no tiene ropa decente para la escuela, mucho menos para el altar. Papá dice que el vestido de monaguillo me va a tapar la ropa y ella dice que no tenemos con qué comprar un sobrepelliz y lavarlo todas las semanas.

Él dice que Dios proveerá y me hace arrodillar en el piso de la cocina. Él hace de sacerdote porque se sabe de memoria la misa entera y yo tengo que saber las respuestas. Dice: *Introibo ad altare Dei*, y yo tengo que decir: *Ad Deum qui laetificat juventutem meam*.

Todas las noches después del té me arrodillo a lo del latín y él no me deja mover hasta que lo diga a la perfección. Mamá dice que por lo menos podría dejar que me sentara pero él dice que el latín es sagrado y que hay que aprenderlo y recitarlo de rodillas. Uno no ve al papa sentado por ahí tomando té mientras habla en latín.

El latín es difícil y tengo las rodillas peladas y llenas de costras y preferiría estar afuera jugando en el callejón aunque de todas formas me gustaría ser un monaguillo que ayuda al padre a vestirse en la sacristía y allá arriba en el altar todo ataviado con mi bata roja y blanca como mi amigo Jimmy Clark, contestándole al padre en latín, moviendo el libro grande de un lado a otro del altar, echando agua y vino en el cáliz, echando agua en las manos del padre, tocando la campanilla en la consagración, arrodillándome, inclinándome, meciendo el incensario en la bendición, sentándome a un lado con las palmas de las manos en las rodillas todo serio mientras él echa el sermón, todos los fieles de San José mirándome y admirando mi comportamiento.

En dos semanas ya me he aprendido la misa y es hora de ir a San José a ver al sacristán, Stephen Carey, que está encargado de los monaguillos. Papá me lustra las botas. Mamá me remienda las medias y arroja otro carbón a la chimenea para calentar la plancha para aplancharme la camisa. Hierve agua para restregarme la cara, el cuello, las manos y las rodillas y cualquier pedacito de piel que quede al descubierto. Me restriega hasta hacerme arder la piel y le dice a papá que no quiere que digan que me dejó ir sucio al altar. Quisiera que yo no tuviera las rodillas raspadas de andar pateando tarros y cayéndome por creer que soy el futbolista más grande del planeta. Quisiera que tuviéramos una gota de brillantina en la casa en vez de agua y saliva para evitar que el pelo se me erice como la paja vieja de un colchón. Me advierte que hable recio cuando esté en San José en vez de murmurar en inglés o en latín. Dice: Es una lástima que ya no te sirva el traje de la primera comunión pero no tienes nada de qué avergonzarte, vienes de buena cepa, los McCourt, los Sheehan y los Guilfoyles por el lado de mi madre, que eran dueños de un acre tras otro en el condado de Limerick antes de que los ingleses se los arrebataran para dárselos a unos bandoleros de Londres.

Papá me lleva de la mano por las calles y la gente nos mira por la forma como vamos hablando y replicando en latín. Toca en la puerta de la sacristía y le dice a Stephen Carey: Este es mi hijo Frank, que se sabe el latín y está listo para ser monaguillo.

Stephen Carey lo mira a él y luego a mí. Dice: No tenemos campo para él, y cierra la puerta.

Papá todavía me tiene de la mano y me la aprieta hasta que me duele y yo quiero soltar un grito. No dice nada de regreso a casa. Se quita la gorra, se sienta junto al fuego y enciende un Woodbine. Mamá fuma también. Y bien, dice ella, ¿va a ser monaguillo?

No hay campo para él.

Ah. Ella le da una fumada a su Woodbine. Te diré qué es lo que pasa, dice. Es discriminación de clases. Ellos no quieren monaguillos de los callejones. No los quieren con costras en las rodillas y el pelo erizado. Oh, no, ellos quieren niños lindos con brillantina y zapatos nuevos que tengan padres con trajes y corbatas y empleos estables. Eso es lo que pasa y es difícil seguir teniendo fe con todo ese esnobismo que hay.

Ajá.

Ajá, el culo. Eso es lo único que dices. Podrías ir donde el padre y decirle que tienes un hijo con la cabeza rellena de latín y que por qué no puede ser monaguillo y que qué va a hacer con todo ese latín.

A lo mejor se vuelve sacerdote.

Yo le pregunto si puedo salir a jugar. Sí, dice él, vete a jugar.

Mamá dice: Qué más da.

VI ◆

MÍSTER O'NEILL ES el maestro del cuarto grado. Le decimos Puntico porque es pequeño como un punto. Dicta las clases en la única aula con tarima para quedar más alto que nosotros y amenazarnos con su vara de fresno y pelar su manzana donde todos lo veamos. El primer día de clases escribe en el tablero tres palabras que deberán quedarse ahí todo el año: Euclides, geometría, idiota. Dice que si pilla a algún niño metiéndose con esas palabras ese niño andará por el resto de su vida con una sola mano. Dice que el que no entienda los teoremas de Euclides es un idiota. Ahora repitan conmigo: El que no entienda los teoremas de Euclides es un idiota. Claro que todos sabemos qué es ser un idiota porque eso es lo que el maestro nos dice a todas horas que somos.

Brendan Quigley levanta la mano. Señor, ¿qué es un teorema y qué es un Euclides?

Esperamos que Puntico le pegue a Brendan igual que los demás profesores cuando les preguntan algo pero él mira a Brendan con una sonrisita en la boca. Ah, bien, aquí tenemos a un chico no con una sino con dos preguntas. ¿Cómo te llamas, niño?

Brendan Quigley, señor.

Este niño va a llegar lejos. ¿A dónde va a llegar, niños?

Lejos, señor.

No hay duda. El niño que desea saber algo de la gracia, la elegancia y la belleza de los teoremas de Euclides sólo puede ir hacia arriba. ¿En qué única dirección puede ir ese niño, niños?

Hacia arriba, señor.

Sin Euclides, niños, las matemáticas serían un pobre destartalo. Sin Euclides no podríamos ir de acá para allá. Sin Euclides la bicicleta no tendría ruedas. Sin Euclides san José no hubiera sido carpintero porque la carpintería es geometría y la geometría es carpintería. Sin Euclides hubiera sido imposible construir hasta esta misma escuela.

Paddy Clohessy murmura detrás de mí: Que se joda Euclides.

Puntico le ruge: Usted, niño, ¿cómo se llama?

Clohessy, señor.

Ah, el niño vuela con una sola ala. ¿Cuál es su nombre de pila?

Paddy.

¿Paddy, qué?

Paddy, señor.

¿Y qué le decía usted Paddy, a McCourt?

Le decía que deberíamos ponernos de rodillas y darle gracias a Dios por Euclides.

No me cabe duda de eso, Clohessy. Veo la mentira supurándole por entre los dientes. ¿Qué se le ve, niños?

La mentira, señor.

¿Y qué hace la mentira, niños?

Le supura, señor.

¿Por dónde, niños, por dónde?

Por entre los dientes, señor.

Euclides, niños, era griego. ¿Qué es un griego, Clohessy?

Como una especie de extranjero, señor.

Clohessy, usted es un débil mental. Y bien, Brendan, tú sí debes saber qué es un griego.

Sí, señor. Euclides era un griego.

Puntico le muestra la sonrisita. Le dice a Clohessy que debería tomar como modelo a Quigley, que sabe qué es un griego. Dibuja dos líneas lado a lado y nos dice que son líneas paralelas y que lo mágico y misterioso que tienen es que no se tocan nunca, ni siquiera si se prolongaran hasta el infinito, ni siquiera si se prolongaran hasta el cuello de Dios y eso, niños, es un trecho muy largo aunque hay un judío alemán que anda trastornando el mundo con sus ideas sobre las líneas paralelas.

Escuchamos a Puntico y nos preguntamos qué tiene que ver todo eso con la situación del mundo con los alemanes invadiéndolo todo y bombardeando todo lo que haya en pie. No se lo podemos preguntar pero podemos hacer que Quigley lo haga. Nos damos cuenta de que Brendan es el consentido del maestro y eso quiere decir que le puede preguntar lo que quiera. Después de clases le decimos a Brendan que al otro día tiene que preguntar: ¿De qué sirve Euclides y esas líneas que se alargan sin parar cuando los alemanes lo están bombardeando todo? Brendan dice que él no quiere ser el consentido del maestro, que él no se lo buscó y que no quiere hacer esa pregunta. Tiene miedo de que Puntico lo castigue si hace esa pregunta. Le decimos que si no hace esa pregunta vamos a ser nosotros los que lo castiguemos.

Al otro día Brendan alza la mano. Puntico le muestra la sonrisita. Señor, ¿de qué sirve Euclides y todas esas líneas cuando los alemanes están bombardeando todo lo que hay en pie?

La sonrisita se ha esfumado. Ah, Brendan. Ah, Quigley. Ay, niños, ay, niños.

Pone la vara en el escritorio y se para en la tarima con los ojos cerrados. ¿De qué sirve Euclides?, dice. Sin Euclides los Messerschmitt no hubieran podido alzar el vuelo. Sin Euclides los Spitfire no podrían volar disparados entre las nubes. Euclides nos proporciona gracia y belleza y elegancia. ¿Qué nos proporciona, niños?

Gracia, señor.

¿Y?

Belleza, señor.

¿Y?

Elegancia, señor.

Euclides es un todo acabado y su aplicación es cosa divina. ¿Entienden eso, niños?

Sí, señor.

Lo dudo, niños. Amar a Euclides es estar solo en este mundo.

Abre los ojos y suspira y se le ve que tiene los ojos un poquitico húmedos.

Ese día al salir de la escuela a Paddy Clohessy lo detiene míster

O'Dea, que es el maestro del quinto grado. Míster O'Dea le dice: Eh, tú, ¿cómo te llamas?

Clohessy, señor.

¿En qué curso estás?

En el cuarto, señor.

Ahora dime, Clohessy, ¿ese maestro de ustedes les está hablando de Euclides?

Sí, señor.

¿Y qué les dice?

Nos dice que es un griego, señor.

Claro que lo es, sí, *omadhaun* insensato. ¿Qué más les dice?

Dice que sin Euclides no habría escuela.

Ah. ¿Y dibuja algo en el tablero?

Dibuja líneas juntas que nunca se tocarían así aterrizaran en el cuello de Dios.

Madre de Dios.

No, señor. En el cuello de Dios.

Ya lo sé, imbécil. Vete ya.

Al otro día hay un alboroto en la puerta del salón y míster O'Dea está gritando: Vamos, O'Neill, salga ya, cobarde oportunista. Alcanzamos a oír todo lo que dice por el roto del vidrio encima de la puerta.

El nuevo director, míster O'Halloran, dice: Cálmese, míster O'Dea. Contrólese. Nada de riñas delante de los alumnos.

Bueno, entonces, míster O'Halloran, dígale que deje de enseñar geometría. La geometría es para el quinto grado y no para el cuarto. La geometría es mía. Dígale que enseñe la división compuesta y me deje a Euclides a mí. La división compuesta le va a dar suficiente brega, Dios nos ampare y favorezca. No quiero que las mentes de esos niños sean destruidas por ese oportunista encaramado en la tarima, ese que se la pasa regalando pellejos de manzana y repartiendo la diarrea por todos lados. Dígale que Euclides es mío, míster O'Halloran, si no quiere que yo le dañe el recitado.

Míster O'Halloran le dice a míster O'Dea que vuelva a su salón de clases y le pide a míster O'Neill que salga al pasillo. Míster O'Halloran dice: Mire, míster O'Neill, ya le he dicho que se mantenga lejos de Euclides.

Sí, míster O'Halloran, pero sería como si me pidiera que dejara de comerme mi manzana diaria.

Tengo que insistir, míster O'Neill. No más Euclides.

Míster O'Neill vuelve a entrar y otra vez tiene los ojos húmedos. Dice que las cosas han cambiado poco desde los tiempos de los griegos porque los bárbaros ya han derribado las puertas y su nombre es legión. ¿Qué ha cambiado poco desde los tiempos de las griegos, niños?

Es una tortura ver a míster O'Neill pelar la manzana todos los días, ver la larga peladura, verde o roja, y si estás cerca captar su frescura en la nariz. Si eres el niño bueno del día y respondes bien las preguntas él te la da y te la deja comer ahí en tu escritorio para que puedas hacerlo en paz sin que nadie te moleste como lo harían si te la llevaras para el patio de recreos. Allí te atosigarían: Dame un pedacito, dame un pedacito, y tendrías suerte si te quedara un centímetro.

Hay días en que las preguntas son demasiado difíciles y él nos tortura tirando la cáscara de la manzana al cesto de basura. Luego manda por un chico de otra aula para que baje el cesto a la caldera y queme los papeles y la cáscara de la manzana o lo deja para que la empleada del aseo, Nellie Ahearn, se lleve todo en su gran costal. Vamos a decirle a Nellie que nos guarde la piel de la manzana antes de que las ratas se la lleven pero ella está rendida de limpiar sola toda la escuela y refunfuña: Tengo otras cosas que hacer en la vida además de ponerme a ver a una pandilla de costrosos hurgando por ahí por una cáscara de manzana. Lárguense.

Él pela la manzana lentamente. Pasea la mirada por toda la clase con la sonrisita en la boca. Nos atormenta: ¿Creen, niños, que debería darles esto a las palomas de la ventana? Nosotros respondemos: No, señor, las palomas no comen manzanas. Paddy Clohessy alza la voz: Les daría diarrea, señor, y nos caería en la cabeza allá afuera en el patio.

Clohessy, eres un *omadhaun*. ¿Sabes qué es un *omadhaun*?

No, señor.

Es irlandés, Clohessy, tu lengua natal, Clohessy. Un *omadhaun* es un imbécil, Clohessy. Tú eres un *omadhaun*. ¿Qué es él, niños?

Un *omadhaun*, señor.

Clohessy dice: Así me dijo míster O'Dea, señor: *omadhaun* insensato.

O'Neill deja de pelar para hacernos preguntas sobre todos los temas del mundo y el que dé las mejores respuestas gana. Manos arriba, dice, ¿quién es el presidente de los Estados Unidos de América?

Toda la clase alza la mano y nos molesta mucho cuando hace una pregunta que cualquier *omadhaun* sabría. Decimos en coro: Roosevelt.

Entonces dice: Usted, Mulcahy: ¿Quién estaba al pie de la cruz cuando crucificaron a Nuestro Señor?

Mulcahy es lerdo. Los doce apóstoles, señor.

Mulcahy, ¿cómo se dice imbécil en irlandés?

Omadhaun, señor.

¿Y qué es usted, Mulcahy?

Un *omadhaun*, señor.

Fintan Slattery levanta la mano. Yo sé quién estaba al pie de la cruz, señor.

Claro que Fintan sabe quién estaba al pie de la cruz. ¿Cómo no iba a saberlo? Se mantiene yendo a misa con su madre, que es famosa por su santidad. Es tan santa que su esposo se fugó al Canadá a cortar árboles, feliz de largarse y que no volvieran a oír de él. Ella y Fintan rezan el rosario todas las noches de rodillas en la cocina y leen toda clase de revistas religiosas: *The Little Messenger of the Sacred Heart*, *The Lantern*, *The Far East*, y también todos los libritos que publica la Sociedad de la Verdad Católica. Van a misa y comulgan llueva o truene y cada sábado se confiesan con los jesuitas que son famosos por su interés en los pecados inteligentes y no en los pecados comunes que uno le oye a la gente de los callejones que ya se sabe que se emborrachan y que a veces se comen la carne un día viernes antes de que se dañe y que encima blasfeman. Fintan y su madre viven en la calle Catherine y los vecinos de la señora Slattery la llaman la señora Se-lo-voy-a-ofrecer porque no importa qué suceda, una pierna rota, una taza de té derramada, un marido desaparecido, ella dice: Bueno, en fin, se lo voy a ofrecer a Dios y así tendré una infinidad de indulgencias para entrar al cielo. Fintan es un desastre igual. Si lo empujas en el patio de recreos o lo insultas te sonríe y dice que va a rezar por ti y que le va a ofrecer eso a Dios por el alma de él y por la tuya. Los chicos de Leamy no quieren que Fintan rece por ellos y lo amenazan con pegarle una buena patada en el culo si lo pillan rezando por ellos. Él dice que quiere ser un santo cuando crezca, lo que es ridículo porque no puedes ser un santo hasta que no estés muerto. Dice que nuestros nietos le van a rezar a su retrato. Un chico grande le dice: Mis nietos se van a orinar en tu retrato, y Fintan apenas se sonríe. Su hermana se escapó a Inglaterra cuando cumplió los diecisiete y todo el mundo sabe que él se pone la blusa de ella en su casa y que se riza el pelo con pinzas de hierro caliente todos los sábados por la noche para poder estar divino en la misa del domingo. Si te lo topas cuando va para misa te dice: ¿No tengo el pelo divino, Frankie? Le encanta esa palabra, divino, y ningún otro chico la dice nunca.

Claro que él sabe quién estaba al pie de la cruz. Probablemente sabe qué tenían puesto y qué desayunaron y ahora le dice a Puntico O'Neill que eran las tres Marías.

Puntico dice: Ven acá, Fintan, por tu premio.

Se toma su tiempo para ir a la tarima y no podemos creer lo que ven nuestros ojos cuando saca una navaja de bolsillo y corta la peladura en pedacitos para poder ir comiéndoselos uno a uno y no embutirse la tira entera en la boca como los demás cuando ganamos. Levanta la mano: Señor, me gustaría regalar parte de mi manzana.

¿De tu manzana, Fintan? No, claro que no. Tú no tienes la manzana, Fintan. Tienes la peladura, la simple piel. No has alcanzado ni alcanzarás jamás alturas tan encumbradas como para que puedas deleitarte con la manzana propiamente dicha. Mi manzana no, Fintan. Ahora, ¿dijiste que querías regalar tu premio?

Sí, señor. Me gustaría regalar tres pedazos, a Quigley, Clohessy y McCourt.

¿Por qué, Fintan?

Son mis amigos, señor.

Los chicos de la clase se están burlando y codeándose y me da vergüenza porque van a decir que me rizo el pelo y me van a atormentar en el patio ¿y por qué cree que es amigo mío? Si me dicen que me pongo la blusa de mi hermana de nada va a valer que les diga que no tengo una hermana porque van a decir: Te la pondrías si tuvieras una. De nada vale decir nada en el patio de recreos porque no falta alguien con la respuesta y no se puede hacer nada fuera de darles un puñetazo en la nariz y si hubiera que darle un puñetazo a todo el que tenga una respuesta estarías dando puñetazos mañana, día y noche.

Quigley le recibe el pedacito a Fintan. Gracias, Fintan.

Toda la clase mira a Clohessy porque es el más grande y el más rudo y si él dice gracias yo diré gracias. Él dice: Muchas gracias, Fintan, y se pone colorado y yo digo: Muchas gracias, Fintan, y trato de no ponerme colorado pero no puedo y todos los chicos se vuelven a burlar y quisiera pegarles.

Después de clases los chicos le gritan a Fintan: Hey, Fintan, ¿vas a casa a rizarte tu pelo divino? Fintan sonríe y sube la escalera del patio. Un grandulón del séptimo grado le dice a Paddy Clohessy: Me figuro que tú también te rizarías el pelo si no fueras un calvito rapado.

Paddy dice: Cállate, y el chico dice: ¿Y quién me va a obligar? Paddy le manda un puñetazo pero el grandulón le pega en la nariz y lo tira al suelo y le sale sangre. Yo trato de pegarle al grandulón pero me agarra del cuello y me golpea la cabeza contra el muro hasta que veo luces y puntos negros. Paddy se marcha agarrándose la nariz y llorando y el grandulón me empuja detrás. Fintan está en la calle y dice: Ay, Francis, Francis, ay, Patrick, Patrick, ¿qué les pasó? ¿Por qué estás llorando, Patrick? y Paddy dice: Tengo hambre. No puedo pelear contra nadie porque me estoy muriendo de hambre y a punto de caerme y tengo pena de mí.

Fintan dice: Ven conmigo, Patrick. Mi madre nos dará algo de comer, y Paddy dice: Ah, no, me está saliendo sangre por la nariz.

No te preocupes. Ella te va a poner algo en la nariz o una llave en la nuca. Francis, ven tú también. Siempre pareces hambriento.

Ah, no, Fintan.

Ah, sí, Francis.

Está bien, Fintan.

El pisito de Fintan es como una capilla. Hay dos cuadros: el Sagrado Corazón de Jesús y el Corazón Inmaculado de María. Jesús muestra Su corazón con la corona de espinas y la sangre y las llamas. Tiene la cabeza ladeada a la izquierda para mostrar Su gran dolor. La Virgen María muestra su corazón y sería un corazón agradable si no tuviera esa corona de espinas. Tiene la cabeza ladeada a la derecha para mostrar su dolor porque sabe que su Hijo va a tener un triste fin.

En la otra pared hay un retrato de un hombre con una bata marrón y pájaros posados en todo el cuerpo. Fintan dice: ¿Sabes quién es ese, Francis? ¿No? Es tu santo patrón, san Francisco de Asís. ¿Y sabes qué fecha es hoy?

Cuatro de octubre.

Correcto. Es el día de él y para ti es especial porque le puedes pedir a san Francisco cualquier cosa que quieras y él con seguridad te la va a conceder. Por eso yo quería traerte hoy acá. Siéntate, Patrick, siéntate, Francis.

La señora Slattery entra rosario en mano. Se alegra de conocer a los nuevos amiguitos de Fintan, ¿y no les gustaría un sándwich de queso? Y mira cómo tienes esa pobre nariz, Patrick. Le toca la nariz con la cruz del rosario y reza una oración corta. Nos dice que ese rosario fue bendecido por el propio Papa y que detendría la inundación de un río si se lo pidieran, y ni hablar de la pobre nariz de Patrick.

Fintan dice que él no quiere un sándwich porque piensa ayunar y rezar por el chico que nos pegó a Paddy y a mí. La señora Slattery lo besa en la cabeza y le dice que es un santo bajado del cielo y nos pregunta si queremos mostaza en el sándwich y yo le digo que nunca había oído hablar de mostaza con queso y que me encantaría. Paddy dice: No sé, nunca me he comido un sámbuche, y todos nos reímos y yo me pregunto como puede uno haber vivido diez años sin haber probado un sándwich. Paddy se ríe también, y se le ven los dientes blancos y negros y verdes.

Nos comemos el sándwich y tomamos té y Paddy pregunta dónde queda el retrete. Fintan lo lleva a través de la alcoba hasta el patio de atrás y cuando vuelven Paddy dice: Me tengo que ir. Mi madre me va a matar. Te espero afuera, Frankie.

Ahora yo tengo que ir al retrete y Fintan me lleva al patio. Dice: Yo también tengo que entrar, y cuando me desabotono la braqueta no puedo orinar con él mirando, y él me dice: Estabas bromeando, ¿no? No tenías ganas. Me gusta mirarte, Francis, eso es todo. Oye, no quisiera cometer ninguna clase de pecado, con nuestra confirmación para el año que viene.

Paddy y yo nos vamos juntos. Estoy que me reviento y corro a orinar detrás de un taller. Paddy me espera y cuando vamos por la calle Hartstonge me dice: Tremendo sámbuche, Frankie, y él y su madre son muy santos pero no me gustaría volver a la casa de Fintan porque él es muy raro, ¿no, Frankie?

Sí, Paddy.

Como lo mira cuando te lo sacas, eso es muy raro, ¿no, Frankie?

Así es, Paddy.

A los pocos días Paddy me dice al oído: Fintan Slattery dijo que fuéramos a su casa a la hora del almuerzo. Su madre no va a estar y ella le deja preparado el almuerzo. Él nos podría dar algo y además hay una leche deliciosa. ¿Vamos?

Fintan está a dos filas de nosotros. Sabe lo que Paddy me está diciendo y sube y baja las cejas como preguntando: ¿Vas a venir? Yo le susurro que sí a Paddy y él le hace una seña a Fintan y el maestro nos grita que dejemos de estar meneando las cejas y los labios o la vara de fresno cantará sobre nuestros traseros.

Unos chicos en el patio nos ven salir a los tres juntos y comentan: Ay, Dios, ahí va Fintan con sus bujarrones. Paddy dice: Fintan, ¿qué es un bujarrón? Y Fintan dice que es apenas un muchacho de los tiempos antiguos que sentaba en un rincón, eso es todo. Nos dice que nos hagamos en la mesa de la cocina y que si queremos podemos leer sus libros de historietas, *Film Fun*, el *Beano*, el *Dandy*, o las revistas religiosas o las revistas románticas de su madre, el *Miracle* y el *Oracle*, que siempre traen historias de obreritas pobres pero hermosas enamoradas del hijo de un conde o viceversa y la obrerita acaba arrojándose al Támesis de desesperación sólo para que la rescate un carpintero que pasa por ahí y que es pobre pero honesto y que va a querer a la obrerita por lo que es en su humilde persona aunque al fin resulta que el carpintero que pasaba por ahí es en realidad el hijo de un duque, que es mucho más arriba que un conde, así que ahora la pobre obrerita es una duquesa que puede mirar por encima del hombro al conde que la desdeñó porque ella ahora está feliz cultivando sus rosas en la hacienda de doce mil acres en Shropshire y siendo buena con su pobre madre anciana, que se niega a dejar su cabañita por toda la plata del mundo.

Paddy dice: No quiero leer nada, todos esos cuentos son puros embustes. Fintan levanta el trapo que cubre su sándwich y el vaso de leche. La leche se ve fresca y cremosa y deliciosa y el pan del sándwich es casi blanco. Paddy dice: ¿Ese sámbuche es de jamón? Y Fintan dice: Sí. Paddy dice: Se ve bueno ese sámbuche, ¿y tiene mostaza? Fintan asiente con la cabeza y corta en dos el sándwich. Le mostaza le chorrea por el borde. Él se la chupa de los dedos y se toma un buen trago de leche. Corta el sándwich en cuartos, en octavos, en dieciseisavos, saca *The Little Messenger of the Sacred Heart* de la pila de revistas y se pone a leerlo mientras se come los trocitos de sándwich y se toma la leche y Paddy y yo lo miramos y sé que Paddy se pregunta qué estamos haciendo ahí, qué, qué, porque es lo mismo que yo me pregunto con la esperanza de que Fintan nos pase el plato pero él no lo hace, se toma toda la leche, deja unos trocitos de sándwich en el plato, lo tapa con el trapo y se limpia los labios con esos remilgos suyos, agacha la cabeza, se da la bendición y bendice la mesa y dice: Dios mío, vamos a llegar tarde a la escuela, y se vuelve a dar la bendición a la salida con agua bendita de una pilita de porcelana que hay junto a la puerta con una pequeña imagen de la Virgen María mostrando el corazón y señalándoselo con dos dedos como si nosotros no fuéramos capaces de darnos cuenta solos.

Es demasiado tarde para que Paddy y yo corramos por el panecillo y la leche que reparte Nellie Ahearn y no sé cómo voy a aguantar hasta que pueda correr a casa después de clases por un trozo de pan. Paddy se detiene junto a la puerta de la escuela. Dice: No soy capaz de entrar muriéndome de hambre. Me quedo dormido y Puntico me mata.

Fintan está inquieto. Muévanse, muévanse, vamos a llegar tarde. Vamos, Frankie, apúrate.

No voy a entrar, Fintan. Tú almorzaste. Nosotros no.

Paddy explota: Eres un puto logrero, Fintan. Eso eres, y un puto tacaño también con tu puto sámbuche y tu puto Sagrado Corazón de Jesús en la pared y tu puta agua bendita. Me puedes besar el culo, Fintan.

Ay, Patrick.

Ay, Patrick, el puto culo, Fintan. Vamos, Frankie.

Fintan entra corriendo a la escuela y Paddy y yo vamos a un huerto que hay en Ballinacurra. Escalamos un muro y un perro bravo se nos viene encima hasta que Paddy le habla y le dice que es un perrito bueno y que tenemos hambre y que se vaya a buscar a su mamá. El perro le lame la cara a Paddy y se va al trote y meneando la cola y Paddy se queda muy contento. Nos llenamos la camisa de manzanas hasta que casi no podemos volver a saltar el muro para echar a correr hasta un prado largo a sentarnos debajo de un seto y comernos las manzanas hasta que no podemos tragar otro bocado y hundimos la cabeza en un arroyo de agua fresca y deliciosa. Después nos hacemos a los dos extremos de una zanja para cagar y limpiarnos con hierba y hojas gruesas. Paddy está en cuclillas y dice: No hay nada en el mundo como una buena comilona de manzanas, un trago de agua y una buena cagada, mejor que cualquier sámbuche de queso con mostaza, y que Puntico O'Neill se meta su manzana por el culo.

En un pastizal hay tres vacas con la cabeza por encima de un muro de piedra y nos dicen mu. Paddy dice: Por Cristo, es hora del ordeño, y ya está al otro lado, acostado debajo de una vaca con una ubre grande que le cuelga sobre la cara. Le jala una teta y se echa un chorrito de leche en la boca. Deja de ordeñarla y dice: Ven, Frankie, leche fresca. Está rica. Coge esa otra vaca. Están listas para el ordeño.

Yo me hago debajo de la vaca y le jalo una teta pero ella patea y se mueve y estoy seguro de que me va a matar. Paddy viene y me muestra cómo se hace, hay que tirar duro y derecho y la leche sale en un chorro potente. Los dos nos echamos debajo de una vaca y la estamos pasando de maravilla embuchándonos de leche cuando se oye un berrido y un hombre con un palo viene corriendo por el potrero. En un segundo estamos del otro lado del muro y él no nos puede perseguir por las botas de caucho que tiene puestas. Se queda junto al muro y agita el palo y nos grita que si nos llega a atrapar nos va a meter esas botas enteras por el culo y nosotros nos reímos porque ya estamos fuera de peligro y yo voy preguntándome por qué habrá gente con hambre en un mundo lleno de leche y de manzanas.

Está bien que Paddy diga que Puntico se puede meter su manzana por el culo pero yo no quiero robar huertos y ordeñar vacas eternamente y sé que siempre voy a tratar de ganarme la piel de la manzana de Puntico para poder ir a casa y contarle a papá que respondí las preguntas difíciles.

Caminamos de regreso por Ballinacurra. Hay lluvia y rayos y echamos a correr pero a mí me cuesta trabajo porque la suela del zapato me chacolotea y amenaza con hacerme tropezar. Paddy puede correr todo lo que quiera con sus largos pies descalzos y los oigo golpear en el asfalto. Tengo empapados los zapatos y las medias y hacen su propio ruido, escuich, escuich. Paddy se da cuenta e inventamos una música propia con los dos ruidos, chis, chas, escuich, escuich, chis, escuich, escuich, chas. Nos reímos tanto con nuestra música que nos tenemos que agarrar el uno del otro. La lluvia se pone más fuerte y sabemos que no nos podemos hacer bajo un árbol porque quedamos fritos así que nos hacemos junto a una puerta que ahí mismo abre una criada gordota que lleva un gorrito blanco y un vestido negro con un delantalito blanco y nos dice que nos larguemos de esa puerta que somos una desgracia. Corremos lejos y Paddy le grita: Novilla de Mullingar, carne para tirar, y ríe hasta que se ahoga y tiene que recostarse contra un muro de lo débil que está. No tiene sentido guarecernos más de la lluvia, estamos calados hasta los huesos, así que nos tomamos nuestro tiempo bajando por la avenida O'Connell. Paddy me cuenta que aprendió lo de la novilla de Mullingar de su tío Peter, el que estuvo en la India con el ejército inglés y tienen una foto de él con un grupo de soldados con los cascos puestos y rifles y cartucheras terciadas en el pecho y hay hombres morenos de uniforme que son hindúes pero fieles al rey. El tío Peter se la pasó de juerga en un sitio llamado Cachemira, que es más bonito que ese Killarney al que tanta bulla le hacen y tantas canciones. Paddy vuelve a arrancar con lo de escaparse y terminar en la India en una tienda de seda con la muchacha del punto rojo y el curry y los higos y me apura aunque yo voy con un empacho de manzanas y leche.

Está escampando y unos pájaros graznan en el aire. Paddy dice que son patos o gansos o algo así que van para el África donde el clima es más suave y templado. Los pájaros tienen más juicio que los irlandeses. Vienen al Shannon a pasar las vacaciones y después se largan a las tierras calientes, tal vez hasta la India. Dice que me va a escribir una carta cuando esté por allá para que yo pueda ir a la India y tener mi propia muchacha con un punto rojo.

¿Y para qué es ese punto, Paddy?

Muestra que son de clase alta, de calidad.

Pero, Paddy, ¿las de calidad de la India sí te hablarían si supieran que eres de un callejón de Limerick y no tienes zapatos?

Claro que sí, pero las inglesas de calidad no. Las inglesas de calidad no te darían ni el vapor de su orina.

¿El vapor de su orina? Por Dios, Paddy, ¿tú te inventaste eso?

No, no, eso es lo que dice mi padre allá en la cama cuando está tosiendo los coágulos de sangre y echándoles la culpa de todo a los ingleses.

Y yo pienso: El vapor de su orina. Lo voy a guardar para mí. Voy a ir por todo Limerick diciendo: El vapor de su orina, El vapor de su orina, y cuando vuelva a América algún día voy a ser el único que se sepa eso.

Preguntas Quigley se nos acerca tambaleándose en una gran bicicleta de mujer y me llama: Hey, Frankie McCourt, te van a matar. Puntico O'Neill mandó una nota a tu casa diciendo que no habías vuelto después del almuerzo, que estabas haciendo novillos con Paddy Clohessy. Tu madre te va a matar. Tu padre anda buscándote y él también te va a matar.

Ay Dios, me siento frío y vacío y quisiera estar en la India donde hace tan buen tiempo y no hay escuela y mi padre no me podría encontrar para matarme. Paddy le dice a Preguntas: Ni él ni yo estábamos haciendo novillos. Fintan Slattery nos mató de hambre y llegamos tarde por el pan y la leche. Y en seguida me dice a mí: No les hagas caso, Frankie, todo eso es un embuste. A mi casa mandan notas todo el día y nos limpiamos el culo con ellas.

Mis padres jamás se limpiarían el culo con una nota del maestro y ahora tengo miedo de ir a casa. Preguntas se va en la bicicleta, riéndose, y yo no sé de qué porque él una vez se escapó de la casa y durmió en una zanja con cuatro cabras y eso es peor que hacer novillos medio día.

Podría voltear por la calle Barrack e ir a casa y pedirles perdón a mis padres por haberme escapado y decirles que lo hice por hambre pero Paddy dice: Vamos, vayamos a la calle Dock a tirar piedras en el Shannon.

Tiramos piedras en el río y nos colgamos de las cadenas de hierro de la orilla. Está anocheciendo y no sé dónde voy a dormir. Podría quedarme ahí junto al Shannon o buscar un portal o ir otra vez al campo y encontrar una zanja como Brendan Quigley con cuatro cabras. Paddy dice que puedo ir a su casa, que puedo dormir en el suelo y secarme allá.

Paddy vive en una de las casas altas del muelle Arthur que dan sobre el río. Todos en Limerick saben que esas casas son muy viejas y se pueden venir al suelo en cualquier momento. Mamá nos dice con frecuencia: No quiero que vayan al muelle Arthur por ningún motivo y si me topo a uno de ustedes por allá le rompo la cara. La gente de por allá son unas bestias y los pueden atracar o matar.

Está lloviendo otra vez y hay niñitos jugando en la entrada y en las escaleras. Paddy dice: Ojo, porque faltan unos escalones y hay mierda en los que quedan. Dice que eso es porque no hay sino un excusado y está en el patio de atrás y los niños no alcanzan a bajar las escaleras para poner el culito en la taza del retrete, Dios nos ampare y nos favorezca.

Hay una mujer con un chal sentada en el cuarto tramo fumándose un cigarrillo. Dice: ¿Eres tú, Paddy?

Sí, ma.

Estoy rendida, Paddy. Estas escaleras me van a matar. ¿Ya comiste?

No.

Bueno, no sé si haya quedado pan. Anda y mira.

La familia de Paddy vive en un cuarto grande de techo alto y con una chimenea pequeñita. Hay dos ventanas altas y se divisa el Shannon. Su padre está en una cama hacia el rincón, quejándose y escupiendo en un balde. Los hermanos y hermanas de Paddy están en colchones en el suelo, durmiendo, charlando, mirando al techo. Hay un nene desnudo que gatea hacia el balde del padre de Paddy y

Paddy lo aparta. Su madre entra, jadeando, del pasillo. Jesús, estoy muerta, dice.

Encuentra un poco de pan y nos hace un té claro a Paddy y a mí. No sé qué debo hacer. No dicen nada. No dicen que qué estoy haciendo ahí ni que me vaya ni nada hasta que míster Clohessy dice: ¿Quién es ese? Y Paddy le dice: Es Frankie McCourt.

Míster Clohessy dice: ¿McCourt? ¿Qué clase de apellido es ese?

Mi padre es del norte, míster Clohessy.

¿Y cómo se llama tu madre?

Ángela, míster Clohessy.

Ay, Jesús, no será Ángela Sheehan, ¿no?

La misma, míster Clohessy.

Ay, Jesús, dice y le da un ataque de tos que le saca toda clase de cosas del pecho y lo obliga a colgarse sobre el balde. Cuando pasa la tos se vuelve a recostar en la almohada. Ah, Frankie, yo era muy amigo de tu madre. Bailaba con ella, Madre de Cristo, me estoy pudriendo por dentro, bailaba con ella allá abajo en el salón Wembley y sí que era toda una campeona de baile.

Vuelve a asomarse al balde. Brega por tomar aire estirando los brazos. Sufre pero no deja de hablar.

Toda una campeona, Frankie. No era nada flaca, fíjate, pero era como una pluma en mis brazos, y más de un hombre lo sintió de veras cuando ella se fue de Limerick. ¿Sabes bailar, Frankie?

Ah, no, míster Clohessy.

Paddy dice: Sí sabe, papá. Estuvo en clases con la señora O'Connor y Cyril Benson.

Bueno, a bailar, Frankie. Por todo el cuarto y cuidado con el armario, Frankie. Mueve los pies, muchacho.

No puedo, míster Clohessy. No soy bueno.

¿No? ¿El hijo de Ángela Sheehan? Baila, Frankie, o me levanto de esta cama y te pongo a dar vueltas por todo el cuarto.

Tengo un zapato dañado, míster Clohessy.

Frankie, Frankie, me estás haciendo dar tos. Baila por el amor de

Cristo para acordarme de mi juventud con tu madre allá en el salón Wembley. Quítate el jodido zapato, Frankie, y ponte a bailar.

Tengo que inventar bailes y música que vaya con los bailes como lo hacía tiempo atrás cuando era joven. Bailo por el cuarto con un solo zapato porque se me olvidó quitármelo. Trato de inventar letras: Oh, las murallas de Limerick se caen ya, se caen ya, se caen ya, las murallas de Limerick se caen ya y el río Shannon nos va a matar.

Míster Clohessy se ríe en la cama: Ay, Jesús, nunca oí nada semejante ni por tierra ni por mar. Tienes buena pierna para el baile, Frankie. Ay, Jesús. Tose y le salen hilos de materia verde y amarilla. Me dan náuseas de verla y me pregunto si no debo huir de toda esa enfermedad y de ese balde y dejar que mis padres me maten si quieren.

Paddy se echa en un colchón al pie de la ventana y yo me hago al lado. Sigo vestido como todos ahí y hasta se me olvida quitarme el otro zapato, que está húmedo y rechina y apesta. Paddy se queda dormido de inmediato y yo miro a su madre sentada junto a las pocas brasas fumándose otro cigarrillo. El padre de Paddy carraspea y tose y escupe en el balde. Dice: Maldita sangre, y ella dice: Tarde o temprano tendrás que ir al sanatorio.

Pues no. El día que te meten ahí es el acabóse.

Podrías estarle pasando la tisis a los niños. Puedo hacer que los guardias te lleven por ser un peligro para los niños.

Si les fuera a dar ya la tendrían.

El fuego se apaga y la señora Clohessy se mete en la cama pasando por encima de él. En un minuto está roncando aunque él sigue tosiendo y riéndose de sus días de joven cuando bailaba con Ángela Sheehan liviana como una pluma en el salón Wembley.

Hace frío y estoy tiritando en mi ropa mojada. Paddy tirita también pero está dormido y no sabe que tiene frío. No sé si quedarme ahí o levantarme e irme a casa pero quién quiere andar por las calles cuando un guardia podría preguntarte qué estás haciendo afuera. Es la primera vez que estoy lejos de mi familia y preferiría estar en mi propia casa con el retrete maloliente y el establo de al lado. Es malo cuando la cocina se vuelve un lago y tenemos que mudarnos a Italia pero es peor donde los Clohessy donde hay que bajar cuatro pisos para ir al baño y resbalarse en mierda todo el camino. Estaría mejor con cuatro cabras en una zanja.

Me duermo y me despierto todo el tiempo pero tengo que despertarme del todo cuando la señora Clohessy empieza a sacudir a toda la familia para levantarlos. Todos se acostaron con la ropa puesta así que no tienen que vestirse y no hay peleas. De mala gana van bajando al retrete en el patio de atrás. Yo también tengo que ir y bajo con Paddy pero su hermana Peggy está en la taza y tenemos que orinar contra un muro. Ella dice: Le voy a decir a mamá lo que hicieron, y Paddy dice: Cierra la boca o te embuto por el puto excusado. Ella salta de la taza, se sube los calzones y corre escaleras arriba gritando: Se lo voy a decir, se lo voy a decir, y cuando volvemos al cuarto la señora Clohessy le pega a Paddy un correazo en la cabeza por lo que le hizo a su pobre hermanita. Paddy no dice nada porque la señora Clohessy está sirviendo papilla en tazas y frascos de mermelada y en un cuenco y nos ordena que nos la comamos y salgamos para la escuela. Está en la mesa comiéndose su papilla. Tiene el pelo canoso y sucio. Le cuelga sobre el cuenco y recoge trocitos de papilla y gotas de leche. Los niños se sorben la papilla y se quejan de lo poca que es, de que se están muriendo de hambre. Tienen mocos en las narices, lagañas en los ojos, costras en las rodillas. Míster Clohessy tose y se revuelve en la cama y escupe los cuajarones de sangre y yo salgo corriendo del cuarto y me vomito en la escalera donde falta un peldaño y cae un chorro de papilla y trocitos de manzana al piso de abajo por donde hay gente yendo y viniendo del retrete en el patio. Paddy baja y me dice: No hay problema. Todo el mundo se enferma y se caga en la escalera y el jodido edificio se está cayendo de todos modos.

Ahora no sé qué debo hacer. Si vuelvo a la escuela me van a matar y para qué volver a la escuela o a la casa a que me maten cuando puedo ir al campo a vivir de leche y de manzanas por el resto de mi vida hasta que me vaya para América. Paddy dice: Vamos. La escuela es un embuste de todos modos y los maestros están locos todos.

Golpean a la puerta de los Clohessy y es mamá con mi hermanito, Michael, de la mano, y el guardia Dennehy, que está a cargo de la asistencia escolar. Mamá me ve y dice: ¿Qué haces con un zapato? y el guardia Dennehy dice: Ah, señora, creo que sería más importante preguntarle qué hace sin un zapato, ja, ja.

Michael corre hacia mí: Mami estaba llorando, mami estaba llorando por culpa tuya, Frankie.

Ella dice: ¿Dónde estuviste toda la noche?

Aquí.

Me iba volviendo loca. Tu padre recorrió todas las calles de Limerick buscándote.

Míster Clohessy dice: ¿Quién anda ahí?

Es mi madre, míster Clohessy.

Dios del cielo, ¿es Ángela?

Sí, míster Clohessy.

Él se esfuerza por apoyarse en los codos. Bueno, por el amor de Dios, ¿no vas a entrar, Ángela? ¿No me reconoces?

Mamá se ve desconcertada. El cuarto está oscuro y ella trata de distinguir quién está en la cama. Él dice: Soy yo, Dennis Clohessy, Ángela.

Ah, no.

Sí, Ángela.

Ah, no.

Lo sé, Ángela. Estoy cambiado. La tos me va a matar. Pero todavía recuerdo las noches del salón Wembley. Jesús, eras una gran bailarina. Las noches del salón Wembley, Ángela, y después el pescado y las papas fritas. Ay, niños, ay, niños, Ángela.

A mi madre las lágrimas le corren por la cara. Dice: Tú también eras un gran bailarín, Dennis Clohessy.

Podríamos haber ganado concursos, Ángela. Fred y Ginger se hubieran quedado pasmados pero tú tenías que escaparte para América. Ay, Jesús.

Sufre otro acceso de tos y tenemos que quedarnos ahí viéndolo asomarse al balde otra vez y escupir toda esa materia mala del pecho. El guardia Dennehy dice: Veo que encontramos al niño, señora, y yo me voy. Me dice a mí: Si vuelves a hacer novillos, niño, te metemos a la cárcel. ¿Me escuchas?

Sí, guardia.

No atormentes más a tu madre, niño. Eso es algo que los guardias no toleran, atormentar madres.

No lo vuelvo a hacer, guardia. No la voy a atormentar.

Se va y mamá se arrima a la cama y le toma la mano a míster Clohessy. Él tiene la cara toda chupada alrededor de los ojos y el pelo oscuro y húmedo por el sudor que le chorrea por la frente. Sus hijos están al pie de la cama y lo miran a él y miran a mamá. La señora Clohessy está junto a la chimenea haciendo ruido con el atizador en la hornilla y alejando al bebé del fuego. Dice: Es su maldita culpa por no ir al hospital, sí señor.

Míster Clohessy jadea: Estaría sano si pudiera vivir en un lugar seco. Ángela, ¿América es un lugar seco?

Sí, Dennis.

El doctor me dijo que me fuera para Arizona. Es como raro ese doctor. Arizona, como estás. Yo no tengo con qué ir a la esquina a tomarme una pinta.

Mamá dice: Te vas a poner bien, Dennis. Voy a prender un cirio por ti.

Ahórrate el dinero, Ángela. Mis días de bailarín ya se acabaron.

Tengo que irme ya, Dennis. Mi hijo tiene que ir a la escuela.

Antes de irte, Ángela, ¿harías algo por mí?

Sí, Dennis, si puedo.

Cántanos una estrofa de esa canción que cantaste la noche antes de salir para América.

Es una canción muy difícil, Dennis. Yo ya no tengo aliento para eso.

Vamos, Ángela. Ya no oigo canciones. En esta casa no hay canciones. Mi esposa allá no tiene ni una nota en la cabeza y no sabe dar un paso.

Mamá dice: Está bien. Lo intentaré.

> *¡Ah, noches de baile en Kerry! ¡Ah, sones de la tonada del gaitero!*
> *¡Ah, horas de dicha idas, como la juventud, con pie ligero!*
> *En las noches de estío por la vega los muchachos se iban reuniendo*
> *y la tonada del gaitero de Kerry nos infundía un loco y delicioso anhelo.*[1]

Deja de cantar y se lleva la mano al pecho: Ay, Dios, se me fue el aire. Ayúdame con la canción, Frank. Y yo canto con ella:

> *¡Ah, pensar en eso, soñar con eso, me anega en lágrimas el corazón entero!*
> *!Ah, noches de baile en Kerry! ¡Ah, sones de la tonada del gaitero!*
> *¡Ah, horas de dicha idas, como la juventud, con pie ligero!*[2]

Míster Clohessy trata de cantar con nosotros, *gone, alas, like our youth too soon,* pero le da la tos. Sacude la cabeza y llora: No dudé de ti ni por un instante, Ángela. Me hace volver a esos tiempos. Dios te bendiga.

Dios te bendiga también, Dennis, y gracias, señora Clohessy, por haber mantenido a Frankie lejos de la calle.

---

1 *Oh, the nights of the Kerry dancing, Oh, the ring of the piper's tune, / Oh, for one of those hours of gladness, gone, alas, like our youth too soon. / When the boys began to gather in the glen of a Summer night, / And the Kerry piper's tuning made us long with wild delight.*

2 *Oh, to think of it, Oh, to dream of it, fills my heart with tears. / Oh, the nights of the Kerry dancing, Oh, the ring of the piper's tune / Oh, for one of those hours of gladness, gone, alas, like our youth too soon.*

No hubo inconveniente, señora McCourt. Él es muy tranquilo.

Será muy calmado, dice míster Clohessy, pero no es un bailarín como su madre.

Mamá dice: Es difícil bailar con un solo zapato, Dennis.

Lo sé, Ángela. ¿Pero no te extraña que no se lo haya quitado? ¿No es un poquito raro?

A veces tiene ese modo de ser raro de su padre.

Ah, sí. El padre es del norte, Ángela, y eso lo explicaría. No se les daría nada bailar con un solo zapato allá en el norte.

Recorremos la calle Patrick y la calle O'Connell, Paddy Clohessy y mamá y Michael y yo, y mamá solloza todo el tiempo. Michael dice: No llores, mami. Frankie no se va a escapar.

Ella lo alza y lo abraza. No, Michael, no lloro por Frankie. Es por Dennis Clohessy y las noches de baile en el salón Wembley y el pescado con papas fritas después.

Entra a la escuela con nosotros. Míster O'Neill tiene cara de enojado y nos ordena sentarnos y dice que regresa en un minuto. Se demora un buen rato con mi madre en la puerta y cuando ella se va él camina por entre los asientos y le da una palmadita a Paddy Clohessy en la cabeza.

Yo siento mucha compasión por los Clohessy y sus cuitas pero pienso que me han salvado de meterme en problemas con mi madre.

VII ◈

HAY JUEVES EN QUE papá recibe el subsidio de la Oficina del Trabajo y cualquiera le dice: ¿Vamos por una pinta, Malachy? y papá le dice: Una, sólo una, y el otro le dice: Oh, Dios, sí, una, y antes de que amanezca ya no hay dinero y papá vuelve a casa cantando y sacándonos de la cama para cuadrarnos y hacernos prometer morir por Irlanda cuando seamos llamados. Hasta levanta a Michael y aunque apenas tiene tres años ahí está cantando y prometiendo morir por Irlanda a la primera oportunidad. Así le dice papá, a la primera oportunidad. Yo tengo nueve años y Malachy ya tiene ocho y nos sabemos todas las canciones. Cantamos todas las estrofas de *Kevin Barry* y *Roddy McCorley*, *The West's Asleep*, *O'Donnell Abu*, *The Boys of Wexford*. Cantamos y prometemos morir porque nunca se sabe cuándo le van a sobrar a papá uno o dos peniques del trago y si nos los da al otro día podemos ir a la tienda de Kathleen O'Connell a comprar caramelo. Hay noches en que dice que Michael es el mejor cantante de todos y le da el penique a él. Malachy y yo nos preguntamos de qué sirve tener ocho y nueve años y saberse todas las canciones y estar preparados para morir si a Michael le dan el penique para que al otro día vaya a la tienda y se rellene el pico de caramelo. Nadie puede pedirle que muera por Irlanda a los tres años de edad, ni siquiera Padraig Pearse, que fue fusilado por los ingleses en Dublín en 1916 y que esperaba que todo el mundo muriera con él. Además, el padre de Mikey Molloy dijo que el que quiera morir por Irlanda es un culo de burro. Los hombres han muerto por Irlanda desde el principio de los tiempos y miren cómo anda el país.

Ya es malo que papá se quede sin empleo a la tercera semana y para encimar ahora se bebe el subsidio una vez al mes. Mamá se desespera y por la mañana pone la cara agria y no le habla. Él se toma el té y sale temprano a dar su larga caminata campo adentro. Cuando regresa por la noche ella sigue sin hablarle y no le hace el té. Si la chimenea está apagada por falta de carbón o turba y no hay modo de hervir agua para el té, él dice: Ajá, y toma agua en un frasco de mermelada y chasca los labios como si fuera una pinta de amarga. Dice que todo lo que un hombre necesita es agua fresca y mamá resopla. Cuando ella no le habla a él la casa se pone pesada y fría y sabemos que tampoco nosotros debemos hablarle por miedo a que ella nos mire con esa cara agria. Sabemos que papá se ha portado mal y sabemos que uno puede hacer sufrir a cualquiera dejando de hablarle. Hasta Michael sabe que cuando papá se ha portado mal no se le puede hablar del viernes hasta el lunes y que cuando trata de subirlo a sus rodillas hay que correr donde mamá.

Tengo nueve años y un amigo, Mickey Spellacy, cuyos parientes se están muriendo uno tras otro de tisis galopante. Me da envidia de Mickey porque cada vez que alguien de su familia muere le dan una semana libre en la escuela y su madre le cose un parche en forma de rombo negro en la manga de la camisa para que pueda ir de callejón en callejón y de calle en calle y la gente sepa que está de luto y le dé palmaditas en la cabeza y dinero y dulces por sus penas.

Pero este verano Mickey está preocupado. Su hermana, Brenda, se está consumiendo de tisis y es apenas agosto y si se muere antes de septiembre a él no le van a dar la semana libre en la escuela porque no es posible que te des una semana libre en la escuela cuando no hay escuela. Nos pide a Billy Campbell y a mí que lo acompañemos a la vuelta de la esquina a la iglesia de San José a rezar para que Brenda aguante hasta septiembre.

¿Qué ganamos nosotros, Mickey, si vamos a rezar a la vuelta de la esquina?

Bueno, si Brenda aguanta y me dan la semana libre los convido a la velación y allá les van a dar jamón y queso y pastel y limonada y de todo y podrán oír los cantos y las historias toda la noche.

¿Quién diría que no a eso? Nada como una velación para pasarla bien. Corremos a la iglesia donde hay estatuas del propio san José y también del Sagrado Corazón de Jesús, la Virgen María y santa Teresa de Lisieux, la Florecita. Yo le rezo a la Florecita porque ella murió de tisis y nos puede entender.

Una de nuestras oraciones tiene que haber sido poderosa porque Brenda aguanta y no se muere hasta el segundo día de clases. Le decimos a Mickey que sentido pésame pero él está feliz con su semana libre y le ponen el parche negro en forma de rombo que le traerá dinero y dulces.

La boca se me hace agua al pensar en el festín de la velación de Brenda. Billy toca a la puerta y sale la tía de Mickey: ¿Sí?

Venimos a rezar por Brenda y Mickey dijo que podíamos venir a la velación.

Ella grita: ¡Mickey!

¿Qué?

Ven acá. ¿Le dijiste a esta pandilla que podían venir a la velación de tu hermana?

No.

Pero, Mickey, nos prometiste...

Ella nos da un portazo en las narices. No sabemos qué hacer hasta que Billy Campbell dice: Volvamos a San José y recemos para que de ahora en adelante todos en la familia de Mickey se mueran en pleno verano y no le vuelvan a dar un día libre en la escuela durante el resto de su vida.

Una de nuestras oraciones tiene que haber sido poderosa porque al verano siguiente la tisis galopante se lleva al propio Mickey y no le dan ni un día libre en la escuela y eso seguramente le va a enseñar una lección.

> Toca la campana, Protes Protesto,
> no para el cielo sino para el infierno.[1]

---

1 *Proddy Woddy ring the bell, / Not for heaven but for hell.*

Los domingos por la mañana en Limerick los veo ir a la iglesia, a los protestantes, y los compadezco, especialmente a las niñas, que son tan bonitas, con esos dientes blancos tan hermosos. Compadezco a las bellas niñas protestantes porque están condenadas. Eso es lo que nos dice el sacerdote. Fuera de la Iglesia católica no hay salvación. Fuera de la Iglesia sólo hay condenación. Y yo quiero salvarlas. Niña protestante, ven conmigo a la Iglesia verdadera. Serás salvada y no tendrás la condenación. Después de la misa dominical voy con mi amigo Billy Campbell a verlas jugar croquet en el prado bonito junto a su iglesia en la calle Barrington. El croquet es un juego protestante. Le pegan a la bola con el mallo, taque tras taque, y se ríen. Me extraña que sean capaces de reírse, ¿o será que no saben que están condenadas? Me dan lástima y digo: Billy, ¿de qué sirve jugar croquet si estás condenado?

Él dice: Frankie, ¿de qué sirve no jugar croquet si estás condenado?

La abuela le dice a mamá: Tu hermano Pat, con esa pierna mala y todo, vende periódicos por todo Limerick desde que tenía ocho años y ese Frank tuyo ya es lo bastante grande y feo para trabajar.

Pero si apenas tiene nueve años y está en la escuela.

La escuela. Por culpa de la escuela es que está así tan respondón y haciendo mala cara y con ese modo de ser raro de su padre. Podría salir a ayudarle al pobre Pat los viernes por la noche que es cuando el *Limerick Leader* pesa una tonelada. Él puede correr por esos largos senderos de los jardines de la gente de calidad y ayudarle a Pat con sus pobres piernas y ganarse de paso unos peniques.

Pero si él tiene que ir a la cofradía los viernes por la noche.

Olvídate de la cofradía. En el catecismo no dice nada de las cofradías.

Me encuentro con el tío Pat en el *Limerick Leader* un viernes a las cinco de la tarde. El hombre que reparte los periódicos dice que tengo los brazos tan flacos que tendría suerte si pudiera cargar dos estampillas pero el tío Pat me mete ocho periódicos bajo cada brazo. Me dice: Te mato si los dejas caer porque afuera están lloviendo chuzos. Me dice que me pegue a las paredes por la calle O'Connell para mantener secos los periódicos. Tengo que correr por la entrada cuando hay una entrega, subir las escaleras exteriores, pasar al portal, subir las otras escaleras, gritar: La prensa, recibir lo que le deben por la semana, bajar las escaleras, entregarle el dinero y otra vez déle hasta la próxima parada. Los clientes le dan a él propinas por todas sus molestias y él se las guarda.

Hacemos nuestra ronda por la avenida O'Connell, salimos hasta Ballinacurra, entramos por la Circular Sur, bajamos por la calle Henry y volvemos a las oficinas por más periódicos. El tío Pat usa una gorra y algo parecido a un poncho de vaquero para que no se mojen los periódicos pero se queja de que los pies lo están matando y paramos en una taberna para una pinta para sus pobres pies. El tío Pa Keating está ahí todo negro tomándose una pinta y le dice al tío Pat: Ab, ¿vas a dejar a ese niño ahí con la boca colgándole por una limonada?

El tío Pat dice: ¿Qué? y el tío Pa Keating se impacienta: Por Cristo, anda cargándote esos putos periódicos por todo Limerick y tú no puedes... No importa. Timmy, dale una limonada a este niño. Frankie, ¿no tienes un impermeable en casa?

No, tío Pa.

No debes andar por las calles con este tiempo. Estás todo empapado. ¿Quién te mandó a este lodazal?

La abuela dijo que le tenía que ayudar al tío Pat por lo de su pierna mala.

Claro, tenía que ser ella, esa perra vieja, pero no les vas a contar que dije eso.

El tío Pat se baja de la silla con esfuerzo y organiza sus periódicos: Vámonos, ya está oscureciendo.

Cojea por las calles gritando: *Anna Lie Sweets Lie*, cosa que no suena ni poquito a *El Limerick Leader*, pero no importa porque todo el mundo sabe que es ese Ab Sheehan al que dejaron caer de cabeza. Ven, Ab, a ver un *Leader*, cómo anda tu pobre pierna, quédate con el cambio y cómprate un pito porque es la noche más jodida para andar vendiendo esos putos periódicos.

Gracias, dice Ab, mi tío. Gracias, gracias, gracias, y es difícil seguirle el paso por las calles con todo y pierna mala. Me dice: ¿Cuántos *Leaders* tienes bajo el sobaco?

Uno, tío Pat.

Entra con él donde míster Timoney. Ya me debe una quincena. Sácale la plata y hay propina. Él es bueno con las propinas pero no te la vas a meter al bolsillo como tu primo Gerry. Se las metía al bolsillo, el muy bandido.

Golpeo el aldabón y suena el tremendo ladrido de un perro tan grande que hace temblar la puerta. Una voz de hombre dice: Macushla, deja de joder con esa bulla o te doy una patada en el culo. Se calma el alboroto, la puerta se abre y ahí está el hombre, pelo blanco, gafas gruesas, suéter blanco, un bastón en la mano. Dice: ¿Quién es? ¿A quién tenemos aquí?

Es el periódico, míster Timoney.

No es Ab Sheehan, ¿verdad?

Soy su sobrino, señor.

¿Es Gerry Sheehan?

No, señor. Soy Frank McCourt.

¿Otro sobrino? ¿Él los hace? ¿Tiene una fábrica de sobrinitos en el patio? Toma el dinero de la quincena y dame el periódico o quédate con él. ¿De qué me sirve? Ya no puedo leer y la señora Minihan que es la que me lee no vino hoy. Renga por el jerez, así estará. ¿Cómo te llamas?

Frank, señor.

¿Sabes leer?

Sí, señor.

¿Quieres ganarte seis peniques?

Sí, señor.

Ven mañana. Te llamas Francis, ¿no?

Frank, señor.

Te llamas Francis. Nunca hubo un san Frank. Ese es un nombre de gángster o de político. Ven mañana a las once para que me leas.

Está bien, señor.

¿Estás seguro de que sabes leer?

Sí, señor.

Puedes llamarme míster Timoney.

Está bien, míster Timoney.

El tío Pat está rezongando junto a la entrada, sobándose la pierna: A ver mi dinero y no debes charlar con los clientes y yo aquí con la pierna destruida por la lluvia. Tiene que detenerse en la taberna de Punch Cross a tomarse una pinta para la pierna destruida. Después de la pinta dice que no es capaz de caminar una pulgada más y seguimos en bus. El cobrador dice: A pagar, por favor, a pagar, pero el tío Pat le dice: Vete, deja de molestar, ¿no ves cómo tengo la pierna?

Está bien, Ab, está bien.

El bus se detiene frente al monumento a O'Connell y el tío Pat camina hasta la venta de pescado y papas fritas donde hay unos olores tan deliciosos que la barriga se me retuerce de hambre. Compra un chelín de pescado y papas fritas y a mí se me chorrean las babas pero cuando llegamos a la puerta de la abuela él me da una moneda de tres peniques, me dice que nos volvemos a ver el próximo viernes y que me vaya ahora donde mi madre.

La perra Macushla está echada al pie de la puerta de míster Timoney y cuando abro el portillo del jardín para subir por el sendero se me lanza y me tumba de espaldas en el asfalto y me hubiera devorado la cara si míster Timoney no hubiera salido con su bastón a gritarle: Suéltalo ya, so puta, so perra gigantona come-gente. ¿No te desayunaste, mi putica? ¿Estás bien, Francis? Entra. Esa perra es una hindú de pura raza, sí señor, y allá fue donde encontré a su madre callejeando por todo Bangalore. Si alguna vez consigues un perro, Francis, asegúrate de que sea budista. Son perros mansos, los budistas. Nunca jamás te consigas uno mahometano. Te devoraría mientras duermes. Y nunca uno católico. Te comerían todos los días, incluido el viernes. Siéntate y léeme.

¿El *Limerick Leader*, míster Timoney?

No, no el maldito *Limerick Leader*. Yo no me limpiaría el culo con el *Limerick Leader*. En esa mesa hay un libro, *Los viajes de Gulliver*. Eso no es lo que quiero que me leas. Busca al final otra cosa, *Una modesta proposición*. Léemela. Comienza: Es triste reflexión de quien recorre... ¿Lo encontraste? Yo tengo todo el jodido texto en la cabeza pero así y todo quiero que me lo leas.

Me hace parar después de dos o tres páginas. Eres un buen lector. ¿Y qué piensas tú, Francis, de eso de que un niñito sano y bien alimentado sea al año el alimento más delicioso, nutritivo y saludable, bien sea guisado, asado, horneado o hervido, eh? A Macushla le encantaría despacharse un tierno infante irlandés bien regordete, ¿no es verdad, vieja puta?

Me da seis peniques y me dice que vuelva el próximo sábado.

Mamá está feliz de que me haya ganado seis peniques leyéndole a míster Timoney y pregunta que qué quería que le leyera, ¿el *Limerick Leader*? Le digo que tuve que leer *Una modesta proposición* de la parte de atrás de *Los viajes de Gulliver* y ella dice: Eso está bien, es un libro para niños. Sería de esperarse que él te pidiera alguna rareza porque quedó un poquito tocado de los sesos después de tantos años al sol con el ejército inglés en la India y dicen que se casó con una de esas mujeres de la India y que a ella la mató por accidente un soldado en no sé qué revuelta, y esa es la clase de cosas que te llevan a leer libros para niños. Ella conoce a la tal señora Minihan que vive en la casa del lado y que antes le hacía el aseo hasta que no resistió más las burlas de él contra la Iglesia católica y que dijera que el pecado de uno era el jolgorio de otro. A la señora Minihan no le importaba tomarse una que otra copita de jerez los sábados por la mañana, pero a él le dio por convertirla al budismo, cosa que él decía practicar, y a los irlandeses les iría mucho mejor si se sentaran bajo un árbol a ver flotar los diez mandamientos y los siete pecados capitales río Shannon abajo rumbo al mar.

El viernes siguiente Declan Collopy el de la cofradía me ve en la calle repartiendo los periódicos con mi tío Pat Sheehan. Hey, Frankie McCourt, ¿qué andas haciendo con Ab Sheehan?

Es mi tío.

Se supone que debes estar en la cofradía.

Estoy trabajando, Declan.

No se supone que debas estar trabajando. No tienes ni diez años y arruinaste la asistencia total en nuestra sección. Si no vas el próximo viernes te daré una buen manotazo en la boca, ¿me oyes?

El tío Pat dice: Lárgate, lárgate o te paso por encima.

Ah, cállate, don estúpido, caído de cabeza. Empuja al tío Pat por el hombro y lo aporrea contra la pared. Yo suelto los periódicos y me le abalanzo pero él da un paso al lado y me golpea en la nuca y yo choco de cabeza contra la pared y me da tanta furia que ya no puedo ver. Lo ataco a puñetazos y patadas y si pudiera arrancarle la cara con los dientes lo haría pero él tiene los brazos largos como un gorila y me mantiene a raya de modo que no puedo ni tocarlo. Dice: Loco, jodido idiota, voy a acabar contigo en la cofradía, y sale corriendo.

El tío Pat dice: No debes pelear así y dejaste caer todos mis periódicos y hay unos mojados y ahora cómo voy a vender periódicos mojados, y a mí me entran ganas de lanzármele a él también y golpearlo por ponerse a hablar de periódicos después de que lo defendí de Declan Collopy.

Al final de la jornada me da tres papas fritas de la bolsa y seis peniques en vez de tres. Se queja de que es demasiado dinero y que todo es culpa de mi madre por ir donde la abuela a quejarse del mal pago.

Mamá está feliz de que me gane seis peniques los viernes con el tío Pat y seis los sábados con míster Timoney. Un chelín semanal hace una enorme diferencia y me da dos peniques para que vaya a ver *Dead End Kids* en el Lyric después de la lectura.

Al otro día míster Timoney dice: Espérate a que lleguemos a Gulliver, Francis. Te vas a dar cuenta de que Jonathan Swift es el mejor escritor irlandés que ha existido, no, el más grande hombre que jamás haya aplicado la pluma al pergamino. Un gigante, Francis. Se ríe durante toda la lectura de *Una modesta proposición* y uno se pregunta de qué se ríe cuando se trata todo de cocinar niñitos irlandeses. Él dice: Ya te reirás cuando seas mayor, Francis.

No debes responder a los mayores pero míster Timoney es distinto y no le importa cuando digo: Míster Timoney, los grandes siempre dicen eso. Ah, ya te reirás cuando seas mayor. Ya entenderás cuando seas mayor. Todo vendrá cuando seas mayor.

Él suelta tal carcajada que creo que se va a desmayar. Ay, Madre de Dios, Francis. Eres un tesoro. ¿Qué te pasa? ¿Te metieron una abeja por entre el culo? ¿Has venido de culos? Dime qué te pasa.

Nada, míster Timoney.

Creo que estás haciendo trompas, Francis, y me gustaría poder verte. Mírate en el espejo, Blanca Nieves, y dime si estás haciendo trompas. Olvídalo. Sólo dime qué te pasa.

Declan Collopy me provocó anoche y tuvimos una pelea.

Hace que le cuente de la cofradía y de Declan y de mi tío Pat Sheehan, al que dejaron caer de cabeza, y después me dice que él conoce a mi tío Pa Keating, al que le echaron gas en la guerra y que ahora trabaja en la fábrica de gas. Dice: Pa Keating es una joya de hombre. Y te voy a decir qué voy a hacer, Francis. Voy a hablar con Pa Keating y voy a ir con él donde esos puñeteros de la cofradía. Yo en particular soy un budista y no la voy con eso de pelear pero no se me ha olvidado. Ellos no se van a meter con mi pequeño lector, por Cristo que no.

Míster Timoney es un viejo pero habla como un amigo y le puedo decir lo que siento. Papá jamás me hablaría como míster Timoney. Diría: Ajá, y saldría a dar una caminata.

El tío Pat Sheehan le dice a la abuela que ya no quiere trabajar conmigo, que se puede conseguir otro ayudante más barato y que piensa que yo le debería dar parte de mis seis peniques de los sábados porque sin él yo no me hubiera conseguido ese trabajo de lector.

Una mujer de la casa vecina de míster Timoney me dice que pierdo el tiempo llamando a la puerta, que Macushla mordió en un solo día al cartero, al lechero y a una monja que pasaba por ahí y que míster Timoney no podía parar de reírse aunque, eso sí, lloró cuando vinieron a llevarse la perra para ponerla a dormir. Puedes morder carteros y lecheros todo lo que quieras pero el caso de la monja transeúnte va hasta el obispo y él toma medidas especialmente si el dueño de la perra es un budista reconocido y un peligro para todos los buenos católicos que lo rodean. A míster Timoney le contaron eso y se puso a reírse y a llorar tanto que el doctor vino y dijo que estaba perdiendo el juicio así que lo despacharon para el asilo municipal donde guardan a los viejos locos o desvalidos.

Hasta ahí llegaron mis seis peniques de los sábados pero yo le voy a leer a míster Timoney haya dinero o no. Espero en la calle hasta que la vecina se entra, me meto por la ventana de la casa de míster Timoney, saco *Los viajes de Gulliver* y camino millas enteras hasta el asilo municipal para que él no se quede sin su lectura. El portero dice: ¿Qué? ¿Quieres entrar a leerle a un viejo? ¿Me estás tomando el pelo? Largo de aquí antes de que llame a los guardias.

¿Puedo dejar el libro para que otra persona le lea a míster Timoney?

Déjalo. Déjalo por el amor de Cristo y no fastidies más. Yo se lo hago llegar.

Y se ríe.

Mamá dice: ¿Qué te pasa? ¿Por qué estás tan alicaído? Y le cuento que el tío Pat ya no me necesita y que metieron a míster Timoney al asilo municipal apenas por reírse de que Macushla hubiera mordido al cartero, al lechero y a una monja que pasaba por ahí. Ella se ríe también y yo estoy seguro de que el mundo se ha vuelto loco. Entonces ella dice: Lo siento, es una lástima que hayas perdido dos trabajos. Más te valdría volver a la cofradía para tener alejada a La Cuadrilla y, peor, al director, el padre Gorey.

Declan me dice que me siente al frente y que si hago alguna fechoría me parte el puto cuello porque no me va a quitar el ojo de encima mientras él sea prefecto y un cagón como yo no va a impedirle que viva del linóleo.

Mamá dice que le cuesta trabajo subir las escaleras y que va a pasar la cama para la cocina. Bromea: Volveré a Sorrento cuando las paredes estén húmedas y el agua se cuele por debajo de la puerta. Las clases han terminado y ella puede quedarse acostada en la cocina todo lo que quiera porque no tiene que levantarse por nosotros. Papá enciende el fuego, hace el té, corta el pan y se encarga de que nos lavemos la cara y nos dice que salgamos a jugar. Nos deja quedarnos en la cama si queremos pero uno nunca quiere quedarse en la cama cuando no hay clases. Estamos listos para salir volando a jugar al callejón desde el momento en que nos despertamos.

Y entonces un día de julio nos dice que no podemos bajar. Tenemos que quedarnos jugando en el piso de arriba.

¿Por qué, papá?

No importa. Juega acá con Malachy y Michael y podrás bajar más tarde cuando yo te diga.

Se hace en la puerta para asegurarse de que no nos dé por bajar las escaleras. Nosotros elevamos la manta con los pies y jugamos a estar en una tienda, Robin Hood y sus alegres camaradas. Cazamos pulgas y las espichamos con la uña del dedo gordo.

Hasta que se oye el llanto de un bebé y Malachy dice: Papá, ¿a mamá le dieron otro niño?

Así es, hijo.

Como soy mayor le digo a Malachy que la cama en la cocina es para que el ángel pueda bajar volando a dejar al bebé en el séptimo peldaño pero Malachy no entiende porque apenas va a cumplir nueve años y yo cumplo diez el mes entrante.

Mamá está en la cama con su nuevo bebé. Él tiene una cara gordota y está todo rojo. Hay una mujer en la cocina con un uniforme de enfermera y nosotros sabemos que está ahí para lavar bebés nuevos porque vienen siempre sucios del largo viaje con el ángel.

Queremos hacerle cosquillas al bebé pero ella dice: No, no, pueden mirarlo pero no le pongan un dedo.

No le pongan un dedo, así hablan las enfermeras.

Nos hacemos en la mesa con el té y el pan y nos ponemos a mirar al nuevo hermanito pero él ni siquiera abre los ojos para devolvernos la mirada así que salimos a jugar.

A los pocos días mamá anda levantada y acunando al bebé junto a la chimenea. Él ya tiene los ojos abiertos y cuando le hacemos cosquillas hace como unas gargaritas, sacude la barriga y nos hace reír. Papá le hace cosquillas y le canta una canción escocesa:

> *Ay, ay, deja ya las cosquillas, Jock,*
> *deja ya las cosquillas, Jock.*
> *Deja ya las cosquillas,*
> *isqui quillas illas,*
> *deja ya las cosquillas, Jock.*[2]

Papá tiene un empleo así que Bridey Hannon puede visitar a mamá y al bebé a cualquier hora y por primera vez mamá no nos dice que salgamos a jugar para poder hablar de secretos. Se hacen junto a la chimenea a conversar de nombres. Mamá dice que le gustan los nombres Kevin y Sean pero Bridey dice: Ah, no, ya hay demasiados de esos en Limerick. Por Cristo, Ángela, si asomas la cabeza por la puerta y gritas: Kevin o Sean, ven por el té, tendrías a medio Limerick corriendo hacia tu casa.

Bridey dice que si tuviera el hijo que Dios mediante va a tener algún día lo llamaría Ronald porque está loca por ese Ronald Colman que presentan en el cine Coliseum. O Errol, ese es otro nombre muy bonito, Errol Flynn.

Mamá dice: Olvídate, Bridey. Yo no sería capaz de asomar la ca-

---

2 *Oh, oh, stop your ticklin', Jock, /Stop your ticklin', Jock. /Stop your ticklin', / Ickle ickle icklin / Stop your ticklin', Jock.*

beza por la puerta y gritar: Errol, Errol, ven a tomar el té. El pobre niño sería el hazmerreír de todos.

Entonces Ronald, dice Bridey. Ronald. Es divino.

No, dice mamá. Tiene que ser irlandés. ¿No luchamos por eso todos estos años? ¿De qué sirve luchar por siglos contra los ingleses si vamos a poner Ronald a nuestros hijos?

Jesús, Ángela, ya estás hablando como él con sus irlandeses por aquí y sus irlandeses por allá.

Así y todo, Bridey, él tiene razón.

De pronto Bridey se atraganta: Por Cristo, Ángela, a ese niño le está pasando algo.

Mamá salta de la silla, aprieta al niño, gime: Ay, Jesús, Bridey, se está ahogando.

Bridey dice: Voy por mi madre, y en un segundo está de vuelta con la señora Hannon. Aceite de ricino, dice la señora Hannon. ¿Tienen de eso? Cualquier clase de aceite. ¿Aceite de hígado de bacalao? Vale.

Echa el aceite en la boca del nene, lo pone boca abajo, le presiona la espalda, lo pone boca arriba, le mete una cuchara por la garganta y le saca una bola blanca. Ya está, dice. La leche. Se acumula y se pone dura en esas garganticas de ellos y hay que aflojarla con cualquier clase de aceite.

Mamá está llorando: Jesús, casi lo pierdo. Ay, yo me moriría, sí, me moriría.

Aprieta al bebé y llora y le da las gracias a la señora Hannon.

Yerra, no hay de qué, señora. Coja al niño y a la cama con él que los dos se llevaron un tremendo susto.

Mientras Bridey y la señora Hannon la ayudan a acostarse yo veo manchas de sangre en su silla. ¿Se estará desangrando mi madre? ¿Estará bien decir: Miren, hay sangre en la silla? No, no está bien decir nada porque ellas siempre tienen un secreto. Sé que si dices algo los mayores te van a decir: No te metas, eres un fisgón, no es asunto tuyo, sal a jugar.

Me tengo que guardar el entripado o puedo hablar con el ángel.

La señora Hannon y Bridey se van y yo me siento en el séptimo peldaño. Trato de contarle al ángel que mamá se está desangrando. Quiero que él me responda: Temer no debes, pero el peldaño está frío y no hay ninguna luz, ninguna voz. Estoy convencido de que se ha ido para siempre y me pregunto si eso ocurre cuando pasas de los nueve a los diez años.

Mamá no se desangra. Al otro día se levanta a arreglar al bebé para el bautizo y le dice a Bridey que ella jamás se hubiera perdonado si el bebé se hubiera muerto e ido al limbo, un lugar para los niños no bautizados que puede ser agradable y calientico pero donde él estaría sumido en las tinieblas para siempre y sin esperanza de escapar ni siquiera en el día del juicio final.

La abuela ha venido a ayudar y dice: Es verdad, no hay esperanza celestial para el niño que muere sin bautizar.

Bridey dice que el Dios que hiciera algo así sería demasiado duro.

Tiene que ser duro, dice la abuela, o de lo contrario habría toda clase de bebés clamando por entrar al cielo, protestantes y todo, ¿y por qué iban a entrar después de lo que nos hicieron durante ochocientos años?

No fueron los bebés, dice Bridey. Son muy chiquitos.

Lo harían si pudieran, dice la abuela. Están adiestrados para eso.

Visten al bebé con la bata de encaje de Limerick con que nos bautizaron a todos. Mamá dice que todos podemos ir a la iglesia de San José y estamos emocionados porque después va a haber limonada y bizcochuelos.

Malachy dice: Mamá, ¿cómo se va a llamar el niño?

Alphonsus Joseph.

A mí se me va la lengua: Qué nombre tan estúpido. Ni siquiera es irlandés.

La abuela me fulmina con sus viejos ojos rojos. Dice: Este tipito necesita una buena palmada en la boca. Mamá me da una bofetada que me hace volar por la cocina. El corazón me palpita y quiero llorar pero no puedo porque mi padre no está ahí y yo soy el hombre de la casa. Mamá dice: Tú te vas para arriba con tu bocota y no te mueves de tu cuarto.

Me detengo en el séptimo peldaño pero sigue frío y sin luz y sin voz.

La casa está en silencio ahora que todos se han ido a la iglesia. Me siento a esperar arriba, tumbándome las pulgas de los brazos y las piernas, deseando que papá estuviera allí, pensando en mi hermanito y su nombre extranjero: Alphonsus, una calamidad de nombre.

Al rato se oyen voces abajo y hablan de té, jerez, limonada y bizcochuelos y no es el bebé más lindo del mundo, el pequeño Alphie, un nombre extranjero pero así y todo y déle y déle y déle y no hizo ni un ruidito en todo el tiempo y tiene tan buen genio y que Dios lo bendiga porque seguro va a vivir para siempre con toda esa dulzura que tiene la criatura divina que es la imagen calcada de su madre y su padre y su abuelita y sus hermanitos muertos y enterrados.

Mamá me llama del pie de la escalera: Frank, baja por tu limonada y un bizcochuelo.

No los quiero. Quédate con ellos.

Dije que bajes al instante porque si me haces subir estas escaleras te voy a calentar el trasero y vas a deplorar el día en que naciste.

¿Deplorar? ¿Qué es deplorar?

Qué te importa qué es deplorar. Ven acá en este instante.

Su voz es tajante y deplorar suena peligroso. Bajo.

En la cocina la abuela dice: Mírenle la trompa. Uno se imaginaría que estaría feliz con su nuevo hermanito pero un niño de nueve que va a cumplir diez años siempre es una patada en el culo y no voy a saberlo yo que tuve dos de esos.

La limonada y el bizcochuelo son una delicia y Alphie el hermanito nuevo gorjea disfrutando su bautizo demasiado inocente todavía para saber que su nombre es una calamidad.

El abuelo del norte manda un giro postal por cinco libras para el bebé Alphie. Mamá quiere cobrarlo pero no puede alejarse de la cama. Papá dice que él puede cobrarlo en la oficina de correos. Nos dice a Malachy y a mí que lo acompañemos. Lo cobra y nos dice: Está bien, niños, vayan a casa y díganle a su madre que vuelvo en cinco minutos.

Malachy dice: Papá, no puedes ir a la taberna. Mamá dijo que volvieras con el dinero. No puedes ir a tomar cerveza.

Vamos, vamos, hijo. Anda a casa con tu madre.

Papá, danos el dinero. Ese dinero es para el bebé.

Vamos, Francis, no seas un niño malo. Haz lo que dice tu padre.

Se aleja y entra a la taberna de South.

Mamá está junto a la chimenea con Alphie en los brazos. Menea la cabeza: Fue a la taberna, ¿verdad?

Verdad.

Quiero que vayan a esa taberna y lo saquen de ahí. Quiero que se planten en la mitad de la taberna y le cuenten a todos que su padre se está bebiendo el dinero del bebé. Deben contarle al mundo que en esta casa no hay una miga de comida, ni un trozo de carbón para prender, ni una gota de leche para el tetero del bebé.

Vamos por las calles y Malachy practica su discurso a todo pulmón: Papi, papi, las cinco libras son para el nuevo bebé. No son para beber. El bebé está arriba en la cama chillando y berreando por la leche y tú estás tomando trago.

Ya no está en la taberna de South. Malachy todavía quiere echarse el discurso pero yo le digo que hay que afanarnos a buscarlo en otras partes antes de que se beba las cinco libras. Tampoco lo encontramos en las otras partes. Él sabe que mamá vendría en persona o nos mandaría a nosotros a buscarlo y hay tantas tabernas en estos lados de Limerick y zonas aledañas que podríamos buscarlo un mes entero. Nos vemos obligados a decirle a mamá que no hay pistas de él y ella nos dice que somos unos perfectos inútiles. Ay, Jesús, ojalá yo tuviera mis fuerzas para buscarlo en todas las tabernas de Limerick. Le arrancaría la boca, eso es lo que haría. Anden, bajen otra vez a buscarlo en todas las tabernas junto a la estación del tren y miren en la venta de pescado y papas fritas de Naughton.

Yo tengo que ir solo porque Malachy tiene soltura y no se puede alejar mucho del balde. Busco en todas las tabernas de la calle Parnell y sus alrededores. Busco en los reservados donde beben las mujeres y en todos los retretes para hombres. Tengo hambre pero me da miedo devolverme sin haber encontrado a mi padre. No está en la venta de pescado y papas fritas de Naughton pero hay un borracho dormido en una mesa del rincón y su pescado y papas fritas están en el suelo en un envoltorio del *Limerick Leader* y si yo no lo cojo el gato lo hará así que me lo meto debajo del suéter y salgo a la calle a sentarme en la escalinata de la estación a comerme el pescado con papas fritas a ver pasar a los soldados borrachos con sus chicas que sueltan risitas a darle gracias al borracho en mi mente por haber empapado en vinagre el pescado y las papas fritas y haberlos embadurnado de sal y entonces me doy cuenta de que si muero esta noche moriré en estado de pecado por robar y me podría ir derecho al infierno relleno de pescado y papas fritas pero es sábado y si los padres todavía están en los confesionarios puedo descargar mi alma después de la comilona.

La iglesia de los dominicos está a dos pasos subiendo por la calle Glentworth.

La bendición, padre, porque he pecado. Hace quince días que me confesé. Le digo los pecados de costumbre y luego: Le robé un pescado con papas fritas a un borracho.

¿Por qué, hijo mío?

Porque tenía hambre, padre.

¿Y por qué tenías hambre?

Tenía la barriga vacía, padre.

No dice nada y aunque allí está oscuro sé que está sacudiendo la cabeza. Hijo querido, ¿por qué no puedes ir a tu casa a pedirle algo a tu madre?

Porque ella me mandó a buscar a mi padre por todas las tabernas, padre, y no lo pude encontrar y ella no tiene una miga de comida en la casa porque él se está bebiendo las cinco libras que el abuelo mandó del norte para el nuevo hermanito y está furiosa junto a la chimenea porque no puedo encontrar a mi padre.

Me pregunto si el padre se habrá dormido porque se queda muy quieto hasta que dice: Hijo mío, yo me siento aquí. Escucho los pecados de los pobres. Pongo la penitencia. Doy la absolución. Pero debería estar de rodillas lavándoles los pies. ¿Me entiendes, hijo mío?

Le digo que sí pero no le entiendo.

Vete a tu casa, hijo. Reza por mí.

¿No hay penitencia, padre?

No, hijo mío.

Pero si me robé el pescado y las papas fritas. Estoy condenado.

Estás perdonado. Anda y reza por mí.

Me bendice en latín, habla en inglés él solo y yo me pregunto qué le hice.

Ojalá pudiera dar con mi padre para poder decirle a mamá: Aquí está y le quedan tres libras en el bolsillo. Como ya no tengo hambre puedo subir por una acera de la calle O'Connell y bajar por la otra y buscar en las tabernas de las calles laterales y allá está en la de Gleeson, cómo no lo iba a encontrar si anda cantando:

Sólo a mí me concierne si la mejor sorpresa
en los ojos de alguien para mí reluciera.
Y es asunto privado cuál es mi sentimiento
cuando las vegas de Antrim me dan recibimiento.[3]

El corazón me salta en el pecho y no sé qué hacer porque sé que estoy furioso por dentro como mi madre junto a la chimenea y lo único que se me ocurre sería entrar a la carrera y darle un buen puntapié en la espinilla y volver a salir a la carrera pero no lo hago

3 'Tis alone my concern if the grandest surprise / Would be shining at me out of somebody's eyes. / 'Tis my private affair what my feelings would be / While the Green Glens of Antrim were welcoming me.

porque a veces pasamos las mañanas junto al fuego y él me habla de Cuchulain y de De Valera y de Roosevelt y si está ahí borracho y comprando pintas con el dinero del bebé es porque tiene esa mirada que tenía Eugene cuando buscaba a Oliver y da igual si vuelvo a casa y le digo a mamá la mentira de que no lo vi, no lo pude encontrar.

Ella está en la cama con el bebé. Malachy y Michael están dormidos arriba en Italia. Sé que no le tengo que decir nada a mamá, que dentro de poco cuando cierren las tabernas él va a volver y nos va a ofrecer un penique para que muramos por Irlanda y ahora va a ser distinto porque ya es bastante malo beberse el subsidio o el pago pero un hombre que se bebe el dinero de su nuevo bebé ha pasado la raya de las rayas como diría mi madre.

VIII ◈

TENGO DIEZ AÑOS y ya estoy preparado para mi confirmación en la iglesia de San José. El maestro, míster O'Dea, nos alecciona en la escuela. Tenemos que sabernos todo lo de la gracia santificante, una perla de gran valor que Jesús adquirió para nosotros con su muerte. Míster O'Dea pone los ojos en blanco cuando nos dice que con la confirmación entramos a hacer parte de la Divinidad. Recibiremos los dones del Espíritu Santo: sabiduría, entendimiento, ciencia, consejo, fortaleza, piedad y temor de Dios. Sacerdotes y maestros nos dicen que la confirmación quiere decir que ya eres un verdadero soldado de la Iglesia y eso te da derecho a morir como un mártir en caso de una invasión de protestantes o mahometanos u otra clase de paganos. Más morir. Me gustaría decirles que no podré morir por la fe porque ya estoy programado para morir por Irlanda.

Mikey Molloy dice: ¿Estás bromeando? Eso de morir por la fe es una patraña. Es un dicho que ellos se inventaron para asustarte. Lo de Irlanda también. Nadie muere ya por nada. Eso de morirse ya se acabó. Yo no moriría ni por Irlanda ni por la fe. Tal vez moriría por mi madre pero no más.

Mikey lo sabe todo. Va a cumplir catorce años. Le dan ataques. Tiene visiones.

Los mayores nos dicen que morir por la fe es algo glorioso, sólo que aún no estamos preparados para eso porque el día de la confirmación es como el de la primera comunión, haces la ronda por los callejones y pasajes y te dan galletas y dulces y dinero: la colecta.

Ahí es donde aparece Peter Dooley. Le decimos Quasimodo porque tiene una chepa en la espalda como la del jorobado de Nuestra Señora de París, cuyo verdadero nombre sabemos que es Charles Laughton.

Quasimodo tiene nueve hermanas y dicen que su madre no quería tenerlo pero que eso fue lo que le trajo el ángel y es pecado ponerle peros a lo que nos envían. Quasimodo es viejo, tiene quince años. El pelo rojo se le eriza en todas direcciones. Tiene los ojos verdes y uno se le desvía tanto a todos lados que él se mantiene dándose golpecitos en la sien para ponérselo donde debe estar. Tiene la pierna derecha más corta y toda torcida y al caminar hace como un bailecito descuajaringado y nunca se sabe cuándo se va a caer. Cuando eso sucede te llevas la sorpresa. Maldice su pierna, maldice al mundo, pero maldice en un precioso acento inglés sacado de la radio, de la BBC. Antes de salir de la casa asoma siempre la cabeza por la puerta y le avisa a la cuadra: Aquí va mi cabeza, ya sigue el culo. Cuando tenía doce años Quasimodo decidió que viéndose como se veía y viéndolo el mundo como lo veía lo mejor sería prepararse para un trabajo donde lo oyeran pero no lo vieran, ¿y qué mejor que detrás de un micrófono de la BBC de Londres leyendo las noticias?

Pero no se llega a Londres sin dinero y por eso es que se nos arrima cojeando ese viernes, en vísperas de la confirmación. Tiene una idea para Billy y para mí. Sabe que al día siguiente nos van a dar dinero por la confirmación y si prometemos darle un chelín por cabeza nos dejará treparnos esa misma noche por el canalón de aguas lluvias de la parte trasera de su casa para atisbar por la ventana y ver los cuerpos desnudos de sus hermanas cuando se estén dando el baño semanal. Yo me apunto de una vez. Billy dice: Yo tengo mi propia hermana. ¿Para qué pagar por ver a las tuyas?

Quasimodo dice que mirar el cuerpo desnudo de tu propia hermana es el peor pecado de todos y él no está seguro de que haya un sacerdote en todo el mundo que pueda perdonarlo, que a lo mejor hay que ir donde el obispo quien, como todos saben, es un santo pavor.

Billy se apunta.

Por la noche escalamos el muro del patio de atrás de Quasimodo. Hace una hermosa noche con la luna de junio flotando muy alto sobre Limerick y se siente una tibia brisa que viene del río Shannon.

Quasimodo ya va a dejar trepar a Billy por el canalón cuando quién se encarama por el muro sino Mikey Ataques Molloy en persona. Le cuchichea a Quasimodo: Aquí está mi chelín, Quasimodo. Déjame subir. Mikey ya tiene catorce años, es más grande que todos nosotros y se ha puesto muy fuerte con su trabajo de repartir carbón. Está todo tiznado como el tío Pa Keating y únicamente se le ven el blanco de los ojos y unos espumarajos blancos en el labio inferior, lo que quiere decir que en cualquier momento le va a dar el ataque.

Quasimodo dice: Espera, Mikey. Ellos van primero. ¿Espera? El culo, dice Mikey, y se trepa por la cañería. Billy protesta pero Quasimodo menea la cabeza: No se puede hacer nada. Viene cada semana con el chelín. Lo tengo que dejar subir o dice que me va a pegar y a decírselo a mi madre para que me encierre todo el día en el cuchitril del carbón con las ratas. Ataques está arriba agarrado del canalón con una mano. Tiene la otra mano en el bolsillo y la mueve y la mueve y cuando el canalón también empieza a moverse y a chirriar Quasimodo le dice pasito: Molloy, nada de pajas en el tubo. Quasimodo renquea por todo el patio con una risa entrecortada. Ha perdido el acento de la bbc y ahora es puro Limerick: Jesús, Molly, bájate de ese tubo o se lo digo a mi madre. La mano de Mikey se acelera en el bolsillo, tanto que el canalón se desprende con una sacudida y se viene abajo y Mikey rueda por el suelo chillando: Me maté, me volví trizas. Ay, Dios. Se le ven los espumarajos en la boca y la sangre que le sale de la lengua mordida.

La madre de Quasimodo sale gritando por la puerta: ¡Qué pasa, en el nombre de Cristo!, y la luz de la cocina baña el patio. Las hermanas estiran el cuello por la ventana de arriba. Billy intenta escapar pero ella le echa mano cuando intenta subir el muro. Le dice que vaya corriendo donde O'Connor el boticario a la vuelta de la esquina para que llamen una ambulancia o un doctor o algo para Mikey. Nos manda a gritos para la cocina. A puntapiés arrea a Quasimodo hasta el vestíbulo. Él está en cuatro patas y ella lo arrastra hasta el cuchitril del carbón bajo las escaleras y lo encierra con seguro. Ahí te quedas hasta que vuelvas a tus cabales.

Él berrea y la llama con un puro acento de Limerick: Ay, ma, ma, sácame de aquí. Aquí hay ratas. Lo único que quiero es ir a la BBC, mamá. Ay, Jesús, mamá, Jesús. Ya no voy a dejar que nadie se trepe por el tubo, lo prometo. Voy a mandarte dinero de Londres, mamá. ¡Mamá!

Mikey sigue tendido boca arriba, pegando sacudiéndose y retorciéndose por todo el patio. La ambulancia se lo lleva para el hospital con un hombro partido y la lengua hecha jirones.

Nuestras madres vienen en un dos por tres. La señora Dooley les dice: Qué ignominia, sí señor, qué ignominia. Mis hijas no se pueden asear un viernes por la noche sin que el mundo entero se asome por la ventana y esos pelones de vustedes ahí están en pecado y deben llevarlos a que se confiesen antes de la confirmación mañana.

Mamá dice: Yo no puedo hablar por nadie más pero ahorré un año entero para comprarle el traje de confirmación a Frank y no voy a ir donde el padre a que me diga que mi hijo no se puede confirmar para que haya que esperar otro año hasta que no le sirva el traje y todo porque se trepó por un canalón a echarle una inocente miradita al culo flacuchento de Mona Dooley.

Me arrastra de la oreja hasta la casa y me hace arrodillar frente al Papa. Júrale, dice, júrale a ese Papa que no viste a Mona Dooley en cueros.

Lo juro.

Únicamente el obispo en persona puede perdonar semejante sacrilegio.

Lo juro.

Está bien. Ahora acuéstate y de hoy en adelante no te vuelvas a meter con ese desgraciado de Quasimodo Dooley.

Al otro día nos confirman. El obispo me hace una pregunta del catecismo: ¿Cuál es el cuarto mandamiento?, y yo le respondo: Honrar a padre y madre. Me da una palmadita en la mejilla y eso me convierte en un soldado de la Iglesia verdadera. Me arrodillo en el banco y pienso en Quasimodo encerrado en el cuchitril del carbón bajo las escaleras y me pregunto si le debo dar de todos modos el chelín para su carrera en la BBC.

Pero me olvido de todo lo de Quasimodo porque mi nariz empieza a sangrar y me siento mareado. Los niños y las niñas confirmados están en el atrio de San José con sus padres y hay abrazos y besos bajo el sol brillante y a mí no se me da nada. Mi padre está trabajando y no se me da nada. Mi madre me besa y no se me da nada. Los chicos hablan de la colecta y no se me da nada. Mi nariz no deja de sangrar y mamá se preocupa porque se me va a arruinar el traje. Entra corriendo a ver si el sacristán, Stephen Carey, puede prestarle un trapo y él le da una especie de lona que me raspa la nariz. Ella dice: ¿Quieres ir de colecta? Y yo le digo que me da lo mismo. Malachy dice: Anda, anda, Frankie, y está triste porque le prometí llevarlo al cine Lyric a ver una película y empalagarnos de dulces. Lo que quiero es recostarme. Podría hacerlo ahí en la escalinata de San José y dormir para siempre. Mamá dice: La abuela está preparando un buen desayuno, y la alusión a la comida me da tantas náuseas que tengo que correr al borde de la acera a vomitar y todo el mundo me está mirando y no se me da nada. Mamá dice que más vale llevarme a casa y meterme a la cama y mis amigos me miran sorprendidos de que alguien pueda irse a la cama cuando hay una colecta por delante.

Mamá me ayuda a quitarme el traje de la confirmación y me mete en la cama. Moja un trapo y me lo pone bajo el cuello y al rato dejo de sangrar. Me trae té pero de verlo me dan náuseas y tengo que vomitar en el balde. La señora Hannon viene de la casa vecina y alcanzo a oír que dice que ese niño está muy enfermo y que el doctor debería verlo. Mamá dice que hoy es sábado y el dispensario está cerrado y que de dónde va a sacarse un doctor.

Papá vuelve de su trabajo en los Molinos Rank y le explica a mamá que estoy pasando por la etapa de los dolores del crecimiento. La abuela sube y dice lo mismo. Dice que cuando los niños pasan del año de un solo número, que es el nueve, al de dos, que es el diez, empiezan a cambiar y se vuelven propensos a que les sangre la nariz. Dice que a lo mejor tengo un exceso de sangre adentro y que una buena purga no me va a hacer un pelo de daño.

El día va pasando y yo me duermo y me despierto. Malachy y Michael se meten en mi cama por la noche y oígo decir a Malachy: Frankie está muy caliente. Michael dice: Me está echando sangre en la pierna. Mamá me pone el trapo mojado en la nariz y una llave en el cuello pero no dejo de sangrar. El domingo por la mañana tengo sangre en el pecho y por todos lados. Mamá le dice a papá que estoy sangrando por el trasero y él dice que a lo mejor tengo soltura, cosa común en los dolores del crecimiento.

El doctor Troy es el doctor de la familia pero está de vacaciones y el hombre que viene a verme el lunes huele a whisky. Me examina y le dice a mamá que tengo un mal resfriado y que me deje en cama. Los días pasan y yo duermo y sangro. Mamá me hace té y caldo de carne y yo no los quiero. Hasta me trae helado y de sólo verlo me dan náuseas. La señora Hannon vuelve a verme y dice que ese doctor no sabe lo que dice, averigüen si ya volvió el doctor Troy.

Mamá entra con el doctor Troy. Él me palpa la frente, me alza los párpados, me da vuelta para verme la espalda, me levanta y corre conmigo hasta su automóvil. Mamá corre tras él y él le dice que tengo fiebre tifoidea. Mamá grita: Ay, Dios, ay, Dios, ¿voy a perder a toda la familia? ¿Esto no va a parar? Se sube al auto, me sienta en sus rodillas y gime todo el camino hasta el hospital de contagios del asilo municipal.

La cama tiene sábanas blancas y frescas. Las enfermeras tienen uniformes blancos y limpios y la monja, la hermana Rita, está toda de blanco. El doctor Humphrey y el doctor Campbell tienen batas blancas y aparatos que les cuelgan del cuello y que me aplican contra el pecho y por todas partes. Duermo y duermo pero estoy despierto cuando traen unos frascos de un líquido rojo vivo que cuelgan de unas varas altas encima de mi cama y me ponen tubitos en los tobillos y en la mano derecha. La hermana Rita dice: Te vamos a poner sangre, Francis. Sangre de los soldados del cuartel de Sarsfield.

Mamá está sentada al pie de la cama y la enfermera le está diciendo: ¿Sabe, señora? Esto es muy infrecuente. No dejan entrar a nadie a este hospital por miedo a que se contagie de algo pero con usted hicieron una excepción por que la crisis se le venía al niño. Si la supera seguramente se va a recuperar.

Me quedo dormido. Mamá se ha ido cuando me despierto pero hay un ajetreo en el cuarto y es el sacerdote, el padre Gorey de la cofradía, que está diciendo misa en la mesa del rincón. Me vuelvo a adormecer y ahora me despiertan y me corren las sábanas. El padre Gorey me está untando aceite y dice cosas en latín. Sé que es la extremaunción y eso quiere decir que me voy a morir pero no se me da nada. Me vuelven a despertar para recibir la comunión. No la quiero, me da miedo que me produzca náuseas. Dejo la hostia en la lengua y me quedo dormido y cuando me despierto ya no está.

Es de noche y el doctor Campbell está sentado al pie de la cama. Me sujeta la muñeca y mira su reloj. Tiene el pelo rojo y usa gafas y siempre sonríe cuando me habla. Ahora se pone a tararear mirando por la ventana. Los ojos se le cierran y ronca un poquito. Se ladea en la silla y se tira un pedo y se sonríe para sí y ahora sé que me voy a salvar porque un doctor jamás se tiraría un pedo en presencia de un niño moribundo.

El hábito de la hermana Rita resplandece con el sol que entra por la ventana. Me sujeta la muñeca y mira su reloj, sonriendo. Ah, dice, ya despertamos, ¿eh? Bueno, Francis, creo que ya pasamos lo peor. Nuestras oraciones han sido atendidas y todas las oraciones de los cientos de niños de la cofradía. ¿Te imaginas? Centenares de niños rezando el rosario y ofreciendo la comunión por ti.

Los tobillos y el dorso de la mano me palpitan con los tubos que me inyectan la sangre y no se me da nada que haya niños rezando por mí. Alcanzo a oír el roce del hábito de la hermana Rita y el chiquichaque de las cuentas del rosario cuando sale del cuarto. Me

quedo dormido y cuando despierto está de noche y papá esta sentado al pie de la cama con su mano en la mía.

Hijo, ¿estás despierto?

Trato de hablar pero estoy reseco, no puedo decir nada y me se-
ñalo la boca. Él me lleva un vaso de agua a los labios y es dulce y
fresca. Me aprieta la mano y dice que soy un gran soldado y cómo
no iba a serlo, ¿no me pusieron, pues, sangre de soldado?

Ya no tengo los tubitos y los frascos de vidrio tampoco están ahí.

La hermana Rita entra y le dice a papá que se tiene que ir. Yo no
quiero porque él se ve triste. Se me parece a Paddy Clohessy el día
que le di la pasa. Cuando se ve triste es lo peor que me puede pasar
en la vida y me pongo a llorar. ¿Y ahora qué te ocurre?, dice la hermana Rita. ¿Llorando con toda esa sangre de soldado en las venas?
Mañana habrá una gran sorpresa para ti, Francis. Jamás lo adivina-
rías. Bueno, te lo voy a decir: vamos a traerte una rica galleta con el
té de la mañana. ¿No es todo un convite? Y tu padre volverá en un
día o dos, ¿verdad, míster McCourt?

Papá dice que sí con la cabeza y vuelve a poner la mano encima
de la mía. Me mira, retrocede uno o dos pasos, se detiene, regresa y
me besa en la frente por primera vez en la vida, y estoy tan feliz que
me siento flotar por fuera de la cama.

Las otras dos camas del cuarto están vacías. La enfermera dice
que soy el único paciente con tifoidea y que soy un milagro por haber superado la crisis.

El cuarto vecino está desocupado hasta que una mañana se oye
la voz de una chica: Hola, ¿quién hay ahí?

No estoy seguro de si me está hablando a mí o a alguien en el
cuarto que sigue.

Hola, chico del tifo, ¿estás despierto?

Sí.

¿Te sientes mejor?

Sí.

Bueno, ¿y por qué sigues aquí?

No sé. Sigo en la cama. Me clavan agujas y me dan remedios.

¿Qué cara tienes?

Me pregunto qué clase de pregunta es esa. No sé qué responderle.

Hola, ¿sigues ahí, chico del tifo?

Sí.

¿Cómo te llamas?

Frank.

Es un buen nombre. Yo me llamo Patricia Madigan. ¿Cuántos años tienes?

Diez.

Oh... Suena decepcionada.

Pero cumplo once en agosto, el mes entrante.

Bueno, eso es mejor que diez. Yo cumplo catorce en septiembre. ¿Quieres saber por qué estoy en este hospital?

Sí.

Tengo difteria y otra cosa.

¿Qué otra cosa?

Ellos no saben. Creen que tengo una enfermedad de otra parte del mundo porque mi padre vivía en el África. Estuve a punto de morirme. ¿No me vas a decir qué cara tienes?

Tengo el pelo negro.

Tú y millones como tú.

Tengo los ojos castaños con pedacitos de un verde que llaman avellana.

Tú y miles como tú.

Tengo costuras en la mano y en los pies por donde me inyectaron sangre de soldado.

Ay, Dios, ¿verdad?

Sí.

Ahora vas a mantenerte marchando y saludando.

Se oye el roce de un hábito y el chiquichaque de unas cuentas de rosario y luego la voz de la hermana Rita: Vamos, vamos, ¿qué es esto? No se puede hablar entre dos habitaciones especialmente entre niños y niñas. ¿Me escuchaste, Patricia?

Sí, hermana.

¿Y tú, Francis?

Sí, hermana.

Podrían estar ofreciendo gracias por sus notables recuperaciones. Podrían estar rezando el rosario. Podrían estar leyendo *The Little Messenger of the Sacred Heart* que está junto a sus camas. Que no vuelva a encontrarlos conversando.

Entra a mi cuarto y me sacude el dedo: Especialmente tú, Francis, después de que miles de niños rezaron por ti en la cofradía. Agradece, Frank, agradece.

Se marcha y hay silencio por un rato. Entonces Patricia cuchichea: Agradece, Francis, agradece, y reza el rosario, Francis, y yo me río tan duro que una enfermera entra apurada a ver si estoy bien. Es una enfermera muy severa, del condado de Kerry, y me atemoriza: ¿Qué es esto, Francis? ¿Riéndote? ¿Y qué hay para reírse? ¿Estás charlando con esa niña Madigan? Te voy a acusar con la hermana Rita. No puede haber risas porque puedes dañarte gravemente el aparato interno.

Sale pisando duro y Patricia vuelve a cuchichear con un fuerte acento de Kerry: Nada de risas, Francis, porque puedes dañarte gravemente el aparato interno. Reza el rosario, Francis, y pide por tu aparato interno.

Mamá me visita los jueves. Me gustaría ver también a mi padre pero ya estoy fuera de peligro, el tiempo crítico ya pasó, y sólo me permiten un visitante. Además, dice ella, él está trabajando otra vez en los Molinos Rank y Dios quiera que el empleo le dure para rato con esa guerra que hay y los ingleses necesitadísimos de harina. Me trae una chocolatina y eso prueba que papá está trabajando. Ella jamás podría comprarla con el subsidio. Él me manda notas. Me dice que mis hermanos rezan por mí, que debo ser un chico bueno y obedecer a los doctores, las monjas y las enfermeras, y que no olvide rezar mis oraciones. Está seguro de que san Judas me ayudó a pasar la crisis porque es el patrono de los casos desesperados y yo sí que era un caso desesperado.

Patricia dice que tiene dos libros al lado de la cama. Uno es de poesías y es el que más le gusta. El otro es una breve historia de Inglaterra y me pregunta si lo quiero. Se lo entrega a Seamus, el hombre que trapea los pisos todos los días, y él me lo trae a mí. Me dice: No debo estar pasando cosas de un cuarto de difteria a uno de tifoidea con todos esos gérmenes infecciosos volando por ahí y escondidos entre las páginas y si te llega a dar difteria encima del tifo se van a dar cuenta y voy a perder mi empleo y a recorrer las calles cantando canciones patrióticas con un tarrito en la mano, cosa que no me costaría nada hacer porque no hay una sola canción de las penas de Irlanda que no me sepa, además de unas cuantas sobre las alegrías del whisky.

Ah, sí, se sabe *Roddy McCorley*. Me la quiere cantar ahí mismo pero no va por la mitad de la primera estrofa cuando la enfermera de Kerry entra corriendo. ¿Qué es esto, Seamus? ¿Cantando? De toda la gente de este hospital tú deberías conocer los reglamentos contra el canto. Se me hace que voy a informárselo a la hermana Rita.

Ay, Dios, no haga eso, enfermera.

Muy bien, Seamus. Te la paso sólo por esta vez. Sabes que el canto podría causarle una recaída a los pacientes.

Cuando ella sale él me dice pasito que me va a enseñar unas cuantas canciones porque cantar es bueno para pasar el rato cuando estás solo en un cuarto de tifoidea. Dice que Patricia es un encanto, hay que ver cómo le regala dulces del paquete que su madre le manda cada quince días. Deja de trapear y le dice a Patricia en el otro cuarto: Le decía a Frankie que eres un encanto, Patricia, y ella dice: Tú también eres un encanto, Seamus. Él se sonríe porque es un viejo de cuarenta años y nunca tuvo otros niños fuera de los que charlan con él aquí en el hospital de contagios. Me dice: Toma el libro, Frankie. ¿No es una lástima que tengas que leer sobre Inglaterra con todo lo que nos hicieron, que no haya una historia de Irlanda en este hospital?

El libro me cuenta todo acerca del rey Alfredo y de Guillermo el

Conquistador y de todos los reyes y reinas hasta Eduardo, que tuvo que esperar una eternidad a que su madre, Victoria, se muriera para poder ser rey. El libro tiene el primer trocito de Shakespeare que leí en la vida:

En verdad creo, movida por indicios poderosos,
que vos sois mi enemigo.[1]

El historiador dice que Catalina, que es una esposa de Enrique VIII, le dice eso al cardenal Wolsey, quien pretende que a ella le corten la cabeza. No sé qué quiere decir y no me importa porque es de Shakespeare y es como tener joyas en la boca cuando pronuncio las palabras. Si tuviera un libro entero de Shakespeare me podrían dejar todo un año en el hospital.

Patricia dice que no sabe qué quiere decir *induced by potent circumstances* [movida por indicios poderosos] y que Shakespeare no le interesa, ella tiene su libro de poemas y del otro lado de la pared me lee uno sobre un búho y un minino que salieron al mar en un botecito verde con miel y un zurullo de billetes y no tiene sentido y cuando se lo digo Patricia se enoja y dice que ese es el último poema que me lee en la vida. Me dice que yo vivo recitando esas líneas de Shakespeare y que tampoco tienen sentido. Seamus deja de trapear y nos dice que no debemos pelear por poesía porque ya vamos a tener suficientes motivos de pelea cuando crezcamos y nos casemos. Patricia dice que lo siente y yo también lo siento así que ella me lee una parte de otro poema que tengo que aprenderme para que se lo recite de madrugada o tarde en la noche cuando no haya ni monjas ni enfermeras por ahí:

Era el viento un raudal de oscuridad en la borrasca
de las ramazones,

---

[1] *I do believe, induced by potent circumstances / That thou art mine enemy.*

era la luna un galeón fantasmal sacudido en un mar de
nubarrones,
era el camino un lazo plateado sobre aquel yermo de una luz
morada, y el bandolero venía galopando, venía galopando,
el bandolero venía galopando hacia la puerta de la vieja posada.
Un tricornio francés a la cabeza y chorrera de encaje a la
garganta,
casaca en terciopelo vino tinto y pantalones de gamuza parda
que se ajustaban sin una sola arruga sobre las botas hasta las
rodillas. Y al galopar, con chispazos de joya destellaba,
las cachas de sus armas destellaban
y el puño de su espada destellaba bajo aquel cielo de joyas
infinitas.[2]

Ya no veo la hora de que los doctores y las enfermeras me dejen solo para aprender una nueva estrofa de Patricia y descubrir qué va a pasar con el bandolero y la hija del posadero, la de los labios rojos. El poema me fascina porque es emocionante y casi tan bueno como mis dos líneas de Shakespeare. Los casacas rojas[3] van tras el bandolero porque saben que él le dijo a ella: La luna me verá llegar a ti, así el infierno me cerrara el paso.

A mí me encantaría hacer lo mismo, que la luna me viera llegar a Patricia en el cuarto vecino sin que me importara el pedo de un violinista y así el infierno me cerrara el paso. Ella ya va a leer los versos

---

2 *The wind was a torrent of darkness among the gusty trees, /The moon was a ghostly galleon tossed upon cloudy seas, / The road was a ribbon of moonlight over the purple moor, / And the highwayman came riding Riding riding / The highwayman came riding, up to the old inn-door. / He'd a French cocked-hat on his forehead, a bunch of lace at his chin, / A coat of the claret velvet, and breeches of brown doe-skin, / They fitted with never a wrinkle, his boots were up to the thigh. / And he rode with a jewelled twinkle, His pistol butts a-twinkle, / His rapier hilt a-twinkle, under the jewelled sky.*

3 Soldados ingleses durante la guerra de independencia de los Estados Unidos.

finales cuando entra la enfermera de Kerry gritándole a ella y gritándome a mí: Ya les dije que no se podía hablar de una habitación a otra. Las difterias no tienen permiso de hablar con la tifoideas y viceversa. Se los advertí. Y llama: Seamus, llévate a este. Llévate al niño. La hermana Rita dijo que si pronunciaba una palabra más, al piso de arriba con él. Les advertimos que dejaran el cacareo pero no quisieron. Llévate al niño, Seamus, llévatelo.

Vamos, enfermera, ¿no ve que es inofensivo? Sólo es un poquito de poesía.

Llévate a ese niño, Seamus, llévatelo en el acto.

Él se inclina sobre mí y me dice al oído: Ay, Dios, lo siento, Frankie. Toma tu libro de historia inglesa. Me desliza el libro por entre la camisa y me alza de la cama. Me susurra que soy como una pluma. Trato de ver a Patricia cuando pasamos por su cuarto pero lo único que alcanzo a distinguir es un borrón de pelo negro en la almohada.

La hermana Rita nos detiene en el pasillo para decirme que soy una gran decepción para ella, que esperaba que me portara bien después de lo que Dios había hecho por mí, después de todas esas oraciones que rezaron centenares de niños en la cofradía, después de todos los cuidados de las monjas y enfermeras del hospital de contagios, después de que dejaron que mis padres me visitaran, cosa que raras veces se permite, y así es como les pago echado ahí en la cama recitando absurdas poesías a dos voces con Patricia Madigan sabiendo muy bien que había una prohibición de conversar entre la tifoidea y la difteria. Dice que ya tendré harto tiempo para reflexionar sobre mis pecados en la sala grande de arriba y que debería pedirle a Dios perdón por mi desobediencia al recitar una poesía inglesa pagana sobre un ladrón a caballo y una doncella de labios rojos que comete un espantoso pecado cuando yo podía haber estado rezando o leyendo la vida de algún santo. Ya ella se encargó de leer ese poema, sí señor, y más me valdría contárselo al padre en la confesión.

La enfermera de Kerry sube detrás jadeando y agarrándose del pasamanos. Me aconseja no hacerme a la idea de que ella va a estar corriendo a estas partes del mundo cuando yo sienta un dolorcito o la menor punzada.

Hay veinte camas en la sala, todas blancas, todas desocupadas. La enfermera le dice a Seamus que me ponga contra la pared al otro lado de la sala para asegurarse de que no le voy a hablar a todo el que pase por la puerta, lo cual es muy improbable porque no hay un alma en ese piso. Le cuenta a Seamus que esa fue la sala de contagiados durante la Gran Hambruna hace muchos años y que sabrá Dios cuántos murieron allí por haberlos traído demasiado tarde para hacerles nada excepto lavarlos antes de enterrarlos y que por ahí se habla de gritos y gemidos a altas horas de la noche. Dice que es como para que a uno se le parta el corazón pensar en todo lo que nos hicieron los ingleses, que si no le echaron la plaga a las papas tampoco hicieron mucho para quitársela. Sin compasión. Sin el más mínimo sentimiento por todos los que murieron en esta misma sala, niñitos que padecían y morían aquí mientras los ingleses se atracaban de rosbif y se zampaban los mejores vinos en sus mansiones, niñitos con las bocas todas verdes por tratar de comerse la hierba de los campos, Dios nos ampare y favorezca y nos proteja de futuras hambrunas.

Seamus dice que fue una cosa horrible de verdad y que no le gustaría tener que caminar de noche por estos corredores con todas esas boquitas verdes abiertas frente a él. La enfermera me toma la temperatura: Está un poquito alta, pégate una buena siesta ahora que estás lejos de esa cháchara con la Patricia Madigan allá abajo que no va a saber nunca lo que es una cana.

Menea la cabeza mirando a Seamus y él le responde con su propio meneo de pesar.

Las enfermeras y las monjas no se imaginan que sabes de qué están hablando. Si ya vas a cumplir once años se supone que eres un atolondrado como mi tío Pat Sheehan al que dejaron caer de cabeza. No puedes hacer preguntas. No puedes dejar ver que entiendes lo que la enfermera dijo de Patricia Madigan, que se va a morir, y no puedes mostrar que quieres llorar por esa niña que te enseñó un poema muy bonito que según la monja es muy malo.

La enfermera le dice a Seamus que ella tiene que irse ya y que barra la pelusa debajo de mi cama y trapee un poquito por la sala. Seamus me dice que ella es tamaña vieja perra por correr donde la hermana Rita y ponerle la queja del poema pasando de un cuarto al otro, que a uno no se le va a pegar una enfermedad de un poema a menos que sea el amor ja ja y eso es jodidamente improbable cuando tienes ¿qué? ¿casi once años? Él nunca ha oído nada semejante, que pasen a otro piso a un muchachito por recitar un poema y tiene ganas de ir al *Limerick Leader* para que publiquen todo el lío excepto que él tiene este trabajo y lo perdería si la hermana Rita llegara a enterarse. De todos modos, Frankie, un día de estos vas a salir de aquí y podrás leer toda la poesía que te dé la gana y lo que sí no sé es de Patricia abajo, no sé qué va a ser de Patricia, Dios nos ampare y favorezca.

Sabe qué fue de Patricia a los dos días porque ella se levantó de la cama para ir al retrete cuando debía usar el orinal y se desmayó y se murió en el retrete. Seamus está trapeando el piso y hay lágrimas en sus mejillas y dice: Es de lo más sucio y de lo más brutal morirse en un retrete cuando eres un encanto. Me había dicho que sentía mucho haberte puesto a recitar ese poema y hacer que te cambiaran de cuarto, Frankie. Dijo que todo era culpa de ella.

No lo fue, Seamus.

Lo sé pero no se lo dije.

Patricia está muerta y ya no voy a saber qué pasó con el bandolero y Bess, la hija del posadero. Le pregunto a Seamus pero él no sabe nada de poesía especialmente de poesía inglesa. Se sabía un poema irlandés pero era sobre hadas y no había rastros de bandoleros en él. Así y todo les puede preguntar a los tipos de la taberna que frecuenta donde siempre hay alguien recitando algo y después viene y me repite qué dijeron. Mientras tanto yo puedo entretenerme leyendo mi historia breve de Inglaterra y enterándome de todas sus perfidias. Eso dice Seamus, perfidias, y no sé qué quiere decir eso y él tampoco pero si es algo que hacen los ingleses tiene que ser atroz.

Viene tres veces por semana a trapear el piso y la enfermera se aparece todas las mañanas para tomarme el pulso y la temperatura. El doctor me oye el pecho con el aparato que le cuelga del cuello. Todos dicen: ¿Y cómo amaneció nuestro soldadito? Una muchacha de vestido azul trae comidas tres veces al día y no me habla nunca. Seamus dice que ella no está bien de la cabeza así que no le digas una palabra.

Los días de julio son largos y me da miedo de que llegue la noche. Hay apenas dos luces en el techo de la sala y las apagan cuando se llevan la bandeja del té y la enfermera me da las píldoras. La enfermera me dice que me duerma pero no puedo porque veo gente en las diecinueve camas de la sala, todos agonizando y con las bocas verdes de comer hierba y gimiendo por un poco de sopa, sopa protestante, cualquier clase de sopa, y me tapo la cara con la almohada en la esperanza de que no se me arrimen a la cama a amenazarme con las garras y a aullar por un trocito de la barra de chocolate que mi madre me trajo la semana pasada.

No, no fue ella. Tuvo que hacer que me la llevaran porque no me permiten más visitas. La hermana Rita me dice que una visita al hospital de contagiados es un privilegio y que después de mi mal comportamiento con Patricia Madigan y el tal poema ya no voy a tener ese privilegio. Dice que en pocas semanas volveré a casa y que mi trabajo es concentrarme en mejorarme y aprender otra vez a caminar después de esas seis semanas en la clínica y que me puedo levantar al otro día después del desayuno. No entiendo por qué dice que tengo que aprender a caminar si yo camino desde que era un bebé pero cuando la enfermera me hace pararme al lado de la cama me voy al suelo y la enfermera se ríe: ¿Ves? Has vuelto a ser un bebé.

Practico a caminar de una cama a otra de ida y vuelta, de ida y vuelta. No quiero ser un bebé. No quiero estar en esa sala vacía sin ninguna Patricia ni ningún bandolero ni ninguna hija de posadero de labios rojos. No quiero que los fantasmas de niños hambrientos con la boca verde me señalen con los dedos huesudos y me imploren trocitos de chocolate.

Seamus dice que un tipo en la taberna sabe todos los versos del poema del bandolero y que el final es muy triste. Me pregunta si quiero que me lo recite porque él no sabe leer y tuvo que metérselo todo en la cabeza. Está el centro de la sala apoyado en el trapero y recita:

> *¡Clop, clop, en el silencio helado! ¡Clop, clop, el eco de la noche*
> *repetido! ¡Más cerca estaba él, más de este lado! ¡El rostro de ella*
> *estaba lívido!*
> *Sus ojos se agrandaron un instante, tomó su último aliento, se*
> *encomendó a su suerte,*
> *a la luz de la luna movió el dedo un centímetro,*
> *y la luz de la luna se partió con el tiro*
> *que a la luz de la luna le partió el corazón y a él lo previno*
> *¡a costa de su muerte!*[4]

Él oye el disparo y logra escapar pero cuando al amanecer se entera de cómo murió Bess monta en cólera y regresa a cobrar venganza sólo para que lo maten los casacas rojas.

> *De rojo sangre brillaban sus espuelas bajo el oro del sol; su*
> *casaca era de terciopelo vino tinto,*
> *cuando por el camino lo mataron a tiros,*
> *cuando como a un perro lo mataron a tiros,*
> *cuando en su propia sangre, con chorrera de encaje a la*
> *garganta, quedó el hombre tendido en el camino.*[5]

---

4 *Tlot-tlot, in the frosty silence! Tlot-tlot in the echoing night! /Nearer he came and nearer! Her face was like a light! /Her eyes grew wide for a moment, she drew one last deep breath, / Then her finger moved in the moonlight, / Her musket shattered the moonlight, / Shattered her breast in the moonlight and warned him / with her death.*

5 *Blood-red were his spurs in the golden noon; wine-red was his velvet*

Seamus se limpia la cara con la manga y moquea. Dice: No había ningún derecho a que te pasaran aquí arriba lejos de Patricia sin siquiera saber que ocurrió con Bess y el bandolero. Es una historia muy triste y cuando se la recité a mi mujer ella no dejó de llorar en toda la noche hasta que nos acostamos. Dijo que no había derecho a que esos casacas rojas le dispararan al bandolero, que los ingleses tienen la culpa de la mitad de los males en el mundo y que tampoco tuvieron ninguna compasión con los irlandeses. Bueno, y si quieres aprenderte otros poemas, Frankie, no es sino que me digas y yo me los consigo en la taberna y te los traigo en la cabeza.

La muchacha de azul que no está bien de la cabeza un día me dice de repente: ¿No quiere un libro para leer? Y me trae *The Amazing Quest of Mr. Ernest Bliss* por E. Phillips Oppenheim, que trata de un inglés que está harto de todo y no sabe qué ponerse a hacer todos los días aunque es tan rico que no puede ni contar todo el dinero que tiene. Su criado le trae el periódico matutino con el té y el huevo y la tostada y la mermelada de naranja y él le dice: Llévate eso, mi vida es un vacío. No es capaz de leer el periódico, no es capaz de comerse el huevo y se va acabando lentamente. El doctor le dice que se vaya a vivir con los pobres del East End de Londres y que así aprenderá a querer la vida, cosa que él hace y se enamora de una muchacha pobre pero honesta y muy inteligente y se casan y se van a vivir a la casa de él al otro lado de la ciudad que es la parte de los ricos porque es más fácil ayudar a los pobres y no hartarse de todo cuando estás bien acomodado.

A Seamus le gusta que le cuente lo que estoy leyendo. Dice que la historia de míster Ernest Bliss es un invento porque nadie en su sano juicio tendría que ir a consulta médica por tener demasiado dinero y no poder comerse el huevo aunque nunca se sabe. A lo mejor así sea en Inglaterra. En Irlanda jamás se vería gente así. Si no te

---

coat, / When they shot him down on the highway, / Down like a dog on the highway, / And he lay in his blood on the highway, with a bunch of lace at his throat.

comieras el huevo te meterían al manicomio o se lo contarían al obispo.

No veo la hora de volver a casa y contarle a Malachy acerca de ese hombre que no quería comerse el huevo. Malachy se va a caer de la risa porque semejante cosa es imposible. Me va a decir que es un invento mío pero cuando le diga que la historia es sobre un inglés lo va a entender.

No puedo decirle a la muchacha de azul que esa historia es muy boba porque le podría dar un ataque. Dice que si ya terminé el libro me puede traer otro porque hay una caja llena de libros dejados por los pacientes de hace tiempos. Me trae un libro llamado *Tom Brown's School-Days*, difícil de leer, y una infinidad de libros de P. G. Wodehouse, que me hace reír con Ukridge y Bertie Wooster y Jeeves y los Mulliner. Bertie Wooster es rico pero se come su huevo todas las mañanas por miedo a lo que vaya a decir Jeeves. Me gustaría poder hablar con la muchacha de azul o con cualquiera sobre los libros pero me da miedo de que la enfermera de Kerry o la hermana Rita me descubran y me muden a otra sala todavía más grande en el piso de arriba con cincuenta camas vacías y un tropel de fantasmas de la Hambruna con bocas verdes y dedos huesudos que señalan. Por las noches me acuesto a pensar en Tom Brown y sus aventuras en el colegio de Rugby y en todos los personajes de P. G. Wodehouse. Puedo soñar con la hija del posadero la de los labios rojos y con el bandolero, y las enfermeras y las monjas no pueden hacer nada al respecto. Es delicioso saber que el mundo no puede interferir con el interior de tu cabeza.

Estamos en agosto y tengo once años. Llevo dos meses en la clínica y me pregunto si me van a dejar salir para la Navidad. La enfermera de Kerry me dice que debería ponerme de rodillas y agradecerle a Dios que siquiera estoy vivo y dejar de quejarme.

No me estoy quejando, enfermera. Sólo me pregunto si voy a estar en casa para la Navidad.

No me contesta. Me dice que me porte bien o me manda a la hermana Rita y ahí sí voy a portarme bien.

Mamá viene a la clínica el día de mi cumpleaños y me hace llegar un paquete con dos barras de chocolate y una nota con nombres de personas del callejón diciéndome que me mejore y que vuelva pronto y eres un gran soldado, Frankie. La enfermera deja que le hable a mamá por la ventana y me cuesta trabajo porque las ventanas son muy altas y me tengo que trepar en los hombros de Seamus. Le digo que quiero volver a casa pero ella dice que todavía estoy un poquito débil y que seguramente voy a salir muy rápido. Seamus dice: Es estupendo tener once años porque un día de estos serás un hombre que se afeita y ya está listo para salir a colocarse y tomarse su pinta como todo un hombre.

Pasadas catorce semanas la hermana Rita me dice que ya puedo irme y que mire la suerte que tengo porque ese día es el día de san Francisco de Asís. Me dice que fui muy buen paciente, con la excepción del problemita del poema y Patricia Madigan, que descanse en la paz del señor, y que estoy invitado a la cena de Navidad del hospital. Mamá viene a recogerme y con mis piernas débiles nos demoramos mucho caminando hasta la parada de buses en Union Cross. Me dice: Tómate tu tiempo. Después de tres meses y medio podemos perder una hora más.

Las gentes de la calle Barrack y el callejón de Roden salen a la puerta y me dicen que es una maravilla volverme a ver, que soy un gran soldado, un motivo de orgullo para mis padres. Malachy y Michael corren a recibirme en el callejón y dicen: Dios, sí que estás caminando bien despacio. ¿Ya no puedes correr?

El sol brilla y yo estoy dichoso hasta que veo a papá sentado en la cocina con Alphie en las rodillas y siento como un vacío en el corazón porque sé que otra vez anda sin trabajo. Yo creí todo el tiempo que tenía trabajo, mamá me decía que así era y yo creía que no nos iban a faltar ni la comida ni los zapatos. Él me sonríe y le dice a Alphie: Mira a tu hermano mayor que acaba de salir del hospital.

Mamá le repite lo que dijo el doctor, que debo comer mucha comida nutritiva y tener mucho descanso. El doctor dice que la carne es lo más apropiado para robustecerme. Papá asiente. Mamá hace

un caldo de carne con un cubito y Malachy y Michael me ven to-
mármelo. Dicen que ellos también quieren pero mamá les dice que
se vayan, que a ellos no les dio la tifoidea. Me dice que el doctor or-
denó que me acostara temprano. Ella trató de matar todas las pulgas pero están peor que nunca con todo ese calor que está haciendo.
Además, dice, qué te van a sacar si eres todo huesos y poca carne.

Me acuesto a pensar en el hospital donde cambiaban las sábanas
blancas todos los días y no había ni rastros de una pulga. Había un
inodoro donde podías sentarte a leer tu libro hasta que alguien te
preguntara si te habías muerto. Había una bañera con agua caliente
en la que te podías meter todo el tiempo que quisieras y recitar:

> I do believe,
> Induced by potent circumstances,
> That thou art mine enemy.

Y decir eso me ayuda a dormirme.

Cuando Malachy y Michael se levantan para ir a la escuela al otro
día mamá me dice que me puedo quedar acostado. Malachy ya está
en el quinto grado con míster O'Dea y le encanta contarle a todo el
mundo que anda aprendiéndose el gran catecismo rojo de la confirmación y que míster O'Dea les está enseñando todo acerca del
estado de gracia y Euclides y cómo los ingleses torturaron a los irlandeses durante ochocientos largos años.

Yo no quiero seguir en cama. Los días de octubre son muy bellos
y yo quiero salir a sentarme en el callejón a ver el sol pegar de refilón
en la pared del frente de la casa. Mikey Molloy me trae libros de P.
G. Wodehouse que su padre le saca de la biblioteca y paso días ma-
ravillosos con Ukridge y Bertie Wooster y los Mulliner. Papá me
deja leer su libro favorito, *Jail Journal* de John Mitchel, que trata de
un rebelde irlandés que los ingleses mandaron al exilio a la tierra de
Van Diemen en Australia. Los ingleses le dicen a John Mitchel que
está en libertad de vagar a su antojo por toda la tierra de Van

Diemen si les da su palabra de honor de caballero que no se va a fugar. Les da su palabra hasta que llega un barco a ayudarle a escapar y él va a la oficina del magistrado inglés y le dice: Me voy a escapar, se monta en su caballo y va a parar a Nueva York. Papá dice que no le importa que yo lea esos tontos libros ingleses de P. G. Wodehouse con tal de que no me olvide de los hombres que hicieron su parte y entregaron sus vidas por Irlanda.

No puedo quedarme en la casa para siempre y mamá me lleva otra vez a la escuela de Leamy en noviembre. El nuevo director, míster O'Halloran, dice que lo siente, que he faltado a dos meses de clases y que hay que hacerme repetir el quinto grado. Mamá dice que yo estoy preparado para el sexto. Después de todo, dice, él apenas faltó unas pocas semanas. Míster O'Halloran dice: Lo siento, lleve al niño a la clase de míster O'Dea.

Caminamos por el pasillo y yo le digo a mamá que no quiero estar en quinto. Malachy está ahí y yo no quiero estar en el mismo curso que mi hermanito que es un año menor. Ya hice la confirmación el año pasado. Él no. Yo soy mayor. Ya no soy más grande por lo del tifo pero soy mayor.

Mamá dice: No te vas a morir por eso.

A ella no le importa y me ponen en la misma clase con Malachy y sé que todos los compañeros de él están burlándose de mí porque me hicieron repetir. Míster O'Dea me hace sentarme al frente y me dice que deje de hacer mala cara si no quiero sentir la punta de su vara de fresno.

Entonces ocurre un milagro y se lo debo a san Francisco de Asís, mi santo favorito, y al propio Nuestro Señor. Me topo un penique en la calle en ese primer día de clases y quiero correr a la tienda de Kathleen O'Connell a comprar una tableta grande de caramelo Cleeves pero no puedo porque todavía tengo las piernas débiles por la tifoidea y a veces me tengo que apoyar en las paredes. Estoy desesperado por ese caramelo Cleeves pero también estoy desesperado por salir del quinto grado.

Sé que tengo que ir a la estatua de san Francisco de Asís. Él es el único que me puede escuchar pero está al otro lado de Limerick y me tardo una hora yendo a pie hasta allá, sentándome en los peldaños y agarrándome a las paredes por el camino. Vale un penique encenderle una vela y no sé si prenderle la vela así como así y quedarme con el penique. No, san Francisco se daría cuenta. Ama a las aves de los cielos y a los peces de los arroyos pero no es ningún tonto. Enciendo la vela, me arrodillo ante su estatua y le ruego que me saque del quinto grado donde estoy jorobado con mi hermano, que seguramente anda por todo el callejón haciendo alarde de que a su hermano mayor lo hicieron repetir. San Francisco no dice una palabra pero sé que me escucha y sé que me va a sacar de esa clase. Es lo menos que puede hacer después de todos los trabajos que pasé viniendo hasta su estatua, sentándome en los peldaños, agarrándome a las paredes, cuando podría haber ido a la iglesia de San José a prenderle una velita a la Florecita o al Sagrado Corazón de Jesús. ¿De qué sirve llamarse como él si me va a desamparar cuando más lo necesito?

Tengo que asistir a la clase de míster O'Dea a oír el catecismo y las mismas cosas que nos enseñó el año pasado. Alzo la mano y quiero responder pero él dice: Cállate, deja responder a tu hermano. A los demás les hace exámenes de aritmética y me hace quedarme corrigiéndolos. Les hace dictados de irlandés y me hace corregir lo que escriben. Después me pone a mí composiciones especiales y hace que las lea delante de la clase para que vean todo lo que aprendí el año pasado. Le dice al salón: Frank McCourt les va a mostrar lo bien que aprendió a escribir en este curso. Va escribir una composición sobre Nuestro Señor, ¿no es cierto, McCourt? Nos va a contar cómo hubiera sido si Nuestro Señor se hubiera criado en Limerick que tiene la Archicofradía de la Sagrada Familia y es la ciudad más santa de Irlanda. Sabemos que si Nuestro Señor se hubiera criado en Limerick jamás lo hubieran crucificado porque nosotros los de Limerick somos buenos católicos y no somos adictos a las crucifixiones. En fin, McCourt, ve a casa y escribe la composición y tráela mañana.

Papá dice que míster O'Dea podrá tener mucha imaginación pero que si no basta con que Nuestro Señor haya sufrido tanto en la cruz para que encima lo chanten en Limerick con toda esa humedad del río Shannon. Se pone la gorra y sale a dar la caminata y yo tengo que pensar en Nuestro Señor por mi propia cuenta y cavilar sobre qué voy a escribir para mañana.

Al otro día míster O'Dea dice: Bueno, McCourt, léale a la clase su composición.

El nombre de mi composición es...

El título, McCourt, el título.

El título de mi composición es "Jesús y el clima".

¿Qué?

Jesús y el clima.

Está bien, léela.

Esta es mi composición. Yo no creo que a Jesús Quien es Nuestro Señor le hubiera gustado el clima de Limerick porque no deja de llover y el río Shannon mantiene la ciudad toda húmeda. Mi padre dice que el Shannon es un río asesino porque mató a mis dos hermanos. Cuando uno mira los retratos de Jesús Él siempre está peregrinando por el antiguo Israel con una sábana. Allá nunca llueve y no se oye de nadie que tosa o se contagie de tisis o algo así y nadie trabaja allá porque lo único que hacen es pasar el rato y comer maná y mostrar los puños e ir a las crucifixiones.

Cada que a Jesús le daba hambre todo lo que tenía que hacer era ir a un árbol de higos o a un árbol de naranjas y rellenarse. Si quería una pinta movía Su mano sobre un vaso grande y ahí estaba la pinta. O podía hacerle visita a María Magdalena y a su hermana Marta y ellas le daban la comida sin hacer preguntas y a Él le lavaban y le secaban los pies con el pelo de María Magdalena mientras Marta lavaba los platos, cosa que no me parece justa. ¿Por qué tenía que lavar los platos ella mientras su hermana se sienta ahí a charlar con Nuestro Señor? Es bueno que Jesús haya decidido nacer judío en esa tierra caliente porque si hubiera nacido en Limerick le hubiera dado tisis y se habría muerto al mes y no habría Iglesia católica y no habría comunión ni confirmación y nosotros no nos tendríamos que aprender el catecismo y escribir composiciones sobre Él. Fin.

Míster O'Dea no dice nada y me mira raro y yo me preocupo porque cuando él se calla eso quiere decir que alguien va a sufrir. Dice: McCourt, ¿quién escribió eso?

Yo, señor.

¿Te lo escribió tu padre?

No, señor.

Ven acá, McCourt.

Salgo tras él por el pasillo hacia la oficina del director. Míster O'Dea le muestra mi composición y míster O'Halloran también me mira raro. ¿Escribiste esta composición?

Sí, señor.

Me sacan del quinto grado y me ponen en el sexto de míster O'Halloran con los chicos que conozco, Paddy Clohessy, Fintan Slattery, Preguntas Quigley, y ese día después de la escuela tengo que volver a la estatua de san Francisco de Asís a darle gracias así mis piernas sigan muy débiles del tifo y tenga que sentarme en los peldaños y agarrarme a las paredes y me pregunto si lo que dije en la composición fue bueno o malo.

Míster Thomas L. O'Halloran es profesor de tres cursos en la misma aula: sexto, séptimo y octavo. Se parece al presidente Roosevelt y usa gafas de oro. Usa trajes de color azul oscuro o gris y tiene una cadena de reloj de oro que le cuelga sobre la barriga de un bolsillo a otro del chaleco. Le decimos Patacoja porque tiene una pierna más corta y da salticos al andar. Sabe cómo le decimos y dice: Sí, soy Patacoja, y así los voy a hacer saltar a ustedes. Lleva una vara larga, un puntero, y si no pones atención o respondes una estupidez te da tres palmetazos en cada mano o te zurra los muslos por detrás. Te obliga a aprenderte todo de memoria, todo, y por eso es el maestro más duro de la escuela. Es un enamorado de América y nos hace aprendernos los nombres de todos los estados en orden alfabético. Hace cuadros sinópticos de gramática irlandesa, historia irlandesa y álgebra en su casa, los pone en un caballete y tenemos que ir cantándolos en las clases: conjugaciones y declinaciones del irlandés, nombres ilustres y batallas, proporciones, razones y ecuaciones. Tenemos que aprendernos todas las fechas importantes de la historia de Irlanda. Nos dice qué es importante y por qué. Ninguno de los otros maestros nos decía por qué. Si les hubieras preguntado por qué te habrían dado en la cabeza. Patacoja no nos dice imbéciles y si le haces una pregunta no se pone furioso. Es el único maestro que se detiene y dice: ¿Entienden de qué estoy hablando? ¿No quieren preguntar nada?

Nos escandalizamos un día cuando dice: La batalla de Kinsale en mil seiscientos uno fue uno de los momentos más tristes de la historia de Irlanda, un reñido combate lleno de crueldades y atrocidades de ambos lados.

¿Crueldad de ambos lados? ¿Del lado irlandés? ¿Cómo así? Los otros maestros nos enseñaron que los irlandeses siempre lucharon noblemente, que siempre combatían en franca lid. Nos recita, para que lo aprendamos:

> Partían al combate, pero al final caían.
> Con la mirada fija sobre el adusto escudo
> luchaban con nobleza y valor, pero sin maestría,
> y sucumbían heridos por un sutil conjuro.[6]

Si perdieron fue por culpa de los traidores y de los soplones. Pero yo quiero saber más de esas atrocidades irlandesas.

Señor, ¿los irlandeses cometieron atrocidades en la batalla de Kinsale?

Sí, cómo no. Hay testimonios de que ajusticiaron prisioneros pero no fueron ni mejores ni peores que los ingleses.

Míster O'Halloran no puede mentir. Es el director. Todos estos

---

6 *They went forth to battle, but they always fell, / Their eyes were fixed above the sullen shields, / Nobly they fought and bravely, but not well, / And sank heart-wounded by a subtle spell.*

años nos han dicho que los irlandeses eran siempre nobles y que pronunciaban valientes arengas antes de que los ingleses los ahorcaran. Y ahora Patacoja O'Halloran dice que los irlandeses hicieron cosas malas. Sólo falta que diga que los ingleses hicieron cosas buenas. Nos dice: Tienen que estudiar y aprender para que puedan decidir por sí mismos acerca de la historia y todo lo demás pero eso no se puede con un cerebro vacío. A colmar el cerebro, a colmar el cerebro. Es su casa del tesoro y nadie en el mundo puede interferir en él. Si se ganaran la lotería nacional y compraran una casa sin muebles, ¿la llenarían de trastos y basura? El cerebro es su casa y si lo llenan de basura sacada de los cines se les va a podrir en la cabeza. Puede que sean pobres, puede que tengan los zapatos hechos trizas, pero sus cerebros son palacios.

Nos hace pasar al frente uno por uno y nos examina los zapatos. Quiere saber por qué están hechos trizas o por qué andamos descalzos. Nos dice que eso es una ignominia y que va a organizar una rifa para levantar fondos a ver si conseguimos botas resistentes y abrigadas para el invierno. Nos da unos fajos de boletas y vamos en tropel por todo Limerick buscando apoyo para el fondo pro botas de la escuela de Leamy, premio mayor cinco libras y cinco premios de una libra cada uno. Once niños descalzos reciben botas. Malachy y yo no recibimos nada porque tenemos zapatos aunque las suelas están gastadas y nos preguntamos para qué recorrimos todo Limerick vendiendo boletas para que las botas les tocaran a otros chicos. Fintan Slattery dice que las obras de caridad nos dan indulgencias plenarias y Paddy Clohessy dice: Fintan, anda y pégate una buena cagada.

Me doy cuenta cuando papá hace la cosa mala. Sé cuándo se ha bebido el subsidio y mamá está desesperada y tiene que mendigar en la Sociedad de San Vicente de Paúl y comprar fiado en la tienda de Kathleen O'Connell pero yo no quiero rechazarlo y correr donde mamá. ¿Cómo iba a hacerlo si me levanto con él todas las mañanas mientras todos duermen? Prende la chimenea y hace el té y canta solo o me lee el periódico en voz baja para no despertar a la familia. Mikey Molloy se robó a Cuchulain, el Ángel del Séptimo Peldaño se ha ido a otra parte, pero mi padre en las mañanas sigue siendo mío. Compra temprano el *Irish Press* y me habla del mundo, de Hitler, de Mussolini, de Franco. Dice que esta guerra no nos concierne porque los ingleses han vuelto a sus andadas. Me habla del gran Roosevelt en Washington y del gran De Valera en Dublín. Por las mañanas tenemos todo el mundo para nosotros dos y no me dice que muera por Irlanda. Me habla de los viejos tiempos en Irlanda cuando los ingleses no permitían que los católicos tuvieran escuelas porque querían mantener al pueblo en la ignorancia, me dice que los niños católicos asistían a escuelas clandestinas en parajes rurales y aprendían inglés, irlandés, latín y griego. A la gente le encantaba aprender. Le encantaban los cuentos y la poesía, así nada de eso sirviera para conseguirse un empleo. Hombres, mujeres y niños se reunían en cualquier zanjón a oír a esos grandes maestros y se maravillaban de todo lo que le podía caber en la cabeza a una sola persona. Los maestros arriesgaban sus vidas saltando de zanja en zanja y de matorral en matorral porque si los ingleses los atrapaban los enviaban al extranjero o peor. Me dice que la escuela es fácil hoy en día, no hay que sentarse en un zanjón a aprenderse las sumas o la gloriosa historia de Irlanda. Si soy bueno en la escuela algún día volveré a América a conseguirme un puesto de oficina en el que voy a estar sentado en un escritorio con dos plumas estilográficas en el bolsillo, una roja y una azul, tomando decisiones. Estaré adentro protegido de la lluvia y tendré un traje y zapatos y un hogar tibio donde vivir, ¿y qué más se puede pedir? Dice que en América se puede hacer de todo, que es la tierra de las oportunidades. Puedes ser un pescador de Maine o un granjero de California. América no es como Limerick, un sitio gris con un río que mata.

Cuando tienes a tu padre para ti solo junto al fuego en la mañana no te hace falta ni Cuchulain ni el Ángel del Séptimo Peldaño ni nada.

Por la noche nos ayuda con los deberes. Mamá dice que en América les dicen tareas pero aquí son deberes, sumas, inglés, irlandés, historia. Él no nos puede ayudar con el irlandés porque es del norte y se queda corto en eso de la lengua nativa. Malachy le propone enseñarle todas las palabras irlandesas que se sabe pero papá dice que es demasiado tarde, que un perro viejo no aprende a ladrar. Antes de ir a la cama nos hacemos junto a la chimenea y si le decimos: Papá, cuéntanos un cuento, él se inventa uno sobre alguien del callejón y el cuento nos lleva por todo el mundo, por el aire, bajo el mar y de vuelta al callejón. Cada personaje del cuento es de un color distinto y todo está patas arriba y en reversa. Los autos y los aviones van debajo del agua y los submarinos vuelan por el aire. Los tiburones se posan en los árboles y los salmones gigantes juegan con los canguros en la luna. Los osos polares luchan contra los elefantes en Australia y los pingüinos les enseñan a los zulúes a tocar la gaita. Después del cuento nos lleva al otro piso y se arrodilla con nosotros mientras rezamos. Decimos el padrenuestro, tres avemarías, Dios bendiga al Papa, Dios bendiga a mamá, Dios bendiga a nuestra hermanita y hermanitos muertos, Dios bendiga a Irlanda, Dios bendiga a De Valera y Dios bendiga al que le dé trabajo a papá. Él nos dice: A dormir, niños, porque el santo Dios los está viendo y Él se da cuenta cuando no son buenos.

Yo pienso que mi padre es como la Santísima Trinidad con tres personas dentro, la de la mañana con el periódico, la de la noche con los cuentos y las oraciones y la que hace la cosa mala y vuelve a casa oliendo a whisky y quiere que muramos por Irlanda.

La cosa mala me entristece pero yo no puedo rechazarlo porque el de las mañanas es mi padre verdadero y si estuviéramos en América le podría decir: Te quiero mucho, papá, como hacen en las películas, pero eso no se hace en Limerick por miedo a que se rían de ti. Puedes decir que quieres a Dios y a los bebés y a los caballos ganadores pero cualquier otra cosa es pura debilidad mental.

La gente que viene a vaciar el balde nos atormenta día y noche en la cocina. Mamá dice que no es el río Shannon lo que nos va a matar sino la pestilencia del retrete de afuera. Ya es bastante malo en el invierno cuando todo se inunda y se nos mete por debajo de la puerta pero es peor cuando calienta y hay moscas y moscardones y ratas.

Hay un establo junto al retrete donde guardan el caballo grande de la carbonera de Gabbett. Se llama El Caballo Finn y todos lo queremos pero el establero de la carbonera no cuida bien el lugar y el olor viaja hasta la casa. La fetidez del retrete y del establo atrae las ratas y las tenemos que cazar con nuestro perro nuevo, Lucky. Le encanta acorralar las ratas y entonces las aplastamos con piedras o con palos o les clavamos la horca del establo. Hasta el caballo se asusta con las ratas y hay que tener cuidado cuando se encabrita. Sabe que nosotros no somos ratas porque le traemos manzanas cuando asaltamos un huerto en el campo.

A veces las ratas se nos escapan y se meten en la casa y en el cuchitril del carbón bajo las escaleras donde no hay ni hebra de luz y no las podemos ver. Ni siquiera con una vela somos capaces de encontrarlas porque hacen cuevas por todas partes y no sabemos dónde buscarlas. Si el fuego está encendido podemos hervir agua y vaciarla poco a poco por el pico de la tetera y eso las hace salir de la cueva y por entre las piernas de nosotros y otra vez a la calle a menos que Lucky las espere para enterrarles los colmillos y matarlas zarandeándolas. Creemos que se las va a comer pero él las deja en el callejón con las tripas afuera y corre donde mi padre a que le dé un pedazo de pan remojado en té. La gente del callejón dice que esa es una manera de comportarse muy rara en un perro pero que qué más se iba a esperar de los McCourt.

Apenas hay rastro de una rata o se menciona una mamá sale por la puerta y corre callejón arriba. Preferiría vagar eternamente por las calles de Limerick a quedarse un solo minuto en una casa con una rata adentro y no tiene descanso porque sabe que con el establo y el retrete siempre habrá alguna rata por ahí con una familia esperando a que les lleve la comida.

Combatimos las ratas y combatimos el hedor del retrete. Nos gustaría mantener la puerta abierta cuando hace calor pero eso no se puede cuando hay gente apurándose calle abajo a vaciar baldes llenos hasta el borde. Unas familias son peores que otras y papá las odia a todas aunque mamá le dice que no es culpa de ellos si los constructores de hace cien años hicieron las casas sin más retretes que el que hay afuera junto a nuestra puerta. Papá dice que la gente debería vaciar los baldes a medianoche cuando estamos dormidos para no molestarnos con la fetidez.

Las moscas son casi tan malas como las ratas. En los días calientes vuelan en enjambres al establo y cuando vacían un balde vuelan en enjambres al retrete. Si mamá se pone a cocinar algo vuelan en enjambres a la cocina y papá dice que le da asco pensar que la mosca que está asentada en la azucarera estuviera asentada en la taza del retrete, o lo que haya quedado de la taza, hace apenas un minuto. Si tienes alguna herida abierta ellas la encuentran y te fastidian. De día están las moscas y de noche las pulgas. Mamá dice que lo único bueno de las pulgas es que son limpias, pero las moscas son sucias, nunca se sabe dónde han estado y traen infinidad de enfermedades.

Podemos cazar las ratas y matarlas. Podemos matar las moscas y las pulgas a las palmadas pero no podemos hacer nada con los vecinos y los baldes. Si estamos jugando en el callejón y vemos que alguien viene con un balde les gritamos adentro: Ahí va un balde, cierren la puerta, cierren la puerta, y el que esté adentro corre a cerrarla. En los días de calor corremos a cerrar la puerta a todas horas porque sabemos cuáles familias tiene los peores baldes. Hay familias en las que el padre está colocado y si les da por cocinar con curry sabemos que sus baldes van a apestar hasta los cielos y nos van a dar náuseas. Ahora con lo de la guerra y los soldados mandando dinero de Inglaterra hay cada vez más familias que cocinan con curry y nuestra casa hiede día y noche. Sabemos cuáles familias comen curry y cuáles repollo. Mamá vive asqueada, papá sale a dar caminatas cada vez más largas por el campo y nosotros jugamos lo más lejos que podamos del retrete. Papá ya no reniega contra el río Shannon. Sabe que el retrete es peor y me lleva al cabildo municipal a quejarse. El empleado dice: Señor, lo único que le puedo decir es que se mude. Papá dice que no tenemos con qué hacerlo y el hombre dice que él no puede hacer nada. Papá dice: Esto no es la India. Este es un país cristiano. El callejón necesita más retretes. El hombre dice: ¿Espera que la ciudad se ponga a construir retretes en unas casas que se están cayendo de todas formas y que van a demoler cuando pase la guerra? Papá le dice que el retrete puede ser nuestra muerte. El hombre le dice que estas son épocas peligrosas.

Mamá dice que bastante trabajo le cuesta mantener vivo el fuego para cocinar nuestra cena de Navidad pero que si quiero ir a la del hospital tendré que lavarme de la cabeza a los pies. Ella no va a dejar que la hermana Rita diga que estoy todo descuidado o abonadito para otra enfermedad. Hierve una olla de agua temprano en la mañana antes de misa y por poco me pela el cuero cabelludo. Me hurga las orejas y me restriega la piel hasta que me pica. Me puedes dar los dos peniques del bus hasta el hospital pero tendré que regresar a pie y eso me va a hacer bien porque voy a estar repleto de comida, y ya es hora de volver a prender el fuego para la cabeza de cerdo y el repollo y las papas blancas y harinosas que otra vez consiguió gracias a la bondad de la Sociedad de San Vicente de Paúl, y ella está decidida a que esta sea la última vez que celebremos el nacimiento de Nuestro Señor con cabeza de cerdo. El año entrante vamos a tener un ganso o un buen jamón, y por qué no, ¿acaso no es famoso Limerick en todo el mundo por sus jamones?

La hermana Rita dice: Miren esto, nuestro soldadito se ve muy saludable. Nada de carne en esos huesos, pero bueno... Y bien, dime si fuiste a misa esta mañana.

Sí, hermana.

¿Y comulgaste?

Sí, hermana.

Me lleva a una sala desocupada y me dice que me siente en esa silla y que dentro de poco me traerán la cena. Se va y yo me pregunto si voy a comer con las monjas y las enfermeras o si voy a recibir la cena de Navidad en una sala con otros niños. Al rato le muchacha de azul que me traía los libros se aparece con la cena. Pone la bandeja en el borde de una cama y yo arrimo una silla. Ella me frunce el ceño y tuerce la cara. Eh, tú, me dice, esa es tu cena y no voy a traerte ningún libro.

La cena es deliciosa, pavo, puré de papas, jalea con natilla y un pote de té. El plato de jalea con natilla se ve delicioso y no puedo resistir la tentación así que me lo como primero porque no hay nadie ahí que se dé cuenta pero ando en esas cuando entra la muchacha de azul con el pan y dice: ¿Qué estás haciendo?

Nada.

Sí, no lo niegues. Te estás comiendo el postre de primero, y echa a correr gritando: Hermana Rita, hermana Rita, rápido, y la hermana entra a toda prisa: Francis, ¿estás bien?

Sí, hermana.

No está bien, hermana. Se estaba tragando la jalea y la natilla de primero. Eso es pecado, hermana.

Vamos, querida, tú sigue con lo tuyo que yo hablaré con Francis de eso.

Sí, hermana, háblele a Francis de eso para que todos los niños del jospital no se coman el postre de primero o adónde vamos a parar.

Claro, claro, ¿a dónde vamos a parar? Ahora vete.

La muchacha se va y la hermana Rita me sonríe. Dios se apiade de ella, no se le escapa nada, atolondrada y todo como vive. Hay que ser pacientes con ella, Francis, porque está tocadita.

Se va y hay un silencio en la sala vacía y cuando acabo no sé qué hacer porque allí no debes hacer nada hasta que te lo ordenen. En los hospitales y los colegios siempre te dicen qué hacer. Espero un largo rato hasta que la muchacha de azul entra por la bandeja. ¿Ya terminaste?, dice.

Sí.

Bueno, no hay más y puedes irte.

No creo que las muchachas que están mal de la cabeza puedan mandarte a casa y me pregunto si debo esperar a la hermana Rita.

Una enfermera me dice en el pasillo que la hermana Rita está cenando y no se puede molestarla.

La caminada de Union Cross a Barrack Hill es larga y cuando llego a casa la familia está arriba en Italia dándole fin a la cabeza de cerdo con repollo y papas blancas y harinosas. Les cuento lo de mi cena de Navidad, mamá pregunta si comí con las monjas y las enfermeras y se enoja un poquito cuando le digo que comí solo en una sala porque esa no es manera de tratar a un niño. Me dice que me siente y coma una tajada de cabeza de cerdo y yo me la trago a la fuerza y quedo tan repleto que me tengo que acostar bocarriba con el estómago grande como una pelota.

Temprano en la mañana hay un automóvil al frente de la casa, el primero que vemos en el callejón. Hay señores de vestido mirando por la puerta del establo del Caballo Finn y algo malo debe de estar pasando porque nunca se ven señores de vestido por el callejón.

Es el Caballo Finn. Está echado en el suelo del establo mirando al callejón y tiene un líquido blanco como leche alrededor de la boca. El establero que cuida al caballo Finn dice que lo encontró así esta mañana y que se le hizo raro porque siempre estaba levantado esperando el pienso. Los señores sacuden la cabeza. Mi hermano Michael le dice a uno de ellos: Míster, ¿qué le pasa a Finn?

Está enfermo, hijo. Vete a casa.

El establero que cuida a Finn huele a whisky. Le dice a Michael: Ese caballo no tiene remedio. Va a haber que dispararle.

Michael me jala de la mano. Frank, que no le disparen. Diles. Tú eres grande.

El establero dice: Vete a casa, niño. Vete.

Michael lo ataca a las patadas y le muerde la mano y el hombre lo manda por los aires. Agarra a ese hermano tuyo, me dice, agárralo.

Uno de los señores saca algo amarillo y marrón de un bolso, camina donde Finn, se lo pone en la cabeza y suena un traquido. Finn tiembla todo. Michael le grita al hombre y lo ataca también pero el otro dice: El caballo estaba enfermo, hijo. Ahora está mejor.

Los señores de vestido se van y el establero dice que hay que esperar el camión que se va a llevar a Finn, que no puede dejarlo solo o las ratas se lo van a despachar. Nos pide que vigilemos al caballo con nuestro perro Lucky mientras él se da una pasada por la taberna, porque anda que se pudre por una cerveza.

No hay rata que se atreva a acercársele al Caballo Finn con Michael plantado ahí con un palo, pequeño como es. El hombre vuelve oliendo a cerveza y luego viene el camión grande a llevarse el caballo, un camión grande con tres hombres y dos tablones grandes que salen de la parte trasera del camión y se inclinan hasta la cabeza de Finn. Luego los tres hombres y el establero amarran a Finn con unas sogas y lo encaraman por los tablones y la gente del callejón les grita porque los clavos y las astillas de madera de los tablones se le engarzan a Finn y le arrancan pedazos de cuero y salpican los tablones con sangre de caballo de un color rosado intenso.

Van a acabar con ese caballo.

¿Acaso no respetan a los muertos?

Cuidado con el pobre caballo.

El establero dice: Por el amor de Cristo, ¿qué son esos berridos? Es un caballo muerto, nada más, y Michael lo vuelve a embestir con la cabeza abajo y voleando esos puñitos hasta que el establero le da un empujón que lo tumba de espaldas y mamá se le abalanza al establero con tanta furia que tiene que treparse por los tablones y saltar sobre el cadáver de Finn para ponerse a salvo. Por la noche regresa a dormir la borrachera y después de que se va cae una chispa del rescoldo en el heno y el establo se incendia y las ratas corren por todo el callejón mientras los niños y los perros las persiguen hasta que se escapan hacia las avenidas de la gente respetable.

IX ◈

MAMÁ DICE: con Alphie basta. Estoy rendida. Se acabó. No más hijos.

Papá dice: Las buenas católicas deben cumplir con sus deberes conyugales y obedecer a su marido si no se quieren exponer a la condenación eterna.

Mamá dice: Mientras no haya más hijos la condenación eterna me suena bastante atractiva.

¿Qué puede hacer papá? Hay una guerra. Hay agentes ingleses reclutando obreros irlandeses para que trabajen en las fábricas de armamento, pagan bien, no hay trabajo en Irlanda, y si tu esposa te vuelve la espalda no faltan las mujeres en Inglaterra donde todos los hombres aptos andan lejos peleando contra Hitler y Mussolini y puedes hacer lo que quieras mientras no olvides que eres un irlandés de clase baja y no trates de elevarte por encima de tu condición.

En el callejón hay familias que reciben giros postales enviados por el padre desde Inglaterra. Corren a cobrarlos a la oficina de correos para poder hacer las compras y ostentar ante el mundo su fortuna los días sábados por la noche y los domingos por la mañana. A los chicos les cortan el pelo los sábados y las mujeres se lo rizan con pinzas de hierro calentadas al fuego. Ahora van muy rumbosas y pagan seis peniques y hasta un chelín para entrar al cine Savoy donde te encuentras un público mejor que esa plebe que ocupa los asientos de dos peniques del gallinero del Lyric y no se cansa de gritarle a la pantalla, esa clase de gente que, habráse visto, aplaude a los africanos cuando le arrojan lanzas a Tarzán o aclama a los indios cuando le están pelando el cuero cabelludo a la caballería de los Estados Unidos. Las nuevas ricas vuelven de misa los domingos dándose aires y se hartan luego de carne y papas y dulces y tortas por montones y toman el té como si nada en unas tacitas finas que ponen en platillos para aparar el té que se derrame y cuando alzan las tacitas estiran el meñique para mostrar lo refinadas que son. Algunas dejan de ir a las ventas de pescado y papas fritas porque en esos sitios no hay más que soldados borrachos y callejeras y hombres que se beben el subsidio y sus esposas chillándoles que vuelvan a la casa. Las más atrevidas se dejan ver en el restaurante Savoy o en el Stella tomando el té, comiendo pasteles, dándole besitos a una servilleta, habráse visto, y regresan a casa en bus mientras se quejan de lo malo que está últimamente el servicio. Ahora tienen electricidad y pueden ver cosas que antes no veían y cuando cae la noche encienden sus flamantes aparatos de radio para enterarse de cómo va la guerra. Le dan gracias a Dios por Hitler porque si no hubiera invadido a Europa los hombres de Irlanda seguirían acá rascándose el culo en la fila de la Oficina del Trabajo.

Hay familias que cantan:

No nos importan ni Francia ni Inglaterra,
sino el avance de Alemania en esta guerra.[1]

Si hace frío ponen la calefacción eléctrica con lo cómoda que es y se instalan en la cocina a oír las noticias y declaran que lo sienten mucho por las mujeres y los niños que están muriendo en Inglaterra bajo los bombardeos de Hitler aunque hay que ver todo lo que nos hicieron los ingleses durante ochocientos años.

Las familias que tienen el padre en Inglaterra pueden humillar a las que no lo tienen. A las horas del almuerzo y del té las nuevas mamás ricas salen a la puerta y gritan: Mikey, Kathleen, Paddy, vengan a cenar. Les tengo un delicioso pernil de cordero y unas arvejas frescas exquisitas y unas papas que están como algodón.

---

1 *Yip aye aidy aye ay aye oh*
Yip aye aidy aye ay,
We don't care about England or France,
All we want is the German advance.

Sean, Josie, Peggy, vengan por el té, vengan ahora mismo por el pan fresquecito con mantequilla y un estupendo huevo de pato azul que nadie más ha probado en este callejón.

Brendan, Annie, Patsy, vengan por su morcilla frita y las salchichas tostaditas y una sabrosa torta que calé en el mejor jerez de España.

En esas ocasiones mamá nos obliga a quedarnos en casa. Allí no hay más que pan y té y ella no quiere que esos vecinos atormentadores nos vean con la lengua colgando, sufriendo por los deliciosos aromas que inundan todo el callejón. Dice que es fácil ver que no están acostumbrados a tener nada por la forma como alardean por todo. Hay que tener una mente muy arrastrada para salir a la puerta y decirle al mundo lo que hay para la comida. Dice que lo hacen para distinguirse de nosotros porque papá es del norte y no se mete con ellos. Papá dice que toda esa comida es comprada con plata inglesa y que les va a ir mal a los que la aceptaron pero que qué se podía esperar de Limerick, gente que se lucra de la guerra de Hitler, gente que viaja a trabajar y combatir por los ingleses. Dice que él nunca va ir allá a ayudarles a los ingleses a ganar la guerra. Mamá dice: No, claro, tú te quedas aquí donde no hay trabajo y ni un carbón con que hervir agua para el té. No, tú te quedas aquí a beberte el subsidio cuando te dé la ventolera. Te quedas viendo cómo andan tus hijos con los zapatos hechos trizas y los culos saliéndose por los pantalones. Todas las casas del callejón tienen electricidad mientras que nosotros tenemos mucha suerte si logramos conseguir una vela. Dios del cielo, si yo tuviera para el pasaje saldría para Inglaterra ahora mismo, estoy segura de que necesitan mujeres en las fábricas.

Papá dice que las fábricas no son sitios para mujeres.

Mamá dice: Y el culo junto a la chimenea no es sitio para un hombre.

Yo le digo a él: ¿Por qué no te vas a Inglaterra, papá, para que podamos tener electricidad y un radio y mamá pueda salir a la puerta a decirle al mundo qué vamos a comer?

Él dice: ¿No quieres a tu padre aquí contigo?

Sí, pero puedes volver cuando se acabe la guerra y podamos irnos para América.

Él suspira: Ajá, Ajá. Está bien, irá a Inglaterra después de Navidad porque América ahora está en guerra también y la causa tiene que ser justa. No iría si los americanos no se hubieran metido. Me dice que yo voy a tener que ser el hombre de la casa y se contrata a través de un agente para trabajar en una fábrica en Coventry que, según dice todo el mundo, es la ciudad más bombardeada de Inglaterra. El agente dice: Hay cantidades de trabajo para el que esté dispuesto. Puedes trabajar horas extras hasta caer rendido y si ahorras, compadre, serás un Rockefeller al final de la guerra.

Madrugamos a despedir a papá en la estación del tren. Kathleen O'Connell la de la tienda sabe que papá va a viajar a Inglaterra y que nos va a estar entrando plata y está encantada de fiarle a mamá té, leche, azúcar, pan, mantequilla y un huevo.

Un huevo.

Mamá dice: Este huevo es de su padre. Tiene que alimentarse para el largo viaje que tiene por delante.

Es un huevo duro y papá lo descascara. Rebana el huevo en cinco partes y nos da una a cada uno para que la pongamos en el pan. Mamá le dice: No hagas estupideces. Papá dice: ¿Y a quién le sirve un huevo entero? Mamá tiene lágrimas en las pestañas. Arrima la silla a la chimenea. Nosotros nos comemos el pan con huevo y la vemos llorar hasta que dice: ¿Qué están mirando?, y se voltea hacia las brasas. Su pan con huevo sigue en la mesa y me pregunto si tiene planes de comérselo. Se ve delicioso y yo sigo con hambre pero papá se levanta y se lo lleva a ella con el té. Mamá sacude la cabeza pero él insiste y ella mastica y sorbe y llora y moquea. Él se le sienta al frente por un rato, callado, hasta que ella mira el reloj y dice: Es hora de irnos. Él se pone la gorra y coge la talega. Mamá arropa a Alphie en una manta vieja y partimos por las calles de Limerick.

Hay más familias en las calles. Los padres que se van marchan al frente, las mujeres cargan a los bebés o empujan cochecitos. Las que llevan coches les dicen a las otras: Dios del cielo, señora, debe de estar de muerte cargando a ese niño. Venga, métalo aquí en el cochecito y descanse esos brazos.

Hay coches atestados con cuatro o cinco bebés que berrean al tiempo porque son coches viejos y tienen las ruedas desvencijadas y los bebés se zarandean hasta que se marean y vomitan las sopitas de pan con dulce.

Los hombres se saludan: Un día espléndido, Mick. Ajá, el día está bueno para el viaje, Joe. Cómo no, Mick. Como para tomarse una pinta antes de arrancar, Joe. Como para tomársela, Mick. Como para estar borrachos del todo, viendo cómo están las cosas, Joe.

Sueltan la carcajada y las mujeres detrás de ellos tienen los ojos llenos de lágrimas y las narices rojas.

Las tabernas junto a la estación están repletas de hombres que se beben el dinero que el agente les había adelantado para comer durante el viaje. Se toman la última pinta o la última gota de whisky en tierra irlandesa. Sólo Dios sabe si es la última que nos tomamos en la vida, Mick, con esos alemanchos bombardeando hasta la crisma a los ingleses y ya iba siendo hora después de todo lo que nos hicieron y qué cosa más trágica tener que ir allá a salvarle el culo al viejo enemigo.

Las mujeres se quedan afuera conversando. Mamá le dice a la señora Meehan: Con el primer giro voy a ir a la tienda de compras para un enorme desayuno dominguero con un huevo para cada uno.

Yo miro a mi hermano Malachy. ¿Oíste eso? Nuestro propio huevo un domingo de estos. Ay, Dios, ya me lo estoy comiendo. Un golpecito por la punta, lo pelas con cuidado, lo alzas con la cucharita, echas una pizca de mantequilla en la yema, le pones sal, te tomas todo el tiempo, le hundes la cucharita, sacas un poco, más sal, más mantequilla, a la boca, ah, Dios de las alturas, si el cielo sabe a algo debe de ser a huevo con mantequilla y sal, y con un huevo ahí, ¿que más delicioso que un pan caliente y fresco y un pote de té dorado y bien dulce?

Algunos hombres están ya demasiado borrachos para tenerse en pie y los agentes ingleses les pagan a los sobrios para que los saquen de las tabernas y los monten a un carromato tirado por caballos que los conduce a la estación donde los descargan en los vagones. Los agentes no saben cómo sacarlos a todos de las tabernas. Vamos, gente. Pierden el tren y pierden un buen trabajo. Vamos, gente, en Inglaterra también hay Guinness. Y hay Jameson. Vamos, gente, por favor, gente. Se están bebiendo el dinero de la comida y no les vamos a dar más.

Los hombres retan a los agentes a que les besen el trasero irlandés, les dicen que tienen suerte de estar vivos, suerte de que no los hayan colgado del poste más cercano después de todo lo que le hicieron a Irlanda. Y se ponen a cantar:

> *On Mountjoy one Monday morning*
> *High upon the gallows tree,*
> *Kevin Barry gave his young life*
> *For the cause of liberty.*

El tren pita en la estación y los agentes les imploran a las mujeres que saquen a los hombres de las tabernas y los hombres salen tambaleándose y cantando y llorando y abrazando a sus esposas e hijos y prometiendo enviar tanto dinero que Limerick se va a volver otra Nueva York. Los hombres suben las gradas de la estación y las mujeres y los niños los despiden:

Kevin, mi amor, cuídate y no te pongas húmeda la camisa.

Seca tus medias, Michael, si no quieres que te maten los sabañones.

Paddy, no te desmandes con el trago, ¿me oyes, Paddy?

Papi, papi, no te vayas, papi.

Tommy, no te olvides de mandar el dinero. Los niños están en los puros huesos.

Peter, no te olvides de tomar la medicina para el pecho, Dios nos ampare y favorezca.

Larry, cuidado con las malditas bombas.

Christy, ni una palabra con esas inglesas. Están llenas de enfermedades.

Jackie, devuélvete. Ya veremos cómo nos apañamos. No te vayas, Jackieee, Jackieee, ay, Dios mío, no te vayas.

Papá nos acaricia la cabeza. Nos dice que recordemos nuestros deberes religiosos pero sobre todo que obedezcamos a nuestra madre. Se cuadra frente a ella. Ella carga al bebé Alphie y le dice: Cuídate. Él deja caer la talega y la estrecha en sus brazos. Se quedan así por un momento hasta que el bebé chilla entre los dos. Él baja la cabeza, recoge la talega, sube las gradas de la estación, da media vuelta para despedirse con la mano y se marcha.

Ya en casa mamá dice: Qué importa. Sé que suena extravagante pero voy a prender el fuego para hacer más té porque no todos los días su padre se va para Inglaterra.

Nos hacemos alrededor de la chimenea a tomarnos el té y llorar porque nos quedamos sin padre hasta que mamá dice: No lloren, no lloren. Ahora que su padre está en Inglaterra seguramente se acabarán todos nuestros problemas.

Seguramente.

Mamá y Bridey Hannon están junto a la chimenea arriba en Italia fumando Woodbines y tomando té, y yo estoy sentado en la escalera poniendo atención. Como tenemos el padre en Inglaterra nos fían de todo en la tienda de Kathleen O'Connell y podremos pagarle cuando él empiece a girar el dinero dentro de quince días. Mamá le dice a Bridey que no ve la hora de mudarse de este maldito callejón a un lugar que tenga un retrete decente que no haya que compartir con medio mundo. Nos va a comprar a todos botas nuevas y abrigos para la lluvia de modo que podamos llegar a casa antes de morirnos de hambre. Los domingos nos va a dar huevos con lonjas de tocino al desayuno y jamón con papas y repollo al almuerzo. Vamos a tener luz eléctrica. ¿Y por qué no? ¿No nacieron Frank y Malachy en América, donde todo el mundo la tiene?

Ahora toca esperar las dos semanas hasta que el repartidor de telegramas llame a la puerta. Papá primero tiene que instalarse en Inglaterra, comprar ropa de trabajo y conseguir dónde quedarse, así que el primer giro no va a ser gran cosa, tres libras o tres libras diez, pero dentro de poco va a ser como en las otras familias de la cuadra, cinco libras a la semana para pagar las deudas, comprar ropa nueva y ahorrar algo para cuando empaquemos todo y nos vayamos a vivir a Inglaterra y allá ahorremos para emigrar a América. Ella también podría conseguirse un empleo en una fábrica inglesa haciendo bombas o algo así y sabe Dios que ni nosotros mismos nos vamos a reconocer con los chorros de dinero que nos van a entrar. A ella no le gustaría que nos criáramos con un acento inglés pero más vale un acento inglés que un estómago vacío.

Bridey le dice que no importa qué clase de acento tengan los irlandeses porque jamás vamos a olvidar los que nos hicieron los ingleses durante ochocientos años.

Ya sabemos cómo son los sábados en el callejón. Sabemos que algunas familias como la de los Downes del frente reciben temprano el telegrama porque míster Downes es un hombre juicioso que sabe tomarse una pinta o dos los viernes por la noche y luego irse a la cama. Sabemos que los tipos como él corren a la oficina de correos tan pronto les pagan para que sus familias no tengan que esperar ni preocuparse un solo minuto. Los tipos como míster Downes les mandan a los hijos insignias de la Real Fuerza Aérea para que se las prendan al abrigo. Nosotros queremos lo mismo y así se lo dijimos a papá antes de que se fuera: No olvides las alitas de piloto, papá.

Vemos a los muchachos de los telegramas doblar la curva de la cuadra en sus bicicletas. Vienen felices porque las propinas que les dan en los callejones son más grandes que las de las calles y avenidas más elegantes donde los ricos te escatiman hasta el vapor de sus orines.

Las familias que reciben temprano el telegrama se ven muy contentas. Tienen todo el sábado para disfrutar del dinero. Mercan, comen y tienen todo el día para decidir qué van a hacer por la noche y eso es casi tan bueno como hacerlo porque la noche del sábado con unos cuantos chelines en el bolsillo es la noche más deliciosa de la semana.

Hay familias que no reciben el telegrama todas las semanas y se les nota por la cara de ansiedad. La señora Meagher lleva dos meses esperando en la puerta todos los sábados. Mamá dice que le daría la vergüenza más espantosa esperar en la puerta de esa forma. Todos sus hijos juegan en la calle con el ojo alerta por si llega el repartidor de telegramas. Hey, mensajero, ¿traes algo para los Meagher? Y cuando les dice que no ellos dicen: ¿Estás seguro? y él dice: Claro que estoy seguro. Yo sé qué llevo en este puto morral.

Todos sabemos que los muchachos de los telegramas dejan de aparecerse después de la hora del ángelus a las seis y con la oscuridad viene la desesperación de mujeres y niños.

Hey, mensajero, ¿quieres mirar otra vez en el morral? Por favor, ay, por Dios.

Ya miré. No hay nada para vustedes.

Ay, Dios, por favor, revise. Nuestro apellido es Meagher. Hágalo, por favor.

Ya sé muy bien que su jodido apellido es Meagher y ya miré.

Los niños lo quieren agarrar ahí en la bicicleta y él les da puntapiés: Jesús, apártense de mí.

Cuando tocan al ángelus a las seis en punto de la tarde el día ha terminado. Los que han recibido el telegrama comen bajo un chorro de luz eléctrica y los que no lo recibieron tienen que prender velas y ver si Kathleen O'Connell les fía pan y té hasta la próxima semana cuando con la ayuda de Dios y de Su Santa Madre llegará el telegrama.

Míster Meehan el de la parte alta de la cuadra viajó a Inglaterra con papá y cuando el chico de los telegramas se detiene en su puerta sabemos que seremos los siguientes. Mamá tiene listo el abrigo para salir a la oficina de correos pero no piensa levantarse de su silla junto al fuego en Italia mientras no tenga el telegrama en la mano. El repartidor baja por el callejón y frena en la puerta de los Downes. Entrega el telegrama, recibe la propina y gira la bicicleta para arrancar de nuevo calle arriba. Malachy lo llama: Hey, mensajero, ¿no tienes nada para los McCourt? Esperamos uno para hoy. El muchacho de los telegramas sacude la cabeza y se pierde con su bicicleta.

Mamá le da una chupada a su Woodbine: Bueno, tenemos todo el día aunque me gustaría poder mercar temprano antes de que se acaben los mejores jamones en la carnicería de Barry. No se atreve a apartarse del fuego y nosotros no queremos apartarnos del callejón por miedo a que el chico de los telegramas llegue y no encuentre a nadie en casa. Si eso pasara habría que esperar hasta el lunes para cobrar el giro y eso nos arruinaría completamente el fin de semana. Nos veríamos obligados a ver a los Meehan y a todo el mundo pavoneándose con su ropa nueva y regresando a casa cargados de huevos y papas y salchichas para el domingo y arrancando más tarde para el cine del sábado por la noche. No, no podemos dar un paso hasta que llegue el chico de los telegramas. Mamá dice que no nos angustiemos demasiado entre el mediodía y las dos porque muchos de ellos salen a almorzar y que seguramente todo el trajín va a ser entre las dos y el ángelus. No hay por qué preocuparse hasta las seis. Nosotros hacemos parar a todos los mensajeros. Les decimos que nuestro apellido es McCourt, que es nuestro primer telegrama, que deben de ser tres libras o más, que a lo mejor se les olvidó poner nuestro apellido o la dirección, ¿está seguro? ¿Está seguro? Uno de los muchachos nos promete averiguar en la oficina de correos. Dice que sabe lo que es esperar el telegrama porque su propio padre es una mierda de borracho allá en Inglaterra y no les manda ni un penique siquiera. Mamá lo oye desde adentro y nos dice que nunca hablemos así de nuestro padre. El mismo mensajero regresa poco antes del ángelus a las seis y nos dice que le preguntó a la señora O'Connell del correo si había llegado algo para los McCourt en todo el día y que nada. Mamá mira las cenizas apagadas de la chimenea y le saca la última bocanada de placer a la colilla del Woodbine que sostiene entre el dedo gordo curtido y el dedo de la mitad, que mantiene quemado. Como Michel tiene apenas cinco años y no va a entender nada hasta que cumpla once pregunta que si entonces no vamos a comer pescado y papas fritas porque tiene mucha hambre. Mamá le dice: La semana entrante, mi amor, y él sale otra vez a jugar al callejón.

No sabes qué hacer cuando no llega el primer telegrama. No puedes quedarte afuera jugando con tus hermanos toda la noche porque todos se han ido y te daría vergüenza quedarte afuera en la calle mortificándote con los olores de las salchichas y el tocino y el pan frito. No quieres ver la luz eléctrica que sale por las ventanas después de que oscurece y no quieres oír las noticias de la BBC o la Radio Eireana en un aparato ajeno. La señora Meagher y sus hijos andan encerrados y se ve apenas la luz débil de una vela en su cocina. También tienen vergüenza. Se quedan encerrados los sábados por la noche y ni siquiera salen a misa los domingos. Bridey Hannon le contó a mamá que la señora Meagher vive humillada por los harapos que se tienen que poner y está tan necesitada que tiene que acudir al dispensario a pedir asistencia pública. Mamá dice que eso es lo peor que le podría pasar a una familia. Es peor que vivir del subsidio, es peor que ir a la Sociedad de San Vicente de Paúl, es peor que mendigar en la calle con los remendones y los chatarreros. Sería lo último que ella haría antes de ir a parar en persona a una casa de caridad y los niños a un orfanato.

Tengo una llaguita sobre la nariz entre las cejas, es gris y roja y me pica. La abuela dice: No te la toques y no dejes que le caiga agua o se te riega. Si te partieras un brazo ella diría no dejes que le caiga agua o se te riega. De todos modos la llaga se me pasa a los ojos y ahora los tengo rojos y amarillos por la materia que me supura y hace que se me peguen por las mañanas. Se me pegan tan duro que me tengo que forzar los párpados con los dedos y mamá me tiene que restregar la materia amarilla con un trapo mojado y polvo bórico. Las pestañas se me caen y cuando hace viento se me mete a los ojos hasta la última mota de polvo que hay en Limerick. La abuela me dice que ahora tengo los ojos en cueros y que es culpa mía, que todos esos problemas en los ojos vienen de sentarme arriba en el callejón debajo del farol haga el tiempo que haga a clavar la nariz en esos libros y que lo mismo le va a pasar a Malachy si no deja de leer de esa manera. Y es patente que Michael se está poniendo igual de mal por clavar la nariz en esos libros cuando debería estar jugando afuera como un niño normal. Libros, libros, libros, dice la abuela, vustedes van a acabar con esos ojos.

Toma el té con mamá y la oigo cuchichearle: Lo que hay que hacer es ponerle la saliva de san Antonio.

¿Y eso qué es? dice mamá.

Tu saliva en ayunas por la mañana. Ve donde él antes de que despierte y escúpelo en los ojos porque la saliva de una madre en ayunas tiene curas muy poderosas.

Pero yo siempre me despierto antes que mamá. Me fuerzo los ojos antes de que ella se despabile. Oigo sus pisadas y cuando se inclina sobre mí para escupirme yo abro los ojos. Ay, Dios, dice ella, ya abriste los ojos.

Mamá, creo que se me están curando.

Qué bien, y regresa a su cama.

Los ojos no se me curan y ella me lleva al dispensario donde van los pobres a consulta y a que les den remedios. Es el sitio donde se solicita ayuda cuando el padre está muerto o desaparecido y no hay ni subsidio ni salario.

Hay bancas a lo largo de las paredes junto a los consultorios de los médicos. Las bancas se mantienen llenas de gente que habla de sus enfermedades. Los viejos y las mujeres no hacen sino quejarse y los bebés berrean y las madres les dicen: Calla, amorcito, calla. En la mitad del dispensario hay una tarima alta con un mostrador que le da la vuelta a la altura del pecho. Si quieres algo hay que hacer fila frente a la tarima y hablar con míster Coffey o míster Kane. Las mujeres que hacen fila son como las de la Sociedad de San Vicente de Paúl. Llevan chales y tratan con respeto a míster Coffey y míster Kane porque de lo contrario les dicen que se vayan y vuelvan la semana entrante cuando tú necesitas la asistencia pública o un pase para ver al médico en este mismo instante. A míster Coffey y míster Kane les encanta reírse a costa de las mujeres. Ellos deciden si estás o no lo suficientemente necesitado de asistencia pública o enfermo como para ver al médico. Les tienes que contar qué anda mal contigo delante de todo el mundo y con frecuencia se ríen a costa de eso. Dicen: ¿Y qué desea, señora O'Shea? ¿Un pase para el médico? ¿Y qué le pasa, señora O'Shea? Un dolor, ¿verdad? Un poquito de flatulencia, ¿no será? Podría ser exceso de repollo. El repollo tiene ese efecto. Se ríen y la señora O'Shea se ríe y todas las mujeres se ríen y dicen que míster Coffey y míster Kane son muy cómicos y que dejan chiquitos a Laurel y Hardy.

Míster Coffey dice: Y bien, mujer, ¿cómo se llama?

Ángela McCourt, senor.

¿Y qué le pasa?

Es mi hijo, señor. Tiene los ojos malos.

Ay, por Dios, se le nota, señora. Son dos casos perdidos. Parecen un par de soles nacientes. Los japonucos los podrían poner en la bandera, ja ja ja. ¿Se echó ácido en la cara o qué?

Parece ser una infección, señor. Le dio la fiebre tifoidea el año pasado y ahora esto.

Está bien, está bien, no necesitamos su hoja clínica. Tenga un pase para el doctor Troy.

Hay dos bancas largas llenas de pacientes para el doctor Troy. Mamá se sienta al lado de una mujer con una llaga grande en la nariz que no le sana. He ensayado de todo, señora, todos los remedios conocidos en esta buena tierra de Dios. Tengo ochenta y tres años y quiero llegar sana a la tumba. ¿Será mucho pedir que me reúna con el Redentor con la nariz curada? ¿Y a usted qué le pasa, señora?

Mi hijo. Los ojos.

Ay, Dios nos bendiga y nos ampare, mírenle esos ojos. Son los ojos más irritados que he visto en la vida. Nunca vi un rojo de ese tono.

Es una infección, señora.

Habrá una cura para eso. Lo que usted necesita es un zurrón.

¿Cómo así?

Hay niños que nacen con eso en la cabeza, es como una capucha muy fina y muy mágica. Consígase un zurrón y póngaselo en la cara un día con el número tres, haga que aguante la respiración por tres minutos aunque haya que palmotear sobre su cara, rocíelo tres veces con agua bendita de la cabeza a la punta de los pies y al otro día va a tener los ojos despejados.

¿Y dónde voy a conseguir un zurrón?

Todas las comadronas tienen uno, señora. ¿Qué es una comadrona sin un zurrón? Cura toda clase de enfermedades y previene todavía más.

Mamá dice que va a hablar con la enfermera O'Halloran a ver si le sobra algún zurrón.

El doctor Troy me examina los ojos: Al hospital con este niño de inmediato. Llévelo al pabellón de ojos del asilo municipal. Tenga este pase para que lo admitan.

¿Qué tiene, doctor?

El peor caso de conjuntivitis que he visto en la vida y algo más ahí que no alcanzo a distinguir. Necesita un oculista.

¿Cuánto tiempo lo van a internar, doctor?

Sabrá Dios. Debió haberlo traído hace semanas.

Hay veinte camas en la sala y hay hombres y niños con las caras vendadas, parches negros en los ojos, gafas gruesas. Algunos caminan tanteando las camas con un bastón. Hay un hombre que no para de gritar que no va a volver a ver nunca jamás, que es demasiado joven para eso, que sus hijos son unos bebés apenas, que no los va a volver a ver. Jesucristo, ay, Jesucristo, y las monjas se escandalizan de que pronuncie en vano el nombre del Señor. Deja eso, Maurice, deja de blasfemar. Te queda tu salud. Estás vivo. Todos tenemos problemas. Ofréceselo a Dios y piensa en los sufrimientos de Nuestro Señor en la cruz, la corona de espinas, los clavos en Sus pobres manos y pies, la herida en Su costado. Maurice dice: Ay, Jesús, baja los ojos y apiádate de mí. La hermana Bernardette le advierte que si no cuida sus palabras lo van a poner solo en una sala y él dice: Dios de las alturas, y eso no es tan malo como Jesucristo y ella se da por satisfecha.

Al otro día tengo que bajar al otro piso a que me pongan gotas. La enfermera me dice: Siéntate en esa silla alta y toma este dulce. El doctor tiene un frasco con un líquido color café adentro. Me dice que eche la cabeza para atrás, así es, ahora ábrelos, abre los ojos, y me echa de ese líquido en el ojo derecho y es como una llamarada que me atraviesa el cráneo. La enfermera dice: Abre el otro ojo, vamos, sé bueno, y me tiene que abrir los párpados a la fuerza para que el doctor le pueda echar candela a la otra mitad de mi cerebro. Ella me limpia las mejillas y me dice que ya puedo subir pero yo casi no puedo ver y lo único que quiero es meter la cabeza en un arroyo helado. El doctor dice: Vete, hay que ser machos, sé un buen soldado.

El mundo se ve todo café y borroso en las escalera. Los otros pacientes están sentados junto a la cama con las bandejas del almuerzo y la mía está ahí también pero yo no la quiero con esa quemazón que tengo en la cabeza. Me siento junto a la cama y un chico al frente me dice: Hey, ¿no quieres tu almuerzo? Yo te lo recibo, y viene por él.

Trato de recostarme pero una enfermera me dice: No, no, nada de cama a mediodía. Tu caso no es tan grave.

Me tengo que sentar con los ojos cerrados y todo se ve café y negro, negro y café, y estoy seguro de que estoy soñando porque, Dios del cielo, pero si es el chiquito del tifo, el pequeño Frankie, la luna era un galeón fantasmal sacudido en un mar de nubarrones, ¿eres tú, Frankie?, porque lo que es a mí me promovieron fuera del hospital de contagios, gracias a Dios, donde hay toda clase de enfermedades y uno nunca sabe qué microbios le va a llevar uno a la mujer entre la ropa, y qué te pasa, Frankie, ¿y qué hay con ese par de ojos en la cara que se te han puesto cafés?

Tengo una infección, Seamus.

Yerra, ya te vas a curar antes del matrimonio, Frankie. Los ojos necesitan ejercicio. El parpadeo es de lo más útil para los ojos. Yo tenía un tío con la vista mala y el parpadeo lo salvó. Todos los días se sentaba a parpadear durante una hora y eso acabó sirviéndole mucho. Resultó con unos ojos poderosos, sí señor.

Le quiero preguntar más sobre el parpadeo y los ojos poderosos pero él me dice: Bueno, ¿y te acuerdas del poema, Frankie, el poema bonito de Patricia?

Se hace en el pasadizo entre las camas con el balde y el trapero y recita el poema del bandolero y los pacientes dejan de gemir y las monjas y enfermeras se quedan quietas y prestan atención y Seamus recita y recita hasta el final y todos lo aplauden como locos y lo aclaman y él les dice que adora ese poema y que lo va a tener en la cabeza mientras viva no importa dónde vaya y que si no fuera por ese Frankie McCourt del tifo que está ahí y la pobre Patricia Madigan de la difteria que ya murió Dios la tenga en su gloria él no se habría aprendido el poema y entonces yo me vuelvo famoso en el pabellón de ojos del hospital del asilo municipal y todo gracias a Seamus.

Mamá no puede visitarme todos los días, estoy muy lejos, ella no siempre tiene para el bus y la caminada le lastima los callos. Me dice que los ojos se ven mejores aunque es difícil saber con esa cosa café que se parece y huele a yodo y que si tiene yodo debe de arder montones. Así y todo, dicen que mientras más amargo es el remedio más rápida es la curación. Cuando el tiempo está despejado le permiten sacarme a dar un paseo por los terrenos del hospital y allá veo algo extraño: a míster Timoney recostado en un muro donde tienen a los ancianos. Mira al cielo. Yo quiero hablarle pero primero tengo que pedirle permiso a mamá porque nunca se sabe qué está bien y qué está mal en los hospitales.

Míster Timoney.

¿Quién es? ¿A quién tenemos?

A Frank McCourt, señor.

Francis, ah, Francis.

Mamá dice: Yo soy su madre, míster Timoney.

Bueno, pues, eso es una bendición para ustedes dos. Yo ya no tengo ni amigos ni parientes ni a Macushla mi perra. ¿Y qué haces aquí, Francis?

Tengo una infección en los ojos.

Ay, Jesús, Francis, en los ojos no, en los ojos no. Madre de Cristo, eres demasiado joven para eso.

Míster Timoney, ¿no quiere que le lea?

¿Con esos ojos, Francis? Ah, no, hijo. Ahorra la vista. Yo ya estoy más allá de la lectura. Ya tengo en la cabeza todo lo que necesito. Fui lo suficientemente listo para aprender muchas cosas en mi juventud y ahora tengo una biblioteca en la cabeza. Los ingleses me mataron a mi esposa de un tiro. Los irlandeses sacrificaron a mi pobre e inocente Macushla. Este mundo es una farsa.

Mamá dice: El mundo es terrible pero Dios es bueno.

Cómo no, señora. Dios hizo el mundo, el mundo es terrible, pero Dios es bueno. Adiós, Francis. Descansa los ojos y luego lee hasta que se te salten de la cara. Pasamos buenos ratos con el bueno de Jonathan Swift, ¿no, Francis?

Sí, míster Timoney.

Mamá vuelve a llevarme al pabellón de ojos. Me dice: No llores por míster Timoney, ni que fuera tu padre. Además te vas a dañar los ojos.

Seamus viene al pabellón tres veces por semana y trae nuevos poemas en la cabeza. Dice: Frankie, Patricia se puso triste cuando dijiste que no te gustaba el del búho y la minina.

Lo siento, Seamus.

Lo tengo en la cabeza, Frankie, y te lo puedo recitar si no dices que es bobo.

Recita el poema y a todos en la sala les encanta. Se quieren aprender la letra y lo recita tres veces más hasta que toda la sala repite con él:

A navegar salieron el búho y la minina
en un bonito bote verde arveja.

Algo de miel llevaban y papel moneda
en un zurullo como de cinco libras.
El búho miraba arriba las estrellas
y con su guitarrita le cantaba:
Ay mi linda minina, mi micha, mi consuelo,
qué linda eres, mi minina amada,
mi minina amada,
mi minina amada.
Qué linda eres, mi minina amada.[2]

Lo recitan a coro con Seamus y al terminar silban y aplauden y Seamus se ríe, feliz consigo mismo. Se marcha con su balde y su trapero y los demás se quedan repitiendo a todas horas:

Ay mi linda minina, mi micha, mi consuelo,
qué linda eres, mi minina amada,
mi minina amada,
mi minina amada.
Qué linda eres, mi minina amada.

Hasta que un día Seamus viene sin balde y sin trapero y me entra el temor de que lo hayan despedido por la poesía pero él sonríe y me dice que se va a Inglaterra a trabajar y ganarse un salario decente para variar. Va a trabajar dos meses para mandar después por su mujer y a lo mejor si Dios lo quiere les dará hijos porque algo habrá que hacer con todos esos poemas en la cabeza y qué mejor que recitárselos a los pequeños en memoria de Patricia Madigan que murió de difteria.

---

2 *The Owl and the Pussy-cat went to sea / In a beautiful pea-green boat. / They took some honey, and plenty of money / Wrapped up in a five-pound note. / The Owl looked up to the stars above, / And sang to a small guitar, / O lovely Pussy, O Pussy, my love, / What a beautiful Pussy you are, / You are, / You are. / What a beautiful Pussy you are.*

Adiós, Francis. Si supiera escribir te escribiría pero haré que mi mujer te escriba cuando esté allá conmigo. A lo mejor hasta aprendo a leer y escribir para que el niño que nos llegue no tenga un padre imbécil.

Quiero llorar pero no puedes llorar en el pabellón de ojos con esa cosa café en los ojos y las enfermeras diciendo: Qué es eso qué es eso pórtate como un hombre, y las monjas machacando: Ofréceselo a Dios, piensa en los sufrimientos de Nuestro Señor en la cruz, la corona de espinas, la lanza en el costado, las manos y los pies desgarrados por los clavos.

Llevo un mes en el hospital y el doctor dice que ya puedo ir a casa aunque todavía tengo un poco de infección pero que si mantengo limpios los ojos con jabón y toallas limpias y me fortifico con comida alimenticia y harta carne y huevos tendré un par de ojos chispeantes en un dos por tres ja ja ja.

Míster Downes el de la casa del frente regresa de Inglaterra al entierro de su madre. Le habla a su mujer de mi padre. Ella se lo cuenta a Bridey Hannon y Bridey se lo cuenta a mi madre. Míster Downes dice que Malachy McCourt está bebiendo como un loco, que derrocha el salario en las tabernas de todo Coventry, que canta canciones revolucionarias irlandesas que a los ingleses no les importan porque ya están acostumbrados a la cantaleta de los irlandeses sobre los siglos de sufrimientos, pero que lo que sí no van a tolerar es que un hombre se ponga de pie en una taberna e insulte al rey y a la reina de Inglaterra, a sus dos lindas hijas o a la mismísima reina madre. Insultar a la reina madre es pasar la raya de las rayas. ¿Qué le ha hecho ella a nadie, esa pobre señora entrada en años? Una y otra vez Malachy se bebe el dinero del alquiler y acaba durmiendo en los parques cuando el casero al fin lo echa. Es una verdadera desgracia, sí señor, y la señora Downes se alegra de que McCourt no sea un nativo de Limerick que mancille el prestigio de esta antigua ciudad. Los magistrados de Coventry están perdiendo la paciencia y si Malachy McCourt no deja de hacer esos malditos disparates lo van a expulsar definitivamente del país.

Mamá le dice a Bridey que no sabe qué hacer con eso que le cuentan de Inglaterra, que nunca en la vida se ha sentido más desesperada. Se da cuenta de que Kathleen O'Connell no le quiere fiar más en la tienda y su propia madre le contesta con cajas destempladas si le pide prestado un chelín y en la Sociedad de San Vicente de Paúl quieren saber cuándo va a dejar de recurrir a la caridad especialmente ahora con un marido en Inglaterra. Le da vergüenza nuestra facha con esas viejas camisas mugrosas y remendadas y esos calzones harapientos y esos zapatos acabados y esas medias rotas. No duerme por las noches pensando en que lo más compasivo de todo sería meter a los cuatro niños en un orfanato para poder viajar ella a Inglaterra y rebuscarse cualquier trabajo para que al cabo de un año pudiera llevarnos a vivir mejor. Puede que haya bombas pero ella prefiere bombas a todas horas en vez de esta vergüenza de estar mendigando aquí y allá.

No, pase lo que pase ella no soporta la idea de internarnos en un orfanato. Eso estaría bien si aquí hubiera algo así como el *Boy's Town* de América con un buen sacerdote como Spencer Tracy pero no se puede confiar en los hermanos cristianos allá en Glin que hacen ejercicio azotando a los niños y matándolos de hambre.

Mamá dice que ya no tiene más recursos que el dispensario y la asistencia pública, la limosna oficial, aunque le da la vergüenza más grande ir a pedirla. Eso quiere decir que ya se te acabó la cuerda y que si mucho estás un nivel por encima de los remendones y los chatarreros y los pordioseros en general. Quiere decir que tienes que arrastrarte ante míster Coffey y míster Kane y gracias a Dios que el dispensario queda al otro lado de Limerick para que los vecinos no se enteren de que estamos viviendo de la asistencia pública.

Otras mujeres le informaron ya que lo más sabio es ir temprano en la mañana cuando es más probable que míster Coffey y míster Kane estén de buen humor. Si llegas tarde en la mañana puede que anden ya ofuscados después de atender a cientos de hombres y mu-

jeres y niños enfermos y en plan de pedir ayuda. Ella decide llevarnos a todos para probar que tiene que alimentar a cuatro niños. Se
levanta temprano y por primera vez en la vida nos dice que no nos
lavemos la cara, no nos peinemos y nos pongamos cualquier trapo
viejo. Me dice que me dé una buena restregada en los ojos irritados
y me los ponga tan rojos como pueda porque mientras peor te vean
en el dispensario más probabilidades tienes de recibir asistencia pública. Se queja de que Malachy y Michael y Alphie se ven demasiado
sanos y se pregunta por qué precisamente hoy no tienen raspadas
las rodillas ni una cortada por ahí o algún ojo morado. Si nos encontramos con alguien en el callejón o en las calles de Limerick no
debemos decirle adónde vamos. Ya tiene suficiente vergüenza sin
que haya que contárselo a todo el mundo y dejar que su madre se
entere.

Ya hay fila afuera del dispensario. Hay mujeres parecidas a
mamá con niños en los brazos, bebés como Alphie, y niños que juegan en la acera. Las mujeres abrigan a los nenes contra el frío y les
gritan a los que están jugando que no corran hacia la calle no sea
que los atropelle un auto o una bicicleta. Hay viejos de ambos sexos
acurrucados contra la pared, hablando solos o callados del todo.
Mamá nos advierte que no nos alejemos y esperamos media hora a
que abran la puerta grande. Un hombre nos dice que pasemos en
orden y hagamos fila frente a la tarima, que míster Coffey y míster
Kane vienen en un minuto cuando acaben el té en el cuarto de atrás.
Una mujer se queja de que sus hijos se están congelando de frío y
que Coffey y Kane bien se podrían apurar con el jodido té. El hombre le dice que es una camorrista pero que esta vez no va a apuntar
su nombre por el frío que está haciendo afuera pero que si dice una
palabra más se va a arrepentir.

Míster Coffey y míster Kane se suben a la tarima y no le prestan
atención a nadie. Míster Kane se pone las gafas, se las quita, las
desempaña, mira al techo. Míster Coffey lee los periódicos, escribe
algo, le pasa papeles a míster Kane. Cuchichean. Se toman todo el
tiempo. No nos miran.

Al fin míster Kane llama a la tarima al viejo que va primero. ¿Cómo se llama?

Timothy Creagh, señor.

Creagh, ¿eh? Como que tiene un buen apellido de Limerick.

Sí, señor. Cómo no.

¿Y qué quiere, Creagh?

Ah, mire, me han vuelto a dar esos dolores de estómago y me gustaría ver al doctor Freeley.

Vea, Creagh, ¿está seguro de que esas pintas de amarga no le están cayendo mal al estómago?

De ninguna manera, señor. Pero si no puedo probar ni gota con estos dolores. Además, mi mujer está en cama y tengo que cuidarla.

Hay mucha pereza en este mundo, Creagh. Y míster Kane les dice a los de la fila: ¿Oyen eso, señoras? Mucha pereza, ¿no es cierto?

Y las mujeres dicen: Oh, sí, claro, míster Kane, mucha pereza.

Míster Creagh consigue el pase para ver al doctor, la fila se va moviendo y míster Kane atiende ahora a mamá.

Asistencia pública, ¿es eso lo que quiere? ¿Limosna oficial?

Sí, míster Kane.

¿Y dónde está su marido?

Está en Inglaterra, pero...

¿Inglaterra, eh? ¿Y dónde está el telegrama semanal, las cinco libras gordas?

No nos ha mandado ni un penique en estos meses, míster Kane.

¿De veras? Bueno, ya sabemos por qué, ¿verdad? Ya conocemos las andanzas de los irlandeses en Inglaterra. Sabemos que por ahí se ve uno que otro tipo de Limerick paseándose con alguna buscona de Piccadilly, ¿verdad?

Mira a las de la fila y ellas saben qué hay que responder: Verdad, míster Kane, y saben que tienen que sonreír y reírse o las cosas se van a poner duras cuando lleguen a la tarima. Saben que las podría remitir a míster Coffey y él es famoso por decir que no a todo.

Mamá le dice a míster Kane que papá está en Coventry muy lejos de Piccadilly y míster Kane se quita las gafas y le clava la vista: ¿Qué pasa? ¿Estamos contradiciendo aquí un poquito?

Oh, no, míster Kane. Por Dios que no.

Quiero que sepa, mujer, que nuestra política es no prestar asistencia a mujeres que tengan el esposo en Inglaterra. Quiero que sepa que le está quitando el pan de la boca a gentes más necesitadas que se quedaron en este país haciendo su parte.

Oh, sí, míster Kane.

¿Y cómo se llama?

McCourt, señor.

Ese apellido no es de Limerick. ¿De dónde sacó un apellido así?

De mi marido, señor. Es del norte.

Es del norte y la abandona a usted aquí para que pida la asistencia del Estado Libre de Irlanda. ¿Para eso nos independizamos, eh?

No sé, señor.

¿Por qué no va a Belfast a ver qué pueden hacer los orangistas por ustedes?

No sé, señor.

No sabe. Claro que no sabe. Hay mucha ignorancia en este mundo.

Mira a la gente. Dije que hay mucha ignorancia en este mundo, y la gente asiente con la cabeza y está de acuerdo con que hay mucha ignorancia en este mundo.

Le dice algo al oído a Coffey y los dos miran a mamá y nos miran a nosotros. Por fin le dice a mamá que va a recibir asistencia pública pero que si el marido le manda un solo penique tiene que renunciar a todo y devolver el dinero al dispensario. Ella promete hacerlo y nos marchamos.

La seguimos hasta la tienda de Kathleen O'Connell a comprar pan y té y unos cuantos terrones de turba para la chimenea. Subimos a Italia y prendemos el fuego y ya está tibio y agradable cuando tomamos el té. Estamos todos muy callados, hasta Alphie el bebé, pues sabemos lo que le hizo míster Kane a nuestra madre.

X ◈

HAY FRÍO Y HUMEDAD allá abajo en Irlanda pero nosotros estamos en Italia. Mamá dice que deberíamos subir al pobre Papa y colgarlo en la pared frente a la ventana. Después de todo es amigo de los trabajadores y es italiano y ellos viven en tierras más calientes. Mamá está junto al fuego, tiritando, y sabemos que algo malo le pasa porque no hace ni un ademán para coger un cigarrillo. Dice que siente venir un resfriado y que le encantaría tomarse algo ácido, una limonada. Pero no hay dinero, ni siquiera para el pan del desayuno. Ella se toma un té y se acuesta.

Toda la noche hace crujir la cama con todo lo que se revuelve y se retuerce y no nos deja dormir con sus gemidos pidiendo agua. Al otro día se queda acostada, todavía con los escalofríos, y nosotros nos quedamos quietos. Si sigue dormida otro rato Malachy y yo podremos faltar a la escuela. Las horas pasan y ella sigue sin moverse y cuando me doy cuenta de que ya no es hora de ir a la escuela enciendo el fuego y pongo la tetera. Ella se despierta y pide limonada pero yo le doy un frasco de mermelada lleno de agua. Le pregunto si quiere té y ella actúa como si estuviera sorda. Está muy roja y es raro que ni siquiera mencione los cigarrillos.

Estamos calladitos junto a la chimenea, Malachy, Michael, Alphie y yo. Nos tomamos el té mientras Alphie roe el último pedacito de pan cubierto de azúcar. Nos hace reír porque se unta de azúcar toda la cara y nos sonríe con esos cachetes pegotudos. Pero no podemos reírnos mucho si no queremos que mamá salte de la cama y nos mande a Malachy y a mí a la escuela donde nos matarían por llegar tarde. No nos reímos mucho rato, no hay más pan y los cuatro tenemos hambre. Ya no nos fían en la tienda de O'Connell. Tampoco podemos ir donde la abuela. Nos grita todo el tiempo porque papá es norteño y nunca manda dinero de Inglaterra donde trabaja en una fábrica de municiones. La abuela dice que si por él fuera nos moriríamos de hambre. Eso le enseñaría a mamá una lección por casarse con un norteño de piel morena, un modo de ser raro y facha de presbiteriano.

Así y todo tengo que probar suerte donde Kathleen O'Connell una vez más. Le diré que mi madre está enferma allá arriba en la cama, que mis hermanos se están muriendo de hambre y que nos va a matar la falta de pan.

Me pongo los zapatos y echo a correr por las calles de Limerick para calentarme en ese día helado de febrero. Se puede ver por las ventanas de la gente lo acogedoras que están las cocinas con los fuegos encendidos o las hornillas negras y calientes todo muy brillante bajo la luz eléctrica y tazas y platos en las mesas con bandejas de pan tajado libras de mantequilla frascos de mermelada olor a huevos fritos con tocino saliendo por las ventanas como para que a uno se le haga agua la boca y las familias ahí sentadas clavando el tenedor todo sonrisas la madre muy pulcra y aseada en su delantal todos recién bañados y el Sagrado Corazón de Jesús contemplándolos desde la pared sufrido y triste pero también feliz por toda esa comida y esa luz y esos buenos católicos tomando el desayuno.

Me rebusco mi propia música en la cabeza pero lo único que encuentro es a mi madre gimiendo por una limonada.

Limonada. Frente a la taberna de South hay una camioneta que arranca después de descargar unas cajas de cerveza y limonada y no hay un alma en la calle. En un segundo me meto dos botellas de limonada bajo el suéter y me alejo haciéndome el disimulado.

Hay un furgón de pan en la puerta de la tienda de Kathleen O'Connell. Está abierto por detrás y se ven unos estantes llenos de pan humeante, recién horneado. El chofer está en la tienda tomándose su té con bizcochuelos con Kathleen y no me cuesta nada alzarme con un pan. No está bien hecho robarle a Kathleen con lo buena que ha sido con nosotros pero si entro a pedirle pan se va a enojar conmigo y me dirá que le arruiné su taza de té de la mañana, taza que a ella le gustaría tomarse en paz calma y comodidad muchas gracias. Es más fácil meterse un pan por debajo del suéter con las limonadas y prometer confesarme después.

Mis hermanos están otra vez en la cama jugando bajo los abrigos pero se bajan de un brinco cuando ven el pan. Lo partimos con las manos porque tenemos demasiada hambre para cortarlo y hacemos té con el ripio del té de por la mañana. Cuando mamá despierta Malachy le pone en los labios la botella de limonada y ella se la bebe de un tirón. Si le gusta tanto voy a tener que encontrar más limonada.

Echamos lo que queda de carbón en la chimenea y nos sentamos a contar cuentos inventados como los de papá. Les cuento a mis hermanos mis aventuras con las limonadas y el pan y me invento historias de cómo me persiguieron los cantineros y los dueños de las tiendas y cómo me refugié en la iglesia de San José donde nadie puede apresarte si eres un criminal, así hayas matado a tu propia madre. Malachy y Michael se escandalizan por la forma como conseguí el pan y la limonada hasta que Malachy dice que Robin Hood hubiera hecho lo mismo, robarles a los ricos para darles a los pobres. Michael dice que soy un forajido y que si me atrapan me van a colgar del árbol más alto del Parque del Pueblo igual que cuelgan a los forajidos en las películas del cine Lyric. Malachy dice que mejor me asegure de estar en estado de gracia porque va a ser difícil encontrar un padre que vaya al colgamiento. Yo le digo que cualquier padre tendría que ir. Para eso están ellos. Roddy McCorley tuvo su sacerdote y Kevin Barry también. Malachy dice que no hubo sacerdotes en los colgamientos de Roddy McCorley y Kevin Barry porque no salen en las canciones y empieza a cantarlas para probarlo hasta que mamá se queja en la cama y nos manda a callar.

Alphie el bebé está dormido en el suelo junto al fuego. Lo ponemos en la cama con mamá para que se caliente aunque no queremos que se le pegue la enfermedad y se muera. Si ella se despierta y lo encuentra muerto a su lado los lamentos no van a terminar nunca y encima de eso me va a acusar a mí.

Los tres volvemos a nuestra cama, nos acurrucamos bajo los

abrigos y tratamos de no rodar a la parte más hueca en el medio del colchón. Se está muy bien ahí hasta que Malachy empieza a preocuparse porque a Alphie le va a dar la enfermedad de mamá y a mí me van a colgar por forajido. Dice que no es justo porque él se quedaría con un hermano apenas y todo el mundo tiene hermanos a patadas. La preocupación lo rinde y pronto Michael también se va durmiendo y yo me quedo ahí pensando en mermelada. Sería una delicia tener otro pan entero y un frasco de mermelada de fresa o de cualquier sabor. No recuerdo haber visto furgones de mermelada haciendo despachos y no me gustaría ser como Jesse James y entrar a los balazos a una tienda exigiendo mermelada. Eso sí que te llevaría a la horca.

Un sol frío entra por la ventana y pienso que ya debe de estar más tibio afuera y que mis hermanos se llevarían tamaña sorpresa si se despertaran y me vieran ahí con más pan y mermelada. Primero se tragarían todo y después le darían con lo de mis pecados y la horca.

Mamá sigue dormida aunque tiene la cara roja y hace un ruido de ahogo cuando ronca.

Tengo que ir por las calles con cuidado porque es día de clases y si el guardia Dennehy me descubre me va a arrastrar hasta la escuela y míster O'Halloran me va a zurrar por todo el salón. El guardia está encargado de la asistencia a clases y le encanta perseguirte en la bicicleta y arrastrarte de la oreja hasta la escuela.

Hay una caja al pie de la puerta de una de las casas grandes de la calle Barrington. Hago como si fuera a golpear el aldabón para mirar qué hay en la caja: una botella de leche, un pan, queso, tomates y, Dios mío, un frasco de mermelada de naranja. No me puedo meter todo eso debajo del suéter. Ay, Dios, ¿me llevo la caja entera? Los transeúntes no se fijan en mí. Da igual si me llevo la caja entera. Mi madre diría que da igual si te cuelgan por una oveja que por un cordero. Alzo la caja y trato de poner cara de recadero entregando un despacho y nadie dice ni mu.

Malachy y Michael están fuera de sí al ver qué hay en la caja y al

momento se engullen unas gruesas rebanadas de pan embadurnadas de dorada mermelada. Alphie tiene la cara toda untada y el pelo
y buena parte de las piernas y el estómago. Pasamos la comida con
té frío porque no hay modo de calentarlo.

Mamá vuelve a gemir pidiendo limonada y le doy la mitad de la
segunda botella para calmarla un poco. Me pide más y la mezclo
con agua para que dure más porque no puedo pasarme la vida robando limonada en las tabernas. La estamos pasando de maravilla
hasta que mamá empieza a delirar en la cama sobre la linda hijita
que le quitaron y los dos niños que murieron antes de cumplir los
tres añitos y que por qué Dios no se lleva a los ricos para variar y
que si hay limonada en la casa. Michael pregunta si mamá va a morirse y Malachy le dice que no puedes morirte hasta que venga el
padre. Entonces Michael pregunta si no va a haber más fuego en la
chimenea y té caliente porque se está helando en la cama aun con
los abrigos de los tiempos antiguos. Malachy dice que deberíamos ir
de puerta en puerta pidiendo turba y carbón y leña y que podríamos usar el cochecito de Alphie para traer la carga. Deberíamos
llevar a Alphie con nosotros porque es un bebé y se sonríe y cuando
la gente lo vea le va a dar lástima de él y de nosotros. Tratamos de
lavarle la mugre y la pelusa y las plumas y la mermelada pegajosa
pero apenas siente el agua suelta el berrido. Michael dice que de
todos modos se va a ensuciar otra vez en el coche así que para qué
lavarlo. Michael es un niñito pero se mantiene diciendo cosas im-
presionantes como esa.

Salimos con el coche por las calles y avenidas de los ricos pero
cuando tocamos a las puertas las criadas nos dicen que nos larguemos o llaman a las autoridades competentes y que qué vergüenza
llevar a un bebé en esa ruina de coche que apesta hasta los cielos un
aparato de asco que no usarían para llevar a un cerdo al matadero y
este es un país católico donde los bebés deberían ser lo más precia-
do y mantenidos vivos para transmitir la fe de generación en generación. Malachy le dice a una criada que le bese el culo y ella le da tal
bofetón que las lágrimas le saltan a los ojos y entonces él promete

que jamás en la vida volverá a pedirles nada a los ricos. Dice que es inútil seguir pidiendo, que deberíamos escalar los muros de los patios traseros y llevarnos lo que queramos. Michael puede tocar el timbre para distraer a las criadas y Malachy y yo podemos tirar carbón y turba por encima del muro y llenar todo el coche alrededor de Alphie.

De ese modo recogemos material en tres casas hasta que Malachy tira un carbón por encima del muro y le pega a Alphie y él se pone a llorar y tenemos que correr y dejar a Michael, que sigue timbrando y recibiendo insultos de las criadas. Malachy dice que primero llevemos el coche a casa y después regresemos por Michael. Ya no podemos detenernos con Alphie berreando a todo pulmón y la gente mirándonos feo y diciéndonos que somos una desgracia para nuestra madre y para Irlanda en general.

Ya en casa nos lleva un rato desenterrar a Alphie de entre el carbón y la turba y él no deja de chillar hasta que le doy pan con mermelada. Tengo miedo de que mamá salte de la cama pero ella apenas balbucea cosas de papá y el trago y los bebés muertos.

Malachy trae a Michael, lleno de historias sobre sus aventuras con los timbres. Una mujer rica le abrió la puerta en persona y lo invitó a pasar a la cocina a comer torta y leche y pan con mermelada. Le preguntó por su familia y él le contó que su padre tenía un gran trabajo en Inglaterra pero que su madre estaba en casa con una enfermedad muy grave pidiendo limonada mañana, día y noche. La rica preguntó que quién nos cuidaba y Michael se jactó de que nos cuidábamos solos, de que no nos faltaban ni el pan ni la mermelada. La rica anotó el nombre y la dirección de Michael y le dijo que fuera un buen muchacho y fuera a casa con sus hermanos y su madre encamada.

Malachy regaña a Michael por ser tan idiota de contarle algo a una rica. Ahora va a ir a delatarnos y antes de que nos demos cuenta se van a aparecer todos los sacerdotes del mundo a golpear en la puerta y jorobarnos.

Golpean a la puerta. Pero no es un sacerdote, es el guardia

Dennehy. Llama: Hola, hola, ¿hay alguien en casa? ¿Está ahí, señora McCourt?

Michael toca en la ventana y saluda al guardia con la mano. Yo le doy su buena patada y Malachy le da un coscorrón y él nos chilla: Se lo voy a decir al guardia, se lo voy a decir. Me van a matar, guardia. Me están pegando puñetazos y patadas.

No se quiere callar y el guardia Dennehy nos grita que le abramos la puerta. Yo lo llamo por la ventana y le digo que no puedo abrir la puerta porque mi madre está en cama con una enfermedad terrible.

¿Dónde está tu padre?

En Inglaterra.

Bueno, voy a entrar a hablar con tu madre.

No puede. No puede. Tiene una enfermedad. Todos estamos enfermos. Puede ser la tifoidea. Puede ser la tisis galopante. Ya nos están saliendo las ronchas. El bebé tiene un lamparón. Puede ser fatal.

Él empuja la puerta y sube a Italia en el mismo momento en que Alphie sale de debajo de la cama todo pringado de mugre y mermelada. Mira a Alphie, mira a mamá y nos mira a nosotros, se quita la gorra y se rasca la cabeza. Dice: Jesús, María y José, el caso es grave. ¿Y cómo se enfermó su madre?

Le digo que no se le acerque y cuando Malachy dice que a lo mejor no vamos a poder ir a la escuela en años el guardia dice que vamos a ir no importa qué, que vinimos al mundo para ir a la escuela del mismo modo que él vino al mundo para asegurarse de que vayamos a la escuela. Pregunta si tenemos parientes y me manda a decirles a la abuela y a la tía Aggie que vengan a la casa.

Ellas me gritan y me dicen que estoy hecho un cochino. Trato de explicarles que mamá está enferma y que estoy fundido de lidiar con todo, de mantener prendidas las chimeneas, de conseguir limonada para mamá y pan para mis hermanos. De nada vale hablarles de mermelada porque me vuelven a gritar. De nada vale hablarles de la grosería de los ricos y sus criadas.

Me llevan a empujones de regreso a casa, regañándome y humi-

llándome por las calles de Limerick. El guardia Dennehy sigue rascándose la cabeza. Dice: Miren esto, un desastre. Esto no se vería ni
en Bombay, ni en el callejón de los milagros del propio Nueva York.

La abuela le chilla a mi madre: Madre de Dios, Ángela, ¿qué te
pasa que estás acostada? ¿Qué te han hecho?

Mi madre se pasa la lengua por los labios resecos y jadea pidiendo más limonada.

Quiere limonada, dice Michael, y nosotros se la conseguimos y
también pan y mermelada y ahora somos unos forajidos. Frankie
fue el primer forajido hasta que salimos a robar carbón por todo
Limerick.

El guardia Dennehy pone cara de interés y lleva abajo a Michael
de la mano y al momento lo oímos reírse. La tía Aggie dice que esa
no es manera de comportarse con mi madre así de enferma. El
guardia vuelve y le dice que vaya por un doctor. Se tapa la cara con
la gorra cada vez que me mira a mí o a mis hermanos. Bandidos,
nos dice, cuatreros bandidos.

El doctor viene en su automóvil con la tía Aggie y tiene que correr con mi madre al hospital porque tiene neumonía. Todos queremos montar en el auto del doctor pero la tía Aggie dice: No, se van
para mi casa hasta que su madre vuelva del hospital.

Yo le digo que no se moleste. Tengo once años y no me cuesta
nada cuidar a mis hermanos. Con gusto puedo faltar a la escuela
para encargarme de que todos estén limpios y bien alimentados.
Pero la abuela chilla que no haré semejante cosa y la tía Aggie me da
mi buen sopapo. El guardia Dennehy dice que aún soy muy pequeño para ser forajido y padre de familia pero que tengo muy buen
futuro en ambas esferas.

Traigan su ropa, dice la tía Aggie, porque vustedes se vienen a mi
casa hasta que su madre salga del hospital. Jesús del cielo, ese bebé
es una vergüenza.

Se rebusca un trapo y se lo amarra en el trasero a Alphie para
que no se cague en todo el coche. Luego nos mira y nos pregunta
qué hacemos ahí parados con esas caras largas siendo que ya nos

dijo que trajéramos la ropa. Temo que me vaya a pegar o que me grite cuando le diga que no se preocupe, que tenemos la ropa, que la llevamos puesta. Ella me clava los ojos y sacude la cabeza. Toma, me dice, pon agua azucarada en el tetero del bebé. Me dice que yo tengo que llevar a Alphie por las calles, que ella no puede manejar el coche con esa rueda desvencijada que lo bambolea todo y que además es un objeto vergonzoso y le daría pudor meter ahí hasta un perro sarnoso. Recoge los tres abrigos viejos de nuestra cama y los embute en el cochecito hasta tapar casi del todo a Alphie.

La abuela viene con nosotros y me regaña todo el camino desde el callejón de Roden hasta el piso de la tía Aggie en la calle Windmill: ¿Es que no sabes manejar ese coche? Vas a matar a ese niño. Deja de dar bandazos o te doy una buena palmada en esa jeta. Se niega a entrar donde la tía Aggie. No soporta vernos un minuto más. Está harta de todo el clan McCourt desde el día en que tuvo que enviarnos para los seis pasajes de vuelta de América, harta de sacar más dinero para los entierros de los niños muertos, de sostener a Ángela mientras ese bandido del norte se bebe el pago por toda Inglaterra. Ah, está harta, sí señor, y arranca por la calle Henry con el chal negro tapándole la cabeza canosa, cojeando en sus botillas de cordones altos.

Cuando tienes once años y tus hermanos diez, cinco y uno, no sabes qué hacer en una casa ajena aunque sea la de la hermana de tu madre. Te dicen que dejes el cochecito en el pasillo y entres al niño a la cocina pero si no es tu casa no sabes qué hacer cuando entras a la cocina por miedo a que tu tía te grite o te pegue en la cabeza. Ella se quita el abrigo y lo lleva a la pieza y tú te quedas cargando al bebé y esperando órdenes. Si das un paso adelante o un paso al lado ella puede salir y preguntarte adónde vas y no sabes qué contestar porque ni tú mismo sabes. Si les dices algo a tus hermanos ella puede decir que con quién crees que estás charlando en mi cocina. Tenemos que quedarnos ahí quietos y eso es difícil cuando hay un ruido metálico en la pieza y sabemos que ella está meando en el orinal. No me atrevo a mirar a Malachy. Si lo hago él se va a sonreír y yo también y Michael también y hay peligro de que soltemos la carcajada y si empezamos no vamos a parar en días imaginándonos el gran trasero blanco de la tía Aggie posado en un orinalcito decorado con flores. Soy capaz de aguantarme. No me voy a reír. Malachy y Michael no se van a reír y se nota lo orgullosos que estamos de no reírnos y meternos en problemas con la tía Aggie hasta que Alphie se sonríe en mis brazos y dice gugú y nos hace estallar. Los tres rompemos a reír y Alphie se sonríe con su carita sucia y dice gugú otra vez hasta que ya no podemos más y la tía Aggie sale hecha una furia de la pieza bajándose la falda y me da un manotazo en la cabeza que me manda contra la pared con bebé y todo. Le pega a Malachy también y trata de pegarle a Michael pero él corre al otro lado de la mesa redonda y ella no lo puede alcanzar. Ven acá, dice, que te borro esa risita de la cara, pero Michael sigue corriendo alrededor de la mesa y ella no puede atraparlo de lo gorda que está. Ya te agarro más tarde, le dice ella, y voy a calentarte el culo, y tú, lord Boñiga, me dice a mí, pon a ese niño allá en el suelo junto a la estufa. Arroja al piso los abrigos viejos y Alphie se acuesta en ellos con el tetero de agua azucarada y dice gugú y sonríe. La tía nos ordena quitarnos hasta el último trapo de ropa e ir al grifo del patio de atrás y restregarnos hasta el último palmo del cuerpo. No podemos volver a entrar a esa casa hasta que estemos inmaculados. Quiero decirle que estamos a mediados de febrero, que está helado afuera, que nos podemos morir todos, pero sé que si abro la boca puedo morir ahí mismo en el piso de la cocina.

Estamos en el patio desnudos y echándonos agua helada del grifo. Ella abre la ventana de la cocina y nos tira un cepillo de fregar y una gran barra de jabón negro como el que usaban para el Caballo Finn. Nos ordena estregarnos la espalda y no parar hasta que ella diga. Michael dice que las manos y los pies se le van a caer del frío pero ella no le hace caso. No deja de decirnos que seguimos cochinos y que si la hacemos salir a restregarnos vamos a deplorar haber nacido. Otra vez deplorar. Me estriego con más fuerza. Todos nos estregamos hasta que nos ponemos rojos y nos castañetean los dientes. Pero no es suficiente para la tía Aggie. Sale armada de un balde y nos baña con agua helada todo el cuerpo. Ahora, dice, entren y séquense. Vamos al cobertizo que hay junto a la cocina y nos secamos con una sola toalla. Esperamos tiritando ahí de pie porque no le podemos invadir la cocina hasta que nos lo ordene. La oímos prender el fuego adentro y hurgar la estufa con el atizador y gritarnos por fin: ¿Se van a quedar ahí todo el día? Vengan y pónganse la ropa.

Nos da tazas de té y rebanadas de pan frito y nos sentamos a la mesa a comer en silencio porque no debes pronunciar palabra hasta que ella lo ordene. Michael quiere repetir pan frito y esperamos que ella lo tumbe de la silla por el atrevimiento pero ella gruñe apenas: A vustedes jamás los criaron con de a dos tajadas de pan frito, y nos da otra porción a cada uno. Trata de darle a Alphie pan remojado en té pero él no lo prueba hasta que ella le pone azúcar y al terminar él se sonríe y se le orina en los muslos y nosotros felices. Ella corre al cobertizo a limpiarse con una toalla y alcanzamos a hacernos guiños a través de la mesa y a decirle a Alphie que es el campeón de los bebés del mundo. El tío Pa Keating entra todo negro por su trabajo en la fábrica de gas. Ah, por Jotacé, dice, ¿qué es esto?

Michael dice: Mi madre está en el hospital, tío Pa.

¿De veras? ¿Qué le pasa?

Neumonía, dice Malachy.

Bueno, eso es mejor que *oldmonia*.[1]

No entendemos de qué se ríe y la tía Aggie entra del cobertizo y le cuenta que mamá está en el hospital y que nos vamos a quedar con ellos hasta que salga. Él dice: Magnífico, magnífico, y va al cobertizo a lavarse aunque cuando sale no se le nota que lo haya tocado una gota de agua de lo negro que sigue.

Se sienta a la mesa y la tía Aggie le sirve la comida, pan frito con jamón y rodajas de tomate. A nosotros nos manda a hacernos lejos

---

1 "Viejamonía", por juego de palabras con *pneumonia*, que en inglés se pronuncia como "*new monia*", "nuevamonía". (N. del T.)

de la mesa y dejar de mirarlo mientras se toma el té y a él le dice que deje ya de darnos bocaditos de jamón y tomate. Él dice: *Arrah*, por el amor de Cristo, Aggie, los niños tienen hambre, y ella le dice: Pues no es asunto tuyo. Ellos no son tuyos. Nos manda a jugar afuera y dice que volvamos para irnos a la cama a las ocho y media. Sabemos que afuera está helado y nos gustaría quedarnos al pie de esa estufa caliente pero es más fácil jugar en la calle que estar adentro con la tía Aggie y sus regañinas.

Más tarde me llama y me envía al piso de arriba a pedirle prestado un hule a una mujer que tuvo un niño que se le murió. La mujer dice: Dile a tu tía que me devuelva el hule porque lo quiero para el próximo niño. La tía Aggie dice: El niño se le murió hace doce años y ella sigue guardando el hule. Ya cumplió cuarenta y cinco años y si tiene otro hijo habrá que buscar una estrella en el oriente. Malachy dice: ¿Por qué? y ella le dice que no se meta en lo que no le importa, que es demasiado joven.

La tía Aggie tiende el hule en su cama y acuesta a Alphie entre ella y el tío Pa. Ella duerme contra la pared y el tío Pa en el borde de afuera porque tiene que madrugar para el trabajo. Nosotros dormimos en el suelo contra la otra pared con un abrigo debajo y dos encima. Nos dice que si pronunciamos una sola palabra durante la noche nos va a calentar el culo y que tenemos que levantarnos temprano porque es Miércoles de Ceniza y no nos haría ningún daño ir a misa a rezar por nuestra pobre madre y su neumonía.

El reloj nos despierta con el susto del timbrazo. La tía Aggie nos dice desde la cama: Vustedes tres se me levantan y se me van para la misa. ¿Me escuchan? Arriba. Lávense la cara y vayan donde los jesuitas.

El patio es todo escarcha y hielo y el agua del grifo nos hace arder las manos. Nos echamos un poquito en la cara y nos secamos con la toalla que sigue húmeda del baño de ayer. Malachy me susurra que nos lavamos con una lambida y un voto, como diría mamá.

Las calles están llenas también de escarcha y hielo, pero en la iglesia de los jesuitas hace calor. Debe de ser magnífico ser un jesui-

ta, dormir en una cama con sábanas mantas almohadas y levantarse
en una casa agradable y tibia y una iglesia caliente sin más que hacer
que decir misa y oír confesiones y gritarle a la gente por sus pecados
y que te sirvan en la mesa las comidas y leer los oficios en latín antes
de irte a dormir. Me gustaría ser jesuita algún día pero no hay esperanzas de eso cuando te crías en un callejón. Los jesuitas son muy
exigentes. No les gustan los pobres. Les gustan las personas que tienen automóviles privados y que entiesan el dedito meñique para
tomarse el té.

En la misa de siete la iglesia está repleta de personas que reciben
la ceniza en la frente. Malachy me susurra que Michael no se puede
poner la ceniza porque no va a hacer la primera comunión hasta
mayo y cometería un pecado. Michael se pone a llorar: Quiero la
ceniza, quiero la ceniza. Una vieja que hay detrás nos dice: ¿Qué le
están haciendo al niño lindo? Malachy le explica que el niño lindo
no ha hecho todavía la primera comunión y no está en estado de
gracia. Como Malachy se está preparando para la confirmación, se
mantiene ostentando sus conocimientos del catecismo y machacando siempre lo del estado de gracia. No admite que yo sepa todo
lo del estado de gracia desde hace un año, hace ya tanto tiempo que
se me empieza a olvidar. La vieja dice que no hay que estar en estado de gracia para que te pongan unas cenizas en la frente y le dice a
Malachy que deje de atormentar a su hermanito. Le da unas
palmaditas a Michael en la cabeza y le dice que es un niño lindo y
que suba allá a que le pongan la ceniza. Él corre hasta el altar y
cuando vuelve la mujer le da un penique de premio por las cenizas.

La tía Aggie sigue en la cama con Alphie. Le dice a Malachy que
llene de leche el tetero de Alphie y se lo traiga. A mí me dice que
prenda la estufa, que por ahí hay una caja con papel y leña y un
cubo lleno de carbón. Si no quiere prender riégale un poco de kerosene. El fuego es débil y echa mucho humo y yo le pongo un poco
de kerosene y suelta la llamarada, ¡bum!, y por poco me deja sin cejas. Hay humo por todas partes y la tía Aggie entra corriendo a la

cocina. Me empuja lejos de la estufa: Jesús del cielo, ¿es que no sabes hacer nada bien? Hay que abrir el respiradero, idiota.

Yo no sé nada de respiraderos. En casa lo que hay es una chimenea abajo en Irlanda y otra arriba en Italia y ni rastro de respiraderos. Luego vas a la casa de tu tía y se supone que debes saber todo acerca de los respiraderos. Sería inútil decirle que es la primera vez que prendo una estufa. Lo único que haría sería ganarme otro porrazo en la cabeza que me mande volando. Es difícil saber por qué los adultos se enojan tanto por cosas tan pequeñas como un respiradero. Cuando sea un hombre no voy a andar golpeando niños por un respiradero ni nada de eso. Ahora ella me chilla: Miren a lord Boñiga parado ahí. ¿No se te va a ocurrir abrir las ventanas para que salga el humo? Claro que no. Y estás poniendo una jeta igual a la de tu padre el norteño. ¿Se te hace que podrías poner a hervir el agua para el té sin incendiar la casa?

Corta tres rebanadas de pan, nos las unta de margarina y se vuelve a acostar. Nos comemos el pan con el té y esa mañana vamos contentos a la escuela donde no hace frío y no hay tías que le griten a uno.

Después de clases me ordena que le escriba a mi padre una carta para informarle lo de mamá en el hospital y que nos vamos a quedar con la tía Aggie hasta que vuelva a casa. Hay que decirle que estamos muy felices y muy bien de salud, que mande dinero, la comida está muy cara, los niños comen mucho mientras crecen, ja ja, Alphie el bebé necesita ropa y pañales.

No sé por qué vive enojada. Su apartamento es tibio y seco. Tiene luz eléctrica en la casa y un retrete privado en el patio de atrás. El tío Pa tiene un trabajo fijo y trae a casa el salario todos los viernes. Se toma sus pintas en la taberna de South pero nunca regresa cantando canciones sobre la larga y sufrida historia de Irlanda. Dice: Que les caiga la peste a todos, y dice que lo más gracioso en este mundo es que todos tienen culos que hay que limpiar y que nadie se libra de eso. Apenas un político o un Papa comienza el cotorreo el tío Pa se lo imagina limpiándose el culo. Hitler y Roosevelt y Churchill se limpian todos el culo. De Valera también. Dice que las únicas personas en que se puede confiar a ese respecto son los mahometanos porque ellos comen con una mano y se limpian con la otra. Además, la propia mano del hombre es una hurgona solapada y nunca se sabe en qué ha andado metida.

Pasamos buenos ratos con el tío Pa cuando la tía Aggie va al Instituto de Mecánicos a jugar cartas, el cuarenta y cinco. Él dice: Al diablo con los avarientos. Compra dos botellas de cerveza donde South y seis bizcochuelos y media libra de jamón en la tienda de la esquina. Prepara el té y lo tomamos junto a la estufa, comiendo sándwiches de jamón y bizcochuelos y riéndonos del tío Pa y las cosas que dice del mundo. Dice: Tragué gas, me bebo mi pinta y todo el mundo y sus parientes me importan el pedo de un violinista. Si el pequeño Alphie se cansa y se irrita y se pone a llorar el tío Pa se abre la camisa por el pecho y le dice: Toma, chupa de tu mamita. La vista del pecho plano y la tetilla asusta a Alphie y lo hace comportarse.

Antes de que la tía Aggie vuelva tenemos que lavar las tazas y limpiarlo todo para que no se entere de que nos estuvimos empachando de sándwiches de jamón y bizcochuelos. De darse cuenta regañaría al tío Pa durante todo un mes y eso es lo que no entiendo. ¿Por qué la deja regañarlo así? Él estuvo en la Gran Guerra, le echaron gas, es grande, tiene trabajo, hace reír a todo el mundo. Es un misterio. Eso es lo que dicen los sacerdotes y los maestros: todo es un misterio y tienes que creer lo que te cuenten.

No me molestaría tener al tío Pa por padre. La pasaríamos fabuloso sentados junto al fuego de la estufa riéndonos cuando se tira un pedo y dice: Prende un fósforo, cortesía de los alemanes.

La tía Aggie me mortifica todo el tiempo. Me dice lagañoso. Dice que soy la imagen calcada de mi padre. Tengo ese modo de ser raro, tengo ese aire solapado de los presbiterianos del norte, probablemente cuando crezca le voy a hacer un altar al mismísimo Oliver Cromwell, voy a acabar casándome con una ramera inglesa y forrando la casa de retratos de la familia real.

Quiero alejarme de ella y lo único que se me ocurre es enfermarme para ir al hospital. Me levanto a medianoche y voy al patio trasero. Puedo fingir que iba al retrete. Me quedo un rato a la intemperie, con el frío que hace, y espero que me dé neumonía o tisis galopante para que me tengan que enviar al hospital de las sábanas limpias y las comidas en la cama y los libros que trae la muchacha de azul. A lo mejor conozca a otra Patricia Madigan y me aprenda un poema largo. Me quedo siglos en el patio sólo con el camisón y descalzo y mirando la luna que es un galeón fantasmal que navega en un mar de nubarrones y vuelvo a la cama tiritando y con la esperanza de despertar al otro día con una tos terrible y las mejillas encendidas. Pero no. Me siento como nuevo y animado y gozaría de la mejor salud si pudiera estar en casa con mi madre y mis hermanos.

Hay días en que la tía Aggie nos dice que no soporta vernos un minuto más: Aléjense de mí. Vamos, Lagañas, saca a Alphie en el coche, llévate a tus hermanos, vayan a jugar al parque y no vuelvan hasta la hora del té cuando toquen al ángelus, ni un minuto después, ¿me oyen?, ni un minuto después. Hace frío pero no nos importa. Empujamos el cochecito por la avenida O'Connell hasta Ballinacurra o el camino a Rosebrien. Dejamos que Alphie gatee por el pasto mirando las vacas y las ovejas y nos reímos cuando las vacas lo apartan con el hocico. Yo me meto debajo de las vacas y ordeño leche en la boca de Alphie hasta que él se llena y la vomita. Los granjeros nos persiguen hasta que se dan cuenta de lo pequeños que son Michael y Alphie. Malachy se ríe de ellos. Les dice: Pégueme, pues, con un bebé de brazos. Más adelante tiene una gran idea: ¿Por qué no vamos a nuestra propia casa a jugar un rato? Recogemos ramitas y trocitos de leña en los matorrales y corremos al callejón de Roden. Hay fósforos junto a la chimenea de Italia y en un dos por tres hacemos un buen fuego. Alphie se queda dormido y pronto los demás nos vamos adormeciendo hasta que estalla el ángelus en la iglesia de los redentoristas y sabemos que nos vamos a meter en un problema con la tía Aggie por llegar tarde.

No nos importa. Puede gritarnos todo lo que quiera pero la pasamos de maravilla en el campo con las vacas y las ovejas y después con ese fuego delicioso en Italia.

Es fácil ver que ella nunca la pasa así de bien. Luz eléctrica y retrete privado pero nada de pasarla bien.

La abuela la recoge los jueves y los domingos y van en bus al hospital a ver a mamá. Nosotros no podemos ir porque no se permiten niños y si les preguntamos que cómo está mamá nos hacen mala cara y dicen que está bien, que no se va a morir. Nos gustaría saber cuándo va a salir del hospital para poder volver todos a casa pero nos da miedo abrir la boca.

Malachy le dice un día a la tía Aggie que tiene hambre y que le gustaría un pedazo de pan. Ella lo golpea con un *Little Messenger of the Sacred Heart* enrollado y a él se le humedecen las pestañas. Al otro día no regresa de la escuela y a la hora de acostarse sigue perdido. La tía Aggie dice: Bueno, me figuro que se habrá escapado. En buena hora. Si tuviera hambre estaría aquí. Que se acomode en una zanja.

Al día siguiente Michael entra corriendo de la calle: Papá está aquí, papá está aquí, y vuelve a salir corriendo y papá está en el suelo del pasillo abrazando a Michael y llorando: Tu pobre madre, tu pobre madre, y huele todo a trago. La tía Aggie sonríe: Ah, ¿conque has vuelto? y le prepara té con huevos y salchichas. Me manda por una botella de amarga para papá y me pregunto por qué está siendo tan amable y generosa de repente. Michael dice: ¿Vamos a ir a nuestra propia casa, papá?

Sí, hijo.

Alphie va otra vez en el cochecito entre los tres abrigos viejos y carbón y leña para la chimenea. La tía Aggie se despide en la puerta y nos dice que seamos niños buenos, que vengamos a tomar el té cuando queramos, y yo por dentro tengo una mala palabra para ella: Vieja perra. La tengo en la cabeza y no puedo evitarlo y voy a tener que decírselo al padre en la confesión.

Malachy no está en ninguna zanja, está allá en nuestra casa comiendo pescado y papas fritas que un soldado borracho dejó caer a la entrada del cuartel de Sarsfield.

Mamá regresa a casa a los dos días. Está débil y pálida y camina despacio. Dice: El doctor dijo que no me puedo enfriar y que debo tener mucho descanso y comida nutritiva, carne y huevos tres veces a la semana. Dios nos ampare y favorezca, esos pobres doctores no tienen idea de lo que es no tener. Papá hace el té y le tuesta un poco de pan en el fuego. Fríe pan para el resto de nosotros y pasamos una noche deliciosa allá arriba en Italia donde no hace frío. Nos dice que no se puede quedar definitivamente, que tiene que volver a su trabajo en Coventry. Mamá se pregunta cómo va a volver a Coventry sin un penique en el bolsillo. Él madruga el Sábado Santo y tomamos juntos el té cerca del fuego. Fríe cuatro rebanadas de pan y las envuelve en páginas del *Limerick Chronicle*, de a dos rebanadas por bolsillo. Mamá sigue acostada y él se despide desde el pie de la escalera: Ya me voy. Ella dice: Bueno. Escribe cuando llegues. Mi padre se marcha a Inglaterra y ella ni siquiera se levanta. Le pregunto si puedo acompañarlo hasta la estación. No, él no va por esos lados. Piensa ir a la carretera a Dublín a ver si alguien lo lleva. Me acaricia la cabeza, me dice que cuide a mi madre y mis hermanos y sale por la puerta. Lo veo subir por el callejón hasta doblar la esquina. Corro cuesta arriba para verlo bajar por Barrack Hill y tomar por la calle San José. Corro cuesta abajo y lo persigo hasta donde puedo. Él debe saber que lo estoy siguiendo porque se da vuelta y me grita: Vete a casa, Francis. Ve con tu madre.

A la semana llega un carta donde dice que llegó sin contratiempos, que debemos portarnos bien, cumplir nuestros deberes religiosos y sobre todo obedecer a nuestra madre. Una semana después llega por telegrama un giro por tres libras y estamos en el cielo. Seremos ricos, habrá pescado y papas fritas, mermelada y natilla, películas todos los domingos en el Lyric, el Coliseum, el Carlton, el Atheneum, el Central y en el más elegante de todos, el Savoy. A lo mejor acabaremos tomando el té en el café Savoy con la crema y nata de Limerick. No se nos va a olvidar alzar las tazas con el dedo meñique bien estirado.

Al sábado siguiente no llega el telegrama, ni al otro sábado ni ningún otro sábado. Mamá vuelve a mendigar en la Sociedad de San Vicente de Paúl y a sonreír en el dispensario cuando míster Coffey y míster Kane hacen sus chistecitos sobre papá y el bizcochito que mantiene en Piccadilly. Michael pregunta qué es un bizcocho y ella le dice que es algo que se come con el té. Ahora pasa casi todo el día sentada junto al fuego con Bridey Hannon fumando sus Woodbines y tomando té claro. Las migas del pan del desayuno aún siguen en la mesa cuando volvemos de la escuela. Ella no lava nunca los frascos de mermelada ni las tazas y hay moscas en el azúcar y en los pegotes de dulce.

Dice que Malachy y yo tenemos que turnarnos para cuidar a Alphie y sacarlo en el coche a recibir un poco de aire fresco. El niño no se puede quedar encerrado en Italia desde octubre hasta abril. Si le decimos que queremos jugar con nuestros amigos ella puede soltarnos tremendo golpe cruzado que nos ponga a arder las orejas.

Jugamos con Alphie y el cochecito. Yo me hago en la cima de Barrack Hill y Malachy allá abajo. Cuando yo empujo el coche cuesta abajo se supone que Malachy lo debe atajar pero él está viendo patinar a un amiguito y el coche pasa volando por su lado y atraviesa las puertas de la taberna de Leniston donde los hombres se están tomando en paz una cerveza y no esperan un coche con un bebé mocoso que dice gu gu gu. El cantinero grita que qué desgracia, que debería haber una ley contra esa clase de comportamiento, bebés entrando como un trueno por la puerta en coches desbaratados, que nos va a echar a los guardias, y Alphie le hace monadas y le sonríe y él dice: Está bien, está bien, démosle al niño un dulce y una limonada, a los hermanos también, a ese par de harapientos, y por Dios en los cielos que este mundo es muy duro, apenas crees que te está yendo bien entra zumbando tremendo coche por la puerta y ya estás repartiendo dulces y limonada por todos lados, vamos, ustedes dos, llévense a ese niño con su madre.

A Malachy se le ocurre otra idea poderosa: que vayamos por todo Limerick como unos pordioseros y empujemos el coche con Alphie en las tabernas para que nos den dulces y limonada, pero yo no quiero que mamá se entere de eso y me pegue su famoso golpe cruzado. Malachy me dice que soy un mal jugador y sale corriendo. Yo llevo el coche por la calle Henry hasta la iglesia de los redentoristas. El día es gris, la iglesia es gris y el grupo de personas que hay en la puerta de la casa cural es gris. Esperan para mendigar las sobras del almuerzo del cura.

En medio del grupo está mi madre con su sucio abrigo gris.

Ahí está mi propia madre, mendigando. Eso es peor que el subsidio, que la Sociedad de San Vicente de Paúl, que el dispensario. Es la peor humillación, casi tan mala como mendigar por las calles donde los pordioseros muestran a sus hijos roñosos: Por favor un penique para este pobre niño, señor, el pobre niño tiene hambre, señora.

Mi madre ahora es una mendiga y si alguien del callejón o de la escuela llega a verla su familia caerá en la total desgracia. Mi amigos se inventarán nuevos apodos y me atormentarán en el patio y sé que me dirán:

Frankie McCourt
hijo de pordiosera
lagañoso
bailarín
pucheritos
japonuco

La puerta de la casa cural se abre y la gente se apiña en un tropel alargando las manos. Alcanzo a oírlos: Hermano, hermano, aquí, hermano, ay, por el amor de Dios, hermano. Cinco niños en casa, hermano. Veo cómo estrujan a mi madre. Veo sus labios apretados cuando agarra la bolsa y se aleja de la puerta, y arranco con el coche calle arriba antes de que me vea.

No quiero volver a casa. Voy con el cochecito a la calle Dock y sigo hasta Corkanree en donde arrojan y queman todos los escombros y basuras de Limerick. Me quedo un rato viendo a los muchachos cazar ratas. No entiendo por qué tienen que torturar ratas que no están en sus casas. Seguiría recorriendo los campos para siempre si Alphie no estuviera berreando de hambre, pateando con sus piernas regordetas, sacudiendo el tetero vacío.

Mamá tiene el fuego encendido y algo hirviendo en la olla. Malachy me sonríe y dice que ella trajo carne curada y unas papas de la tienda de Kathleen O'Connell. No estaría tan contento si supiera que es hijo de una mendiga. Ella nos llama desde adentro y cuando nos sentamos a la mesa me cuesta mirar a mi madre la mendiga. Lleva la olla a la mesa, nos sirve una papa a cada uno y usa un tenedor para pescar el tasajo.

Pero no es tasajo. Es un enorme grumo de grasa temblona y la única seña de tasajo es un pezón de carne roja en la parte de encima. Miramos el trocito de carne y preguntamos a quién le va a tocar. Mamá dice: Es para Alphie. Es un bebé, está creciendo rápido y la necesita. Se la sirve en un platillo. Él la aparta con el dedo y en seguida la vuelve a acercar. Se la lleva a la boca, pasa la vista por la cocina, ve a Lucky el perro y se la arroja.

De nada sirve decir nada. Ya no hay carne. Nos comemos las papas con montones de sal y yo me como mi porción de grasa pretendiendo que es un pezón de carne roja.

XI ◈

MAMÁ NOS ADVIERTE: No me metan las garras en ese baúl, que ahí no hay nada que sea del menor interés o asunto suyo.

Lo único que ella guarda en el baúl es un montón de papeles, certificados de nacimiento y bautismo, su pasaporte irlandés, el pasaporte inglés de Belfast de papá, nuestros pasaportes americanos y un vestido rojo de fiesta con lentejuelas y flecos negros que ella trajo de América. Quiere guardar por siempre ese vestido para acordarse de sus tiempos de baile y juventud.

Me trae sin cuidado lo que ella guarda en el baúl hasta que organizo un equipo de fútbol con Billy Campbell y Malachy. No tenemos para comprar los uniformes o los guayos y Billy dice: ¿Cómo nos van a distinguir? Ni siquiera tenemos un nombre.

Me acuerdo del vestido rojo y se me ocurre un nombre, Los Corazones Rojos de Limerick. Mamá nunca abre el baúl así que no importa si le recorto un trocito al vestido para hacer siete corazones rojos que podamos pegarnos en el pecho. Lo que no sabes no te mortifica, como dice ella.

El vestido está sepultado bajo los papeles. Miro mi foto del pasaporte cuando era un niñito y comprendo por qué me dicen japonuco. Hay un papel que dice Certificado de Matrimonio, que Malachy McCourt y Ángela Sheehan se unieron en Santo Matrimonio el día veintiocho de marzo de 1930. ¿Cómo así? Yo nací el diecinueve de agosto y Billy Campbell me dijo que los padres tienen que llevar nueve meses de casados antes de que nazca un niño. Y ahí estoy yo, venido al mundo en la mitad del tiempo. Eso quiere decir que debo ser un milagro y que a lo mejor sea un santo cuando crezca y la gente celebre el día de san Francis de Limerick.

Tengo que preguntárselo a Mikey Molloy, que sigue siendo el experto en Cuerpos de Niñas y Groserías en General.

Billy dice que si queremos ser grandes futbolistas tenemos que practicar y que nos encontremos en el parque. Los muchachos protestan cuando les reparto los corazones y yo les digo que si no les gustan pueden ir a sus casas y recortar los vestidos y las blusas de sus propias madres.

No tenemos para comprar un balón apropiado así que uno de los muchachos trae una vejiga de oveja rellena de trapos. Pateamos la vejiga por todo el prado hasta que se le hacen rotos y los trapos empiezan a salirse y nos cansamos de patear una vejiga que ya casi ni existe. Billy dice que nos encontremos al otro día por la mañana que es un sábado y que vayamos a Ballinacurra a ver si podemos retar a los niños ricos del colegio de Crescent a jugar un partido en serio, siete contra siete. Dice que nos prendamos los corazones de las camisetas así sean unos meros trapos rojos.

Malachy va a casa a comer pero yo no puedo ir porque tengo que ver a Mikey Molloy y averiguar por qué nací en la mitad del tiempo. Mikey sale de su casa con su padre, Peter. Mikey está cumpliendo dieciséis años y su padre lo lleva a la taberna de Bowles por su primera pinta. Nora Molloy le chilla a Peter desde adentro que si se van es mejor que no vuelvan, que está harta de hornear pan, que no piensa volver al manicomio, que si él trae borracho al niño ella se larga para Escocia y desaparece de la faz de la tierra.

Peter le dice a Mikey: No le hagas caso, Cíclope. Las madres irlandesas siempre se oponen a la primera pinta. Mi propia madre intentó matar a mi padre con una sartén cuando me llevó a tomarme la primera pinta.

Mikey le pregunta a Peter si puedo ir con ellos y tomarme una limonada.

Peter les dice a todos en la taberna que Mikey ha venido a tomarse su primera pinta y cuando todos quieren brindarle una Peter dice: Ah, no, sería atroz que tomara demasiado y le cogiera asco.

Sirven las pintas y nos sentamos contra la pared, los Molloy con sus pintas y yo con mi limonada. Los hombres le desean a Mikey lo mejor en la vida y dicen que si no fue un regalo de Dios que se hubiera caído de ese canalón hace años ya y no le hubiera vuelto a dar el ataque y que si no es una lástima lo que le pasó a ese tipejo de Quasimodo Dooley, muerto de tisis después del trabajo que se tomó por años para hablar como un inglés y poder colocarse en la BBC que al fin y al cabo no es lugar para un irlandés.

Peter conversa con los hombres y Mikey sorbe su primera pinta y me cuchichea: Creo que no me gusta, pero no se lo digas a mi padre. Luego me dice que practica en secreto el acento inglés para poder ser anunciador en la BBC, el sueño de Quasimodo. Me dice que me va a devolver a Cuchulain, que de nada te sirve si estás leyendo las noticias en la BBC. Ahora que ya tiene dieciséis años quiere irse a Inglaterra y si yo alguna vez consigo un radio podré buscarlo en el servicio nacional de la BBC.

Le cuento lo del certificado de matrimonio y que Billy me dijo lo de los nueve meses pero que yo nací en la mitad del tiempo y que si él cree que puede haber algún milagro en eso.

No, dice él, no. Eres un bastardo. Estás condenado.

No tienes que insultarme, Mikey.

No lo estoy haciendo. Así llaman a las personas que no nacen después de nueves meses del matrimonio, a las personas concebidas por fuera de la unión.

¿Qué es eso?

¿Qué es qué?

Concebidas.

Es cuando el semen le pega al huevo y se pone a crecer y ahí estás tú a los nueve meses.

No entiendo.

Me dice en voz baja: Lo que tienes entre las piernas se llama la emoción. No me gustan los otros nombres, la polla, la verga, la pinga, el chimbo. Bueno, pues, tu padre le mete la emoción a tu madre y hay un chorrito y esos como microbios suben por dentro de tu madre hasta donde hay un huevo del que sales tú.

Yo no soy ningún huevo.

Eres un huevo. Todo el mundo empezó siendo un huevo.

¿Estoy condenado? No es culpa mía si soy un bastardo.

Todos los bastardos están condenados. Son como los niños que se quedan sin bautizar. Van al limbo por toda la eternidad y no hay cómo salir y no es culpa de ellos. Eso lo hace dudar a uno de Dios allá arriba en Su trono sin compasión por los niñitos que no han sido bautizados. Yo por eso no voy más a la iglesia. En todo caso, estás condenado. Tus padres tuvieron la emoción sin casarse así que tú no estás en estado de gracia.

¿Qué voy a hacer?

Nada. Estás condenado.

¿No puedo ofrecer una vela o algo así?

Puedes ensayar con la Santísima Virgen. Ella está a cargo de los condenados.

Pero no tengo ni un penique para una vela.

Está bien, está bien, toma un penique. Me lo puedes pagar cuando consigas un trabajo dentro de un millón de años. Me está costando un dineral ser experto en Cuerpos de Niñas y Groserías en General.

El cantinero está haciendo un crucigrama y le dice a Peter: ¿Qué es lo contrario de avance?

Retirada, dice Peter.

Correcto, dice el cantinero. Todo tiene un contrario.

Madre de Dios, dice Peter.

¿Qué te pasa, Peter?, dice el cantinero.

¿Qué acabas de decir, Tommy?

Que todo tiene un contrario.

Madre de Dios.

¿Estás bien, Peter? ¿Cómo está esa pinta?

La pinta está estupenda, Tommy, y soy el campeón de todos los tomadores de cerveza, ¿no?

Por Dios que sí, Peter. No se puede negar.

Eso quiere decir que yo podría ser el campeón del bando contrario.

¿De qué hablas, Peter?

De que podría ser el campeón de nada de cerveza.

Vamos, Peter, creo que estás exagerando un poco. ¿Cómo anda tu señora allá en la casa?

Tommy, llévate esta cerveza lejos de mí. Ahora soy el campeón de nada de cerveza.

Peter gira y le quita el vaso a Mikey. Vamos donde tu madre, Mikey.

No me llamaste Cíclope, papá.

Tú te llamas Mikey. Te llamas Michael. Vamos a ir a Inglaterra. No más pintas para mí. No más pintas para ti, no más hornear pan para tu madre. Vamos.

Al salir de la taberna el cantinero nos llama: ¿Sabes qué pasa, Peter? Son todos esos malditos libros que estás leyendo. Te acabaron el cerebro.

Peter y Mikey salen para su casa. Yo tengo que ir a la iglesia de San José a prender la vela que me salve de la condenación pero paso por la vidriera de la tienda de Counihan y ahí en el centro hay una gran tableta de caramelo Cleeves y un letrero: DOS POR UN PENIQUE. Sé que estoy condenado pero se me escurren las babas y cuando pongo el penique en el mostrador de la señorita Counihan le prometo a la Virgen María que le voy a encender una vela con el próximo penique que consiga y que por favor hable con su Hijo y demore la condenación por un tiempo.

Un penique de caramelo Cleeves no dura eternamente y cuando se termina tengo que regresar con una madre que dejó que mi padre le metiera la emoción para que yo naciera en la mitad del tiempo y me convirtiera en un bastardo. Si me llega a decir una palabra sobre el vestido rojo o cualquier cosa yo le contestaré que ya sé todo lo de la emoción y ella se va a quedar pasmada.

El sábado por la mañana me reúno con los Corazones Rojos de Limerick y nos alejamos de la carretera en busca de un reto en fútbol. Los muchachos siguen quejándose de que los recortes del vestido rojo no parecen corazones hasta que Billy les dice que si no quieren jugar fútbol se pueden ir para sus casas a jugar con las muñecas de sus hermanitas.

Hay unos chicos jugando fútbol en un prado en Ballinacurra y Billy los reta. Ellos son ocho y nosotros siete pero no nos importa porque uno de ellos es tuerto y Billy nos dice que nos le hagamos por el lado ciego. Además, dice, Frankie McCourt es casi ciego de los dos ojos y eso es peor. Ellos andan todos uniformados de camisetas azules y blancas y shorts blancos y calzado reglamentario de fútbol. Uno de ellos dice que parecemos algo que trajo el gato y tenemos que sujetar a Malachy para que no se agarre a puños con ellos. Acordamos jugar media hora porque los muchachos de Ballinacurra dicen que tienen que almorzar. Almorzar. Todo el mundo come al mediodía pero ellos almuerzan. Si nadie marca un tanto en media hora será un empate. Jugamos por toda la cancha hasta que Billy se apodera del balón y corre y hace fintas por el lateral con tanta rapidez que nadie lo alcanza y el balón entra y es un gol. La media hora está a punto de terminar pero los chicos de Ballinacurra piden otra media y se las arreglan para meter un gol hacia el final de la segunda media hora. Entonces el balón sale por la línea lateral y el saque es nuestro. Billy se para en la línea y levanta el balón sobre la cabeza. Mira a Malachy pero me lo lanza a mí. Se me deja venir como si fuera la única cosa que existiera en el mundo. Me cae de una vez en el pie y sólo tengo que girar a la izquierda y disparar el balón directo a la portería. La cabeza se me pone en blanco y me siento en el cielo. Floto por la cancha hasta que los Corazones Rojos de Limerick vienen todos a darme palmadas en la espalda y me dicen que ese fue un tremendo gol, Frankie, y tú también, Billy.

Regresamos a pie por la avenida O'Connell y yo sólo pienso en la forma como el balón me llegó derecho al pie y en que tiene que haber sido mandado por Dios o la Santísima Virgen María quienes jamás hubieran enviado semejante bendición a alguien condenado por haber nacido en la mitad del tiempo y sé que mientras viva no voy a olvidar nunca ese balón que me mandó Billy Campbell, ese gol.

❖

Mamá se topa a Bridey Hannon y a su madre subiendo por el callejón y ellas le cuentan lo de las pobres piernas de míster Hannon. Pobre John, para él es un vía crucis volver en bicicleta cada noche después de repartir carbón y turba todo el día en la carreta grande para los carboneros de la calle Dock. Le pagan de las ocho en la mañana hasta las cinco y media de la tarde aunque tiene que aparejar el caballo antes de las ocho y arreglarlo para la noche hasta bien pasadas las cinco y media. Va y viene todo el día en la carreta cargando sacos de carbón y turba, desesperado por mantener las vendas en su sitio para que el polvo no se le meta en las úlceras vivas de las piernas. Las vendas se le pegan siempre y tiene que rasgárselas y cuando vuelve a casa ella le lava las úlceras con agua tibia y jabón, les pone ungüento y las envuelve en vendas frescas. No se pueden dar el lujo de ponerle vendas nuevas todos los días así que ella se mantiene lavando las usadas una y otra vez hasta que se percuden todas.

Mamá dice que míster Hannon debería ver al doctor y la señora Hannon dice: Claro que ha visto al doctor docenas de veces y el doctor dice que tiene que dejar descansar ese par de piernas. Así de simple. Dejarlas descansar. ¿Y cómo va a dejarlas descansar? Tiene que trabajar. ¿De qué viviríamos si él no trabajara?

Mamá dice que tal vez Bridey se podría conseguir algún trabajo por su cuenta y Bridey se ofende: ¿Es que no sabes que tengo el pecho débil, Ángela? ¿No sabes que me dio fiebre reumática y que me puedo ir en cualquier momento? Me tengo que cuidar.

Mamá habla con frecuencia de Bridey y su fiebre reumática y su pecho débil. Dice: Esa es capaz de sentarse aquí a quejarse por horas de sus males pero eso no le impide fumarse sus Woodbines como una loca.

Mamá le dice a Bridey que siente mucho lo de su pecho débil y que es terrible todo lo que su padre sufre. La señora Hannon le dice a mi madre que John empeora a cada día, ¿Y qué le parecería, señora McCourt, si su hijo Frankie lo acompañara en la carreta unas cuantas horas a la semana y le ayudara con los sacos? A duras penas tenemos con qué pagarle pero Frankie se podría ganar un chelín o dos y John podría dejar descansar sus pobres piernas.

Mamá dice: No sé, sólo tiene once años y tuvo tifoidea y el polvo de carbón le haría daño en los ojos.

Bridey dice: Estaría al aire libre y nada igual que eso para el que sufre de los ojos o se está recuperando de una tifoidea, ¿no es cierto, Frankie?

Así es, Bridey.

Me muero por salir con míster Hannon en la carreta grande como un trabajador de verdad. Si resulto ser bueno a lo mejor me dejan no volver nunca a clases pero mamá dice: Lo puede hacer con tal de que eso no interfiera con la escuela, tal vez un sábado por la mañana.

Ahora soy un hombre así que prendo el fuego el sábado por la mañana y me preparo mi propio té con pan frito. Espero en la puerta vecina a que míster Hannon salga en su bicicleta y hay un aroma delicioso a huevos con tocino saliendo por la ventana. Mamá dice que míster Hannon recibe la mejor comida porque la señora Hannon está tan loca por él como el día en que se casaron. Se comportan como dos amantes sacados de una película americana. Ahora aparece él en su bicicleta mascando la pipa entre los labios. Me dice que me monte en el manubrio y partimos a mi primer trabajo de hombre hecho y derecho. Él tiene la cabeza encima de la mía en la bicicleta y el olor de la pipa es delicioso. Su ropa huele a carbón y me hace estornudar.

Los hombres van llegando a pie o en bicicleta a las carboneras y los Molinos Rank y la Compañía de Vapores de Limerick en la calle Dock. Míster Hannon se saca la pipa de la boca y me dice que esa es la mejor mañana de todas, la del sábado, medio día apenas. Empezaremos a las ocho y habremos terminado cuando toquen al ángelus a las doce.

Primero hay que preparar el caballo, darle un cepillada, poner avena en la artesa de madera y llenar el cubo del agua. Míster

Hannon me enseña como ponerle los aparejos y me deja hacer recular al caballo para engancharlo a las varas de la carreta. Dice: Jesús, Frankie, tienes habilidad para esto.

Eso me pone tan contento que me dan ganas de brincar y quisiera manejar una carreta el resto de mi vida.

Dos hombres llenan los sacos de carbón y turba y los pesan en una gran balanza de hierro, de a un quintal por saco. A ellos les toca apilar los sacos en la carreta mientras míster Hannon va al despacho por la lista de pedidos. Los hombres de los sacos son muy rápidos y ya estamos listos para el recorrido. Míster Hannon se hace al lado izquierdo de la carreta y chasca el látigo para mostrarme dónde debo sentarme a la derecha. Es difícil subirse porque la carreta es muy alta y está llena de sacos y trato de treparme por la rueda. Míster Hannon me dice que nunca vuelva a hacer eso. Nunca pongas la mano o el pie cerca de la rueda cuando el caballo ya está enganchado. Al caballo se le puede ocurrir dar un paseo y ahí estás tú con la pierna o el brazo atrapado en la rueda y todo retorcido y tú viendo eso. Le dice al caballo: Andando, pues, y el caballo sacude la cabeza y los aparejos y míster Hannon se ríe. A este caballo tonto le encanta trabajar, dice. Pero en unas horas no va a estar sacudiendo las correas.

Cuando empieza a llover nos cubrimos con unos sacos de carbón viejos y míster Hannon se mete la pipa al revés en la boca para mantener seco el tabaco. Dice que la lluvia lo pone todo más pesado pero que de nada vale quejarse. Sería igual que quejarse del sol en África.

Cruzamos el puente de Sarsfield para hacer las entregas de la calle Ennis y la Circular del Norte. Gente rica, dice míster Hannon, y muy lerdos para meterse la mano en el bolsillo y sacar la propina.

Tenemos que repartir dieciséis sacos. Míster Hannon dice que hoy andamos con suerte porque hay casas donde piden más de uno y él no tiene que estar subiéndose y bajándose de la carreta y destruyéndose las piernas. Cuando paramos él se baja y yo arrimo el saco hasta el borde y se lo monto al hombro. Algunas casas tienen una

zona exterior donde hay que alzar una trampa y ladear el saco hasta
vaciarlo y eso es fácil. Hay otras casas con patios largos y se ve cómo
sufre míster Hannon de las piernas cuando tiene que cargar los sacos desde la carreta hasta el cobertizo junto a la puerta trasera. Ay,
Jesús, Frankie, ay, Jesús, es su queja constante y me pide que le dé
una mano para treparse de nuevo a la carreta. Dice que si tuviera
una carretilla podría llevar en ella los sacos desde la carreta hasta la
casa y que eso sería una bendición pero que una carretilla cuesta el
salario de dos semanas y nadie puede pagar eso.

Repartimos los sacos y sale el sol, la carreta está vacía y el caballo
sabe que el trabajo del día ha terminado. Es delicioso estar ahí mon-
tado mirando sobre el cuerpo del caballo desde la cola a la cabeza y
meciéndose por la calle Ennis a lo largo del Shannon hasta la calle
Dock. Míster Hannon dice que el hombre que haya repartido dieciséis quintales de carbón y turba se merece una pinta y el chico que
le haya ayudado se merece una limonada. Me dice que debería ir a la
escuela y no ser como él que trabaja todo el día parado en dos piernas que se le están pudriendo. Ve a la escuela, Frankie, y escápate de
Limerick y de la misma Irlanda. Esta guerra se acabará algún día y
podrás irte a América o Australia o a un país grande y despejado en
donde puedas extender la vista sin ver el fin del horizonte. El mundo es ancho y podrías tener grandes aventuras. Si no fuera por este
par de piernas yo estaría en Inglaterra amasando una fortuna en las
fábricas como el resto de los irlandeses, como tu padre. Dicen que
los dejó solos y en la miseria, ¿eh? No entiendo cómo un hombre en
su sano juicio puede irse y dejar a la esposa y los hijos muriéndose
de hambre y congelándose en el invierno de Limerick. La escuela, Frankie, la escuela. Libros, libros, libros. Escápate de Limerick
antes de que se te pudran las piernas y el cerebro se te encoja completamente.

Vamos al trote y al llegar a la carbonera le damos agua y una
buena cepillada al caballo. Míster Hannon le habla todo el tiempo y
lo llama mi boquiduro y el caballo resopla y restriega el hocico contra el pecho de míster Hannon. Me encantaría poder llevar ese ca-

ballo a casa y que se quedara abajo mientras nosotros estamos en Italia pero así pudiera hacerlo pasar por la puerta mi madre me gritaría que lo único que nos faltaba en esa casa era un caballo.

Las calles laterales de la calle Dock son demasiado empinadas para que míster Hannon las suba pedaleando y llevándome a mí, así que caminamos. Las piernas le duelen por el trabajo del día y nos demoramos mucho en llegar a la calle Henry. Él se apoya en la bicicleta o se sienta en las gradas de la entrada de las casas, mordisqueando la pipa entre los labios.

Me pregunto cuándo me va a pagar porque mamá podría llevarme al cine Lyric si vuelvo a casa a tiempo con mi chelín o lo que sea que míster Hannon vaya a darme. Ahora estamos en la puerta de la taberna de South y él me dice que entre, que si acaso no me prometió una limonada.

El tío Pa Keating anda adentro. Está todo negro como de costumbre y anda con Bill Galvin, todo de blanco como de costumbre, resollando y tomándose tremendos tragos de su pinta negra. Míster Hannon dice: ¿Cómo están?, y se sienta al otro lado de Bill Galvin y toda la taberna se ríe. Jesús, dice el cantinero, miren eso, dos trozos de carbón y una bola de nieve. La gente viene de otras partes de la taberna a ver a los dos hombres negros como el carbón con el hombre blanco como la cal en la mitad y hasta proponen mandar por un fotógrafo del *Limerick Leader*.

El tío Pa dice: ¿Y tú qué haces todo negro también, Frankie? ¿Caíste a una mina de carbón?

Le estaba ayudando a míster Hannon en la carreta.

Tienes los ojos espantosos, Frankie. Como dos hoyos de orinar en la nieve.

Es el polvo del carbón, tío Pa.

Lávatelos cuando llegues a casa.

Sí, tío Pa.

Míster Hannon me invita a una limonada, me da el chelín por el trabajo de la mañana y me dice que ya puedo irme a casa, que soy un gran trabajador y que puedo volver a ayudarle la próxima semana después de clases.

De vuelta a casa me veo todo negro de carbón en la vidriera de una tienda y me siento todo un hombre, un hombre con un chelín en el bolsillo, un hombre que se tomó una limonada en la taberna con dos hombres de carbón y uno de cal. Ya no soy más un niño y fácilmente podría abandonar la escuela de Leamy para siempre. Podría trabajar con míster Hannon todos los días y cuando las piernas se le pusieran demasiado malas yo podría encargarme de la carreta y repartir carbón a los ricos el resto de mi vida y mi madre no tendría que ser una mendiga en la casa parroquial de los redentoristas.

La gente de las calles y callejones me mira con curiosidad. Los niños y las niñas se ríen y me llaman: Ahí va el deshollinador. ¿Cuánto cobras por limpiarnos la chimenea? ¿Te caíste en el cuchitril del carbón? ¿Te quemó la oscuridad?

Son unos ignorantes. No saben que pasé el día repartiendo quintales de carbón y turba. No saben que soy un hombre.

Mamá está dormida en Italia con Alphie y hay un abrigo en la ventana para oscurecer el cuarto. Le cuento que me gané un chelín y ella me dice que puedo ir al Lyric, que me lo merezco y que saque dos peniques y deje el resto en la repisa de la chimenea de abajo para que ella pueda mandar por un montón de pan para el té. El abrigo se cae de pronto de la ventana y el cuarto se ilumina. Mamá me mira: Dios del cielo, mírate los ojos. Vete abajo que yo iré en un minuto a lavártelos.

Calienta agua en la tetera y me aplica en los ojos polvo de ácido bórico y me dice que no puedo ir al cine Lyric ni hoy ni ningún día hasta que los ojos se me desinflamen aunque Dios sabe cuándo va a ser eso. Dice: No puedes repartir carbón con los ojos como los tienes. El polvo va a acabar con ellos.

Yo quiero trabajar. Quiero traer a casa el chelín. Quiero ser un hombre.

Puedes ser un hombre sin traer el chelín a casa. Anda arriba y recuéstate y descansa esos ojos o lo que vas a ser es ciego.

Yo quiero trabajar. Me lavo los ojos tres veces al día con el polvo de ácido bórico. Me acuerdo de Seamus en el hospital y de cómo su tío se curó con el ejercicio de parpadeo y me siento a parpadear una hora sin falta todos los días. Nada mejor que el parpadeo para fortalecer el ojo, decía él. Y ahora parpadeo y parpadeo hasta que Malachy corre donde mi madre, que está afuera en el callejón hablando con la señora Hannon: Mamá, algo le pasa a Frankie, está arriba parpadeando y parpadeando.

Ella sube corriendo. ¿Qué te pasa?

Estoy fortaleciendo los ojos con un ejercicio.

¿Qué ejercicio?

El del parpadeo.

Parpadear no es ningún ejercicio.

Seamus el del hospital dice que no hay nada mejor que el parpadeo para fortalecer el ojo. Su tío tenía unos ojos poderosos por el parpadeo.

Ella dice que me estoy volviendo raro y regresa al callejón a charlar con la señora Hannon y yo parpadeo y me lavo los ojos con el polvo de ácido bórico disuelto en agua tibia. Alcanzo a oír por la ventana a la señora Hannon: Tu pequeño Frankie es un don de Dios para John porque todo ese subirse y bajarse de la carreta le iba a destruir las piernas completamente.

Mamá no dice nada y eso quiere decir que míster Hannon le produce tanta lástima que ella me va a dejar ayudarlo en el día más pesado de repartos, el jueves. Me lavo los ojos tres veces al día y parpadeo hasta que me duelen las cejas. Parpadeo en la escuela cuando el maestro no me está mirando y todos en la escuela me llaman Guiños y suman ese a la lista de apodos:

Guiños McCourt
hijo de pordiosera
lagañoso
bailarín

pucheritos
japonuco

Ya no me importa cómo me llamen con tal de que los ojos se me desinflamen y pueda tener un trabajo estable cargando quintales de carbón en una carreta. Ojalá me vean el jueves cuando voy en la carreta y míster Hannon me pasa las riendas para poder fumarse la pipa con comodidad. Ahí tienes, Frankie, con maña y con cuidado porque este es un buen caballo y no necesita que le tiren las riendas.

Me pasa el látigo también pero a este caballo nunca hay que fustigarlo. Todo es por farolear y yo apenas lo chasco en el aire como míster Hannon o para espantar alguna mosca de las grandes ancas doradas que el caballo menea entre las varas.

Todo el mundo tiene que estar mirándome y admirando mi modo de mecerme con la carreta, la soltura con que manejo las riendas y el látigo. Desearía tener una pipa como la de míster Hannon y una gorra de lana. Desearía ser un carbonero de verdad con la piel negra como míster Hannon o el tío Pa Keating para que la gente dijera: Ahí va Frankie McCourt el que reparte todo el carbón en Limerick y se toma su pinta en la taberna de South. Nunca me lavaría la cara. Estaría negro todos los días del año hasta en el de Navidad cuando debes darte un buen baño para la venida del Niño Jesús. Sé que a Él no le importaría porque vi a los Reyes Magos en el pesebre de los redentoristas y uno de ellos estaba más negro que el tío Pa Keating, que es el hombre más negro de Limerick, y si uno de los Reyes Magos es negro eso quiere decir que donde vayas por el mundo siempre habrá alguien repartiendo carbón.

El caballo alza la cola y del trasero le salen grandes trozos humeantes de cagajón. Yo tiro de las riendas para que el caballo pueda parar y hacer lo suyo con un poquito de comodidad pero míster Hannon dice: No, Frankie, déjalo trotar. Ellos siempre cagan al trote y no son sucios y apestosos como la raza humana, en absoluto, Frankie. Lo peor en esta vida es entrar al retrete después de alguien que haya comido pezuñas de cerdo y tomado cerveza toda la noche.

El hedor de eso le retorcería las narices al más fuerte. Con los caballos es distinto. Únicamente comen avena y heno y lo que devuelven es limpio y natural.

Trabajo con míster Hannon los martes y los jueves después de clases y los sábados por la mañana y eso quiere decir tres chelines para mi madre aunque ella se mantiene preocupada por mis ojos. Apenas llego a casa me los lava y me hace dejarlos descansar por media hora.

Míster Hannon dice que me va a esperar junto a la escuela los jueves después de su recorrido por la calle Barrington. Ahora sí me van a ver los chicos. Ahora van a saber que soy un trabajador y más que un mero lagañoso pucheritos bailarín japonuco. Míster Hannon dice: Arriba, pues, y yo me trepo a la carreta como cualquier trabajador. Veo que los chicos me miran boquiabiertos. Boquiabiertos. Le digo a míster Hannon que si quiere fumarse su pipa con comodidad yo puedo tomar las riendas y cuando él me las entrega alcanzo a oír la exclamación de asombro que sueltan los muchachos. Le digo al caballo: Andando, pues, como míster Hannon. Arrancamos al trote y sé que docenas de alumnos de Leamy están cometiendo el pecado capital de la envidia. Vuelvo a decirle al caballo: Andando, pues, para asegurarme de que todos me oigan, para que todos sepan que yo y sólo yo voy manejando la carreta, para asegurarme de que nunca olviden que me vieron a mí en esa carreta con las riendas y el látigo. Es el mejor día de mi vida, mejor que el de la primera comunión, que la abuela echó a perder, mejor que el de la confirmación cuando me dio la tifoidea.

Ya no me ponen apodos. No se ríen de mis ojos lagañosos. Quieren saber cómo hice para conseguirme un trabajo tan bueno a los once años y cuánto me pagan y si el empleo es de por vida. Quieren saber si en las carboneras hay otros buenos empleos y si los puedo recomendar por esos lados.

Luego aparecen los grandulones de trece años que me arriman la cara y me dicen que ellos deberían tener ese trabajo porque son más grandes que yo y yo no soy más que un gorgojo flacuchento sin espaldas. Que hablen todo lo que quieran. Yo tengo el trabajo y míster Hannon dice que soy muy fuerte.

Hay días en que tiene las piernas tan malas que a duras penas puede caminar y a la señora Hannon se le nota la preocupación. Ella me da una gran taza de té y yo la miro remangarle los pantalones y despegarle las vendas sucias. Las úlceras son rojas y amarillas y están mugrosas de polvo de carbón. Ella se las lava con agua jabonosa y se las embadurna de un ungüento amarillo. Le alza las piernas sobre un asiento y así se queda él toda la noche leyendo el periódico o un libro de la repisa sobre su cabeza.

Las piernas se le están dañando tanto que tiene que levantarse una hora más temprano todos los días para desentumecerse y ponerse un vendaje nuevo. Todavía está oscuro un sábado de madrugada cuando la señora Hannon llama a nuestra puerta y me pide que vaya donde un vecino y le pida prestada la carretilla para llevarla en la carreta porque míster Hannon no va a poder cargar los sacos y a lo mejor yo los pueda entregar por él con la carretilla. Como él no me va a poder llevar en la bicicleta lo mejor es que yo lleve la carretilla y me encuentre con él en la carbonera.

El vecino dice: Lo que míster Hannon pida, Dios lo bendiga.

Lo aguardo a la entrada de la carbonera y lo veo llegar pedaleando, más lento que nunca. Está tan agarrotado que le cuesta bajarse de la bicicleta y me dice: Eres un gran hombre, Frankie. Me deja alistar el caballo aunque todavía me da trabajo ponerle el arnés. Me deja maniobrar con la carreta para salir de la carbonera y echar a recorrer las calles llenas de escarcha y yo quisiera manejar por siempre y no volver a casa. Míster Hannon me enseña a arrimar los sacos al borde de la carreta y dejarlos caer al suelo para poder montarlos a la carretilla y llevarlos hasta las casas. Me enseña a levantar y empujar los sacos sin hacerme un esguince y para el mediodía ya hemos entregado los dieciséis sacos.

Ojalá pudieran verme ahora los chicos de Leamy, cómo manejo el caballo y manipulo los sacos, cómo hago todo mientras míster Hannon descansa las piernas. Ojalá me vieran entrando con la carretilla en la taberna de South y tomándome mi limonada con míster Hannon y el tío Pa y yo todos negros y Bill Galvin todo blanco. Me gustaría mostrarle al mundo las propinas que míster Hannon me permite guardar, cuatro chelines, más el chelín que él me da por el trabajo de la mañana, cinco chelines en total.

Mamá está sentada junto al fuego y cuando le entrego el dinero me mira, la deja caer sobre la falda y se pone a llorar. Yo estoy desconcertado porque se supone que el dinero lo pone feliz a uno. Mírate esos ojos, dice. Ve a ese espejo y mírate esos ojos.

Tengo la cara negra y los ojos peor que nunca. La parte blanca y los párpados están rojos y me sale materia amarillenta por los ángulos y por encima de los párpados de abajo. Si la podre se queda quieta un rato forma un costra que hay que arrancar o lavársela.

Mamá dice que se acabó. No más míster Hannon. Trato de explicarle que míster Hannon me necesita. Ya casi no puede caminar. Esta mañana tuve que hacerlo todo, manejar la carreta, llevar la carretilla con los sacos, sentarme en la taberna, tomar limonada, oír la discusión de quién era mejor, si Rommel o Montgomery.

Ella dice que lo siente mucho por míster Hannon pero que nosotros tenemos nuestras propias cuitas y que lo último que necesita ahora es un hijo ciego andando a tientas por las calles de Limerick. Ya fue bastante malo que casi te murieras de fiebre tifoidea y encima de eso quieres quedarte ciego.

Y ahora soy yo el que no deja de llorar porque esa era mi única oportunidad de ser un hombre y traer a casa el dinero que el chico de los telegramas nunca trajo de parte de mi padre. No puedo dejar de llorar porque no sé qué va a hacer míster Hannon el lunes por la mañana cuando no tenga quién le ayude a arrimar los sacos al borde de la carreta y entrarlos a las casas. No puedo dejar de llorar por la forma como él trata a ese caballo al que llama dulzura porque él mismo es tan tierno y porque qué va a hacer el caballo si míster Hannon no viene a sacarlo. ¿Se caerá el caballo de hambre por la falta de avena y heno y una que otra manzana?

Mamá dice que deje de llorar, que eso es malo para los ojos. Dice: Ya veremos. Es todo lo que te puedo decir. Ya veremos.

Me lava los ojos y me da seis peniques para que lleve a Malachy al Lyric a ver a Boris Karloff en *The Man They Could Not Hang* y compremos dos tabletas de caramelo Cleeves. Me da trabajo ver la pantalla con la materia amarilla supurándome por los ojos y Malachy tiene que contarme lo que está pasando. Los vecinos nos dicen que nos callemos, que les gustaría oír lo que dice Boris Karloff, y cuando Malachy les responde que tan sólo le está ayudando a su hermano que es ciego, ellos llaman al taquillero, Frank Goggin, y él dice que si Malachy pronuncia otra palabra nos saca del teatro.

No me importa. Me las arreglo para exprimirme la materia de un ojo y despejármelo de modo que pueda ver la pantalla mientras el otro se va llenando y voy del uno al otro, exprimo, miro, exprimo, miro, y todo se ve amarillo.

El lunes por la mañana la señora Hannon golpea otra vez a nuestra puerta. Le pregunta a mamá si sería posible que Frank bajara a la carbonera a decirle al oficinista que míster Hannon no podrá ir hoy, que tiene que ir donde el doctor por lo de sus piernas, que con seguridad irá mañana y que mañana hará los repartos de hoy. La señora Hannon ahora me llama Frank. Un repartidor de quintales de carbón no es cualquier Frankie.

El oficinista dice: Pufff. Creo que somos demasiado tolerantes con Hannon. Tú, ¿cómo te llamas?

McCourt, señor.

Dile a Hannon que traiga una excusa médica. ¿Entendido?

Sí, señor.

El doctor le dice a míster Hannon que tiene que hospitalizarse si no quiere que le dé una gangrena y el doctor no va a responder por eso. La ambulancia se lleva a míster Hannon y el gran trabajo se me esfuma. Ahora volveré a ser blanco como todos en Limerick, sin carreta, sin caballo, sin chelines que traerle a mi madre.

A los pocos días Bridey Hannon viene a nuestra puerta. Dice que su madre quiere que yo vaya a verla, a tomarme una taza de té con ella. La señora Hannon está junto a la chimenea con una mano en el asiento de la silla de míster Hannon. Siéntate, Frank, me dice, y cuando yo voy a sentarme en una de las sillas ordinarias de la cocina ella me dice: No, siéntate aquí. Siéntate aquí en la silla de él. ¿Sabes cuántos años tiene él, Frank?

Debe de ser muy viejo, señora Hannon. Tendrá unos treinta y cinco.

Ella sonríe, con su bonita dentadura: Tiene cuarenta y nueve, Frank, y un hombre de su edad no debería tener así las piernas.

No, señora Hannon.

¿Sabías que a él le encantaba ir contigo en la carreta?

No, señora Hannon.

Pues sí. Tuvimos dos hijas, Bridey la que conoces y Kathleen, la enfermera que vive en Dublín. Pero no hubo hijos y él decía que tú le dabas la sensación de un hijo.

Los ojos me arden y no quiero que ella me vea llorar especialmente cuando no sé por qué estoy llorando. No hago más últimamente. ¿Será el trabajo? ¿Será míster Hannon? Mi madre dice: Tienes la vejiga debajo del ojo.

Creo que estoy llorando por la forma tan tierna como la señora Hannon me habla y ella habla así a causa de míster Hannon.

Como un hijo, me dice, y me alegra que haya podido sentir eso. Ya no va a trabajar más, ¿sabes? Tendrá que quedarse en casa de ahora en adelante. A lo mejor se cure y si eso pasa seguramente va a poder conseguirse un trabajo de vigilante donde no tenga que estar cargando y llevando cosas.

Yo tampoco voy a tener trabajo, señora Hannon.

Pero si ya lo tienes, en la escuela. Ese es tu trabajo.

Eso no es un trabajo, señora Hannon.

No volverás a tener un trabajo como ese, Frank. A míster Hannon se le parte el corazón cuando piensa en ti descargando sacos de carbón de una carreta y a tu madre se le parte el corazón y además eso te arruinaría los ojos. Dios sabe cuánto siento haberte metido en esto porque tu madre quedó atrapada entre tus ojos y las piernas de míster Hannon.

¿Puedo ir al hospital a ver a míster Hannon?

Tal vez no te dejen entrar pero claro que puedes venir a visitarlo acá. Dios sabe que no va a estar muy ocupado si no es leyendo libros y mirando por la ventana.

Mamá me dice en casa: No debes llorar, pero por otro lado las lágrimas son saladas y a lo mejor te lavan esa materia mala de los ojos.

XII ◈

LLEGA UNA CARTA DE PAPÁ. Vendrá a casa dos días antes de la Nochebuena. Dice que todo va a ser distinto, que es un hombre nuevo, que espera que nos estemos portando bien, que obedezcamos a nuestra madre, que cumplamos con nuestros deberes religiosos, y que nos trae un regalo de Navidad.

Mamá me lleva a la estación del tren a recibirlo. La estación es siempre muy emocionante con todo ese trajín, gente asomándose por las ventanillas, llorando, sonriendo, despidiéndose, el tren pitando y llamando, arrancando entre nubes de vapor, gente lloriqueando en el andén, rieles que brillan como plata hasta perderse en el horizonte, hasta Dublín y el mundo más allá.

Ahora es casi medianoche y hace frío en el andén desierto. Un hombre con una gorra de empleado ferroviario nos pregunta si queremos esperar en un lugar más caliente. Mamá dice: Muchas gracias, y se ríe cuando él nos lleva al final del andén y nos hace subir una escalerilla hasta la torre de señales. Ella se tarda un rato porque está muy pesada y no deja de decir: Ay, Dios, ay, Dios.

Dominamos el mundo y está oscuro en la torre de señales salvo por unas luces que se ponen rojas y verdes y amarillas cuando el hombre se inclina sobre el tablero. Él dice: Voy a tomar la cena, los invito.

Mamá dice: No, gracias, no podemos dejarlo sin su cena.

Él dice: Mi mujer me hace demasiada comida y aunque me quedara una semana en esta torre no alcanzaría a comérmela toda. Y no es que sea un trabajo muy duro mirar luces y mover una que otra palanca.

Destapa un frasco y sirve chocolate en una taza. Toma, me dice. Tú por fuera y el chocolate adentro.

Le da a mamá medio sándwich. Ah, no, dice ella, a lo mejor podría llevarle ese sándwich a sus niños.

Tengo dos hijos, señora, y andan lejos combatiendo con las fuerzas de Su Majestad el Rey de Inglaterra. Uno hizo su parte con Montgomery en África y el otro está en Birmania o en otro de esos rejodidos lugares, si me disculpa. Primero nos libramos de Inglaterra y después peleamos sus guerras. Así que, señora, tome el sándwich.

Las luces del tablero titilan y el hombre dice: Su tren ya viene, señora.

Muchas gracias y Feliz Navidad.

Feliz Navidad a usted, señora, y Feliz Año Nuevo también. Cuidado con la escalerilla, jovencito. Ayúdale a tu madre.

Muchas gracias, señor.

Volvemos a esperar en el andén mientras el tren entra retumbando en la estación. Las puertas de los coches se abren y unos pocos hombres bajan al andén con sus maletas y se apresuran hacia la salida. Hay mucho traqueteo de cántaras de leche que van depositando en el andén. Un hombre y dos muchachos descargan paquetes de periódicos y revistas.

No hay señas de mi padre. Mamá dice que a lo mejor está dormido en uno de los coches pero sabemos que él casi no duerme, ni siquiera en su propia cama. Ella dice que a lo mejor el barco de Holyhead se retrasó y él perdió el tren. El mar de Irlanda es imposible en esta época del año.

Él no va a venir, mamá. No le importamos nada. Andará borracho allá en Inglaterra.

No hables así de tu padre.

No le digo nada más. No le digo que me gustaría tener un padre como el hombre de la torre de señales que nos diera sándwiches y chocolate.

Al otro día papá se aparece en la puerta. Le faltan los dientes de arriba y tiene un moretón bajo el ojo izquierdo. Dice que el mar de Irlanda estaba muy embravecido y que cuando se inclinó sobre la borda se le cayeron los dientes. Mamá dice: ¿No sería el trago, no? ¿No sería una pelea?

No, Ángela.

Michael dice: Dijiste que nos traías un regalo, papá.

Oh, sí.

Saca de la maleta una caja de chocolates y se la entrega a mamá. Ella abre la caja y nos enseña el interior donde falta la mitad de los chocolates.

¿Sí te podías dar ese lujo?, le dice ella.

Cierra la caja y la pone en la repisa de la chimenea. Comeremos chocolates después de la cena de Navidad mañana.

Mamá le pregunta si trajo algo de dinero. Él le dice que los tiempos son difíciles, que los empleos escasean, y ella dice: ¿Me estás tomando el pelo? Hay una guerra y en Inglaterra lo único que hay es empleos. Te bebiste el dinero, ¿no?

Te bebiste el dinero, papá.

Te bebiste el dinero, papá.

Te bebiste el dinero, papá.

Gritamos tan duro que Alphie se pone a llorar. Papá dice: vamos, niños, respeten a su padre.

Se pone la gorra. Tiene que hablar con alguien. Mamá dice: Anda y habla con él pero esta noche no regreses borracho a esta casa cantando *Roddy McCorley* ni nada de eso.

Él vuelve borracho pero silencioso y se queda privado en el suelo al pie de la cama de mamá.

Tenemos nuestra cena de Navidad al otro día gracias al vale por comida que mamá se consigue en la Sociedad de San Vicente de Paúl. Comemos cabeza de cordero, repollo, papas blancas y harinosas y una botella de sidra porque estamos en Navidad. Papá dice que no tiene hambre, que sólo quiere el té, y le pide prestado un cigarrillo a mamá. Ella le dice: Come algo. Es Navidad.

Él le vuelve a decir que no tiene hambre pero que si nadie los quiere él se puede comer los ojos del cordero. Dice que los ojos son muy alimenticios y todos hacemos ruidos de asco. Él se los pasa con el té y termina de fumarse el Woodbine. Se pone la gorra y sube a buscar su maleta.

Mamá le dice: ¿Adónde vas?

A Londres.

¿En el día de Nuestro Señor? ¿En Nochebuena?

Es la mejor fecha para viajar. La gente que va en automóvil siempre le da una mano a los trabajadores hasta Dublín. Recuerdan las penurias de la Sagrada Familia.

¿Y cómo piensas subir al barco de Holyhead sin un penique en el bolsillo?

Como hice de venida. Siempre hay un momento de descuido.

Nos da un beso a cada uno en la frente, nos dice que nos portemos bien, obedezcamos a mamá, recemos nuestras oraciones. Le dice a mamá que le va a escribir y ella dice: Ah, sí, igual que siempre. Él está de pie frente a ella con la maleta. Ella se levanta, coje la caja de chocolates y los reparte. Se mete uno a la boca y lo saca en seguida porque es muy duro y no lo puede masticar. A mí me toca uno blando y se lo ofrezco a cambio del duro, que dura más. Es espeso y cremoso y tiene una nuez adentro. Malachy y Michael se quejan de que no les haya tocado una nuez y dicen que por qué le toca siempre a Frank. Mamá les dice: ¿Cómo así que siempre? Es la primera ves que vemos una caja de chocolates.

Malachy dice: A él le tocó la pasa del panecillo en la escuela y todos dicen que se la dio a Paddy Clohessy, ¿y entonces por qué no nos dio la nuez?

Mamá dice: Porque es Navidad y él tiene los ojos inflamados y la nuez le conviene para los ojos inflamados.

Michael dice: ¿Y le va a aliviar los ojos?

Claro.

¿Le va a aliviar un ojo o los dos?

Los dos ojos, creo.

Malachy dice: Si tuviera otra nuez se la daría para los ojos.

Mamá dice: Sé que lo harías.

Papá nos contempla un momento mientras nos comemos los chocolates. Alza el pestillo, sale por la puerta y la cierra tras él.

Mamá le dice a Bridey Hannon: Los días son malos pero las noches son peores ¿y será que no va a dejar de llover? Trata de mitigar los días malos quedándose acostada y dejando que Malachy y yo encendamos el fuego por la mañana mientras ella se queda recostada en la cama dándole a Alphie pedacitos de pan y llevándole a la boca la taza de té. Tenemos que ir abajo a Irlanda a lavarnos la cara en la palangana debajo del grifo y tratar de secarnos con la camisa vieja y húmeda que hay colgada en el espaldar de una silla. Nos llama al borde la cama para revisar que no haya quedado nada de mugre alrededor del cuello y si así es hay que volver abajo al grifo y la camisa húmeda. Cuando los pantalones están rotos ella se sienta y les cose un parche de cualquier trapo que encuentre. Usamos pantalones cortos hasta cumplir trece o catorce años y nuestras medias a las rodillas viven llenas de rotos que hay que remendar. Si ella no tiene lana para hacerlo y las medias son oscuras nos embetunamos las pantorrillas para vernos decentes. Es horrible andar por el mundo con la piel asomada por los agujeros de las medias. Cuando las usamos varias semanas seguidas los agujeros se ponen tan grandes que tenemos que remangarlas por la punta para que el roto de atrás quede oculto en el zapato. Cuando llueve las medias se nos empapan y tenemos que colgarlas frente a la chimenea por la noche con la esperanza de que estén secas al otro día. Entonces se entiesan todas con el barro seco y tememos ponérnoslas por miedo a que se deshagan frente a nuestros ojos. Si hay suerte conseguimos ponérnoslas pero entonces hay que tapar los agujeros de los zapatos y me peleo con Malachy mi hermano por cualquier trozo de cartón o de papel que haya en la casa. Michael sólo tiene seis años y tiene que esperar a ver qué queda a menos que mamá nos amenace desde la cama por no ayudarle a nuestro hermanito. Dice: Si no le arreglan los zapatos a su hermano y yo me tengo que levantar de esta cama va a haber azotes en la cancha. Les debería dar lástima de Michael porque está demasiado grande para jugar con Alphie y demasiado chico para jugar con nosotros y no puede pelear contra ninguno por las mismas razones.

Ponerse el resto es fácil, la camisa que uso para dormir es la misma que uso para la escuela. La llevo un día sí y otro también. Es la camisa para el fútbol, para escalar muros, para saquear huertos. Voy a misa y a la cofradía con esa camisa y la gente olfatea el aire y se aparta. Si a mamá le dan un vale para una camisa nueva en la San Vicente de Paúl la vieja es ascendida a toalla y cuelga húmeda de la silla durante meses o mamá la vuelve retazos para remendar otras camisas. Incluso a veces la recorta y deja que Alphie la use por un tiempo antes de ir a parar al suelo embutida debajo de la puerta para impedir que la lluvia del callejón se cuele.

Vamos a la escuela por los callejones y calles traseras para no encontrarnos con los chicos respetables que van al colegio de los hermanos cristianos o con los ricos que van al de los jesuitas, el Crescent. Los alumnos de los hermanos cristianos llevan chaquetas de paño, suéteres abrigados de lana, camisas, corbatas y botas nuevas y brillantes. Sabemos que a ellos les tocará emplearse en la administración pública para ayudarle a la gente que dirige el mundo. Los alumnos del colegio Crescent usan *blazers* y bufandas marcadas que se echan por encima del hombro para mostrar que son los gallitos del lugar. Llevan el pelo largo y cruzado por la frente sobre los ojos para poder sacudir el copete como chicos ingleses. Sabemos que a ellos le tocará ir a la universidad, hacerse cargo del negocio familiar, manejar el gobierno, manejar el mundo. Nosotros seremos los mensajeros en bicicleta que les reparten los comestibles o iremos a Inglaterra a trabajar en las construcciones. Nuestras hermanas les cuidarán los niños y fregarán sus pisos a menos que se vayan también para Inglaterra. Sabemos todo eso. Nos avergonzamos de nuestra facha y si los chicos de los colegios para ricos hacen algún comentario hay una pelea y terminamos con las narices reventadas o la ropa rasgada. Nuestros maestros no toleran esas peleas porque ellos mandan a sus hijos a las escuelas de los ricos y nos dicen: No tienen derecho a alzar la mano contra la gente superior, así que cuidadito.

Nunca se sabe cuándo vas a llegar a casa y encontrar a mamá sentada junto al fuego conversando con una mujer y un niño desconocidos. Siempre son una mujer y un niño. Mamá se los topa por la calle y ellos le piden: ¿No le sobra un penique, señora? Eso le parte el corazón. Como nunca tiene dinero los invita a la casa a tomar té con un poco de pan frito y si la noche es fea los deja dormir en un rincón junto a la chimenea sobre un montón de trapos. El pan que ella les da significa que para nosotros habrá menos y si nos quejamos ella dice que siempre hay gente en peores condiciones que uno y que cómo no vamos a compartir un poquito de lo que tenemos.

Con Michael es igual. Trae a casa hombres viejos y perros callejeros. Nunca se sabe cuándo vas a encontrártelo con un perro en la cama. Hay perros con llagas, perros sin orejas, sin cola. Hay un galgo gris que se encontró en el parque cuando unos niños lo estaban torturando. Michael espantó a los niños, cargó con el galgo que era más grande que él y le dijo a mamá que le diera su cena al perro. Mamá dice: ¿Cuál cena? Cuando mucho habrá un trozo de pan en la casa. Michael le dice que le dé su porción de pan al perro. Mamá le dice que el perro tiene que irse mañana y Michael llora toda la noche y llora todavía más por la mañana cuando ve al perro muerto junto a él en la cama. No quiere ir a la escuela porque tiene que cavar una tumba afuera donde estaba el establo y quiere que todos le ayudemos a cavar y a rezar el rosario. Malachy le dice que de nada sirve rezar por un perro, ¿cómo sabes siquiera si es católico? Michael dice: Claro que era un perro católico. ¿No lo cargué yo, acaso? Llora tanto por el perro que mamá nos permite faltar a la escuela. Estamos tan felices que no nos importa ayudarle a Michael con la tumba y a rezar tres avemarías. No nos vamos a quedar ahí desperdiciando un día sin escuela rezando un rosario entero por un galgo muerto. Michael sólo tiene seis años pero cuando trae a los ancianos a la casa se las arregla para prender la chimenea y hacerles un té.

Mamá dice que se va a volver loca de llegar a la casa y encontrarse a esos viejos tomando té en su taza preferida y diciendo incoherencias y rascándose junto a la chimenea. Le dice a Bridey Hannon que Michael tiene el hábito de traer a la casa viejos un poquito idos de la cabeza y que si no tiene un pedazo de pan para ellos golpea a las puertas de los vecinos y no le da vergüenza mendigar uno. Al fin le dice a Michael: No más viejos. Uno de ellos nos dejó una plaga de piojos.

Los piojos son asquerosos, peor que las ratas. Los tenemos en la cabeza y las orejas y se esconden en los huecos de las clavículas. Se nos incrustan en la piel. Se nos meten en las costuras de la ropa y los abrigos que usamos como mantas están plagados de ellos. Tenemos que espulgarle todo el cuerpo a Alphie porque es un bebé indefenso.

Los piojos son peores que las pulgas. Los piojos se acurrucan a chupar y se les ve la sangre a través de la piel. Las pulgas saltan y pican y son limpias y las preferimos. Las cosas que saltan son más limpias que las que se acurrucan.

Estamos de acuerdo en que no va a haber más mujeres y niños desamparados, ni perros ni ancianos. No queremos más enfermedades e infecciones.

La vecina de la abuela, la señora Purcell, tiene el único aparato de radio de su callejón. El gobierno se lo regaló porque está vieja y ciega. Yo quiero uno. Mi abuela es vieja pero no es ciega y de nada sirve una abuela que no se queda ciega y recibe un radio del gobierno.

Los domingos por la noche me hago afuera en la acera bajo la ventana de la señora Purcell a escuchar el teatro de la BBC y la radio Eireana, la estación irlandesa. Presentan obras de O'Casey, Shaw, Ibsen y del propio Shakespeare, el mejor de todos, así sea inglés. Shakespeare es como el puré de papas, nunca es suficiente. Y se pueden oír dramas raros de griegos que se sacan los ojos porque se casaron con su madre por equivocación.

Una noche me siento bajo la ventana de la señora Purcell a escuchar *Macbeth*. Su hija, Kathleen, asoma la cabeza por la puerta: Entra, Frankie. Mi madre dice que te va a dar tisis sentado en la acera con el tiempo que hace.

Ah, no, Kathleen. Así estoy bien.

No. Entra.

Me dan té y una gran rebanada de pan con mermelada de mora. La señora Purcell dice: ¿Te gusta Shakespeare, Frankie?

Me encanta Shakespeare, señora Purcell.

Él es pura música, Frankie, y tiene las mejores historias del mundo. Yo no sabría cómo entretenerme los domingos por la noche si no tuviera al Shakespeare.

Cuando la obra se termina ella me deja jugar con el botón del radio y busco en el dial los sonidos lejanos de onda corta, raros chisporroteos y zumbidos, el ruido del océano que va y viene y el alfabeto Morse dit dit dit dot. Oigo mandolinas, guitarras, gaitas españolas, los tambores del África, lamentos de barqueros en el Nilo. Veo marineros que sorben tazas de chocolate caliente en sus atalayas. Veo catedrales, rascacielos, cabañas. Veo beduinos del Sahara y la Legión Extranjera francesa y vaqueros en las praderas de América. Veo cabras que brincan en las costas rocosas de Grecia donde los pastores son ciegos porque se casaron con sus madres por equivocación. Veo gente charlando en los cafés, tomando vino, paseándose por bulevares y avenidas. Veo mujeres de la noche en los portales, monjes cantando vísperas, hasta que suena el campanazo del Big Ben: Escuchan el servicio internacional de la BBC y estas son las noticias.

La señora Purcell dice: Déjalas, Frankie, a ver cómo va el mundo.

Después de las noticias encuentro la Cadena de las Fuerzas Armadas de América y es una delicia oír esas voces de América descomplicadas y frescas y la música suena, *oh, man*, la música de Duke Ellington en persona que me dice que tome el tren A hasta el lugar donde Billie Holiday canta para mí solo:

Sólo puedo darte amor, baby.
Sólo de eso me sobra, baby.[1]

Oh, Billie, Billie, quiero estar en América contigo y esa música, donde nadie tiene malos los dientes, la gente deja comida en el plato, cada familia tiene un retrete y todo el mundo vive feliz por siempre jamás.

Y la señora Purcell dice: ¿Sabes algo, Frankie?

¿Qué, señora Purcell?

Que Shakespeare es tan bueno que tiene que haber sido irlandés.

El cobrador está perdiendo la paciencia. Le dice a mamá: Está retrasada cuatro semanas, señora. Eso suma una libra con dos chelines. Esto tiene que parar porque tengo que volver a la oficina e informarle a sir Vincent Nash que los McCourt están retrasados en un mes. ¿Y dónde quedo yo, señora? De culos, sin trabajo y con la obligación de sostener a una madre que tiene noventa y dos años y comulga todos los días en la iglesia de los franciscanos. O el cobrador cobra los alquileres, señora, o pierde el trabajo. Volveré la próxima semana y si no tiene el dinero, una libra, ocho chelines y seis peniques en total, irá a parar en el asfalto con el cielo goteando sobre todos sus muebles.

Mamá regresa a Italia y se hace junto al fuego a pensar de dónde en el nombre de Dios va a sacar el dinero para una semana de alquiler sin contar los atrasos. Le encantaría tomarse un té pero no hay modo de hervir el agua hasta que Malachy arranca una tabla floja de la pared que separa los dos cuartos de arriba. Mamá dice: Bueno, ya está suelta así que bien podemos partirla para el fuego. Hervimos el agua y usamos el resto de la madera en la mañana pero no sabemos qué va a pasar esa noche ni al otro día ni nunca. Mamá dice: Saquemos otra tabla de la pared, una y sólo una más. Dice lo mismo

---

1 *I can't give you anything but love, baby. / That's the only thing I've plenty of, baby.*

durante dos semanas hasta que sólo quedan las vigas. Nos dice que cuidado la tocamos porque sostienen el techo y toda la casa.

Nosotros jamás tocaríamos las vigas.

Sale a visitar a la abuela y hace frío en la casa y yo la emprendo con la hachuela contra una de las vigas. Malachy me da ánimos y Michael aplaude lleno de excitación. Tiro de la viga, el techo cruje y sobre la cama de mamá cae un chorro de yeso, pizarras y lluvia. Malachy dice: Ay, Dios, nos va a matar a todos, y Michael se pone a bailar y a cantar: Frankie rompió la casa, Frankie rompió la casa.

Corremos bajo la lluvia a darle la noticia a mamá. Ella no entiende el canto de Michael, Frankie rompió la casa, hasta que yo le explico que el techo tiene un hueco y que se está cayendo. Ella dice: Jesús, y corre por las calles mientras la abuela trata de alcanzarla.

Mamá ve la cama sepultada bajo el yeso y las pizarras y se coge del pelo: ¿Ahora qué vamos a hacer, ah?, y me regaña por meterme con las vigas. La abuela dice: Hay que ir a la oficina del propietario a decirles que arreglen esto antes de que vustedes se ahoguen completamente.

Regresa al momento con el cobrador. Él dice: Santo Dios del cielo, ¿dónde está el otro cuarto?

La abuela dice: ¿Cuál otro cuarto?

Les alquilé dos cuartos y ahora falta uno. ¿Qué se hizo?

Mamá dice: ¿Cuál cuarto?

Aquí había dos cuartos y ahora sólo hay uno. ¿Y qué pasó con la pared? Había una pared. Ahora no hay pared. Recuerdo claramente una pared porque recuerdo claramente un cuarto. ¿Y ahora dónde está la pared? ¿Dónde está el cuarto?

La abuela dice: Yo no recuerdo ninguna pared y si yo no recuerdo la pared, ¿cómo voy a recordar el cuarto?

¿No recuerda? Bueno, yo sí. Hace cuarenta años soy cobrador de alquileres y nunca he visto nada igual. Por Dios, ya es el colmo cuando no puedes volver la espalda sin que los inquilinos te dejen de pagar y encima de eso hagan desaparecer cuartos y paredes.

Quiero saber dónde está esa pared y qué hicieron con el cuarto, sí señor.

Mamá nos mira: ¿Recuerda alguno una pared?

Michael le jala la mano: ¿Será la que quemamos en la chimenea?

El cobrador dice: Santo Dios del cielo, esto le gana a Banagher, esto es hacer un pan como unas hostias, esto es pasar la raya de las rayas. No hay alquiler y ahora qué le voy a decir a sir Vincent allá en la oficina. En la calle, señora, la voy a poner en la calle. Dentro de una semana voy a tocar a esta puerta y no quiero encontrar a nadie en casa, todo el mundo bien lejos y sin volver jamás. ¿Me entiende, señora?

Mamá tiene el rostro tenso: Qué lástima que usted no viviera en los tiempos cuando los ingleses nos desalojaban de las casas y nos dejaban a la orilla del camino.

Cuide esa lengua, señora, o mando al hombre a que la saque mañana.

Sale por la puerta sin cerrarla para mostrarnos lo que piensa de nosotros. Mamá dice: No sé por Dios qué voy a hacer. La abuela dice: Bueno, no tengo campo para ustedes pero tu primo Gerard Griffin vive en la carretera de Rosbrien en la casita de su madre y seguramente los podría alojar hasta que vengan mejores tiempos. Está tardísimo pero puedo ir a ver qué dice y Frank me puede acompañar.

Me manda a ponerme el abrigo pero yo no tengo uno y ella dice: Me figuro que también es inútil preguntar si tienen un paraguas. Vamos.

Se pone el chal en la cabeza y yo arranco tras ella callejón arriba bajo la lluvia hasta la carretera de Rosbrien a casi dos millas de distancia. Ella golpea en la puerta de una cabañita en una larga hilera de cabañitas. ¿Estás ahí, Laman? Sé que estás ahí. Abre la puerta.

Abuela, ¿por qué le dices Laman? ¿No se llama Gerard?

Yo qué voy a saber. ¿Acaso sé por qué todos le dicen Ab a tu tío Pat? A este tipo todos le dicen Laman. Abre la puerta. Vamos a entrar. A lo mejor está trabajando horas extras.

Empuja la puerta. No hay luz adentro y hay un olor dulzón a moho en todo el cuarto. Parece ser la cocina y al lado hay otro cuarto más pequeño. Sobre la pieza hay un desván pequeño con una claraboya contra la cual golpea la lluvia. Hay cajas por todos lados, periódicos, revistas, restos de comida, tazas, latas vacías. Distinguimos dos camas que ocupan toda la pieza, una grande como un potrero y otra más pequeña junto a la ventana. La abuela hurga un bulto en la cama grande. Laman, ¿eres tú? Levántate, ¿sí? Levántate.

¿Qué? ¿Qué? ¿Qué? ¿Qué?

Hay líos. A Ángela la echaron a la calle con los niños y está diluviando afuera. Necesitan un techo hasta que puedan levantar cabeza y yo no tengo campo para ellos. Si quieres los puedes acomodar en el desván pero tal vez eso no resulte porque los más pequeños no se podrían trepar y a lo mejor se caen y se matan así que mejor tú te subes y ellos se hacen aquí abajo.

Está bien, está bien, está bien, está bien.

Se levanta de la cama y hay un olor a whisky. Va a la cocina y arrima la mesa a la pared para treparse al desván. La abuela dice: Así está bien. Ahora vustedes pueden mudarse acá esta noche sin que los desalojen esos hombres.

La abuela se despide de mamá. Está cansada y empapada y ya no tiene veinticinco años. Dice que no tenemos que llevarnos las camas o los muebles con todas esas cosas que hay en la casa de Laman Griffin. Ponemos a Alphie en el cochecito y apilamos a su alrededor la olla, la sartén, la tetera, los frascos de mermelada y las tazas, el Papa, dos travesaños y los abrigos de las camas. Nos arropamos la cabeza con los abrigos y empujamos el coche por las calles. Mamá nos dice que no hagamos ruido al subir por el callejón para que los vecinos no se enteren del desalojo y no haya humillación. El coche tiene una rueda desvencijada que lo hace ladearse y enfilar en todos los sentidos. Tratamos de llevarlo derecho y nos divertimos en grande porque debe de ser pasada la medianoche y seguramente mamá no nos va a hacer ir a la escuela mañana. Nos estamos mudando tan lejos de la escuela de Leamy que a lo mejor no tendremos que volver nunca. Cuando nos alejamos del callejón Alphie empieza a darle a la olla con el cucharón y Michael canta una canción que oyó en una película de Al Jolson, *Swanee, how I love ya, how I love ya, my dear ol'Swanee*. Nos hace reír tratando de cantar con una voz ronca como la de Al Jolson.

Mamá dice que se alegra de que esté tarde y no haya nadie en la calle para presenciar nuestra humillación.

Cuando llegamos a la casita sacamos a Alphie y todo lo demás del cochecito para que Malachy y yo podamos correr al callejón de Roden por el baúl. Mamá dice que se moriría si perdiera el baúl con todo lo que tiene.

Malachy y yo dormimos en los dos extremos de la cama pequeña. Mamá ocupa la cama grande con Alphie al lado suyo y Michael a los pies. Todo está húmedo y mohoso y Laman Griffin ronca sobre nuestras cabezas. No hay escaleras en esa casa y eso quiere decir que no habrá nunca un ángel del séptimo peldaño.

Pero ya voy a cumplir trece años y tal vez sea demasiado viejo para los ángeles.

No ha amanecido aún cuando suena el despertador y Laman Griffin resopla y se suena la nariz y carraspea para arrancarse la flema de la garganta. El piso cruje con su peso y cuando orina por una eternidad en el orinal tenemos que meternos los abrigos en la boca para dejar de reírnos y mamá nos dice en voz baja que nos callemos. Él rezonga un rato allá arriba antes de bajar por su bicicleta y salir dando un portazo. Mamá nos susurra: No hay moros en la costa, vuelvan a dormirse. Hoy pueden quedarse en casa.

No podemos dormir. Estamos en una casa nueva, tenemos que orinar y queremos explorar. El retrete está afuera, a unos diez pasos de la puerta trasera, nuestro propio retrete con una puerta que se puede cerrar y un asiento en regla donde puedes sentarte a leer recortes del *Limerick Leader* que Laman Griffin mantiene ahí para limpiarse. Hay un largo patio trasero, un jardín con la hierba crecida y lleno de malezas, una vieja bicicleta que debe de haber pertenecido a un gigante, montones de latas, periódicos y revistas viejos que se descomponen en la tierra, una máquina de coser oxidada, un gato muerto con una soga al cuello que alguien debe de haber tirado por encima de la cerca.

A Michael se le mete en la cabeza que estamos en el África y no deja de preguntar: ¿Dónde está Tarzán? ¿Dónde está Tarzán? Corre por todo el patio sin calzones tratando de imitar a Tarzán aullando de árbol en árbol. Malachy se asoma por encima de las cercas a los otros patios y nos dice: Tienen jardines. Cultivan cosas. Nosotros podemos cultivar cosas. Podemos sembrar nuestras propias papas y todo.

Mamá nos llama por la puerta trasera: Vean si pueden encontrar con qué prender la chimenea.

Hay un cobertizo de madera contra la parte de atrás de la casa. Está a punto de irse al suelo y seguramente podemos usar un poco de esa madera para el fuego. A mamá le da asco la madera que traemos. Dice que está podrida y llena de gusanos blancos pero que el indigente no ha de ser exigente. La madera chirría entre el papel en llamas y vemos cómo los gusanos blancos tratan de escapar. Michael dice que los gusanos blancos le dan lástima pero sabemos que a él todo en el mundo le da lástima.

Mamá nos cuenta que la casa era antes una tienda, que la madre de Laman Griffin vendía abarrotes por la ventanita y que así pudo enviar a Laman al Rockwell College para que terminara de oficial con la Marina Real, y aquí hay una foto de él con otros oficiales cenando todos con la famosa estrella de cine americana Jean Harlow. Él no volvió a ser el mismo después de conocer a Jean Harlow. Se enamoró locamente de ella, ¿y qué remedio? Ella era Jean Harlow y él era apenas un oficial de la Marina Real y eso lo empujó a la bebida y lo expulsaron de la marina. Ahora véanlo, un simple trabajador de la Junta de Suministro Eléctrico y en una casa que es un desastre. Viendo esa casa jamás se sabría que un ser humano vive en ella. Se nota que Laman Griffin no ha movido nada desde la muerte de su madre y ahora hay que hacer un aseo general para poder vivir en este lugar.

Hay cajas llenas de frascos de una pomada capilar de color púrpura. Mientras mamá está en el retrete abrimos unos de esos frascos y nos embadurnamos la cabeza. Malachy dice que huele estupendo pero cuando mamá regresa dice: ¿Qué es ese hedor?, y pregunta por qué tenemos las cabezas engrasadas de repente. Nos hace meter la cabeza bajo el grifo de afuera y secarnos con una toalla vieja sacada de debajo de una pila de revistas llamadas *The Illustrated London News*, tan viejas que tienen retratos de la reina Victoria y el príncipe Eduardo saludando. Hay barras de jabón Pear's y un libro grueso llamado *Pear's Encyclopedia* que me mantiene despierto día y noche porque te dice todo acerca de todo y eso es precisamente lo que quiero saber.

Hay frascos de linimento Sloan, que según mamá nos va a ser muy útil cuando nos den calambres y dolores por la humedad. En los frascos dice: *Ahí está el dolor. ¿Dónde el Sloan?* Hay cajas de imperdibles y maletines llenos de sombreros de mujer que se deshacen cuando los tocas. Hay cajas con corsés, ligueros, zapatos de mujer de abotonadura alta y un surtido de laxantes que prometen mejillas sonrojadas, ojos chispeantes y un cabello ondulado. Hay cartas del general Eoin O'Duffy al señor Gerard Griffin dándole la bienvenida a las filas del Frente Nacional, a las Camisas Azules de Irlanda, y diciendo que es un honor saber que alguien como Gerard Griffin está interesado en el movimiento, con su excelente educación, su preparación en la Marina Real, su fama de gran jugador de rugby con el equipo Young Munster que ganó el campeonato nacional, la copa Bateman. El general O'Duffy está formando una Brigada Irlandesa que pronto partirá a España a combatir al lado del católico y generalísimo Franco en persona, y míster Griffin sería una poderosa adición a la brigada.

Mamá dice que la madre de Laman no le permitió unírseles. Ella no pasó todos esos años esclavizada en aquella tienducha para enviarlo a la academia de modo que él pudiera salir a pindonguear por toda España peleando por Franco así que él se quedó en casa y se consiguió ese trabajo haciendo hoyos para los postes de la Junta de Suministro Eléctrico en los caminos rurales y su madre vivió feliz de tenerlo para ella sola todas las noches excepto la del viernes cuando él salía a tomarse su pinta y a llorar por Jean Harlow.

Mamá está feliz de que tengamos cargas de papel para prender el fuego aunque la madera que quemamos de ese cobertizo despide un olor nauseabundo y a ella le da miedo que los gusanos blancos se escapen y se reproduzcan.

Trabajamos todo el día moviendo cajas y talegas al cobertizo de afuera. Mamá abre todas las ventanas para airear la casa y dejar salir el olor de la pomada capilar y todos esos años sin ventilación. Dice que es un alivio poder ver de nuevo el piso y que ahora podemos sentarnos a tomar una taza de té en paz, calma y comodidad, y que va a ser delicioso cuando llegue el verano y podamos salir al jardín a tomar el té como hacen los ingleses.

Laman Griffin vuelve a casa todos los días a las seis excepto los viernes, come y se acuesta hasta el otro día. Los sábados se acuesta a la una de la tarde y se queda ahí hasta el lunes por la mañana. Arrima la mesa de la cocina a la pared debajo del desván, se sube a una silla, sube la silla a la mesa, vuelve a subirse a la silla, agarra una pata de la cama y se ayuda a trepar. Si está demasiado borracho los viernes por la noche me hace subir a mí por la almohada y las mantas y duerme en el suelo de la cocina junto a la chimenea o se deja caer en la cama conmigo y mis hermanos y ronca y se pedorrea toda la noche.

Al principio cuando nos mudamos se lamentaba de habernos cambiado el cuarto de abajo por el desván y decía que estaba rendido de andar encaramándose y bajándose para ir al retrete del patio. Dice desde arriba: Traigan la mesa y la silla que ya voy a bajar, y nosotros tenemos que despejar la mesa y arrimarla a la pared. Él está harto, está acabado de tanto trepar, de ahora en adelante va a usar el bonito orinal de su madre. Se queda en cama todo el día leyendo libros traídos de la biblioteca, fumando cigarrillos Gold Flake y arrojándole chelines a mamá para que mande a uno de nosotros a la tienda porque quiere bizcochuelos para el té o un bocadillo de pan con rodajas de tomate. Después llama a mamá: Ángela, el orinal está lleno, y ella corre la mesa y la silla para subir por el orinal, vaciarlo afuera en el retrete y volver a treparse al desván. El rostro se le pone tenso y dice: ¿Qué más desea hoy su señoría?, y él se ríe: Trabajo de mujeres, Ángela, trabajo de mujeres y alquiler gratis.

Laman arroja desde el diván su carné de la biblioteca y me dice que le saque dos libros, uno de pesca con caña y uno de jardinería. Le envía una nota a la bibliotecaria en la que dice que las piernas lo están matando de tanto hacer hoyos para la Junta de Suministro Eléctrico y que en adelante Frank McCourt recogerá por él sus libros. Él sabe que el chico apenas va a cumplir catorce años y que hay reglas estrictas que no permiten la entrada de menores a la sección de adultos de la biblioteca, pero el muchacho se va a lavar las manos y se va a comportar y hará lo que le ordenen, muchas gracias.

La bibliotecaria lee la nota y dice: Qué tremenda lástima lo de míster Griffin, es todo un caballero y un hombre muy culto, no te imaginarías cuántos libros se lee, a veces cuatro a la semana, y un día se llevó un libro en francés, francés, qué te parece, sobre la historia del timón, del timón, qué te parece, y ella daría cualquier cosa por poder asomarse a su cabeza porque debe de estar repleta de toda clase de conocimientos, repleta, qué te parece.

Me entrega un libro espléndido con fotos en colores de los jardines de Inglaterra. Dice: Sé qué le gusta a él en cuestiones de pesca, y selecciona un libro llamado *In Search of the Irish Salmon* por el brigadier general Hugh Colton. Él lee cientos de libros sobre oficiales ingleses de pesca en Irlanda, dice la bibliotecaria. Yo he leído algunos por pura curiosidad y puedes ver por qué esos oficiales están felices de venir a Irlanda después de todo lo que se tienen que aguantar en la India y el África y otros lugares imposibles. Por lo menos la gente por acá es educada. Tenemos fama por eso, por la cortesía, no andamos por ahí arrojándole lanzas a la gente.

Laman se queda en cama, lee los libros, habla desde el desván del día en que las piernas se le curen y pueda salir atrás a sembrar un jardín que sea famoso en todas partes por sus colores y belleza y cuando no esté dedicado al jardín la va a pasar recorriendo los ríos alrededor de Limerick y trayendo unos salmones que nos van a hacer agua la boca. Su madre le dejó una receta para preparar el salmón que es un secreto de familia y si él tuviera tiempo y las piernas no lo estuvieran matando la encontraría en algún sitio de la casa. Dice que ya puede confiar en que yo pueda sacar un libro por mí solo todas las semanas pero que no le vaya a traer porquerías. Yo quiero saber qué son las porquerías pero él no me lo dice así que tengo que averiguarlo por mi cuenta.

Mamá dice que ella también se quiere inscribir en la biblioteca pero que la caminata desde la casa de Laman es demasiado larga, dos millas, y que por qué no saco un libro todas las semanas, una novela romántica de Charlotte M. Brame o cualquier otro escritor agradable. Ella no quiere libros de oficiales ingleses buscando salmones ni libros de personas disparándose. Ya hay suficientes penas en el mundo sin que haya que leer libros de personas molestando salmones o molestándose los unos a los otros.

La abuela cogió un resfriado la noche que hubo el lío en la casa del callejón de Roden y el resfrío se volvió neumonía. La llevaron al hospital del asilo municipal y ahora está muerta.

Su hijo mayor, mi tío Tom, pensaba ir a Inglaterra a trabajar como los otros hombres de los callejones de Limerick pero se le agravó la tisis y tuvo que regresar a Limerick y ahora está muerto.

Su mujer, la Jane de Galway, lo siguió a la tumba, y hubo que poner a cuatro de sus seis hijos en el orfanato. El mayor de los hijos, Gerry, se escapó y se alistó en el ejército irlandés, desertó luego y se pasó al ejercito inglés. La niña mayor, Peggy, se mudó con la tía Aggie y vive en la desdicha.

El ejército irlandés está buscando muchachos con buen oído que quieran entrenarse en la Escuela de Música del Ejército. Reciben a mi hermano Malachy y él parte a Dublín para ser un soldado y tocar la trompeta.

Ahora sólo me quedan dos hermanos en casa y mamá dice que su familia se está esfumando ante sus propios ojos.

XIII ◈

UNOS MUCHACHOS DE mi curso en la escuela de Leamy planean hacer una excursión en bicicleta hasta Killaloe este fin de semana. Me dicen que pida una prestada y venga con ellos. Lo único que necesito es una manta, unas cucharaditas de té y azúcar y unas cuantas rebanadas de pan para pasar el hambre. Yo aprendo a montar en la bicicleta de Laman Griffin todas las noches después de que él se acuesta y con seguridad él me la va a prestar para ir esos dos días a Killaloe.

El mejor día para pedirle algo es el viernes por la noche cuando está de buen genio después de haber bebido y comido. Trae siempre la misma comida en los bolsillos del abrigo, un gran bisté sangrante, cuatro papas, una cebolla y una botella de amarga. Mamá hierve las papas y le fríe el bisté con tajadas de cebolla. Él se sienta a la mesa sin quitarse el abrigo y se come el bisté con la mano. La grasa y la sangre le corren por la barbilla y le chorrean sobre el abrigo, en el que también se limpia las manos. Se bebe su amarga y dice riéndose que no hay nada como un bisté lleno de sangre los viernes por la noche y que si ese es el peor pecado que haya cometido se va a elevar al cielo en cuerpo y alma, ja ja ja.

Claro que puedes tomar mi cicla, dice. El chico tiene que salir a ver el campo. Claro. Pero tienes que merecértelo. No puedes recibir algo a cambio de nada, ¿no es cierto?

Sí.

Y yo te tengo un trabajito. No te importa hacerme un trabajito, ¿verdad?

No.

¿Y te gustaría ayudarle a tu madre?

Sí.

Bueno, pues, ese orinal ahí arriba está lleno desde esta mañana.

Quiero que subas y lo cojas y lo lleves al retrete y lo laves en el grifo de afuera y lo vuelvas a subir.

No quiero vaciar el orinal pero sueño con recorrer en bicicleta todo el camino a Killaloe, los campos y el cielo lejos de esta casa, un baño en el Shannon, una noche durmiendo en algún silo. Arrimo la mesa y la silla a la pared. Me trepo y veo bajo la cama el orinal blanco y sin adornos todo salpicado de amarillo y marrón, a rebosar de mierda y orines. Lo pongo con cuidado al borde del desván para no derramarlo, me bajo a la silla, alcanzo el orinal, lo bajo, tuerzo la cara, lo sujeto bien mientras bajo a la mesa, lo pongo en la silla, bajo al suelo, llevo el orinal al retrete, lo desocupo y me vomito detrás del retrete mientras me voy acostumbrando a ese trabajo.

Laman me dice que soy un buen chico y que la bicicleta es mía cada vez que la quiera con tal de que el orinal esté vacío y yo me mantenga dispuesto a ir a la tienda por sus cigarrillos, ir a la biblioteca por sus libros y hacer cualquier otra cosa que él quiera. Dice: Manejas divinamente el orinal. Se carcajea y mamá mira fijamente las cenizas apagadas de la chimenea.

Un día cae tal aguacero que la señorita O'Riordan la bibliotecaria dice: No vayas a salir o arruinarás esos libros que llevas. Siéntate allí y compórtate. Puedes leer las vidas de los santos mientras esperas.

Son cuatro libros, las *Vidas de los santos* de Butler. No quiero pasar la vida leyendo vidas de santos pero cuando comienzo deseo que no escampe nunca. Cuando uno ve láminas de santos, hombres o mujeres, siempre están mirando al cielo donde hay nubes repletas de angelitos gordos que llevan flores o arpas y cantan alabanzas. El tío Pa Keating dice que no se le ocurre ningún santo del cielo con el que le gustara sentarse a tomarse una pinta. Los santos de estos libros son distintos. Hay historias de vírgenes, mártires y vírgenes mártires y son peores que cualquier película de terror del cine Lyric.

Tengo que buscar en el diccionario qué quiere decir virgen. Sé que la Madre de Dios es la Virgen María y que la llaman así porque no tuvo un marido en regla, sólo al pobre viejito san José. En las *Vi-*

das de los santos las vírgenes se la pasan metiéndose en problemas, no sé por qué. El diccionario dice: Virgen, mujer (por lo general joven) que está y permanece en estado de inviolada castidad.

Ahora tengo que buscar inviolada y castidad y lo único que averiguo es que inviolada quiere decir sin violar y castidad quiere decir casto y eso quiere decir libre de coito ilícito. Ahora tengo que buscar coito y eso me lleva a ayuntamiento, lo que me lleva a pene, el miembro masculino de la copulación en los animales superiores. Copulación me lleva a cópula, que es la unión del macho y la hembra para la fecundación y no entiendo qué quiere decir eso y ya estoy cansado de ir de una palabra a otra en un pesado diccionario que me lanza a la caza alocada de esta palabra a esa otra palabra y todo porque los que escribieron el diccionario no quieren que la gente como yo sepa nada.

Lo único que quiero saber es de dónde vine pero si se lo preguntas a alguien te dice que se lo preguntes a otra persona o te mandan de una palabra a otra.

A todas esas vírgenes mártires les dicen los jueces romanos que tienen que renunciar a la fe y adoptar a los dioses romanos pero ellas dicen: No, y los jueces hacen que las torturen y las maten. Mi favorita es santa Cristina la Asombrosa que se demora siglos en morir. El juez dice: Cortadle un seno, y cuando lo hacen ella se lo arroja en la cara y él se queda ciego y sordo y mudo. Traen a otro juez para el proceso y dice: Cortadle el otro seno, y vuelve a pasar lo mismo. Intentan matarla con flechas pero le rebotan en la piel y matan a los soldados que las dispararon. Tratan de freírla en aceite pero ella se acurruca en el caldero y se echa una siesta. Entonces los jueces no pueden más y ordenan que le corten la cabeza y ahí sí funciona la cosa. La fiesta de santa Cristina la Asombrosa cae el veinticuatro de julio y resuelvo adueñarme de ella junto con la de san Francisco de Asís el cuatro de octubre.

La bibliotecaria dice: Tienes que irte ahora, ya dejó de llover, y cuando voy a cruzar la puerta me vuelve a llamar. Quiere enviarle una nota a mi madre y no tiene inconveniente en que yo la lea. La nota dice: Querida Sra. McCourt, apenas crees que Irlanda se echó a perder del todo ves a un niño en la biblioteca tan absorto leyendo las Vidas de los Santos que no se da cuenta de que ya escampó y tienes que apartarlo por la fuerza de las arriba mencionadas Vidas. Creo, Sra. McCourt, que usted podría tener un futuro sacerdote en sus manos y encenderé una vela en la esperanza de que se haga realidad. De usted, su servidora, Catherine O'Riordan, Bibliotecaria Auxiliar.

Patacoja O'Halloran es el único maestro de la Escuela Nacional de Leamy que se sienta. Eso se debe a que es el director o a que tiene que descansar de la renquera que le produce la pierna más corta. Los demás maestros van de acá para allá al frente de la clase o suben y bajan por los pasadizos y nunca sabes cuándo te van a dar un varazo o un correazo por responder lo que no es o escribir algo torpe. Si Patacoja quiere hacerte algo te hace pasar al frente del salón para castigarte delante de tres cursos distintos.

En sus días de buen genio se sienta frente al escritorio y nos habla de América. Dice: Hijos míos, desde las estepas heladas de Dakota del Norte hasta los fragantes naranjales de la Florida, los americanos disfrutan de todos los climas. Habla de historia americana: Si el granjero americano, a punta de mosquete y pedernal, fue capaz de arrebatar a los ingleses un continente entero, cómo no vamos a poder nosotros, eternos guerreros, recuperar nuestra isla.

Si no queremos que nos mortifique con álgebra o gramática irlandesa todo lo que hay que hacer es preguntarle algo sobre América y eso lo entusiasma tanto que puede hablar sin parar durante todo el día.

Desde su escritorio nos recita las tribus y los jefes que él adora: Arapajos, cheyenes, chippewas, siux, apaches, iroqueses. Poesía, hijos míos, poesía. Y ahora escuchen los nombres de los jefes: Oso Furioso, Lluvia-en-la-Cara, Oso Sentado, Caballo Loco, y el genio, Gerónimo.

A los del séptimo grado nos reparte un folleto, un poema que dura muchas páginas, *The Deserted Village* [La aldea abandonada], de Oliver Goldsmith. Nos dice que aunque parece ser un poema sobre Inglaterra es en realidad un lamento por la tierra natal del poeta, nuestra tierra natal, Irlanda. Tenemos que aprendernos de memoria el poema, veinte versos por noche que hay que recitar al otro día. Hace pasar al frente a seis chicos para que los declamen y si te saltas un verso recibes dos palmetazos en cada mano. Nos manda a guardar los libros en el pupitre y la clase recita en coro el pasaje del maestro de escuela de la aldea:

Tras la desvencijada cerca que bordea el camino,
sin provecho adornada de tojos florecidos,
en su ruidosa casa, diestro para el gobierno,
el maestro enseñaba en su pequeño reino.
Era un hombre severo y de un cariz adusto,
lo conocía yo, lo sabían en su carne los alumnos.
Bien con agüero trémulo aprendían
a leer en su rostro matinal el mal del día.
Bien se reían con alegría falsa
de las bromas de él, que eran tantas.
Bien corría un rumor nada halagüeño,
de mal presagio, cuando fruncía el ceño.

Siempre cierra los ojos y sonríe cuando llegamos a los últimos versos del pasaje:

Pero era bueno y, si acaso no era amable,
su amor por el saber era el culpable.
La aldea en pleno decía que era un sabio.
Y es que sabía escribir y era hábil para el cálculo.
Podía medir tierras, predecir estaciones y mareas,
y hasta corría la voz de que tallaba piedras.
En debates, también, reconocía el cura su valía,
pues aunque lo venciera, el otro todavía discutía,

con sesudos discursos de tono retumbante
ante el rústico corro circundante.
Y más lelos seguían y más iba creciendo la extrañeza
de que tanto saber cupiera en su cabeza.[1]

Sabemos que esos versos le fascinan porque tratan de un maestro, de él, y está en lo cierto porque nos extrañamos de que tanto saber le quepa en la cabeza y lo vamos a recordar siempre en esos versos. Nos dice: Ah, chicos, chicos, pueden pensar lo que quieran pero primero colmen sus mentes. ¿Me están escuchando? Colmen sus cabezas y podrán ir radiantes por el mundo. Clarke, defina radiante.

Creo que es brillante, señor.

Conciso, Clarke, pero acertado. McCourt, denos una frase con conciso.

Clarke es conciso pero acertado, señor.

Hábil, McCourt. Tienes buena madera para el sacerdocio, mi muchacho, o la política. Piénsalo.

Sí, señor.

Dile a tu madre que venga a verme.

Sí, señor.

---

1 *Besides yon straggling fence that skirts the way, / With blossomed furze unprofitably gay, / There, in his noisy mansion, skilled to rule / The village master taught his little school. / A man severe he was and stern to view, / I knew him well, and every truant knew. / Full well the boding tremblers learned to trace / The day's disaster in his morning face. / Full well they laughed with counterfeited glee/ At all his jokes for many a joke had he./ Full well the busy whisper circling round/ Conveyed the dismal tidings when he frowned. / Yet he was kind, or, if severe in aught, / The love he bore to learning was in fault. / The village all declared how much he knew. / 'Twas certain he could write, and cipher too. / Lands he could measure, terms and tides presage, / And even the story run that he could gauge. / In arguing, too, the parson owned his skill, / While words of learned length and thundering sound / Amazed the gazing rustics ranged around. / And still they gazed, and still the wonder grew, / That one small head could carry all he knew.*

Mamá dice: No, no me le puedo presentar así a míster O'Halloran. No tengo un vestido decente ni un abrigo como debe ser. ¿Para qué quiere verme?

No sé.

Bueno, pregúntale.

No puedo. Me mataría. Si te dice que traigas a tu madre hay que traerla o saca la vara.

Ella va a verlo y hablan en el pasillo. Él le dice que su hijo Frank tiene que continuar los estudios. No debe caer en la trampa de los chicos mensajeros. Eso no lleva a ningún lado. Llévelo donde los hermanos cristianos, dígales que va de parte mía, dígales que es un chico brillante y debería pasar a la secundaria y más allá, a la universidad.

Le dice que él no se convirtió en el director de la Escuela Nacional de Leamy para presidir una academia de mensajeros.

Mamá dice: Gracias, míster O'Halloran.

Ojalá míster O'Halloran no se metiera en lo que no le importa. No quiero ir al colegio de los hermanos cristianos. Quiero dejar la escuela para siempre y conseguirme un empleo, recibir el salario todos los viernes, ir al cine todos los sábados como todo el mundo.

Pocos días después mi madre me manda a darme una buena lavada de manos, vamos a ir donde los hermanos cristianos. Le digo que no quiero ir, que quiero trabajar, que quiero ser un hombre. Ella dice que deje de chillar, voy a ir a la secundaria y ya veremos cómo nos apañamos. Voy a sacar el bachillerato así ella tenga que ponerse a fregar pisos y tenga que empezar practicando en mi cara.

Toca en la puerta de los hermanos cristianos y dice que quiere ver al rector, el hermano Murray. Él viene a la puerta, nos mira a mi madre y a mí y dice: ¿Qué?

Mamá dice: Este es mi hijo, Frank. Míster O'Halloran de la escuela de Leamy dice que es muy brillante y que si habría alguna probabilidad de meterlo aquí a seguir la secundaria.

No hay cupo para él, dice el hermano Murray y nos cierra la puerta en las narices.

Mamá se da media vuelta y la caminada de regreso a casa es larga y silenciosa. Se quita el abrigo, hace té, se sienta junto al fuego. Óyeme, dice. ¿Me estás oyendo?

Sí.

Es la segunda vez que la Iglesia te da un portazo en las narices.

¿Sí? No me acuerdo.

Stephen Carey les dijo a tu padre y a ti que no podías ser monaguillo y les cerró la puerta en las narices. ¿Te acuerdas de eso?

Sí.

Y ahora el hermano Murray te da un portazo en las narices.

No me importa. Yo quiero colocarme.

El rostro se le pone tenso y me dice con rabia: Jamás permitirás que nadie vuelva a darte un portazo en las narices. ¿Entendido?

Se pone a llorar junto a la chimenea: Ay, Dios, yo no los traje al mundo para que fueran una familia de mensajeros.

No sé qué hacer o qué decir, al fin y al cabo estoy feliz de no tener que ir al colegio otros cinco o seis años.

Soy libre.

Tengo trece años, casi catorce, y estamos en junio, el último de día de escuela para siempre. Mamá me lleva a consultarle al padre, el reverendo Cowpar, si está bien conseguirme un empleo de repartidor de telegramas. La supervisora de la oficina de correos, la señora O'Connell, dice: ¿Sabes montar bien en bicicleta?, y yo miento que sí. Ella dice que no puedo empezar hasta que no cumpla los catorce así que vuelva en agosto.

Míster O'Halloran le dice a la clase que es una desgracia que chicos como McCourt, Clarke y Kennedy tengan que ser unos leñadores o unos aguateros. Está harto de que esta Irlanda libre e independiente mantenga un sistema de clases impuesto por los ingleses, de que arrojemos al basurero a nuestros talentos más promisorios.

Tienen que huir de este país, muchachos. Vete a América, McCourt. ¿Me oyes?

Sí, señor.

◈

A la escuela vienen sacerdotes que quieren reclutarnos para las misiones extranjeras. Redentoristas, franciscanos, misioneros del Espíritu Santo, ocupados todos en convertir a los paganos de otras tierras. Yo los ignoro. Pienso irme a América hasta que viene un sacerdote que me llama la atención. Dice que pertenece a la orden de los cistercienses, misioneros de las tribus nómadas del Sahara y capellanes de la Legión Extranjera francesa.

Pido el formulario.

Voy a necesitar una carta de mi párroco y un examen físico de mi doctor. El párroco me escribe la carta al instante. El doctor me dice: ¿Qué es esto?

Es un formulario de admisión para unirse a los padres cistercienses, misioneros de las tribus nómadas del Sahara y capellanes de la Legión Extranjera francesa.

Ah, ¿sí? La Legión Extranjera, ¿eh? ¿Sabes cuál es el modo de transporte preferido en el desierto del Sahara?

¿Los trenes?

No. Los camellos. ¿Sabes qué es un camello?

Tiene una joroba.

Tiene más que eso. Tiene un temperamento desagradable y malicioso y tiene los dientes verdes de gangrena y muerde. ¿Sabes dónde muerde?

¿En el Sahara?

No, so *omadhaun*. Te muerde en el hombro, te lo arranca de cuajo. Te deja ahí torcido para un lado en el Sahara. ¿Qué te parece, eh? Y qué espectáculo darías caminando ladeado por las calles de Limerick. ¿Qué muchacha en su sano juicio se fijaría en un ex monje cisterciense con sólo un mísero hombro escuálido? Y mírate los ojos. Ya están bastante mal aquí en Limerick. En el Sahara se te enconarían y se te pudrirían y se te caerían de la cara. ¿Cuántos años tienes?

Trece.

Ve a casa con tu madre.

❖

No es nuestra casa y no nos sentimos libres como lo hacíamos en el callejón de Roden, arriba en Italia o abajo en Irlanda. Cuando Laman llega a casa quiere leer en la cama o dormir y tenemos que callarnos. Nos quedamos en la calle hasta después de que anochece y cuando entramos no hay más remedio que acostarnos a leer un libro si es que hay una vela o kerosene para la lámpara.

Mamá nos dice que nos acostemos, que vendrá a acompañarnos en un minuto cuando suba al desván con la última taza de té para Laman. Con frecuencia nos quedamos dormidos antes de que ella suba pero algunas noches los oímos conversar, gruñir, soltar gemidos. Hay noches en que ella no baja y Alphie y Michael tienen la cama grande para ellos solos. Malachy dice que ella se queda arriba porque le da mucho trabajo bajar en la oscuridad.

Él tiene doce años apenas y no entiende.

Yo tengo trece y creo que ellos se dedican a eso de la emoción allá arriba.

Sé lo de la emoción y sé que es un pecado, ¿pero cómo va a ser un pecado si a mí me viene en un sueño donde unas chicas americanas posan en trajes de baño en la pantalla del cine Lyric y me despierto sobresaltado y con el corazón latiendo a mil? Es pecado cuando estás bien despierto y haciéndotela según contaron los muchachos en el patio de Leamy después de que míster O'Dea nos fulminó el sexto mandamiento: No Fornicar, lo que quiere decir pensamientos impuros, palabras impuras y obras impuras, y eso es fornicar: Groserías en general.

Un padre redentorista nos amonesta todo el tiempo acerca del sexto mandamiento. Dice que la impureza es un pecado tan grave que la Virgen María esconde el rostro y llora.

¿Y por qué llora, jóvenes? Llora por ustedes y por lo que le hacen a su Hijo Amadísimo. Llora cuando extiende la vista por el largo y triste panorama del tiempo y contempla horrorizada el espectáculo de los chicos de Limerick profanándose, corrompiéndose, manipulándose, abusando de sí, mancillando sus cuerpos jóvenes que son el templo del Espíritu Santo. Nuestra Señora llora por esas abominaciones pues sabe que cada vez que se manipulan dan martillazos en la cruz de su Hijo Amadísimo, que otra vez encasquetan en Su preciada cabeza la corona de espinas, que le vuelven a abrir las atroces heridas. Agobiado de sed Él cuelga de la cruz, ¿y qué le ofrecen los pérfidos romanos? Una esponja de retrete empapada en vinagre y hiel que le introducen en Su pobre boca, una boca que rara vez se abre salvo para orar, para orar incluso por ustedes, jóvenes, incluso por ustedes que lo han clavado en esa cruz. Piensen en los sufrimientos de Nuestro Señor. Piensen en la corona de espinas. Piensen que a ustedes les clavaran un pequeño alfiler en el cerebro, piensen en el dolor de la perforación. Piensen que a ustedes les clavaran las veinte espinas en la cabeza. Reflexionen, mediten sobre los clavos que a Él le desgarran las manos y los pies. ¿Podrían soportar una mínima parte de ese dolor? Tomen de nuevo el alfiler, el mero alfiler. Clávenselo en el costado. Aumenten cien veces esa sensación y serán penetrados por la espantosa lanza. Ah, jóvenes, el diablo anda a la caza de sus almas. Los quiere con él en el infierno y sépanlo: cada vez que se manipulen, cada vez que sucumban al rastrero vicio del abuso de sí, no sólo clavan a Cristo en la cruz sino que dan otro paso hacia el infierno mismo. Retrocedan del borde del abismo, jóvenes. Resistan al demonio y junten esas manos contra el pecho.

Yo no puedo dejar de manipularme. Le rezo a la Virgen María y le digo que siento haber clavado otra vez a su Hijo en la cruz y que no lo volveré a hacer pero no puedo evitarlo y juro que me voy a confesar y que después de eso, con toda seguridad después de eso, no volveré a hacerlo nunca. No quiero ir al infierno con diablos que me persigan por toda la eternidad pinchándome con sus horcas calientes.

Los curas de Limerick se salen de quicio con la gente como yo. Voy a confesarme y ellos me dicen en un seseo iracundo que no tengo un verdadero espíritu de arrepentimiento, que si lo tuviera ya habría renunciado a ese atroz pecado. Voy de iglesia en iglesia buscando un padre descomplicado hasta que Paddy Clohessy me dice que hay uno en la iglesia de los dominicos que tiene noventa años y es más sordo que un nabo. Cada pocas semanas me confieso con él y él me murmura apenas que rece por él. A veces se queda dormido y yo no puedo ser tan cruel como para despertarlo, así que al otro día comulgo sin penitencia ni absolución. No es culpa mía si los padres se me quedan dormidos en la cara y debo estar en estado de gracia por el mero hecho de haberme propuesto confesarme. Hasta que un día se corre el visillo del confesionario y ahí no está mi hombre sino un sacerdote joven con una oreja grande como una concha. Este seguramente va a querer oírlo todo.

La bendición, padre, porque he pecado. Hace quince días que me confesé.

¿Y qué has hecho desde entonces, hijo mío?

Le pegué a mi hermanito, hice novillos en la escuela, le mentí a mi madre.

Sí, hijo mío, ¿y qué más?

Yo... yo... hice groserías, padre.

Ah, hijo mío, ¿y fue contigo mismo o con alguien más o con alguna clase de animal?

Alguna clase de animal. Nunca había oído hablar de semejante pecado. Este padre debe de ser un campesino y si así es me está revelando nuevos mundos.

La víspera de mi excursión a Killaloe Laman Griffin llega borracho y se sienta a la mesa a devorarse un gran paquete de pescado y papas fritas. Le dice a mamá que hierva agua para el té y cuando ella le dice que no hay ni carbón ni turba él se pone a gritarle y le dice que ella no es más que un bulto que vive gratis bajo su techo con una manada de mocosos. Me arroja unas monedas para que vaya a la tienda y compre unos terrones de turba y leña para encenderlos. Yo no quiero ir. Quiero pegarle por la forma como trata a mi madre pero si le digo algo mañana no me va a prestar la bicicleta después de que llevo esperando tres semanas.

Cuando mamá prende la chimenea y hierve el agua le recuerdo a él su promesa de prestarme la bicicleta.

¿Limpiaste hoy el orinal?

Ay, se me olvidó. Ahora mismo lo hago.

Me grita: No me limpiaste el maldito orinal. Te prometo la bicicleta. Te pago dos peniques semanales para que me hagas los mandados y me limpies el orinal y tu te quedas ahí con la jeta colgando y me dices que no lo hiciste.

Lo siento. Se me olvidó. Ahora lo hago.

Sí, cómo no. ¿Y cómo piensas subirte al desván? ¿Vas a correr la mesa con mi pescado y mis papas fritas?

Mamá dice: Vamos, estuvo en la escuela todo el día y tuvo que ir al doctor por lo de los ojos.

Bueno, puedes ir olvidándote de la jodida bicicleta. No cumpliste el trato.

Pero si no podía, dice mamá.

Él le dice que se calle y no se meta en lo que no le importa y ella se queda callada junto al fuego. Él la emprende otra vez con el pescado y las papas fritas pero yo insisto: Me prometiste la bicicleta. Vacié el orinal y te hice los mandados durante tres semanas.

Calla y vete a la cama.

No me puedes mandar a la cama. No eres mi padre y me hiciste una promesa.

Te advierto, como que Dios hizo las manzanas, que si me haces levantar de esta mesa vas a estar invocando a tu santo patrono.

Me hiciste una promesa.

Corre la silla de la mesa. Se me acerca tambaleándose y me pone el dedo entre los ojos. Te digo que te calles la jeta, lagañoso.

No. Me hiciste una promesa.

Me pega en los hombros y como no me callo la emprende con mi cabeza. Mi madre salta, grita y trata de quitármelo de encima. Él me mete a la pieza a punta de golpes y puntapiés pero yo sigo diciendo: Me hiciste una promesa. Me tumba en la cama de mi madre y sigue golpeándome hasta que yo me cubro la cara y la cabeza con los brazos.

Voy a matarte, cagón.

Mamá chilla a pleno pulmón y lo jala hasta que lo hace retroceder dando tumbos hasta la cocina. Quiere calmarlo: Ya, vamos, ya. Termina tu pescado y papas fritas. Es sólo un niño. Ya se le pasará.

Lo oigo caminar hasta la silla y arrimarla a la mesa. Lo oigo resollar y sorber con ruido al mascar y tragar. Pásame los fósforos, dice. Por Cristo, necesito un pitazo después de eso. Se escuchan las chupadas que le da al cigarrillo y el lloriqueo de mi madre.

Él dice: Me voy a acostar, y como está bebido lidia un rato subiéndose de la silla a la mesa, encaramando la silla y trepándose al desván. Hace chirriar la cama y gruñe cuando se quita las botas y las deja caer al piso.

Oigo a mamá llorando cuando sopla la caperuza de la lámpara de kerosene y todo se pone oscuro. Después de todo lo que pasó ella seguramente va a querer acostarse en su propia cama y me preparo para pasarme a la pequeña contra la pared. En vez de eso se oye el ruido que hace ella al subirse a la silla, a la mesa, a la silla, llorando en su escalada hasta el desván y diciéndole a Laman Griffin: Es sólo un niño, mortificado con esos ojos, y cuando Laman le dice: Es una mierda y no lo quiero en esta casa, ella se pone a llorar y a suplicarle hasta que se oyen los susurros y los gruñidos y los quejidos y después nada.

Y al rato roncan en el desván y mis hermanos duermen a mi alrededor. No me puedo quedar en esta casa porque si Laman Griffin me vuelve a atacar yo le voy a poner el cuchillo en la garganta. No sé qué hacer o dónde ir.

Salgo de la casa y recorro las calles desde el cuartel de Sarsfield hasta el café del Monumento. Sueño con desquitarme de Laman Griffin algún día. Iré a América a ver a Joe Louis. Le contaré mis cuitas y él me comprenderá porque viene de una familia pobre. Me enseñará a sacar músculos, a colocar los puños y a usar los pies. Me enseñará a clavar la barbilla en el hombro como lo hace él y a soltar un recto cruzado a la derecha que mandará a Laman por los aires. Arrastraré a Laman hasta el cementerio de Mungret donde está enterrada su familia y la de mamá y lo cubriré de tierra hasta el cuello para que no se pueda mover y me suplique por su vida y le diré: Se acabó el camino, Laman, vas a encontrarte con tu Creador, y él va a rogarme y suplicarme mientras le voy derramando un hilito de tierra en la cara hasta taparlo del todo y él empiece a asfixiarse y a pedirle perdón a Dios por no haberme prestado la bicicleta y golpearme por toda la casa y por hacer la emoción con mi madre y yo me reiré a las carcajadas porque él no está en estado de gracia después de la emoción y va a ir al infierno, por Dios que hizo las manzanitas, como él mismo diría.

Las calles están oscuras y tengo que mantener el ojo alerta por si acaso tengo suerte como Malachy hace tiempos y me encuentro un pescado con papas fritas que haya dejado caer un soldado borracho. No hay nada por el suelo. Si busco a mi tío Ab Sheehan tal vez me dé un poco de su pescado con papas fritas de los viernes, pero en el café me dicen que ya vino y se fue. Como tengo trece años ya no lo llamo tío Pat. Le digo Ab o el Abad como todo el mundo. Seguramente si voy a casa de la abuela él me dará un pedazo de pan o cualquier cosa y tal vez me deje pasar allá la noche. No le puedo contar que dentro de unas semanas estaré trabajando como repartidor de telegramas en la oficina de correos y ganándome buenas propinas y que seré capaz de pagar por mi propia cuenta.

Él está sentado en la cama. Le da remate a su pescado con papas fritas, tira al suelo el *Limerick Leader* en que venían envueltos, se limpia la boca y las manos en la manta. Me mira: Tienes la cara toda hinchada. ¿Te caíste boca abajo?

Le digo que sí porque de nada sirve decirle nada más. No lo comprendería. Me dice: Puedes dormir por esta noche en la cama de mi madre. No puedes andar por ahí con esa cara y ese par de ojos rojos en la frente.

Dice que en la casa no hay comida, ni una miga de pan, y cuando se queda dormido levanto del suelo el periódico grasiento. Lamo la primera página, que está llena de avisos de cine y de bailes en la ciudad. Lamo los titulares. Lamo los gloriosos avances de Patton y Montgomery en Francia y Alemania. Lamo la guerra del Pacífico. Lamo las necrologías y los tristes poemas conmemorativos, las páginas deportivas, los precios corrientes de los huevos y la mantequilla y el tocino. Me chupo el periódico hasta que no le queda una pizca de grasa.

No sé qué voy a hacer mañana.

XIV ◈

POR LA MAÑANA el Abad me da unas monedas para que vaya donde Kathleen O'Connell a comprar pan, margarina, té, leche. Pone a hervir agua en el aro de gas y me dice que puedo tomarme un té y: Ojo con el azúcar, que no soy millonario. Puedes comerte una rebanada de pan pero no la cortes muy gruesa.

Estamos en julio y la escuela se acabó para siempre. En pocas semanas estaré repartiendo telegramas en la oficina de correos, trabajando como un hombre. Mientras esté desocupado podré hacer lo que quiera, levantarme en la mañana o quedarme acostado, salir a dar largas caminadas por el campo como mi padre, vagar por Limerick. Si tuviera con qué iría al cine Lyric a comer dulces, ver a Errol Flynn conquistar todo lo que se cruce en el camino. O puedo leer los periódicos ingleses e irlandeses que el Abad trae a casa o ir a la biblioteca con los carnés de Laman Griffin y mi madre hasta que me descubran.

Mamá me envía a Michael con una botella de leche llena de té caliente, unos trozos de pan untados de pringue, una nota en que dice que Laman Griffin ya no está bravo y que puedo volver. Michael dice: ¿Vas a volver, Frankie?

No.

Ay, sí, Frankie. Vuelve.

Ahora vivo aquí. No voy a volver nunca.

Pero es que Malachy está en el ejército y tú estás aquí y me quedé sin hermano mayor. Todos los niños tienen hermanos mayores y yo tengo a Alphie no más. Ni siquiera ha cumplido cuatro años y no sabe hablar bien.

No puedo volver. No voy a volver nunca. Puedes venir acá cuando quieras.

Las lágrimas le brillan en los ojos y eso me hace doler tanto el corazón que quisiera decirle: Está bien, volveré contigo. Pero sería sólo por decirlo. Sé que nunca seré capaz de estar cara a cara con Laman Griffin y no sé si podré mirar a mi madre. Veo a Michael subir por el callejón con la suela del zapato desprendida y chacoloteando en el asfalto. Cuando empiece a trabajar en la oficina de correos le compraré zapatos, sí señor. Lo invitaré a un huevo y al cine Lyric a ver una película y comer dulces y después iremos a comer pescado y papas fritas donde Naughton hasta que los estómagos se nos inflen como balones. Algún día tendré con qué comprarme una casa o un apartamento con luz eléctrica y un retrete y camas con mantas sábanas almohadas como el resto del mundo. Nos desayunaremos en una cocina bien alumbrada y con flores que se mecen afuera en el jardín, tazas y platos finos, hueveras, huevos de yema blanda y tibios para que se derrita la cremosa mantequilla, una tetera con cubierta tejida, tostadas con mantequilla y mundos de mermelada. Sacaremos un rato para escuchar la música de la BBC o de la emisora de las Fuerzas Armadas de América. Compraré ropa decente para toda la familia para no andar mostrando el culo y no tengamos entonces la vergüenza. El pensamiento de la vergüenza me hace doler el corazón y empiezo a sollozar. El Abad dice: ¿Qué te pasa? ¿No te comiste el pan? ¿No te tomaste el té? ¿Qué más quieres? Ahora vas a querer un huevo.

Es inútil tratar de hablar con alguien al que dejaron caer de cabeza y vive de vender periódicos.

Se queja de que no va a poder alimentarme toda la vida y dice que tengo que ganarme mi propio pan y mi propio té. No quiere llegar a casa y encontrarme leyendo en la cocina con la bombilla eléctrica prendida a todo dar. Él sabe leer números sí señor y cuando sale a vender periódicos lee el contador eléctrico para saber cuánta energía gasté y si no dejo de encender la bombilla le quitará el fusible para llevarlo en el bolsillo y si yo pongo otro fusible él va a hacer que nos suspendan del todo la electricidad y volverá otra vez al gas, que le bastaba a su pobre madre muerta y que seguramente le va a bastar a él porque lo único que hace es sentarse en la cama a comerse el pescado con papas fritas y contar las monedas antes de dormirse.

Madrugo como papá y salgo a dar largas caminatas por el campo. Camino por el cementerio de la vieja abadía de Mungret donde está enterrada la familia de mamá y voy hasta el viejo castillo normando de Carrigogunnell donde estuve dos veces con papá. Subo hasta el tope e Irlanda se extiende al frente, con el Shannon que brilla rumbo al Atlántico. Papá me dijo un día que el castillo fue construido hace cientos de años y que si esperas a que las cigüeñas dejen de cantar allá puedes oír a los normandos abajo martillando y hablando y preparándose para el combate. Una vez me trajo hasta aquí de noche para que oyéramos las voces de los normandos y los irlandeses a través de los siglos y las oí. Palabra.

A veces estoy solo en las alturas de Carrigogunnell y oigo voces de muchachas normandas de la antigüedad que se ríen y cantan en francés y cuando las veo en mi mente siento la tentación y me encaramo a la parte más alta del castillo donde alguna vez hubo un torreón y a la vista de toda Irlanda me manipulo y suelto el chorro sobre todo Carrigogunnell y los campos a lo lejos.

Ese es un pecado que no sería capaz de contarle a ningún sacerdote. Encaramarse hasta esas alturas y hacértela delante de toda Irlanda tiene que ser peor que hacerlo en un sitio privado contigo mismo o con otro o con alguna clase de animal. Allá abajo en los campos o en las vegas del Shannon algún chico o una ordeñadora pueden haber alzado la vista y a lo mejor me vieron con mi pecado y si así fue estoy condenado porque los sacerdotes se mantienen diciendo que si alguien escandaliza a un niño le van a atar al cuello una rueda de molino para arrojarlo al mar.

Así y todo, la idea de que alguien me esté observando vuelve a traerme la emoción. No me gustaría que me estuviera viendo un niño. No, no, eso seguramente llevaría a lo de la rueda de molino, pero si hubiera alguna ordeñadora divisando ella seguramente se emocionaría también y se pondría a manipularse aunque no sé si las muchachas pueden manipularse siendo que no tienen qué manipularse. No tienen aparato, como decía Mikey Molloy.

Ojalá volviera el dominico viejo y sordo para poder contarle mis problemas con la emoción pero ya está muerto y tendría que presentármele a un padre que le va a dar a eso de la rueda de molino y la condenación.

Condenación. Es la palabra favorita de todos los sacerdotes de Limerick.

Regreso por la avenida O'Connell y por Ballinacurra donde a la gente le llevan el pan y la leche hasta la propia puerta temprano en la mañana y seguro que no habrá nada malo si tomo prestado un pan o una botella con la intención de devolverlos cuando consiga mi trabajo en la oficina de correos. No estoy robando, estoy tomando prestado, y eso no es un pecado mortal. Además, esta mañana estuve en la cima de un castillo y cometí un pecado mucho peor que robar pan y leche y si cometes un pecado bien puedes cometer otros cuantos porque te van a dar la misma sentencia en el infierno. Un pecado, la eternidad. Una docena de pecados, la eternidad.

Da igual si te cuelgan por una oveja o un cordero, como diría mi madre. Me bebo la botella de leche y la dejo ahí para que no culpen al lechero de quedarse con ella. Me gustan los lecheros porque uno de ellos me dio dos huevos cascados que me tragué crudos con trocitos de cáscara y todo. Me dijo que podía crecer y ponerme fuerte comiendo apenas dos huevos en una pinta de amarga todos los días. Todo lo que necesitas está en los huevos y todo lo que deseas está en la pinta.

Algunas casas reciben pan de mejor calidad que otras. Cuesta más y ese es el pan que tomo. Lo siento por los ricos que se van a levantar por la mañana y van a abrir la puerta y van a descubrir que falta el pan pero no puedo morirme de hambre. Y si aguanto mucha hambre no podré trabajar de repartidor de telegramas en la oficina de correos, lo que significa que no tendría dinero para devolver todos esos panes y botellas de leche ni para ahorrar para irme a América y si no puedo ir a América daría lo mismo que me arrojara al río Shannon. Faltan pocas semanas para que me paguen el primer salario en la oficina de correos y además esos ricos no se van a desmayar de hambre mientras tanto. Al fin y al cabo pueden mandar a la criada a comprar más. Esa es la diferencia entre los pobres y los ricos. Los pobres no pueden mandar a comprar más pan porque no hay dinero para mandar por más y si lo hubiera no tendrían una criada para mandarla. Las que me preocupan son las criadas. Tengo que ser muy cuidadoso cuando tomo prestado el pan y la leche y ellas están en la puerta principal brillando pomos, aldabas y buzones. Si me ven saldrán corriendo donde la señora de la casa: Ay, señora, hay un ratero por allá volándose con el pan y la leche.

Volándose con la leche. Las criadas hablan como hablan porque son del campo, novillas de Mullingar, dice el tío de Paddy Clohessy, pura carne hasta los calcañares, y no te darían ni el vapor de la orina.

Llego a la casa con el pan y aunque el Abad se sorprende no me pregunta: ¿De dónde lo sacaste?, porque lo dejaron caer de cabeza y eso te quita la curiosidad. Me mira apenas con esos ojos grandes que son azules en el centro y amarillos en los bordes y sorbe el té del gran pote rajado que le dejó su madre. Me dice: Es mío y no che vayas a beber chu ché en él.

Chu ché. Esa es la jerga de Limerick que tanto preocupaba a mi padre. Decía: No quiero que mis hijos se críen en un callejón de Limerick diciendo Chu ché. Eso es vulgar y de clase baja. Díganlo como es.

Y mamá decía: Pues que a ti te aproveche, pero a nosotros eso no nos garantiza nuescho ché.

Más allá de Ballinacurra escalo los muros de los huertos para robar manzanas. Si hay un perro sigo de largo porque no tengo la maña de Paddy Clohessy para hablarles. Los granjeros me persiguen pero siempre son lentos en sus botas de caucho y si se montan en una bicicleta para perseguirme yo salto un muro por donde no puedan pasar con la bicicleta.

El Abad sabe de dónde saco las manzanas. Si creces en los callejones de Limerick es probable que robes algún huerto tarde o temprano. Aunque detestes las manzanas tienes que robarlas si no quieres que tus compañeros te digan marica.

Siempre le ofrezco al Abad una manzana pero él no se la come por los poquitos dientes que tiene en la boca. Le quedan cinco y no quiere arriesgarse a dejarlos en la manzana. Si corto la manzana en rodajas él tampoco se la come porque así no se comen las manzanas. Eso dice él y si yo le digo: Tú cortas el pan para comértelo, ¿no?, él dice: Las manzanas son manzanas y el pan es pan.

Así se habla cuando te dejan caer de cabeza.

Michael vuelve otra vez con té en una botella de leche y dos rebanadas de pan frito. Le digo que ya no lo necesito. Dile a mamá que me estoy cuidando solo y que no necesito ni su té ni su pan frito, que muchas gracias. Michael se pone feliz cuando le doy una manzana y le digo que venga cada dos días para darle más. Con eso deja de pedirme que regrese a la casa de Laman Griffin y me alegra que deje de llorar.

Hay un mercado por los lados de Irishtown donde van los granjeros cada sábado con sus verduras, gallinas, huevos, mantequilla. Si voy temprano ellos me dan unos peniques por ayudarles a descargar las carretas o las camionetas. Al terminar el día me dan las verduras que no pueden vender, cualquier cosa que esté aplastada, magullada o medio podrida. La esposa de uno de ellos me da siempre huevos cascados y me dice: Frítalos mañana al volver de misa en estado de gracia porque si te los zampas con un pecado en el alma se te van a pegar en el gargüero, sí señor.

Es la esposa de un granjero y así hablan ellos.

Ya no estoy muy por encima de los mendigos a juzgar por la forma como me estoy ahí parado en la entrada de las ventas de pescado y papas fritas cuando van a cerrar con la esperanza de que les hayan sobrado algunas tajaditas de papa requemadas o trocitos de pescado flotando en el aceite. Si están de prisa los dueños a veces me dan las papas fritas y una hoja de periódico para envolverlas.

El periódico que más me gusta es el *News of the World*. Está prohibido en Irlanda pero la gente lo trae de contrabando de Inglaterra por las fotos escandalosas de muchachas con unos trajes de baño que casi ni se ven. También hay historias de gente que comete toda clase de pecados que no se conocen en Limerick, como divorciarse o cometer adulterio.

Adulterio. Todavía me falta averiguar qué quiere decir esa palabra, buscarla en la biblioteca. Estoy seguro de que es peor que lo que nos enseñaron los maestros en la escuela, malos pensamientos, malas palabras, malas obras.

Voy con mis papas fritas a la casa y me meto en la cama como el Abad. Si él tiene unas cuantas pintas en la barriga se recuesta a comerse sus papas fritas en el *Limerick Leader* y a cantar *The Road to Rasheen*. Yo me como las mías. Lamo el *News of the World*. Lamo las historias de la gente que hace cosas escandalosas. Lamo a las muchachas en traje de baño y cuando no me queda nada que lamer miro a las muchachas hasta que el Abad apaga la luz y cometo un pecado mortal debajo de la manta.

Puedo ir a la biblioteca cuando quiera con el carné de mamá o el de Laman Griffin. Nunca lo van a descubrir porque Laman es demasiado perezoso para levantarse los sábados y mamá jamás se arrimaría a una biblioteca con la vergüenza que le da su ropa.

La señorita O'Riordan sonríe. Las *Vidas de los santos* te esperan, Frank. Tomos y tomos. Butler, O'Hanlon, Baring-Gould. Ya le conté a la directora todo acerca de ti y está tan complacida que piensa darte tu propio carné de adulto. ¿No es una maravilla?

Gracias, señorita O'Riordan.

Leo todo lo de santa Brígida, virgen, primero de febrero. Era tan bella que todos los hombres de Irlanda anhelaban casarse con ella y su padre quería que se casara con alguien importante. Ella no se quería casar con nadie así que le rezaba a Dios implorando Su ayuda y Él hizo que un ojo se le derritiera en la cara de modo que le chorreó por la mejilla y le dejó un verdugón tan feo que todos los hombres de Irlanda perdieron el interés.

Después estaba santa Wilgefortis, virgen y mártir, julio veinte. Su madre tuvo nueve hijos, todos al mismo tiempo, cuatro pares de gemelos y Wilgefortis de nona, y todos acabaron de mártires de la fe. Wilgefortis era muy hermosa y su padre quería casarla con el rey de Sicilia. Wilgefortis no sabía qué hacer y Dios la ayudó al permitir que le crecieran la barba y el bigote en la cara, cosa que hizo que el rey de Sicilia lo pensara dos veces pero que le produjo tal ataque de furia a su padre que la hizo crucificar con barba y todo.

A santa Wilgefortis es a la que hay que rezarle si eres una inglesa con un marido imposible.

Los sacerdotes nunca nos cuentan nada de las vírgenes mártires como santa Agueda, cinco de febrero. Febrero es tremendo mes para las vírgenes mártires. Los paganos de Sicilia le ordenaron a santa Agueda que renunciara a su fe en Jesucristo pero al igual que todas las vírgenes mártires ella dijo: No. La torturaron, la estiraron en el potro, le desgarraron los costados con ganchos de hierro, la quemaron con teas encendidas, y ella decía: No, no voy a negar a Nuestro Señor. Le aplastaron los senos y se los cortaron pero cuando la hicieron rodar sobre brasas ardientes no pudo resistirlo así que expiró cantando alabanzas.

Las vírgenes mártires siempre morían cantando himnos y alabanzas sin importarles para nada que los leones les arrancaran grandes trozos de los costados y se los devoraran ahí mismo.

¿Por qué los sacerdotes no nos dijeron nunca nada de santa Úrsula y sus once mil vírgenes mártires, octubre veintiséis? Su padre quería casarla con un rey pagano pero ella le dijo: Voy a marcharme por un rato, tres años, a pensarlo. Así que arranca con sus mil nobles damas de compañía y sus respectivas acompañantes, otras diez mil. Estuvieron navegando por ahí un tiempo y anduvieron de acá para allá por varios países hasta que se detuvieron en Colonia donde el jefe de los hunos le dijo a Úrsula que se casaran. No, dijo ella, y los hunos la mataron con todas sus doncellas. ¿Por qué no pudo decir que sí para salvar la vida de sus once mil vírgenes? ¿Por qué tenían que ser tan testarudas las vírgenes mártires?

Me gusta san Moling, un obispo irlandés. No vivía en un palacio como el obispo de Limerick. Vivía en un árbol y cuando venían otros santos de visita para comer con él se sentaban en las ramas como pájaros y la pasaban fabuloso tomando agua y comiendo pan rancio. Andaba un día por ahí cuando un leproso le dijo: Hey, san Moling, ¿adónde vas? A misa, le dice san Moling. Bueno, yo también quiero ir a misa, ¿así que por qué no me llevas a la espalda? Eso hizo san Moling pero el leproso empezó a quejarse en cuanto estuvo arriba. Tu sayo de cerda, dijo, me lastima las llagas, quítatelo. San Moling se quitó el sayo y otra vez arrancaron. Entonces dice el leproso: Tengo que sonarme la nariz. San Moling dice: No tengo nada que sirva de pañuelo, usa la mano. El leproso dice: No puedo agarrarme de ti y sonarme al mismo tiempo. Está bien, dice san Moling, puedes sonarte con mi mano. No es posible, dice el leproso, esta lepra me ha dejado apenas una mano entera y no puedo agarrarme y sonarme con tu mano. Si fueras un santo con todas las de la ley voltearías la cabeza para sorberme la materia de la cara. San Moling no quería sorberle los mocos al leproso pero lo hizo y alabó a Dios por ese privilegio.

Puedo entender que mi padre le haya sorbido la materia mala a Michael cuando era un bebé y estaba a punto de morirse pero no entiendo por qué Dios quería que san Moling anduviera por ahí sorbiéndose los mocos de los leprosos. No entiendo a Dios para nada y aunque me gustaría ser un santo y que todo el mundo me adorara yo no sería capaz de chuparme los mocos de un leproso. Me gustaría ser un santo pero si eso es lo que hay que hacer creo que seguiré siendo lo que soy.

Así y todo, estoy dispuesto a pasar la vida en esta biblioteca leyendo sobre vírgenes y vírgenes mártires hasta que me meto en un lío con la señorita O'Riordan por un libro que alguien dejó en la mesa. El autor es Lin Yutang. Cualquiera sabe que es un nombre chino y me entra curiosidad por enterarme de qué hablan los chinos. Es un libro de ensayos sobre el amor y el cuerpo y una de las palabras que hay en él me lleva al diccionario. Turgente. Dice: el órgano masculino de la copulación se pone turgente y es introducido en el orificio femenino receptor.

Turgente. El diccionario dice que hinchado y así estoy yo, parado ahí mirando el diccionario porque ahora sé de qué hablaba Mikey Molloy, que no somos distintos de los perros que se quedan pegados en la calle y es un escándalo pensar en todos los padres y las madres haciendo semejante cosa.

Mi padre me mintió todos esos años con lo del ángel y el séptimo peldaño.

La señorita O'Riordan viene a ver qué palabra estoy consultando. Se inquieta siempre que consulto el diccionario así que le digo que estoy buscando canonizar o beatífico o cualquier palabra religiosa.

¿Y qué es esto?, dice. Estas no son las *Vidas de los santos*.

Levanta a Lin Yutang y se pone a leer la página en que dejé el libro abierto boca abajo en la mesa.

Madre de Dios. ¿Estás leyendo esto? Te vi con él en la mano.

Bueno, yo... yo... sólo quería saber si los chinos, si los chinos, eh... tenían santos.

Ah, sí, cómo no. Esto es una desgracia. Porquerías. No me sorprende que los chinos sean como son. Pero qué se podía esperar de los ojos rasgados y la piel amarilla... y tú, viéndolo bien, tienes los ojos un poquito rasgados. Sal de esta biblioteca de inmediato.

Pero si estoy leyendo las *Vidas de los santos*. Largo, si no quieres que llame a la directora y ella sí te va a echar a los guardias. Deberías correr derecho donde el padre a confesarle tus pecados. Largo, y antes de irte entrégame los carnés de tu pobre madre y míster Griffin. Ganas me dan de escribirle a tu madre y no lo hago por no ir a matarla. Lin Yutang, mire usted. Largo.

De nada sirve tratar de hablar con bibliotecarias cuando les da el ataque. Podrías quedarte ahí una hora entera contándoles todo lo que has leído sobre Brígida y Wilgefortis y Agueda y Úrsula y las doncellas mártires pero en lo único que piensan es en una palabra de una página de Lin Yutang.

El Parque del Pueblo queda detrás de la biblioteca. Hay sol, la hierba está seca y yo estoy muy cansado de mendigar papas fritas y soportar bibliotecarias a las que turgente les da un ataque y miro flotar las nubes sobre el monumento y yo también estoy flotando todo turgente hasta que sueño con unas vírgenes mártires en trajes de baño en el *News of the World* que disparan vejigas de oveja a los escritores chinos y me despierto con la emoción y algo caliente y pegajoso me sale a chorros del cuerpo y Dios mío tengo estirado el órgano masculino de la copulación como un kilómetro y la gente en el parque me mira raro y las madres llaman a sus hijos ven acá amorcito aléjate de ese tipo le deberían echar a los guardias.

En la víspera de cumplir catorce años me miro en el espejo del aparador de la abuela. Con esa facha cómo voy a empezar a trabajar en la oficina de correos. Todo está roto, camisa, suéter, pantalones cortos, medias, y los zapatos están que se me deshacen en los pies completamente. Reliquias de la vieja decencia, como diría mi madre. Y si la ropa está mal yo estoy peor. Por más que me moje el pelo en el grifo se me eriza en todas direcciones. El mejor remedio para el pelo erizado es la saliva, lo difícil es escupirse uno mismo en la cabeza. Hay que lanzar un buen escupitajo para arriba y hacer una pirueta para que le aterrice a uno en la cabeza. Tengo los ojos rojos y me supuran materia amarilla, tengo barros rojos y amarillos que hacen juego con ellos en la cara y mis dientes están tan negros y podridos que no voy a poder volver a sonreírme en la vida.

No tengo espaldas y sé que todo el mundo admira las espaldas. Cuando muere un hombre en Limerick las mujeres dicen: Era un hombrazo, tenía las espaldas tan grandes que no cabía por tu puerta, tenía que entrar de lado. Cuando yo me muera dirán: Pobre diablito, murió sin un pelo de espaldas. Ojalá yo tuviera un pelo de espaldas para que la gente supiera por lo menos que tengo catorce años. Todos los chicos de Leamy tenían espaldas excepto Fintan

Slattery y yo no quiero parecerme a él sin espalda y con las rodillas gastadas de rezar. Si me quedara algún dinero le prendería una vela a san Francisco a ver si le sería posible convencer a Dios de que me hiciera un milagro en la espalda. O si tuviera una estampilla le escribiría a Joe Louis diciéndole: Querido Joe, ¿podrías decirme de dónde sacaste esa tremenda espalda siendo que eras tan pobre?

Tengo que estar bien presentado para mi trabajo así que me quito toda la ropa y así en pelota me pongo a lavarla en el grifo del patio con una barra de jabón fenicado. La cuelgo en el tendedero de la abuela, camisa, suéter, pantalones, medias, y le pido a Dios que no llueva, le pido que estén secas para mañana, que es el comienzo de mi vida.

No puedo ir a ningún sitio en cueros así que me quedo en cama todo el día leyendo periódicos viejos, teniendo la emoción con las muchachas del *News of the World* y agradeciendo a Dios el sol que seca. El Abad vuelve a las cinco y prepara el té abajo y aunque tengo hambre sé que me va a gruñir si le pido algo. Sabe que lo único que me preocupa es que él vaya donde la tía Aggie y le cuente que estoy viviendo en la casa de la abuela y durmiendo en su cama y si la tía Aggie se entera de eso va a venir a echarme de la casa.

Él esconde el pan cuando termina y nunca puedo encontrarlo. Se creería que uno al que no dejaron caer de cabeza sería capaz de encontrar el pan escondido de otro al que sí dejaron caer de cabeza. Hasta que me doy cuenta de que si el pan no está en la casa es porque seguramente él se lo lleva en el bolsillo del abrigo que no se quita ni en verano ni en invierno. Apenas oigo sus pasos de la cocina hacia el retrete yo bajo corriendo, saco el pan del bolsillo, le corto un buen pedazo, lo vuelvo a meter en el bolsillo y escaleras arriba y a la cama. Él no puede decir una palabra, no me puede acusar. Tendrías que ser un ladrón de la peor calaña para robarte un pedazo de pan y nadie le creería, ni siquiera la tía Aggie. Además, ella lo regañaría y le diría: ¿Y de todos modos qué haces andando con un pan en el bolsillo? Ese no es lugar para un pan.

Me como el pan lentamente. Un bocado cada quince minutos lo

hace durar más y si lo paso con agua el pan se me infla en el estómago y me da una sensación de llenura.

Miro por la ventana de atrás para comprobar que el sol de la tarde sí esté secando mi ropa. En los otros patios hay tendederos con ropa de colores vivos que se mece en el viento. Los trapos míos cuelgan como perros muertos.

El sol brilla pero hace frío y la casa está húmeda y quisiera tener algo para ponerme en la cama. No tengo más ropa y si toco cualquier cosa del Abad seguramente va a ponerle la queja a la tía Aggie. Lo único que encuentro en el armario es el viejo vestido negro de paño de la abuela. No se supone que debas usar el vestido viejo de tu abuela estando ella muerta y siendo tú un varón pero eso qué importa si te calienta y estás en cama debajo de la manta y nadie se va a dar cuenta. El vestido huele a vieja abuela muerta y me da miedo que vaya a levantarse de la tumba y me maldiga delante de toda la familia y los presentes. Le rezo a san Francisco, le pido que no la deje salir de la tumba que es donde debe estar, le prometo una vela cuando empiece a trabajar, le recuerdo que el hábito que él usaba no es que estuviera muy lejos de un vestido y que nadie lo atormentaba por eso y me quedo dormido viendo en sueños la imagen de su santo rostro.

Lo peor en el mundo es estar dormido en la cama de tu abuela muerta con su vestido de luto cuando tu tío el Abad se cae de culo en la acera de la taberna de South después de haber bebido toda la noche y unas personas que no deberían meterse en lo que no les importa corren a contárselo a la tía Aggie y ella vuela con el tío Pa Keating para que le ayuda a traer al Abad y a subirlo donde tú estás dormido y cuando te ve te chilla: ¿Qué haces en esta casa, en esa cama? Levántate y pon a hacer un té para tu pobre tío Pat que se cayó, y cuando no te mueves ella levanta la manta y retrocede como quien ve un fantasma y berrea: Madre de Dios, ¿qué haces con el vestido de mi madre muerta?

Eso es lo peor de todo porque es difícil explicar que estás listo para el trabajo más importante de tu vida, que lavaste tu ropa, que se está secando afuera en el tendedero, que hacía tanto frío que te tuviste que poner lo único que encontraste en la casa, y todavía es más difícil hablar con la tía Aggie mientras el Abad se lamenta en la cama: Tengo los pies como en candela, échenme agua en los pies, y el tío Pa se tapa la boca con la mano y se recuesta en la pared para no caerse de la risa y te dice que te ves divino de negro y que te arregles la falda. No sabes qué hacer cuando la tía Aggie te dice: Sal de esa cama y pon a hacer un té para tu pobre tío. ¿Vas a cambiarte ese vestido por una manta o vas a bajar así? Tan pronto grita: ¿Qué haces con el vestido de mi pobre madre? como me manda a poner a hervir la maldita tetera. Le digo que lavé mi ropa para lo del trabajo.

¿Cuál trabajo?

Repartidor de telegramas.

Me dice que si en la oficina de correos están empleando gente como yo tienen que estar muy urgidos, que baje pues y ponga a hacer el té.

La otra cosa peor es estar en el patio llenando la tetera en el grifo bajo los rayos de la luna con la vecina Kathleen Purcell encaramada en el muro buscando el gato de la casa. Por Dios, Frankie McCourt, ¿qué haces con el vestido de tu abuela?, y tú te tienes que quedar ahí en ese vestido y con la tetera en la mano y explicarle que lavaste tu ropa que está colgada allá a la vista de todos y que tenías tanto frío en la cama que te pusiste el vestido de la abuela y que tu tío Pat, el Abad, se cayó y la tía Aggie y su marido, Pa Keating, lo trajeron a casa, y ella te mandó al patio a llenar esta tetera y que te vas a quitar ese vestido cuando la ropa esté seca porque jamás se te ha ocurrido ir por la vida con el vestido de tu abuela muerta.

Entonces Kathleen Purcell suelta un grito, salta del muro, se olvida del gato y oyes sus risas al llamar a su madre ciega: Mami, mami, espera a que te cuente lo de Frankie McCourt ahí afuera en el patio con el vestido de su abuela muerta. Sabes que cuando Kathleen Purcell se entera de un chisme todo el callejón lo va a saber antes de que amanezca y daría igual si asomaras la cabeza por la ventana e hicieras un anuncio general sobre ti y tus problemas con el vestido.

Para cuando hierve la tetera el Abad está dormido de la borrachera y la tía Aggie dice que ella y el tío Pa van a tomarse un sorbito de té y que si yo quiero puedo tomarme uno también. El tío Pa dice que pensándolo bien el vestido negro puede ser una sotana de dominico y se arrodilla y dice: La bendición, padre, porque he pecado. La tía Aggie dice: Levántate, viejo idiota, y deja de hacer chistes con la religión. Y agrega: ¿Y tú qué haces aquí en esta casa?

No le puedo contar lo de mamá y Laman Griffin con la emoción en el desván. Le digo que pensaba quedarme acá un tiempo porque la casa de Laman Griffin queda muy lejos de la oficina de correos y que apenas levante cabeza seguramente vamos a encontrar algún sitio decente para trastearnos, mi madre y mis hermanos y todo.

Bueno, dice ella, tu padre no llegaría a tanto por vustedes.

XV ◈

ES DIFÍCIL DORMIR cuando sabes que al otro día cumples catorce años y empiezas tu primer trabajo de hombre. Al amanecer el Abad se despierta gimiendo. Que si le quiero hacer un té y que si se lo hago puedo comerme un pedazo grande del medio pan que tiene guardado en el bolsillo y que él lo mantiene ahí para que no lo encuentre cualquier rata y que si busco en el gramófono de la abuela donde ella guardaba los discos encontraré un frasco de mermelada.

Él no sabrá leer ni escribir pero sí sabe dónde esconder la mermelada.

Le subo el té con su pan al Abad y me preparo un poco para mí. Me pongo la ropa todavía húmeda y me meto en la cama esperando que se me seque con el calor del cuerpo antes de salir para el trabajo. Mamá dice que la ropa húmeda lo lleva a uno a la tisis y a una tumba temprana. El Abad se recuesta y me dice que tiene un terrible dolor de cabeza porque soñó que yo estaba con el vestido negro de su pobre abuela y ella corría por todos lados gritando: Pecado, pecado, eso es pecado. Se toma el té y se pone a roncar y yo espero a que en su reloj diga las ocho y media, hora de levantarse para llegar a la oficina de correos a las nueve así la ropa siga húmeda en mi cuerpo.

De salida me extraña ver a la tía Aggie bajando por el callejón. Será que viene a ver si el Abad se murió o necesita un doctor. Me dice: ¿A qué horas tienes que estar en el trabajo?

A las nueve.

Bueno.

Se devuelve conmigo y me acompaña a la oficina de correos de la calle Henry. No dice una palabra y me pregunto si viene a denunciarme por dormir en la cama de mi abuela y ponerme su vestido negro. Sube y diles que tu tía te está esperando abajo y que te vas a retrasar una hora. Si quieren discutir, pues subo a discutir.

¿Por qué tengo qué retrasarme una hora?

Haz lo que te ordenan, maldita sea.

Hay otros repartidores de telegramas sentados en una banca contra la pared. Hay dos mujeres en unos escritorios, una gorda, una flaca. La flaca dice: ¿Sí?

Me llamo Frank McCourt, señorita, y hoy empiezo a trabajar.

¿Y en qué sería que vas a trabajar?

Repartidor de telegramas, señorita.

La flaca suelta la carcajada: Ay, Dios, creí que habías venido a limpiar los retretes.

No, señorita. Mi madre trajo una nota del padre, el reverendo Cowpar, y se supone que hay un puesto.

Ah, hay un puesto, ¿no? ¿Y sabes qué día es hoy?

Sí, señorita. Es mi cumpleaños. Mis catorce.

Qué maravilla, dice la gorda.

Hoy es jueves, dice la flaca. Tu trabajo empieza el lunes. Vuelve a casa, date un buen baño y nos vemos el lunes.

Los repartidores se ríen en la banca. No sé por qué pero siento la cara muy caliente. Les digo a las mujeres: Muchas gracias, y al salir oigo a la flaca: Jesús del cielo, Maureen, ¿quién trajo a ese ejemplar?, y se ríen con los repartidores.

La tía Aggie dice: ¿Bueno?, y yo le cuento que no empiezo hasta el lunes. Me dice que mi ropa es un desastre y que con qué la lavé.

Con jabón fenicado.

Huele a paloma muerta y estás haciendo quedar mal a toda la familia.

Me lleva a los almacenes Roche y me compra una camisa, un suéter, un par de pantalones cortos, dos pares de medias y un par de zapatos de verano que están en rebaja. Me regala dos chelines para que me tome un té y un bizcochuelo por mi cumpleaños. Sube al bus para volver por la calle O'Connell, demasiado gorda y perezosa para caminar. Gorda y perezosa, sin hijos propios, y así y todo me regala la ropa para mi nuevo empleo.

Me desvío hacia el muelle Arthur con mi paquete de ropa nueva bajo el brazo y voy hasta la orilla del río Shannon para que nadie vea las lágrimas de un hombre que cumple catorce años ese día.

El lunes por la mañana me levanto temprano a lavarme la cara y aplanarme el pelo con agua y saliva. El Abad me ve estrenando ropa. Jesús, dice, ¿es que te vas a casar? y se vuelve a dormir.

La señora O'Connell, la gorda, dice: Bueno, bueno, ¿no somos la cumbre de la moda?, y la flaca, la señorita Barry, dice: ¿Asaltaste un banco este fin de semana?, y se oye la carcajada de los repartidores en la banca de la pared.

Me dicen que me siente al final de la banca y que espere mi turno para salir con los telegramas. Los repartidores con uniforme son los permanentes que ya pasaron el examen. Si quieren pueden quedarse toda la vida en la oficina de correos, tomar el otro examen de carteros y después otro de oficinistas que les permite trabajar adentro vendiendo estampillas y giros postales detrás del mostrador del primer piso. La oficina de correos les da a los chicos permanentes grandes impermeables para el mal tiempo y dos semanas de vacaciones al año. Todos dicen que estos son buenos empleos, seguros y respetables y con derecho a pensión, y si consigues uno no tendrás que volver a preocuparte en la vida, no señor.

A los repartidores temporales no los dejan seguir trabajando después de los dieciséis años. No hay uniformes ni vacaciones, les pagan menos y si faltas uno o dos días por estar enfermo te pueden despedir. No hay excusas. No hay impermeables. Trae el tuyo propio o esquiva las gotas de lluvia.

La señora O'Connell me llama a su escritorio para darme una banda y una bolsa de cuero negro. Dice que hay escasez de bicicletas así que tendré que caminar con mi primera tanda de telegramas. Debo ir primero a la dirección más lejana, devolverme repartiendo, y no me puedo demorar todo el día. Ella ya lleva en la oficina de correos el tiempo suficiente para saber cuánto toma repartir seis telegramas aunque sea a pie. No debo detenerme en las tabernas ni en las casas de apuestas ni siquiera en la casa para tomarme un té y si lo hago ya me descubrirán. No puedo parar en las iglesias a rezar. Si tengo que rezar lo debo hacer andando o pedaleando. Si llueve no hagas caso. Reparte los telegramas y no seas marica.

Uno de los telegramas está dirigido a la señora Clohessy del muelle Arthur y esa sólo puede ser la madre de Paddy.

¿Eres tú, Frankie McCourt?, dice ella. Dios mío, no te hubiera reconocido de lo grande que estás. Pasa, ¿sí?

Lleva una bata clara llena de flores y zapatos brillantes de lo nuevos. En el suelo hay dos niños jugando con un tren de juguete. En la mesa hay una tetera, tazas con sus platos, una botella de leche, un pan, mantequilla, mermelada. Hay dos camas al pie de la ventana donde antes no había ninguna. La cama grande del rincón está vacía y ella adivina lo que yo estoy pensando. Se fue, me dice, pero no es que esté muerto. Se fue a Inglaterra con Paddy. Tómate un té con un poco de pan. Lo necesitas, Dios nos ampare y favorezca. Pareces un sobreviviente de la propia Hambruna. Cómete ese pan con mermelada pa coger fuerzas. Paddy hablaba todo el tiempo de ti y Dennis, mi pobre esposo que estaba enfermo, nunca pudo sobreponerse al día en que tu madre vino y le cantó ese canto de los bailes de Kerry. Él ahora anda en Inglaterra haciendo sándwiches en una cantina militar y me manda unas libras todas las semanas. No sé en qué andarán pensando los ingleses cuando contratan a un tísico y lo ponen a hacer sándwiches. Paddy tiene tremendo trabajo en una taberna en Cricklewood, que queda en Inglaterra. Dennis seguiría aquí si no fuera porque Paddy se trepó a ese muro por la lengua.

¿Por la lengua?

Dennis tenía el antojo, mira pues, de una buena cabeza de cordero con un poquito de repollo y una papa así que yo arranqué para donde Barry el carnicero con los últimos chelines que tenía. Sancoché la cabeza y enfermo y todo como estaba Dennis no veía la hora de que estuviera cocinada. Era un demonio en esa cama pidiendo la cabeza y cuando se la serví en el plato se relamía sorbiéndose los tuétanos de cada rinconcito de la bendita cabeza. Luego termina y dice: Mary, ¿y dónde está la lengua?

¿Cuál lengua?, digo yo.

La lengua de este cordero. Todos los corderos nacen con una lengua para decir beee y hay una enorme falta de lengua en esta cabeza. Ve donde Barry el carnicero y exígele que te la dé.

Eche otra vez para donde Barry el carnicero y él me dice: El maldito carnero vino aquí berreando tanto que hubo que cortarle la lengua y tirársela al perro que se la zampó y desde entonces hace beee como una oveja y si no para le voy a cortar la lengua para tirársela al gato.

Otra vez donde Dennis y a él le da el berrinche en la cama. Quiero esa lengua, dice. Todo el alimento está en la lengua. ¿Y sabes qué pasó enseguida? Que Paddy, el que era amigo tuyo, va donde Barry el carnicero por la noche, salta el muro, le corta la lengua a la cabeza de un cordero que hay colgada de un gancho en la pared y se la trae a su pobre padre enfermo. Claro que tengo que sancochar la bendita lengua con montones de sal y Dennis, Dios lo bendiga, se la come, se recuesta un minuto en la cama, corre las cobijas y se planta en ese par de piernas y le avisa al mundo que con tisis o no él no se piensa morir en esa cama, que si se va a morir mejor que sea por una bomba de los alemanes mientras se gana unas pocas libras para la familia en vez de estar quejándose en esa cama ahí detrás.

Me muestra una carta de Paddy. Trabaja doce horas al día en la taberna de su tío Anthony, por veinticinco chelines a la semana y la sopa del día y un sándwich. Le encanta que los alemanes vengan a tirar bombas porque puede dormir mientras la taberna está cerrada. Por las noches duerme en el suelo en el pasillo de arriba. Le va a enviar a su madre dos libras al mes y está ahorrando el resto para traerla a ella con toda la familia a Inglaterra donde estarán mucho más bien en un cuarto en Cricklewood que en diez en el muelle Arthur. Y ella va a colocarse sin problemas. Tendrías que ser un caso perdido para no poder conseguirte un trabajo en un país en guerra especialmente con los yanquis viniendo en pelotones y gastando dinero por todos lados. El propio Paddy planea conseguirse un trabajo en el centro de Londres donde los yanquis dan propinas que alcanzarían para alimentar a una familia irlandesa de seis personas durante una semana.

La señora Clohessy dice: Por fin tenemos para la comida y los zapatos, Gracias a Dios y a Su Santa Madre. A que no adivinas con quién se encontró Paddy allá en Inglaterra de apenas catorce años y trabajando como un hombre. Con Brendan Kiely, el que vustedes apodaban Preguntas. Y ese sí que está trabajando y ahorrando para poder enrolarse en la Policía Montada y montar a caballo por todo Canadá como Nelson Eddy cuando canta *I'll be callin' you ooh ooh ooh ooh ooh ooh*. Si no fuera por Hitler estaríamos muertos todos por horrible que sea decir eso. ¿Y cómo está tu pobre madre, Frankie?

Está muy bien, señora Clohessy.

No, no lo está. La he visto en el dispensario y se ve peor que mi Dennis cuando estaba encamado. Tienes que cuidar a tu pobre madre. Tú también te ves muy mal, Frankie, con ese par de ojos rojos ahí saltándote en la cara. Toma esta propinita. Dos peniques. Cómprate un dulce.

Sí, señora Clohessy.

Ajá.

Al final de la semana la señora O'Connell me paga el primer salario de mi vida, una libra, mi primera libra. Bajo corriendo las escaleras y subo por la calle O'Connell, la calle principal, donde ya están encendidas las luces y la gente se apresura a volver a sus casas después del trabajo, gente como yo con el salario en el bolsillo. Ojalá supieran que soy como ellos, que soy un hombre, que tengo una libra. Subo por una acera de la calle O'Connell y bajo por la otra con la esperanza de que se fijen en mí. Nadie lo hace. Me gustaría mostrarle la libra a todo el mundo para que dijeran: Ahí va Frankie Mc-Court el trabajador con una libra en el bolsillo.

Es viernes por la noche y puedo hacer lo que yo quiera. Puedo comer pescado y papas fritas e ir al cine Lyric. No, no más Lyric. Ya no tengo que volver a sentarme en el gallinero con la gente animando a los indios que van a matar al general Custer y a los africanos que persiguen a Tarzán por toda la selva. Ahora puedo ir al cine Savoy, pagar seis peniques por un puesto en la parte de adelante donde hay personas de mejor calaña que comen cajas de chocolates y se tapan la boca para reírse. Después de la película puedo tomarme un té con pastelitos en el restaurante del segundo piso.

Michael me está llamando de la acera del frente. Tiene hambre y me pregunta si habrá posibilidad de ir a la casa del Abad por un poco de pan y pasar la noche allá en vez de tener que ir hasta la casa de Laman Griffin. Le digo que no se preocupe por el pedazo de pan. Vamos a ir al café Coliseum a comer pescado y papas fritas, todo lo que quiera, mundos de limonada, y después iremos a ver *Yankee Doodle Dandy* con James Cagney y a comernos dos tabletas grandes de chocolate. Después de la película nos tomamos un té con pastelitos y cantamos y bailamos como James Cagney todo el camino hasta la casa del Abad. Michael dice que debe de ser fabuloso estar en América donde la gente lo único que hace es cantar y bailar. Está que se cae del sueño pero dice que algún día irá allá a cantar y bailar y me pregunta que si le voy a ayudar a irse y cuando se duerme yo me pongo a pensar en América y en que tengo que ahorrar algo para el pasaje en vez de tirarlo todo en pescado y papas fritas y té con pastelitos. Tendré que ahorrar unos cuantos chelines de mi libra porque no me voy a quedar en Limerick toda la vida. Ya tengo catorce años y si ahorro algo todas las semanas seguramente podré viajar a América cuando cumpla veinte años.

Hay telegramas para oficinas, tiendas y fábricas donde no hay esperanza de recibir propina. Los empleados reciben los telegramas sin mirarte ni darte las gracias. Hay telegramas para la gente respetable y con criadas de la calle Ennis y de la Circular del Norte donde no hay esperanza de recibir propina. Las criadas son como los empleados, no te miran ni te dan las gracias. Hay telegramas para las casas de los curas y las monjas y ellos también tienen criadas así digan que la pobreza es noble. Si te pusieras a esperar la propina de un cura o de una monja morirías en la puerta de su casa. Hay telegramas para gente que vive a kilómetros de la ciudad, granjeros con patios que son un lodazal y perros que te quieren devorar las piernas. Hay telegramas para los ricos que viven en casas grandes con portería y kilómetros de tierras rodeadas de muros. El portero te hace seña de que pases y tú tienes que pedalear kilómetros enteros por caminos de entrada que tienen prados, eras de flores y fuentes antes de llegar a la casa grande. Si hace buen tiempo la gente está jugando croquet, el juego de los protestantes, o paseándose por ahí, charlando y riéndose, muy aliñados con vestidos de flores y *blazers* con escudos y botones dorados y no te imaginarías que hay una guerra. Hay Bentleys y Rolls-Royces estacionados frente a la enorme puerta principal donde una criada te dice que des la vuelta hasta la puerta del servicio, que si es que no sabes.

La gente de las casas grandes habla con acento inglés y no le da propinas a los repartidores de telegramas.

Los mejores para dar propinas son las viudas, las esposas de los pastores protestantes y los pobres en general. Las viudas saben cuándo les va a llegar un giro telegráfico del gobierno inglés y esperan junto a la ventana. Hay que tener cuidado si te invitan a una taza de té porque uno de los muchachos temporales, Pelusa Luby, nos contó que una viuda vieja como de treinta y cinco años lo invitó a un té y trató de bajarle los pantalones y él tuvo que salir corriendo de la casa aunque sí tenía ganas y tuvo que confesarse al otro sábado. Dijo que fue muy vergonzoso tener que encaramarse a la bicicleta con la cosa apuntando pero que si pedaleas muy rápido y piensas en los dolores de la Virgen María la cosa se te ablanda en un momento.

Las esposas de los pastores protestantes jamás se portan como la viuda de Pelusa Luby a menos que sean viudas también. Christy

Wallace, que es uno de los repartidores permanentes y cualquier día de estos va a ser cartero, dice que a los protestantes no les importa lo que hacen así sean esposas de un pastor. De todos modos están condenadas, así que qué más da si se pegan una revolcadita con el muchacho de los telegramas. A todos los repartidores les gustan las esposas de los pastores protestantes. Aunque tengan criadas abren la puerta ellas mismas y dicen: Un momento, por favor, y te dan una de seis peniques. Me gustaría conversar con ellas y preguntarles cómo se siente estar uno condenado pero podrían ofenderse y quitarme la moneda.

Los irlandeses que trabajan en Inglaterra envían sus giros telegráficos los viernes por la noche y todo el día del sábado y entonces recibimos las mejores propinas. Apenas entregamos una tanda hay que salir con otra.

Los peores callejones son los de Irishtown y las calles High y Mungret, peores que los callejones de Roden o de O'Keeffe o cualquier otro callejón donde yo haya vivido. Hay unos con arroyos en el medio. Las madres se hacen en la puerta y gritan agua va para vaciar los baldes llenos de lavaduras. Los niños hacen barquitos de papel o ponen a navegar cajas de fósforos con velas diminutas en el agua grasienta.

Cuando entras en un callejón los niños gritan: Llegó el mensajero, llegó el mensajero. Corren hacia ti y las mujeres esperan en la puerta. Si le das a un niñito un telegrama para su madre él es el héroe de la casa. Las niñas saben que deben esperar a que les toque el turno a los varones aunque pueden recibir el telegrama si no tienen hermanos. Las mujeres te gritan desde la puerta que en ese momento no tienen dinero pero que si mañana vienes por estos lados golpees en su puerta por la propina, Dios te bendiga a ti y a todo lo que te pertenece.

La señora O'Connell y la señorita Barry del correo nos dicen todos los días que nuestro trabajo es repartir telegramas y nada más. No podemos hacerle mandados a la gente, ir a la tienda por los víveres ni nada de eso. No importa que alguien esté agonizando. No importa que la gente sea inválida, loca o se arrastre por el suelo. Hay que entregar el telegrama y eso es todo. La señora O'Connell dice: Sé todo lo que vustedes hacen, todo, porque la gente de Limerick no les quita el ojo y aquí en este cajón tengo los informes.

Buen lugar para los informes, dice Toby Mackey en voz baja.

Pero la señora O'Connell y la señorita Barry no saben cómo es en los callejones cuando llamas a una puerta y alguien dice que entres y pasas y no hay luz y hay un bulto de trapos en una cama en un rincón y el bulto dice que quién es y tú dices que un telegrama y el bulto de trapos te pide que vayas a la tienda que me estoy muriendo y daría los ojos por una taza de té y tú qué vas a hacer si no puedes decir que estás ocupado y arrancar en tu bicicleta y dejar ahí a ese bulto de trapos con un giro telegráfico que no le sirve para nada porque el bulto de trapos no puede dejar la cama para ir a la oficina de correos a cobrar el condenado giro.

¿Qué se supone que debes hacer?

Te dicen que nunca cobres en la oficina ningún giro de nadie si no quieres que te despidan para siempre. Pero qué vas a hacer cuando un veterano que estuvo en la guerra de los Boers hace cientos de años te dice que las piernas no le sirven y que te quedaría agradecido eternamente si vas donde Paddy Considine en la oficina de correos y le cuentas la situación y Paddy seguramente te va a cambiar el giro y tú te quedas con dos chelines por ser tan buen muchacho. Paddy Considine dice que no hay problema pero que no se lo digas a nadie o me sacan de una patada en el culo y lo mismo te va a pasar a ti, hijo. El veterano de la guerra de los Boers dice que sabe que tienes que repartir otros telegramas pero que por qué no vienes esta noche a ver si puedes ir a la tienda por él porque no tiene ni un grano en la casa y encima de eso se está helando. Está sentado en el rincón en un sillón gastado y se tapa con mantas en harapos y tiene un balde al pie que apesta tanto que te enferma y cuando miras al viejo en esa silla del rincón te dan ganas de traer una manguera de agua caliente y desnudarlo y lavarlo todo y darle una buena comilona de huevos con tocino y puré de papas con montones de mantequilla y sal y cebollas.

Quisiera llevarme al viejo de la guerra de los Boers y al bulto de trapos de la cama y ponerlos en una casa grande y soleada en el campo con pájaros que trinan al otro lado de la ventana y un arroyo que hace gluglú.

La señora Spillane del callejón de Pump detrás de la calle Carey tiene dos mellizos deformes con unas cabezotas rubias, cuerpos pequeños y unos muñones de piernas que les cuelgan sobre el borde de la silla. Miran la chimenea todo el día y preguntan: ¿Dónde está papi? Hablan inglés como todo el mundo pero entre ellos tartajean en una jerigonza inventada por ellos: Cuan va co co va cuan. La señora Spillane me explica que eso quiere decir que cuándo vamos a comer. Dice que tiene suerte si su marido le envía cuatro libras al mes y que la sacan de quicio los insultos que recibe en el dispensario por andar él en Inglaterra. Los niños tienen apenas cuatro años y son muy avispados así no puedan caminar ni cuidarse solos. Si pudieran caminar, si fueran normales, ella haría las maletas y se largaría para Inglaterra fuera de este país olvidado de Dios que luchó tanto tiempo por la libertad y hay que ver cómo estamos, De Valera en su mansión allá en Dublín el viejo mal parido con todos esos políticos que se pueden largar a los infiernos, Dios me perdone. Los curas se pueden largar todos también a los infiernos y por decir eso sí no le voy a pedir perdón a Dios. Ahí están, los curas y las monjas, diciéndonos que Jesús era pobre y que eso no es vergüenza, mientras les llegan a la casa camiones llenos de cajas de whisky y vino, huevos por cantidades y perniles, y ellos diciéndonos de qué debemos privarnos en Cuaresma, el culo. ¿De qué nos vamos a privar si vivimos en Cuaresma todo el año?

Me gustaría llevarme a la señora Spillane y a sus dos rubios deformes a esa casa en el campo con el bulto de trapos y el hombre de la guerra de los Boers y bañarlos a todos y ponerlos al sol con los pájaros que trinan y el arroyo que hace gluglú.

No puedo abandonar al bulto de trapos con un giro telegráfico inservible porque el bulto es una anciana, la señora Gertrude Daly, toda retorcida por todas las enfermedades que te pueden dar en un callejón de Limerick, artritis, reumatismo, calvicie, una fosa nasal medio desaparecida de estar hurgándosela con el dedo, y te preguntas qué clase de mundo es este cuando la anciana se endereza entre los trapos y te sonríe con unos dientes que brillan en la oscuridad, su propia dentadura intacta.

Ajá, dice, mi propia dentadura, y después de que me pudra en la tumba dentro de cien años van a encontrar mi dentadura toda blanca y brillante y me van a declarar santa.

El giro telegráfico, tres libras, es de su hijo. Trae un mensaje: Feliz cumpleaños, mami, tu hijo afectuoso, Teddy. Ella dice: Qué raro que pueda darse el lujo, esa mierda, callejeando con todas las puticas de Piccadilly. Me pide el favor de cobrarle el giro y comprarle un poco de whisky Baby Powers en la taberna, un pan, una libra de manteca y siete papas, una para cada día de la semana. ¿Y le haría el favor de cocinarle una de esas papas y volverla puré con un poquito de manteca y cortarle una rebanada de pan y traerle un trago de agua para pasar el whisky? Y que si voy a la botica de O'Connor por un poco de ungüento para las úlceras y que de paso traiga jabón para darse una buena restregada y que va a estar agradecida eternamente y va a rezar por mí, Y toma dos chelines por todas las molestias.

Ah, no, gracias, señora.

Tómalos. De propina. Me hiciste unos favores enormes.

No puedo, señora, estando usted así.

Tómalos o digo en la oficina de correos que no te vuelvan a despachar con mis telegramas.

Está bien, señora. Muchas gracias.

Buenas noches, hijo. Sé bueno con tu madre.

Buenas noches, señora Daly.

Las clases empiezan en septiembre y a veces Michael pasa por la casa del Abad antes de regresar a pie hasta la casa de Laman Griffin. Un día que está lloviendo dice: ¿Puedo pasar aquí la noche?, y ya no quiere volver nunca donde Laman Griffin. Está rendido y no puede del hambre porque tiene que caminar dos millas de venida y dos de vuelta.

Cuando mamá viene a buscarlo no sé qué decirle. No sé cómo mirarla y desvío la vista. Ella me dice: ¿Cómo va el trabajo?, como si nada hubiera pasado donde Laman Griffin y yo le digo: Divinamente, como si nada hubiera pasado donde Laman Griffin. Cuando llueve muy duro pasa la noche en el cuartico de arriba con Alphie. Al otro día vuelve donde Laman pero Michael se queda y pronto ella comienza a mudarse poco a poco hasta que deja de ir a la casa de Laman definitivamente.

El Abad paga el alquiler semanalmente. Mamá sigue recibiendo la asistencia pública y los vales de comida hasta que alguien la delata y la suspenden en el dispensario. Le dicen que si su hijo se gana una libra a la semana eso es más de lo que reciben de subsidio muchas familias y que debería estar agradecida de que él tenga trabajo. Ahora tengo que entregarle el pago. Mamá dice: ¿Una libra? ¿Eso te pagan por pedalear llueva o truene? Esto serían cuatro dólares en América. Cuatro dólares. Y no podrías alimentar un gato con cuatro dólares en Nueva York. Si repartieras telegramas para la Western Union en Nueva York te estarías ganando veinticinco dólares a la semana y vivirías a todo lujo. Ella traduce siempre el dinero irlandés al americano para no olvidarse y trata de convencer a todo el mundo de que allá nos iba mejor. Hay semanas en que me deja quedarme con dos chelines pero si voy al cine o compro un libro de segunda mano no me queda nada, no podré ahorrar para el pasaje y me voy a quedar varado en Limerick hasta que sea un viejo de veinticinco años.

Malachy escribe de Dublín diciendo que está harto y que no piensa pasar el resto de su vida soplando una trompeta en la banda del ejército. Pasada una semana ya está de vuelta y se queja de tener que compartir la cama grande con Michael, Alphie y yo. Él tenía su propio catre allá en Dublín con sábanas y mantas y una almohada. Ahora le toca volver a los abrigos y a un cojín que suelta una nube de plumas cuando lo tocas. Mamá le dice: Qué lástima me das. Siento mucho tus incomodidades. El Abad tiene su propia cama y mamá duerme en el cuartico. Estamos todos juntos otra vez, sin Laman atormentándonos. Hacemos té con pan frito y nos sentamos en el suelo de la cocina. El Abad dice que uno no se debe sentar en los suelos de las cocinas, que para qué son las sillas de las mesas. Le dice a mamá que Frankie está mal de la cabeza y mamá nos dice que la humedad del suelo nos va a acabar matando. Nos sentamos a cantar en el suelo y mamá y el Abad se sientan en sillas. Ella canta *Are you lonesome tonight* y el Abad canta *The Road to Rasheen* y seguimos sin saber de qué trata su canción. Nos sentamos en el suelo a contar cuentos de cosas que pasaron, cosas que nunca pasaron y cosas que pasarán cuando vayamos a América.

Hay días lentos en el correo y nos sentamos a conversar en la banca. Podemos conversar pero no reírnos. La señorita Barry dice que agradezcamos que nos paguen por conversar ahí, manada de golfos y haraganes, y que cuidado con reírnos. Que nos paguen por sentarnos a charlar no es asunto de risa y no es sino que alguno suelte una risita y nos vamos a la calle hasta que recobremos el juicio y si siguen las risitas nos va a reportar ante las autoridades competentes.

Los muchachos hablan de ella en voz baja. Toby Mackey dice: Lo que esa vieja perra necesita es que le den un buen restregón en la reliquia, un buen restregón en el cepillo. Su madre era una trotacalles saltabanderas y su padre se escapó del manicomio con ronchas en las bolas y verrugas en la polla.

Soltamos la risa en la banca y la señorita Barry nos grita: Ya se los advertí sobre las risas. Mackey, ¿qué es esa cháchara ahí?

Estaba diciendo que estaríamos mejor repartiendo telegramas al aire fresco con este lindo día, señorita Barry.

Ya te lo creo, Mackey. Tu boca es un retrete. ¿Me oíste?

Sí, señorita Barry.

Alguien te oyó diciendo cosas en las escaleras, Mackey.

Sí, señorita Barry.

Cállate, Mackey.

Sí, señorita Barry.

Ni una palabra más, Mackey.

No, señorita Barry.

Dije que te callaras, Mackey.

Está bien, señorita Barry.

Se acabó, Mackey. No me provoques.

No, señorita Barry.

Madre de Dios dame paciencia.

Si, señorita Barry.

Di la última palabra, Mackey. Dila, dila, dila.

Bueno, señorita Barry.

Toby Mackey es un repartidor temporal como yo. Vio una pe-lícula llamada *The Front Page* y ahora quiere emigrar a América al-gún día y ser un rudo reportero de cigarrillo y sombrero. Mantiene una libreta en el bolsillo porque un buen reportero tiene que anotar todo lo que pasa. Los hechos. Tiene que anotar los hechos y no un montón de poesías jodidas, que es todo lo que se oye en Limerick cuando la gente en las tabernas empieza a darle a lo de nuestros grandes sufrimientos bajo el dominio de los ingleses. Los hechos, Frankie. Él anota el número de telegramas que reparte y las distan-cias que recorre. Nos sentamos en la banca procurando no reírnos y él me cuenta que si repartes cuarenta telegramas por día eso suma doscientos por semana y eso son diez mil al año y veinte mil en dos años de trabajo. Si pedaleamos ciento veinticinco millas a la semana eso son trece mil millas en dos años y eso equivale a darle media vuelta al mundo, Frankie, y con razón ya no nos queda ni una pizca de carne en el culo.

Toby dice que nadie conoce tan bien a Limerick como un repar-tidor de telegramas. Conocemos todas las avenidas, carreteras, transversales, calles, carreras, galerías, pasajes, callejones. Jesús, dice Toby, no hay una puerta en Limerick que no conozcamos. Tocamos en toda clase de puertas, de hierro, de roble, de madera prensada. Veinte mil puertas, Frankie. Tocamos con los nudillos, damos puntapiés, pegamos empujones. Tocamos campanillas o timbramos. Gritamos y silbamos: Telegrama, telegrama. Echamos telegramas en los buzones, los deslizamos debajo de las puertas, las tiramos por encima del dintel. Nos metemos por las ventanas de la gente que guarda cama. Espantamos a cuanto perro nos quiere para el almuerzo. Nunca sabes qué va a pasar cuando entregas un telegrama. La gente se ríe y canta y baila y llora y grita y se desmaya y te preguntas si se van a despertar a darte la propina. No se parece para nada a repartir telegramas en América donde Mickey Rooney va en bicicleta en una película llamada *The Human Comedy* y la gente es amable y se mata por darte una propina, por invitarte a entrar, por darte una taza de té y un panecillo.

Toby Mackey dice que tiene anotados montones de hechos en la libreta y que todo le importa el pedo de un violinista y así me gustaría ser a mí.

La señora O'Connell sabe que me gustan los telegramas para el campo y si hace sol me da una tanda de diez que me mantiene lejos toda la mañana de modo que no vuelvo hasta la hora del almuerzo al mediodía. Hay bellos días de otoño cuando el Shannon centellea entre las vegas verdes que brillan con el rocío plateado de la mañana. Hilos de humo atraviesan los campos y huele al olor dulce de la turba quemada. Las vacas y las ovejas pastan en los campos y me pregunto si esos serán los animales de que hablaba el padre. No me sorprendería porque los toros se les suben sin cesar a las vacas, los carneros a las ovejas, los caballos a las yeguas, y todos tienen unas cosas tan grandes que me hacen sudar cuando las miro y me dan lástima todas las hembras del mundo que tienen que sufrir tanto aunque a mí no me molestaría ser un toro porque pueden hacer lo que les dé la gana y eso nunca es pecado en los animales. No me importaría manipularme ahí mismo pero nunca se sabe cuándo va a aparecerse un granjero arreando vacas u ovejas por la carretera camino de la feria o de otro pastizal y levantando el bastón y saludándote: Buenos días, joven, linda mañana, gracias a Dios y a Su Santa Madre. Un granjero así de religioso podría ofenderse si lo viera a uno violando el sexto mandamiento sobre sus cultivos. A los caballos les gusta asomar la cabeza por encima de las cercas y los setos para ver quién pasa por ahí y yo freno para hablarles un poco porque tienen unos ojos grandes y unas narices largas que muestran lo inteligentes que son. A veces hay dos pájaros cantándose de un lado a otro de un campo y yo tengo que parar a escucharlos y si aguardo un rato se les unen más pájaros hasta que todos los árboles y arbustos están que bullen de trinos. Si hay un arroyo que gorgotea bajo algún puente en el camino, pájaros que cantan, vacas que mugen y corderos que balan, eso es mejor que la banda sonora de cualquier película. Y si hasta mí flota el aroma a repollo con tocino del almuerzo de alguna granja me da tanta hambre que entro a hurtadillas en algún cultivo y me repleto de moras durante media hora. Zambullo la cara en el arroyo y tomo agua helada que es mejor que la limonada de cualquier venta de pescado y papas fritas.

Cuando acabo de repartir los telegramas me queda tiempo para ir al cementerio del monasterio antiguo donde está enterrada la familia de mi madre, los Guilfoyles y los Sheehan, donde ella quiere que la entierren. Desde allí se divisan las altas ruinas del castillo de Carrigogunnell y hay tiempo de sobra para pedalear hasta allá, sentarme en la muralla más alta, mirar al Shannon correr hacia el Atlántico rumbo a América y soñar con el día en que yo también parta navegando.

Los muchachos de la oficina de correos me dicen que tengo suerte de que me haya tocado el telegrama para la familia Carmody, un chelín de propina, una de las más grandes que dan en Limerick. ¿Y por qué entonces me tocó a mí, si soy el más nuevo? Ellos dicen: Bueno, a veces Teresa Carmody abre la puerta en persona. Tiene tisis y a ellos les da miedo contagiarse. Ella tiene diecisiete años, entra y sale del sanatorio y no va a llegar a los dieciocho. Los muchachos del correo dicen que las enfermas como Teresa saben que no les queda mucho tiempo y eso las enloquece por tener amores y romances y todo. Todo. Eso es lo que la tisis te produce, dicen los muchachos de la oficina de correos.

Pedaleo por las calles mojadas de noviembre pensando en la propina de un chelín, y cuando doblo por la calle de los Carmody la bicicleta se resbala y yo patino por el suelo y me raspo la cara y me corto la mano por encima. Teresa Carmody abre la puerta. Es pelirroja. Tenía los ojos verdes como la campiña de Limerick. Tiene las mejillas muy coloradas y la piel es de una palidez feroz. Dice: Estás todo mojado y sangrando.

Me resbalé en la bicicleta.

Entra y te pongo algo en las heridas.

Me pregunto si debo entrar. Me podría dar la tisis y eso sería mi perdición. Quiero estar vivo para cumplir quince años y también quiero la propina de un chelín.

Entra. Te vas a morir parado ahí.

Pone a hervir agua para el té. Luego me unta yodo en las heridas y yo trato de ser un hombre y no quejarme. Ella dice: Eres todo un hombrecito. Ve a la sala y sécate frente a la chimenea. Mira, ¿por qué no te quitas los pantalones y los pones a secar en la mampara?

Ah, no.

Ah, no.

Bueno, pues.

Cuelgo los pantalones en la mampara. Me siento a verlos soltar vapor y noto que se me está parando y me preocupa que ella vaya a entrar y me vea con la emoción.

Y ahí se aparece con un plato de pan con mermelada y dos tazas de té. Dios mío, dice, serás un flacuchento pero tienes un buen paquete.

Pone el plato y las tazas en una mesa junto a la chimenea y ahí se quedan. Con el pulgar y el índice me coge la punta de la emoción y me conduce a través del salón hasta un sofá verde recostado en la pared y todo el tiempo tengo la cabeza llena de pecado y yodo y miedo de la tisis y la propina de un chelín y sus ojos verdes y ella está en el sofá no te detengas o me muero y ella gime y yo gimo porque no sé qué me está pasando si busco mi muerte contagiándome de tisis de su boca voy volando al cielo caigo por un abismo y si esto es pecado me importa el pedo de un violinista.

Descansamos un rato en el sofá hasta que ella dice: ¿No tienes que repartir otros telegramas?, y cuando nos enderezamos ella suelta un gritico: Ay, estoy sangrando.

¿Qué te pasa?

Creo que es por ser la primera vez.

Yo le digo: Espera un minuto. Traigo el frasco de la cocina y le echo un chorro de yodo en la herida. Ella se levanta de un salto del sofá, baila como una salvaje por toda la sala y corre a la cocina a rociarse agua. Después de secarse me dice: Dios mío, cómo eres de inocente. No puedes echarles yodo de esa manera a las muchachas.

Creí que te habías cortado.

Después de eso yo llevo el telegrama durante varias semanas. A veces tenemos la emoción en el sofá pero hay días en que ella tiene tos y se le nota la debilidad. Nunca me dice que está débil. Nunca me dice que tiene tisis. Los muchachos del correo dicen que la estaré pasando en grande con la propina de un chelín y Teresa Carmody. Nunca les cuento que ya no acepto la propina. Nunca les cuento lo del sofá y la emoción. Nunca les cuento cómo me duele cuando ella abre la puerta y le veo la debilidad y lo único que quiero es prepararle un té y sentarme a abrazarla en el sofá verde.

Un sábado se me ordena entregar el telegrama a la madre de Teresa en Woolworth, donde trabaja.

Sí, está en el hospital.

¿En el sanatorio?

Dije que está en el hospital.

Esa es igual a todos en Limerick, avergonzada de la TB, y no me da un chelín ni nada de propina. Pedaleo hasta el sanatorio para ver a Teresa. Me dicen que hay que ser pariente y además adulto. Les digo que soy un primo y que en agosto cumplo quince años. Me dicen que me largue. Pedaleo hasta la iglesia de los franciscanos para rezar por Teresa. San Francisco, por favor habla con Dios. Dile que no fue culpa de Teresa. Yo pude haberme negado a llevar el telegrama todos esos sábados. Dile a Dios que Teresa no tiene la culpa de la emoción en el sofá porque eso es lo que la tisis le produce a uno. De todas formas eso no importa, san Francisco, porque yo amo a Teresa. La amo tanto como tú a las aves y las fieras y los peces y por favor dile a Dios que le quite la tisis y te prometo que yo jamás me le vuelvo a acercar.

Al otro sábado me dan el telegrama de los Carmody. Desde la mitad de la cuadra alcanzo a ver las persianas cerradas. Alcanzo a ver el lazo de crespón en la puerta. Alcanzo a ver el aviso funerario bordeado de violeta. Alcanzo a ver más allá de la puerta y las paredes el sitio donde Teresa y yo retozábamos enloquecidos y desnudos en el sofá verde y ahora sé que ella está en el infierno y todo por culpa mía.

Deslizo el telegrama por debajo de la puerta y pedaleo otra vez hasta la iglesia de los franciscanos a pedir por el descanso del alma de Teresa. Le rezo a cada imagen, a los vitrales, al vía crucis. Juro llevar una vida de fe, esperanza y caridad, obediencia, pobreza y castidad.

Al otro día, domingo, voy a dos misas. Hago tres vía crucis. Rezo rosarios todo el día. Ayuno de agua y de comida y donde quiera que haya un lugar tranquilo lloro y le pido a Dios y a la Virgen María que se apiaden del alma de Teresa Carmody.

El lunes sigo el cortejo funerario hasta el cementerio en mi bicicleta de la oficina de correos. Me oculto tras un árbol apartado de la tumba. La señora Carmody llora y gime. Míster Carmody solloza y se ve aturdido. El sacerdote recita las oraciones en latín y asperja el ataúd con agua bendita.

Quisiera hablar con el sacerdote, con los señores Carmody. Quisiera confesarles que yo soy el que mandó a Teresa al infierno. Pueden hacerme lo que quieran. Insultarme. Denigrarme. Arrojarme tierra de la tumba. Pero me quedo oculto tras el árbol hasta que los dolientes se retiran y los sepultureros llenan la fosa.

La escarcha ya blanquea la tierra removida de la tumba y yo pienso en Teresa fría en el ataúd, en el pelo rojo, en los ojos verdes. No logro entender lo que siento por dentro pero sé que con todos los muertos de mi familia y todos los muertos de los callejones a mi alrededor y toda la gente que se ha ido nunca he sentido un dolor como este en el corazón y espero no volver a sentirlo jamás.

Anochece. Salgo del cementerio llevando a pie la bicicleta. Hay que repartir unos telegramas.

XVI ◈

LA SEÑORA O'CONNELL me da dos telegramas para míster Harrington, un inglés que ha enviudado de una mujer nacida y criada en Limerick. Los muchachos de la oficina de correos dicen que los telegramas de pésame son una pérdida de tiempo. La gente lo único que hace es llorar y gemir de tristeza y se cree excusada de dar propina. Te invitan a pasar para ver al difunto y rezar junto al lecho. Eso no sería tan malo si te brindaran una copa de jerez y un sándwich de jamón. Oh, no, se alegran de sacarte la oración pero eres un simple repartidor de telegramas y tienes suerte si te dan una galleta revejida. Los más antiguos dicen que hay que saber jugar las bazas para ganarse la propina de luto. Si te convidan a rezar tienes que arrodillarte al pie del cadáver, soltar tremendo suspiro, bendecirte, inclinar la cabeza sobre las mantas para que no te vean la cara, sacudir los hombros como en un ataque de dolor, agarrarte de la cama con las dos manos como si fueran a tener que arrancarte a la fuerza para que vayas a repartir los demás telegramas, asegurarte de que tus mejillas estén empapadas de lágrimas o de la saliva que te untaste, y si no recibes una propina después de tanto esfuerzo arrójales la próxima tanda de telegramas por debajo de la puerta o lánzalos por encima del dintel y déjalos con su pena.

Esta no es la primera vez que llevo un telegrama a la casa Harrington. Míster Harrington se mantiene viajando para la compañía de seguros y la señora Harrington es generosa con las propinas. Pero ya se murió y míster Harrington contesta el timbre. Tiene los ojos rojos y solloza. Dice: ¿Eres irlandés?

¿Irlandés? ¿Qué más iba a ser yo parado ahí en su puerta en Limerick con un fajo de telegramas en la mano? Sí, señor. Él dice: Pasa y deja los telegramas en la mesa del recibo. Cierra la puerta, le echa llave, se mete la llave al bolsillo y yo pienso: ¿No son muy peculiares los ingleses?

Querrás verla, claro. Querrás ver lo que tu gente le hizo con su maldita tuberculosis. Raza de comedores de cadáveres. Sígueme.

Primero me conduce a la cocina donde recoge una bandeja de sándwiches de jamón y dos botellas, y luego al otro piso. La señora Harrington se ve muy bella en la cama, rubia, sonrosada, tranquila.

Esta es mi esposa. Será irlandesa pero no lo parece, a Dios gracias. Como tú. Irlandeses. Querrás un trago, desde luego. Ustedes los irlandeses empinan el codo a cada paso. No los han destetado cuando ya claman por la botella de whisky, la pinta de amarga. Qué quieres, ¿whisky, jerez?

Una limonada estaría bien.

Estoy de luto por mi esposa, no celebrando los jodidos cítricos. Tómate un jerez. Licor de la maldita España católica y fascista.

Me tomo el jerez de un trago. Me vuelve a llenar la copa y va a servirse más whisky en su vaso. Maldita sea. Se acabó el whisky. Quédate aquí. ¿Me oyes? Voy a la taberna por otra botella de whisky. Quédate aquí hasta que regrese. No te muevas.

Estoy confundido, mareado con el jerez. No sé qué se debe hacer con un inglés de luto. Señora Harrington, se ve muy bonita en la cama. Pero usted es protestante, ya está condenada, en el infierno, como Teresa. El sacerdote dijo: Fuera de la Iglesia no hay salvación. Espere, tal vez yo pueda salvar su alma. Bautizarla en la fe católica. Compensar lo que le hice a Teresa. Traeré un poco de agua. Ay, Dios, la puerta tiene llave. ¿Por qué? ¿Será que usted no está realmente muerta? Me está observando. ¿Está muerta, señora Harrington? No me da miedo. Tiene la cara helada. Oh, sí está muerta de veras. La voy a bautizar con jerez de la maldita España católica y fascista. Te bautizo en el nombre del Padre, del Hijo y del...

¿Qué demonios estás haciendo? Apártate de mi esposa, so desgraciado, imbécil, papista. ¿Y qué primitivo rito irandés es este? ¿La has tocado? ¿Eh? Te voy a retorcer ese pescuezo escuálido.

Yo... yo...

(394)

Yo, yo, habla en inglés, pedazo de basura.

Yo apenas iba a... un poco de jerez para llevarla al cielo.

¿Al cielo? Ya tuvimos el cielo, Ann y yo y nuestra hija, Emily. Jamás pondrás tus rosados ojos de cerdito en ella. Cristo, ya no puedo más. Toma, bébete otro jerez.

Ah, no, gracias.

Ah, no, gracias. El miserable lloriqueo celta. Pero si a ustedes les encanta el alcohol. Les ayuda a arrastrarse y lloriquear mejor. Claro, lo que quieres es comida. Tienes el aire desmayado del irlanducho muerto de hambre. Toma. Jamón. Come.

Ah, no, gracias.

Ah, no, gracias. Si vuelves a decir eso te zampo el jamón por el culo.

Me agita un sándwich de jamón en la cara y con la palma de la mano me lo embute en la boca.

Se deja caer en una silla. Ay, Dios mío, Dios mío, ¿qué voy a hacer? Debo descansar un rato.

El estómago se me revuelve. Corro a la ventana, saco la cabeza y vomito. Él salta de la silla y embiste contra mí.

Tú, tú, Dios te fulmine a los infiernos, te vomitaste en el rosal de mi mujer.

Me manda un golpe, falla y se va al suelo. Yo me escapo por la ventana y me quedo colgando del reborde. Él está en la ventana y trata de agarrarme de las manos. Yo me suelto y caigo sobre el rosal, sobre el sándwich de jamón y el jerez que acabo de vomitar. Me pincho en las espinas del rosal, me pican, tengo un esguince en el tobillo. Él me chilla desde la ventana: Ven acá, sabandija irlandesa. Me va a denunciar en la oficina de correos. Me pega en la espalda con la botella de whisky, me implora: Por favor quédate velándola conmigo una hora más.

Me arroja una descarga de copas de jerez, vasos de whisky, un surtido de sándwiches de jamón, artículos de tocador de su mujer, polvos, cremas, cepillos.

Monto en la bicicleta y pedaleo tambaleándome por las calles de

Limerick, mareado del jerez y del dolor. La señora O'Connell la emprende conmigo: Siete telegramas, una dirección, y te pierdes todo el día.

Sí, me perdí todo el día.

Sí te perdiste. Te perdiste. Borracho es lo que estabas. Borracho es lo que estás. Apestas. Oh, ya nos contaron. Ese hombre amable nos llamó, míster Harrington, el inglés encantador que habla como James Mason. Te deja entrar a rezar una oración por su pobre mujer y al momento estás saltando por la ventana con el jerez y el jamón. Pobre madre la tuya. Saber qué trajo al mundo.

Él me obligó a comerme el jamón y tomarme el jerez.

¿Te obligó? Jesús, esa sí es buena. Te obligó. Míster Harrington es un inglés muy refinado y no tiene por qué mentir y no queremos gente de tu laya en esta oficina, gente que no puede apartar las zarpas del jamón y el jerez, así que entrégame la mochila y la bicicleta porque ya no tienes qué hacer en esta oficina.

Pero si necesito el trabajo. Tengo que ahorrar para irme a América.

América. Triste será el día en que América reciba gente de tu laya.

Vago cojeando por las calles de Limerick. Quisiera devolverme y arrojar un ladrillo a la ventana de míster Harrington. No. Respetar a los muertos. Mejor voy a cruzar el puente de Sarsfield hasta el terraplén del río donde pueda tumbarme entre los matorrales. No sé cómo voy a ir a casa a contarle a mi madre que perdí el trabajo. Pero hay que ir. Hay que contárselo. No puedo pasar la noche aquí a la orilla del río. Ella se enloquecería.

Mamá les ruega en la oficina de correos que vuelvan a recibirme. Ellos dicen que no. Habráse visto. Repartidor de telegramas violenta cadáver. Repartidor de telegramas huye de la escena con jamón y jerez. No volverá a poner pie en la oficina de correos. No.

Mamá se consigue una carta del cura de la parroquia. Reciban a ese chico, dice el cura. Ah, sí, padre, cómo no, dicen en la oficina de correos. Me dejarán quedarme hasta que cumpla dieciséis años, ni un minuto más. Además, dice la señora O'Connell, si piensas en lo que los ingleses nos hicieron durante ochocientos años ese hombre no tenía derecho a quejarse por un poquito de jamón y jerez. Compara un poquito de jamón y jerez con la Gran Hambruna, ¿y cómo quedas? Si mi pobre marido estuviera vivo y le contara lo que hiciste él diría que bravo por el golpe, Frank McCourt, bravo por el golpe.

Todos los sábados por la mañana juro que le voy a confesar al padre mis actos impuros en la casa, en las trochas solitarias de los alrededores de Limerick con las vacas y las ovejas mirando, en las alturas de Carrigogunnell con todo el mundo viéndome allá arriba.

Le contaré lo de Teresa Carmody y cómo la mandé al infierno, y eso será mi perdición, expulsado de la Iglesia.

Teresa es un tormento para mí. Cada vez que llevo un telegrama a su calle, cada vez que paso por el cementerio, siento que el pecado crece en mí como un absceso y si no me confieso pronto seré un absceso que pedalea en una bicicleta mientras la gente me señala y dice: Ahí va. Ahí va Frankie McCourt, la porquería que mandó a Teresa Carmody al infierno.

Los domingos veo comulgar a las personas, todos en estado de gracia, volviendo a sus asientos con Dios en la boca, tranquilos, en paz, preparados para morir en cualquier momento y subir derecho al cielo o volver a la casa a comer huevos con tocino sin la más mínima preocupación.

Estoy rendido de ser el peor pecador de Limerick. Quiero librarme de tanto pecado y comer huevos con tocino y no sentir ninguna culpa, ningún tormento. Quiero ser normal.

Los sacerdotes nos dicen todo el tiempo que la misericordia de Dios es infinita pero cómo va a poder ninguno de ellos darle la absolución a alguien como yo que reparte telegramas y termina enredado en un estado de emoción en un sofá verde con una muchacha que se está muriendo de tisis galopante.

Pedaleo por todo Limerick con los telegramas y paro en todas las iglesias. Corro de la de los redentoristas a la de los jesuitas a la de los agustinos a la de los dominicos a la de los franciscanos. Me arrodillo frente a la imagen de san Francisco de Asís y le pido que me ayude aunque creo que está demasiado disgustado conmigo. Me arrodillo con la gente en los bancos de los confesionarios pero cuando me llega el turno me quedo sin respiración, el corazón me palpita, la frente se me pone helada y sudorosa y salgo a la carrera de la iglesia.

Prometo que me voy a confesar en Navidad. No soy capaz. En Pascua. No soy capaz. Pasan las semanas y los meses y ya hace un año que Teresa murió. Lo haré en el aniversario pero no soy capaz. Ya tengo quince años y paso de largo frente a las iglesias. Habrá que esperar hasta que esté en América donde hay sacerdotes como Bing Crosby en *Going My Way* que no me van a sacar a las patadas del confesionario como los sacerdotes de Limerick.

Todavía tengo el pecado adentro, el absceso, y espero que no me mate del todo antes de confesarme con el sacerdote americano.

Hay un telegrama para una anciana, la señora Brigid Finucane. Ella dice: ¿Cuántos años tienes, muchacho?

Quince y medio, señora Finucane.

Lo bastante joven para portarte como un tonto y lo bastante viejo para saber que lo estás haciendo. ¿Eres avispado, chacho? ¿Tienes alguna inteligencia?

Sé leer y escribir, señora Finucane.

Arrah, en el manicomio hay gente que sabe leer y escribir. ¿Sabes escribir una carta?

Sí.

Quiere que le escriba cartas para sus clientes. Si necesitas un traje o un vestido para los hijos puedes ir donde ella. Ella te da un vale para una tienda y allá te dan la ropa. A ella le hacen un descuento y ella te cobra todo el precio más los intereses. Le pagas semanalmente. Algunos de sus clientes se atrasan en los pagos y hay que mandarles cartas de amenaza. Me dice: Te pagaré tres peniques por cada carta que escribas y otros tres si me pagan. Si quieres el trabajo ven acá los jueves y los viernes por la noche y trae tus propios sobres y papel.

Necesito urgentemente ese trabajo. Quiero ir a América. Pero no tengo dinero para los sobres y el papel. Al otro día llevo un telegrama a las tiendas Woolworth y ahí está la solución, una sección entera repleta de sobres y papel. Como no tengo dinero voy a tener que afilar las uñas. Pero, ¿cómo? Dos perros me hacen el día, dos perros en la puerta de Woolworth pegados después de la emoción. Chillan y giran en círculo. Los clientes y los vendedores se ríen por debajo y fingen mirar a otro lado y mientras están ocupados fingiendo me meto un montón de sobres y papel bajo el suéter, salgo por la puerta y me pierdo en la bicicleta, adiós perros pegados.

La señora Finucane me mira con sospecha. Esa papelería que tienes ahí es muy fina, chacho. ¿Es de tu madre? La vas a reponer cuando te pague, ¿verdad, chacho?

Oh, sí.

En adelante no entro por la puerta del frente. Hay un callejón detrás de la casa y debo entrar por la puerta trasera para que nadie me vea.

Saca de un gran libro de cuentas los nombres y direcciones de seis clientes atrasados en los pagos. Amenázalos, chacho. Tienes que hacer que se mueran de miedo.

Mi primera carta:

Estimada señora O'Brien:
Ateniéndonos a que usted no ha considerado conveniente saldar lo que me debe tal vez me vea obligada a recurrir a los medios legales. Mire a su hijo, Michael, pavoneándose por el mundo con su traje de estreno pagado por mí mientras que yo no tengo una migaja para mantener unidos cuerpo y alma. Estoy segura de que usted no quiere consumirse en los calabozos de la cárcel de Limerick lejos de la familia y los amigos.

De usted, en litigante espera,
Señora Brigid Finucane.

Ella me dice: Tremenda carta, chacho, mejor que cualquier cosa sacada del *Limerick Leader*. Esa palabra, ateniéndonos, es un santo pavor de palabra. ¿Qué quiere decir?

Creo que quiere decir que es tu última oportunidad.

Escribo otras cinco cartas y ella me da unas monedas para las estampillas. Camino de la oficina de correos pienso: ¿Para qué malgastar la plata en estampillas si tengo piernas y puedo repartir las cartas a plena noche? Cuando eres pobre una carta de amenaza es una carta de amenaza no importa cómo llegue a tu puerta.

Corro por los callejones de Limerick echando cartas por debajo de las puertas, rezando por que nadie me vea.

A la semana la señora Finucane está que trina de la dicha. Cuatro pagaron. Ven, siéntate y escribe más, chacho. Hay que meterles el terror de Dios.

Semana tras semana mis cartas de amenaza se van haciendo más cortantes. Empiezo a mezclar palabras que ni yo mismo entiendo.

Estimada señora O'Brien:

Ateniéndonos a que usted no ha sucumbido a la inminencia de litigio de nuestra previa epístola quede usted avisada que estamos en consultas con nuestros abogados allá arriba en Dublín.

A la otra semana la señora O'Brien paga: Entró temblando y con lágrimas en los ojos, chacho, y prometió que jamás se volvía a atrasar en los pagos.

Los viernes por la noche la señora Finucane me manda a la taberna por una botella de jerez. Eres demasiado joven para tomar jerez, chacho. Prepárate una buena taza de té pero tienes que usar las hojas que quedaron de esta mañana. No, no te puedes comer un poquito de pan, con lo que está costando. Pan, ¿eh? Después vas a pedirme un huevo.

Se mece junto al fuego, tomándose el jerez a sorbitos, contando las monedas del bolso que tiene en el regazo, asentando los pagos en el libro de cuentas antes de guardar todo con llave en el baúl debajo de su cama en el piso de arriba. Después de unos jereces me dice lo bueno que es tener algo de dinero para poder dejárselo a la Iglesia para que digan misas por el descanso de tu alma. Se pone muy feliz al pensar que los padres dirán misas y misas después de muchos años de estar muerta y enterrada.

A veces se queda dormida y el bolso se le cae al suelo y yo le echo mano a unos chelines por las horas extra y el uso de las nuevas palabras campanudas. Habrá menos dinero para los curas y sus misas pero ¿cuántas misas necesita un alma? y además yo tengo derecho a unas cuantas libras después de que la Iglesia me cerró varias veces la puerta en las narices. No me dejaron ser monaguillo ni alumno de secundaria ni misionero cisterciense. No me importa. Tengo una cuenta de ahorros en la oficina de correos y si sigo escribiendo con éxito cartas de amenaza, echándole mano a uno que otro chelín del bolso de ella y quedándome con la plata de las estampillas, tendré el dinero para mi fuga a América. Aunque toda mi familia se estuviera desmayando de hambre yo no tocaría ni un penique de mi cuenta de ahorros.

Con frecuencia tengo que escribir cartas de amenaza a vecinos y amigos de mi madre y me preocupa que me vayan a descubrir. Se quejan con mi madre: Esa perra vieja, la Finucane esa de abajo en Irishtown, me mandó una carta amenazándome. Qué clase de demonio sacado del infierno torturaría al prójimo con una carta que no se entiende ni al derecho ni al revés con palabras nunca oídas ni por tierra ni por mar. La persona que escriba una carta así es peor que Judas o que cualquier soplón de los ingleses.

Mi madre dice que al que escriba esas cartas deberían freírlo en aceite y mandarle unos ciegos a arrancarle las uñas.

Pues yo lo siento mucho pero no hay otra manera de ahorrar el dinero para América. Sé que algún día seré un yanqui rico y mandaré centenares de dólares a la casa y mi familia nunca tendrá que volver a preocuparse por las cartas de amenaza.

Algunos de los repartidores temporales van a tomar en agosto el examen para ser permanentes. La señora O'Connell dice: Deberías tomar ese examen, Frank McCourt. Tienes un poquito de sesos en la cabeza y lo aprobarías como si nada. Serías cartero en un momento y una inmensa ayuda para tu pobre madre.

Mamá también me dice que lo tome, que me vuelva cartero, ahorre, vaya a América y sea cartero allá y esa sí que sería una buena vida.

Un sábado llevo un telegrama a la taberna de South y allá está sentado el tío Pa Keating, todo negro como de costumbre. Me dice: Anda, tómate una limonada, Frankie, ¿o es una pinta lo que quieres ahora que vas a cumplir dieciséis años?

Limonada, tío Pa, gracias.

Vas a querer tu primera pinta el día que cumplas dieciséis años, ¿no?

Sí, pero mi padre no va a estar aquí para brindármela.

No te preocupes por eso. Sé que no es lo mismo sin tu padre pero yo te voy a brindar la primera pinta. Eso haría si tuviera un hijo. Ven acá en la víspera de tu cumpleaños.

Sí, tío Pa.

Dicen que vas a tomar el examen en la oficina de correos.

Sí.

¿Y por qué vas a hacer semejante cosa?

El trabajo es bueno y sería cartero en nada y tiene lo de la jubilación.

Ah, jubilación, el culo. Dieciséis años y ya está hablando de la jubilación. ¿Me estás tomando el pelo? ¿Oíste lo que dije, Frankie? Jubilación, el culo. Si pasas ese examen te quedarás en la oficina de correos en paz y tranquilidad el resto de tu vida. Te casarás con una Brígida y tendrás cinco niños católicos y cultivarás rosas en el jardín. Tendrás muerto el cerebro cuando cumplas treinta y secas las pelotas un año antes. Decide por tu jodida cuenta y al infierno con los apoltronados y los encogidos. ¿Me oyes, Frankie McCourt?

Sí, tío Pa. Lo mismo decía míster O'Halloran.

¿Qué decía?

Que yo mismo debía decidir.

Bien por míster O'Halloran. Es tu vida, toma tus propias decisiones y al diablo con los encogidos, Frankie. A fin de cuentas lo que quieres es ir a América, ¿verdad?

Sí, tío Pa.

El día del examen no tengo que trabajar. Hay un letrero en la ventana de una oficina en la calle O'Connell: SE BUSCA JOVEN DESPIERTO, BUENA LETRA, HÁBIL PARA SUMAR, PREGUNTAR POR EL GERENTE, MÍSTER MCCAFFREY, EASONS LTDA.

Estamos en la puerta del lugar señalado para el examen, la casa de la Asociación de Jóvenes Protestantes de Limerick. Muchachos de todo Limerick suben por la escalera a presentar el examen y un hombre a la entrada les reparte lápices y papel y los regaña para que se apresuren, upa. Miro al hombre de la entrada, recuerdo lo que dijo el tío Pa, pienso en el letrero de la oficina de Easons: SE BUSCA JOVEN DESPIERTO. No quiero pasar por esa puerta y aprobar el examen pues si lo hago seré un repartidor de telegramas permanente y de uniforme, luego cartero y después vendedor de estampillas por el resto de mi vida. Me quedaré en Limerick para siempre, cultivando rosas con los sesos muertos y las pelotas todas secas.

El hombre de la entrada dice: Tú, ¿vas a entrar o te vas a quedar ahí con la boca abierta?

Quiero decirle al hombre: Bésame el culo, pero todavía me quedan unas semanas en la oficina de correos y podría acusarme. Sacudo la cabeza y subo por la calle donde necesitan un joven despierto.

El gerente, míster McCaffrey, dice: Me gustaría ver una muestra de tu caligrafía, para ver, en pocas palabras, si tienes buena letra. Siéntate en esa mesa. Escribe tu nombre y dirección y un párrafo explicando por qué deseas este trabajo y cómo te propones escalar posiciones en la organización de Eason e Hijo, Ltda., a fuerza de asiduidad y perseverancia, con las oportunidades que hay en esta compañía para un chico que mantenga la vista puesta en la bandera y resguarde sus flancos contra el canto de sirena del pecado.

Escribo:

> *Frank McCourt,*
> *4, Calle Little Barrington,*
> *Ciudad de Limerick,*
> *Condado de Limerick,*
> *Irlanda*

> *Solicito este empleo para poder subir a las más altas posiciones de Easons Ltda., a fuerza de asiduidad y perseverancia sabiendo que si mantengo la vista al frente y resguardo mis flancos estaré a salvo de toda tentación y seré motivo de orgullo para Easons y para Irlanda en general.*

¿Qué es esto? dice míster McCaffrey. ¿No tenemos aquí un pequeño retoque de la verdad?

No lo sé, míster McCaffrey.

Calle Little Barrington. Eso es un callejón. ¿Por qué lo llamas calle? Vives en un callejón, no en una calle.

Le dicen calle, míster McCaffrey.

No trates de parecer lo que no eres, chico.

Oh, no, míster McCaffrey.

Vives en un callejón y eso quiere decir que tu única posibilidad es subir. ¿Entiendes eso, McCourt?

Sí, señor.

Tienes que salir de ese callejón a fuerza de trabajo.

Sí, míster McCaffrey.

Tienes pura estampa de callejón, McCourt.

Sí, míster McCaffrey.

Tienes facha de callejón por todas partes. De la cabeza a la punta de los pies. No trates de engañar al vulgo, McCourt. Tendrías que madrugar para engañar a alguien como yo.

Yo no haría eso, míster McCaffrey.

Y está lo de los ojos. Tienes esos ojos muy irritados. ¿Puedes ver?

Sí, míster McCaffrey.

Sabes leer y escribir pero ¿y sumar y restar?

También, míster McCaffrey.

Bueno, no sé qué política tendrán sobre los ojos irritados. Tendría que telefonear a Dublín a ver qué posición tienen al respecto. Pero tienes letra clara, McCourt. Buen puño. Te contrataremos dependiendo de la decisión sobre los ojos irritados. El lunes por la mañana. A las seis y media en la estación del tren.

¿De la mañana?

De la mañana. No repartimos los condenados matutinos por la noche, ¿verdad?

Verdad, míster McCaffrey.

Otra cosa: somos distribuidores de *The Irish Times*, un diario protestante, manejado por los masones de Dublín. Lo recogemos en la estación del tren. Contamos los ejemplares. Los llevamos a las agencias de periódicos. Pero no lo leemos. No quiero verte leyéndolo. Podrías perder la fe y con ese par de ojos podrías perder la vista. ¿Entendido, McCourt?

Entendido, míster McCaffrey.

Nada del *Irish Times*, y cuando vuelvas la próxima semana te voy a enseñar sobre todas las porquerías inglesas que no debes leer en esta oficina. ¿Entendido, McCourt?

Entendido, míster McCaffrey.

La señora O'Connell aprieta los labios y no me mira. Le dice a la señorita Barry: Me contaron que cierto advenedizo de los callejones no quiso presentar el examen de la oficina. No estaría a su altura, me figuro.

Cuánta razón tiene, dice la señorita Barry.

No estaremos a su altura.

Cuánta razón.

¿Cree que alguna vez nos va a contar por qué no presentó el examen?

A lo mejor, dice la señorita Barry, si nos hincamos de rodillas.

Yo digo: Quiero ir a América, señora O'Connell.

¿Oyó eso, señorita Barry?

Lo oí, señora O'Connell.

Habló.

Lo hizo, señora O'Connell.

Ya le pesará, señorita Barry.

Y bien que le va a pesar, señora O'Connell.

La señora O'Connell se dirige por encima de mí a los muchachos que esperan sus telegramas sentados en la banca: Este es Frankie McCourt que cree que la oficina de correos no está a su altura.

Yo no creo eso, señora O'Connell.

¿Y quién le dijo que abriera la jeta, Su Majestad? Demasiado encumbrado para nosotros, ¿eh, muchachos?

Sí, señora O'Connell.

Después de todo lo que hicimos por él, dándole los telegramas de las buenas propinas, mandándolo al campo cuando hacía buen tiempo, volviéndolo a emplear después de su vergonzoso comportamiento con míster Harrington, cuando se embuchó de sándwiches de jamón, se pegó tremenda juma de jerez, saltó por la ventana y acabó con todos los rosales a la vista y vino acá hecho un cuero, y quién sabe qué otras cosas haría repartiendo telegramas, quién sabe, aunque ya nos lo imaginamos, ¿verdad, señorita Barry?

Verdad, señora O'Connell, aunque eso no sería un tema apropiado de conversación.

Cuchichean entre ellas y me miran y menean la cabeza.

Es una deshonra para Irlanda y su pobre madre. Ojalá ella no lo sepa nunca. ¿Pero qué podía esperarse de alguien nacido en América y de padre norteño? Toleramos todo eso y además volvimos a recibirlo.

Sigue dirigiéndose por encima de mí a los muchachos de la banca.

Va a trabajar en Easons, a trabajar para esa manada de masones y protestantes allá arriba en Dublín. La oficina de correos le queda chica pero está listo y preparado para repartir toda clase de revistas inglesas indecentes por todo Limerick. Cada vez que toque una revista cometerá un pecado mortal. Pero él se va, sí señor, y es una fecha triste para su pobre madre que rezaba para tener un hijo jubilado que la cuidara en sus días postreros. Toma pues, agarra tu salario y piérdete de nuestra vista.

La señorita Barry dice. Es un mal chico, ¿verdad, muchachos?

Sí, señorita Barry.

Yo no sé qué decir. No sé qué hice de malo. ¿Debo pedir disculpas? ¿Despedirme?

Pongo la banda de cuero y la bolsa en el escritorio de la señora O'Connell. Me mira furiosa. Ándate. Vete a tu trabajo en Easons. Déjanos. Que pase el siguiente por los telegramas.

Ellos siguen con su trabajo y yo bajo las escaleras hacia la siguiente etapa de mi vida.

XVII ◈

NO SÉ POR QUÉ la señora O'Connell tenía que humillarme delante
de todo el mundo, y no creo que la oficina de correos no esté a mi
altura ni nada de eso. ¿Cómo iba a creerlo, con el pelo erizado, la
cara llena de barros, los ojos rojos y supurando amarillo, los dientes
cayéndoseme de podridos, sin espaldas, sin carne en el culo después
de pedalear trece mil millas repartiendo veinte mil telegramas en
todas las puertas de Limerick y regiones aledañas?

La señora O'Connell dijo hace tiempo que ella sabía todo acerca
de cada repartidor de telegramas. Debe de saber lo de las veces que
me manipulé en la cima de Carrigogunnell, con las ordeñadoras
aterradas y los niñitos divisándome.

Debe de saber lo de Teresa Carmody y el sofá verde, cómo la
puse en estado de pecado y la mandé al infierno, el peor pecado de
todos, mil veces peor que lo de Carrigogunnell. Debe de saber que
no me confesé después de lo de Teresa, que yo también estoy condenado al infierno.

Una persona que comete semejante pecado jamás será demasiado buena para la oficina de correos ni nada de eso.

El cantinero de la taberna de South se acuerda de mí desde los
tiempos en que yo me sentaba allá con míster Hannon, Bill Galvin y
el tío Pa Keating, negro blanco negro. Se acuerda de mi padre, de
cómo se gastaba el salario y el subsidio mientras cantaba canciones
patrióticas y pronunciaba arengas como un rebelde condenado en
el banquillo.

¿Y qué vas a tomar?, pregunta el cantinero.

Vine a encontrarme con mi tío Pa Keating para beberme la primera pinta.

Oh, por Dios, ¿de veras? Llegará aquí de un momento a otro y no hay razón para no ir sirviéndole su pinta y puede ser que la primera tuya, ¿no es así?

Sí, señor.

El tío Pa entra y me dice que me siente con él contra la pared. El cantinero trae las pintas. El tío Pa le paga, alza el vaso, les dice a los presentes: Este es mi sobrino, Frankie McCourt, hijo de Ángela Sheehan, la hermana de mi esposa, que va a tomarse su primera pinta, salud y larga vida, Frankie, que vivas para disfrutar la pinta pero no demasiado.

Los hombres alzan sus pintas, hacen una inclinación de cabeza, beben un sorbo y les quedan rayas espumosas en los labios y el bigote. Yo me tomo un buen trago de la mía y el tío Pa me dice: Con calma, por el amor de Cristo, no te la bebas toda, hay más de eso de donde la sacaron siempre y cuando la familia Guinness se mantenga sana y fuerte.

Le digo que quiero invitarlo a una pinta con mi último salario de la oficina de correos pero él me dice: No, llévale ese dinero a tu madre y más bien me invitas a una pinta cuando vuelvas de América colorado de lo próspero y del calor de una tremenda rubia colgada de tu brazo.

Los hombres de la taberna hablan de lo terrible que está el mundo y de cómo en el nombre de Dios Hermann Goering se le escapó al verdugo una hora antes de la ejecución. Los yanquis están allá en Nuremberg declarando que no saben cómo ese nazi bastardo escondió la pastilla. ¿Sería en el oído? ¿Nariz arriba? ¿Culo arriba? Seguramente los yanquis requisaron hasta el último poro de todos los nazis que capturaron y así y todo Hermann los dejó viendo chispas. Ahí tienes. Eso demuestra que es posible cruzar el Atlántico, desembarcar en Normandía, bombardear Alemania hasta borrarla de la faz de la tierra, pero a la hora de ajustar cuentas no pueden encontrar una pastillita oculta en los confines del culo fofo de Goering.

El tío Pa me invita a otra pinta. Me cuesta más tomármela porque me llena y me infla el estómago. Los hombres hablan de los campos de concentración y de los pobres judíos que jamás le hicieron daño a nadie, hornos repletos de hombres, mujeres y niños, niños, fíjate, que ningún mal podían hacer, zapaticos regados por todas partes, hasta el techo, y la taberna está borrosa y las voces van subiendo de tono y se apagan por turnos. El tío Pa dice: ¿Estás bien? Estás más blanco que una sábana. Me lleva al retrete y los dos nos pegamos una buena meada contra la pared que no deja de moverse para adelante y para atrás. No soy capaz de entrar a la taberna, humo de cigarrillo, cerveza derramada, el culo fofo de Goering, zapaticos regados, no puedo entrar, buenas noches, tío Pa, gracias, y él me dice que vaya derecho a casa con mi madre, derecho a casa, él no sabe lo de la emoción en el desván o lo de la emoción en el sofá verde ni que estoy tan condenado que si me muriera ahora mismo estaría en el infierno en un abrir y cerrar de ojos.

El tío Pa vuelve con su pinta. Yo salgo por la calle O'Connell y ya que estoy ahí por qué no dar los pocos pasos hasta donde los jesuitas para contarles mis pecados esta última noche de mis quince años. Toco el timbre de la casa de los religiosos y un hombre grande abre la puerta: ¿Sí? Le digo: Quiero confesarme, padre. Él dice: Yo no soy sacerdote. No me llames padre, Llámame hermano.

Está bien, hermano. Quiero confesarme antes de cumplir dieciséis años mañana. Estado de gracia en mi cumpleaños.

Él dice: Márchate. Estás borracho. Mírate, un niño como tú borracho como un lord y tocando el timbre para llamar a un padre a estas horas. Márchate o llamo a los guardias.

Ah, no. Ah, no. Lo único que quiero es confesarme. Estoy condenado.

Estás borracho y no vienes en un correcto espíritu de arrepentimiento.

Me cierra la puerta en las narices. Otra puerta que me cierran en las narices, pero mañana cumplo dieciséis años así que vuelvo a tocar el timbre. El hermano abre la puerta, me da media vuelta, me pega un puntapié en el culo y me manda dando tumbos por las escaleras.

Dice: Si vuelves a tocar ese timbre te parto la mano.

No se supone que los hermanos jesuitas hablen así. Se supone que deben parecerse a Nuestro Señor y no andar por el mundo amenazando las manos de la gente.

Estoy mareado. Iré a casa a acostarme. Me agarro de las verjas a lo largo de la calle Barrington y bajo por el callejón pegado a la pared. Mamá está junto a la chimenea fumándose un Woodbine y mis hermanos están acostados arriba. Me dice: Bonito estado para llegar a casa.

Me da trabajo hablar pero le cuento que me tomé mi primera pinta con el tío Pa. No hubo padre que me brindara la primera pinta.

Tú tío Pa no debería obrar así.

Me bamboleo hasta la silla y ella dice: Igualito a tu padre.

Trato de controlar los movimientos de mi lengua en la boca. Prefiero, prefier... prefiero ser igualito a mi padre que a Laman Griffin.

Ella me da la espalda y se pone a mirar las brasas pero yo no la dejo en paz porque ya me bebí mi pinta, dos pintas, y mañana cumplo dieciséis años y voy a ser un hombre.

¿Me oíste? Prefiero ser igualito a mi padre que a Laman Griffin.

Ella se pone de pie y me enfrenta: Cuida la lengua, dice.

Cuida tú la puta lengua.

No me hables así. Soy tu madre.

Te hablo como me dé la gana.

Tienes la boca de un mensajero.

¿Sí? ¿Sí? Bueno, prefiero ser un mensajero que alguien de la laya de Laman Griffin ese viejo borracho mocoso en ese desván y la gente subiéndose allá arriba con él.

Ella me deja ahí plantado y yo la sigo al piso de arriba hasta el cuartico. Se da la vuelta: Déjame en paz, déjame en paz, y yo sigo gritándole Laman Griffin, Laman Griffin, hasta que me da un empujón: Sal de este cuarto, y yo le doy un bofetón en la mejilla que le hace saltar las lágrimas y ella hace un ruidito como de lloriqueo: No creas que volverás a hacer eso jamás, y yo retrocedo porque hay un pecado nuevo en mi larga lista y me avergüenzo de mí mismo.

Me tumbo en la cama con ropa y todo y me despierto en medio de la noche vomitándome en la almohada, los hermanos quejándose del hedor, diciéndome que limpie eso, que soy una desgracia. Oigo llorar a mamá y quisiera decirle que lo siento pero no hay motivo después de lo que ella hizo con Laman Griffin.

Por la mañana mis hermanos están ya en la escuela, Malachy ha salido a buscar trabajo, mamá está haciendo el té en la chimenea. Pongo mi último salario en la mesa del lado y doy un paso para irme. Me pregunta: ¿Quieres un té?

No.

Es tu cumpleaños.

No me importa.

Me grita cuando voy callejón arriba: Debes echarte algo al estómago, pero le doy la espalda y doblo la esquina sin responderle. Todavía quiero decirle que lo siento pero si lo hago voy a querer decirle que todo es culpa de ella, que no se debería haber trepado al desván aquella noche y que de todos modos me importa el pedo de un violinista porque sigo escribiendo cartas amenazantes para la señora Finucane y estoy ahorrando para irme a América.

Tengo libre todo el día antes de ir a escribir las cartas de amenaza donde la señora Finucane y vagabundeo por la calle Henry hasta que la lluvia me hace entrar a la iglesia de los franciscanos donde está san Francisco con sus aves y sus corderos. Lo miro y me pregunto para qué le habré rezado. No, no le he rezado, le he rogado.

Le rogué para que intercediera por Teresa Carmody pero él nunca hizo nada, se quedó ahí en su pedestal con esa sonrisita, las aves, los corderos, y no le importamos el pedo de un violinista ni Teresa ni yo.

No tengo más que ver contigo, san Francisco. Me voy. Francis. No sé por qué se les ocurrió ponerme así. Me iría mejor si me llamara Malachy, el uno un rey, el otro un santo. ¿Por qué no sanaste a Teresa? ¿Por que la dejaste ir al infierno? Dejaste que mi madre se subiera al desván. Me dejaste caer en un estado de condenación. Zapaticos de niño regados en los campos de concentración. Otra vez tengo un absceso. Está en mi pecho y además tengo hambre.

San Francisco no ayuda, no detiene las lágrimas que se me derraman por los ojos, los sollozos y los hipos y los Dios ay Dioses que me hincan de rodillas con la cabeza recostada en la banca de adelante y estoy tan débil del hambre y de llorar que podría caer desmayado en el suelo y por favor ayúdame Dios o san Francisco porque hoy cumplo dieciséis años y le pegué a mi madre y mandé a Teresa al infierno y me hice la paja sobre todo Limerick y campos aledaños y tengo miedo de la rueda de molino atada al cuello.

Hay un brazo rodeándome los hombros, un hábito marrón, un chasquido de cuentas de rosario, un padre franciscano.

Hijo mío, hijo mío, mi niño.

Soy un niño y me aprieto contra él, el pequeño Frankie en las rodillas de su padre, háblame de Cuchulain, papá, el cuento mío que no puede ser de Malachy ni de Freddie Leibowitz en los columpios.

Hijo mío, siéntate acá conmigo. Cuéntame qué te aflige. Pero sólo si quieres. Soy el padre Gregory.

Hoy cumplo dieciséis años, padre.

Qué bien, qué bien, ¿y eso por qué habría de afligirte?

Anoche me tomé mi primera pinta.

¿Y?

Le pegué a mi madre.

Dios nos ampare, hijo mío. Pero Él te perdonará. ¿Hay algo más?

No le puedo contar, padre.

¿Quisieras confesarte?

No puedo, padre. Hice cosas horribles.

Dios perdona a todos los que se arrepienten. Envió a Su Hijo único y amado a que muriera por nosotros.

No le puedo contar, padre. No puedo.

Pero podrías contárselo a san Francisco, ¿no?

Él ya no me ayuda.

Pero tú lo quieres a él, ¿no?

Sí. Yo me llamo Francis.

Entonces cuéntaselo a él. Nos sentamos aquí y tú le cuentas a él las cosas que te afligen. Si yo te escucho será para prestarle un par de oídos a san Francisco y a Nuestro Señor. ¿Te sirve así?

Le hablo a San Francisco y le cuento todo lo de Margaret, Oliver, Eugene, lo de mi padre que cantaba *Roddy McCorley* y no traía a casa ni un penique, lo de mi padre que no manda ni un penique de Inglaterra, lo de Teresa y el sofá verde, lo de mis pecados espantosos en Carrigogunnell, lo de por qué no pudieron colgar a Hermann Goering por lo que les hizo a los niñitos de los zapatos regados por los campos de concentración, lo del hermano cristiano que me cerró la puerta en las narices, lo de la vez cuando no me dejaron ser monaguillo, lo de mi hermanito Michael subiendo por el callejón con la suela floja chacoloteando en el asfalto, lo de mis ojos malos que me dan vergüenza, lo del hermano jesuita que me cerró la puerta en las narices, lo de las lágrimas en los ojos de mamá cuando le di la bofetada.

El padre Gregory dice: ¿Quisieras quedarte un momento en silencio, tal vez rezando?

Su hábito marrón me raspa la mejilla y huele a jabón. Él mira a san Francisco y al sagrario y agacha la cabeza y yo supongo que está hablando con Dios. Luego me dice que me arrodille, me da la absolución, me dice que rece tres avemarías, tres padrenuestros y tres glorias. Me dice que Dios me perdona y que yo debo perdonarme a mí mismo, que Dios me ama y que yo tengo que amarme porque sólo cuando amas a Dios en ti mismo puedes amar a las criaturas de Dios.

Pero quiero saber de Teresa Carmody en el infierno, padre.

No, hijo mío. Ella seguramente está en el cielo. Sufrió como las mártires de la antigüedad y esa es suficiente penitencia. Puedes estar seguro de que las hermanas del hospital no la dejaron morir sin un sacerdote.

¿Está seguro, padre?

Estoy seguro, hijo mío.

Me vuelve a bendecir, me pide que rece por él y yo troto feliz por las lluviosas calles de Limerick sabiendo que Teresa está en el cielo y ya no tiene tos.

Lunes por la mañana y amanece en la estación del tren. Hay pilas de periódicos y revistas en paquetes a lo largo del andén. Míster McCaffrey está ahí con otro muchacho, Willie Harold, cortando las cuerdas de los paquetes, contando, asentando totales en un libro. Los periódicos ingleses y el *Irish Times* tienen que ser repartidos temprano, las revistas más tarde en la mañana. Contamos los periódicos y les ponemos etiquetas para despacharlos a las agencias de la ciudad.

Míster McCaffrey conduce la camioneta y se queda al volante mientras Willie y yo corremos a las tiendas con los paquetes y recibimos los pedidos del día siguiente, y pone y quita del libro. Después de repartir los periódicos descargamos las revistas en la oficina y tenemos un descanso de cincuenta minutos para ir a casa a desayunar.

Al volver a la oficina encuentro a otros dos muchachos, Eamon y Peter, que están ya separando las revistas, contándolas y metiéndolas en las casillas de las agencias de prensa que hay a lo largo de la pared. Gerry Halvey reparte los pedidos pequeños en la bicicleta del mensajero, los grandes van en la camioneta. Míster McCaffrey me dice que me quede en la oficina aprendiendo a contar las revistas y a apuntar en el libro. Apenas míster McCaffrey sale Eamon y Peter abren un cajón donde esconden colillas de cigarrillos y las prenden. No pueden creer que yo no fume. Me preguntan si algo malo me pasa, algo en los ojos o la tisis tal vez. ¿Cómo puedes salir con una chica si no sabes fumar? Peter dice: ¿No quedarías como un completo idiota si fueras por la carretera con la chica y ella te pidiera un pito y tú dijeras que no fumas, no quedarías pues como un completo idiota? ¿Cómo ibas a meterla en un potrero para una tocadita? Eamon dice: Lo mismo dice mi padre de la gente que no bebe: no es confiable. Peter dice que si te encuentras con un hombre que no bebe ni fuma ese es un tipo que ni siquiera está interesado en las mujeres y que habría que taparse el ojo del culo con la mano, que eso es lo que habría que hacer.

Se ríen y eso los hace toser y mientras más se ríen más tosen hasta que se agarran el uno del otro y se dan palmadas en la espalda y se limpian las lágrimas de la cara. Cuando se les pasa el ataque buscamos revistas inglesas y americanas y nos ponemos a mirar avisos de ropa interior femenina, brasieres y bragas y medias largas de nailon. Eamon está viendo una revista americana llamada *See* con fotos de chicas japonesas que mantienen contentos a los soldados allá tan lejos del hogar y Eamon dice que tiene que ir al retrete y cuando va Peter me hace un guiño: Ya sabes que está haciendo ahí, ¿no?, y a veces míster McCaffrey se pone furibundo cuando alguien se demora en el retrete manipulándose y perdiendo un tiempo precioso por el que le pagan en Easons y más encima poniendo sus almas inmortales en peligro. No es que míster McCaffrey vaya a decir de una: Deja esa paja, porque no se puede acusar a alguien de un pecado mortal si no hay pruebas. A veces se va a husmear al retrete después de que alguien sale. Entonces él también sale con esa mirada de amenaza y nos dice: Está prohibido mirar esas revistas indecentes del extranjero. Deben contarlas y ponerlas en las cajas y eso es todo.

Eamon sale del retrete y Peter entra con una revista americana, *Collier's*, que trae fotos de muchachas en un concurso de belleza. Eamon dice: ¿Sabes qué está haciendo ahí? Haciéndosela. Entra ahí cinco veces al día. Cada vez que llega una revista americana con ropa interior de mujer él se mete ahí. No para de hacérsela. Saca revistas prestadas sin que McCaffrey se dé cuenta y sabrá Dios qué se hace él y qué les hace a las revistas toda la noche. Si se muriera ahí dentro las fauces del infierno se abrirían.

A mí también me gustaría entrar al retrete cuando Peter sale pero no quiero que digan: Ahí va, nuevo, el primer día de trabajo y ya se la está haciendo. No prende un pito no pero se la restriega como un cabrón.

Míster McCaffrey vuelve de hacer entregas en la camioneta y pregunta por qué no están contadas, empaquetadas y listas todas las revistas. Peter le dice: Estábamos ocupados enseñándole al muchacho nuevo, McCourt. Dios nos ampare y favorezca, estuvo un poco lento con esos ojos malos, mire, pero le insistimos y ya se va poniendo más rápido.

Gerry Halvey, el mensajero, va a faltar una semana porque tiene derecho a unas vacaciones y quiere pasar un tiempo con su novia, Rose, que viene de regreso de Inglaterra. Como yo soy nuevo acá tendré que hacer de mensajero mientras él no está, pedaleando por todo Limerick en esa bicicleta con una gran canastilla de metal en el manubrio. Él me enseña a equilibrar los periódicos y las revistas para que la bicicleta no se vaya a volcar conmigo en el sillín y me atropelle un camión que pase por ahí y me deje como un filete de salmón en el asfalto. Él vio una vez a un soldado que lo arrolló un camión del ejército y así se veía, como salmón.

Gerry va a llevar el último despacho al kiosco de Easons en la estación del tren el sábado al mediodía y eso nos queda muy a mano porque yo puedo ir allá a que me entregue la bicicleta y él puede encontrarse con Rose que llega a esas horas. Nos ponemos a esperar a la salida y él me cuenta que hace un año que no ve a Rose. Ella está allá trabajando en una taberna de Bristol y esa parte a él no le gusta nada porque los ingleses se mantienen sobando a las muchachas irlandesas, metiéndoles las manos falda arriba y cosas peores, y a las irlandesas les da miedo decir algo por no perder el trabajo. Todo el mundo sabe que las irlandesas se mantienen puras especialmente las muchachas de Limerick mundialmente famosas por su pureza que tienen un hombre a quien regresar como el propio Gerry Halvey. Él sabrá distinguir si ella le fue fiel por su forma de andar. Si una muchacha vuelve después de un año con cierto modo de andar distinto del que tenía al partir entonces tú sabes que no estuvo metida en nada bueno con los ingleses bastardos indecentes y cachondos que son ellos.

El tren entra silbando en la estación y Gerry saluda con la mano y señala a Rose que viene hacia nosotros desde el otro extremo del andén, Rose que sonríe con sus dientes blancos y muy bonita con su vestido verde. Gerry baja la mano y murmura en voz baja: Mira cómo camina, perra, puta, trotacalles, saltabanderas, zorra, y sale corriendo de la estación. Rose se me arrima: ¿No era Gerry Halvey el que estaba contigo?

Sí.

¿Qué se hizo?

Se fue.

Sé que se fue. ¿Adónde?

No sé. No me lo dijo. Se fue así no más.

¿No dijo nada?

No oí que dijera nada.

¿Trabajas con él?

Sí. Vine a recoger la bicicleta.

¿Qué bicicleta?

La de los mensajeros.

¿Trabaja en una bicicleta de mensajero?

Sí.

Él me había dicho que trabajaba en las oficinas de Easons, de empleado, en un trabajo interno.

Estoy desesperado. No quiero hacer que Gerry Halvey pase por mentiroso, meterlo en problemas con la linda Rose. Nos turnamos en la bicicleta de los mensajeros. Una hora en la oficina, una en la bicicleta. El gerente dice que es bueno salir al aire libre.

Bueno, yo me voy a mi casa a dejar la maleta y después lo buscaré en su casa. Creía que él me iba a ayudar a llevarla.

Yo tengo acá la cicla y usted puede poner la maleta en la canastilla y la acompaño caminando hasta la casa.

Caminamos hasta su casa en la calle Carey y ella me cuenta que está muy entusiasmada con Gerry. Ahorró en Inglaterra y ahora quiere volver con él y casarse aunque él sólo tiene diecinueve años y ella diecisiete. Pero qué importa si estás enamorada. Viví como una monja en Inglaterra y soñaba con él todas las noches y muchas gracias por cargarme la maleta.

Voy a montarme a la bicicleta para regresar a Easons cuando Gerry se me aparece por detrás. Tiene la cara roja y bufa como un toro. ¿Qué hacías con mi chica, pedazo de mierda? ¿Eh? ¿Qué? Te mato si llego a descubrir que le hiciste algo a mi chica.

No hice nada. Le traje la maleta porque era muy pesada.

No vuelvas ni a mirarla porque te mato.

No, Gerry. No quiero ni mirarla.

Ah, ¿de veras? ¿Es fea o qué?

No, no, Gerry, es que es tuya y te quiere.

¿Cómo lo sabes?

Ella me lo dijo.

¿Sí?

Sí, te lo juro por Dios.

Jesús.

Golpea en la puerta: Rose, Rose, ¿estás ahí? y ella sale: Claro que estoy, y yo me marcho en la bicicleta de mensajero con el aviso que dice Easons y pienso en cómo estará besándola y en las cosas horribles que dijo de ella en la estación y me pregunto por qué le diría Peter a míster McCaffrey esa mentira descarada sobre lo de mis ojos en la oficina siendo que él y Eamon pasaron todo el tiempo mirando chicas en ropa interior y haciéndosela después en el retrete.

Míster McCaffrey anda furioso en la oficina. ¿Dónde estabas? Gran Dios de las alturas, ¿te toma todo un día venir en bicicleta desde la estación? Tenemos una emergencia aquí y deberíamos contar con Halvey pero él está en esas jodidas vacaciones, Dios me perdone la palabra, y vas a tener que pedalear lo más rápido que puedas, buena cosa que hayas sido repartidor de telegramas y te conozcas cada rincón de Limerick, para ir a todas las tiendas que sean clientes nuestras y entrar derecho y echarle mano a todos los números que veas del *John O'London's Weekly* y arrancarle la página dieciséis y si alguien te pone trabas dile que son órdenes del gobierno y que ellos no se pueden meter en los asuntos del gobierno y que si te ponen un dedo encima estarán sujetos a detención y cárcel y a una multa inmensa y ahora lárgate por el amor de Dios y trae todas las páginas dieciséis que arranques para poder quemarlas aquí en la chimenea.

¿A todas las tiendas, míster McCaffrey?

Yo voy a ir a las grandes, tú a las pequeñas de aquí a Ballinacurra y por la calle Ennis hasta más allá, Dios nos ampare y favorezca. Anda, vete.

Voy a montarme a la bicicleta cuando Eamon baja corriendo las escaleras. Hey, McCourt, espera. Escucha. No le entregues todas las páginas cuando vuelvas.

¿Por qué?

Podemos venderlas, yo y Peter.

¿Por qué?

Son sobre control natal y eso está prohibido en Irlanda.

¿Qué es control natal?

Ay, Cristo en las alturas, ¿es que no sabes nada? Son condones, ya sabes, cauchos, cartas francesas, cosas de esas que no dejan que las muchachas queden palo arriba.

¿Palo arriba?

Preñadas. Dieciséis años y eres un completo ignorante. Corre y échale mano a esas páginas antes de que todo el mundo vuele a comprar el *John O'London's Weekly*.

Voy a dar el primer pedalazo cuando míster McCaffrey baja corriendo la escalera. Aguarda, McCourt, vamos en la camioneta. Eamon, ven con nosotros.

¿Y Peter?

Déjalo. De todos modos terminará con una revista en el retrete.

Míster McCaffrey habla solo en la camioneta. Maldito señorón cómo-le-va, llamar desde Dublín un lindo sábado para mandarnos a dar vueltas por todo Limerick arrancando páginas de una revista inglesa cuando podía estar en casa con una taza de té y un buen pastel leyendo *The Irish Press* con los pies en una banqueta debajo del Sagrado Corazón, maldito señorón cómo-le-va de arriba abajo.

Míster McCaffrey entra corriendo a todas las tiendas con nosotros detrás. Coge las revistas, nos pasa varias a cada uno y nos dice que empecemos a rasgar. Las dueñas de las tiendas le gritan: ¿Qué está haciendo? Jesús, María y venerado San José, ¿se ha vuelto completamente loco? Vuelva a poner esas revistas donde estaban o llamo a los guardias.

Míster McCaffrey les dice: Órdenes del gobierno, señora. Hay indecencias en el *John O'London's Weekly* de esta semana nada apropiadas para los ojos irlandeses y aquí estamos para hacer el trabajo de Dios.

¿Qué indecencias? ¿Qué indecencias? Muéstremelas antes de mutilar esas revistas. No le voy a pagar a Easons esas revistas, no señor.

Eso nos trae sin cuidado en Easons, señora. Preferimos perder grandes sumas a corromper a la gente de Limerick e Irlanda con estas porquerías.

¿Qué porquerías?

No le puedo decir. Vamos, muchachos.

Arrojamos las páginas al piso de la camioneta y mientras míster McCaffrey discute en una tienda nos metemos algunas bajo la camisa. Atrás hay revistas viejas y las rasgamos y revolvemos para que míster McCaffrey crea que son páginas dieciséis del *John O'London*.

El mayor cliente de la revista, míster Hutchinson, le dice a míster McCaffrey que se largue al infierno si no quiere que le saque los sesos, que se aleje de esas revistas, y cuando míster McCaffrey sigue arrancando páginas míster Hutchinson lo arroja a la calle mientras míster McCaffrey chilla que este es un país católico y que así míster Hutchinson sea protestante eso no le da derecho a vender indecencias en la ciudad más santa de Irlanda. Míster Hutchinson dice: Bésame el culo, y míster McCaffrey dice: ¿Lo ven, muchachos? ¿Ven qué sucede con alguien que no es miembro de la verdadera Iglesia?

En algunas tiendas dicen que ya vendieron los ejemplares del

John O'London y míster McCaffrey dice: Ay, Madre de Dios, ¿qué será de nosotros? ¿A quién se las vendió?

Exige los nombres y direcciones de los clientes que corren el peligro de perder sus almas inmortales por leer artículos sobre control natal. Piensa ir a sus casas a arrancar la página indecente pero los tenderos le dicen: Es sábado, McCaffrey, y ya está anocheciendo ¿y usted más bien por qué no se hace una bien buena?

De regreso a la oficina Eamon me cuchichea en la parte de atrás de la camioneta: Yo tengo veintiún páginas. ¿Cuántas tienes tú? Le digo que catorce pero tengo más de cuarenta y no se lo voy a decir porque no tienes que contarle la verdad a las personas que mienten sobre tus ojos malos. Míster McCaffrey nos dice que subamos las páginas a la oficina. Recogemos todo lo que hay en el piso y desde su escritorio al otro lado de la oficina él llama muy contento a Dublín para contarles que allanó las tiendas como un vengador de Dios y salvó a Limerick de los horrores del control natal mientras mira bailar entre las llamas unas páginas que no tenían nada que ver con el *John O'London's Weekly*.

El lunes por la mañana pedaleo por las calles de Limerick repartiendo revistas y la gente ve el aviso de Easons en la canastilla y me detienen a ver si por casualidad podrían conseguir un ejemplar del *John O'London's Weekly*. Toda es gente con cara de ricos, algunos van en sus automóviles, hombres de sombrero, saco y corbata y dos estilográficas en el bolsillo, mujeres de sombrero y pieles que les cuelgan en los hombros, gente que toma el té en el Savoy o en el Stella y estira el dedito meñique para mostrar lo educados que son y que ahora quiere ver esa página sobre el control natal.

Eamon me había dicho más temprano: No vendas la maldita página por menos de cinco chelines. Le pregunté si estaba bromeando. No, no lo estaba. Todos en Limerick hablan de esa página y se mueren por echarle mano.

Cinco chelines o no hay trato, Frankie. Si son ricos cóbrales más pero eso es lo que yo estoy cobrando así que no vayas por ahí en la bicicleta quebrándome a punta de precios bajos. Habrá que darle algo a Peter si no queremos que vaya donde McCaffrey y suelte la lengua.

Hay gente dispuesta a pagar siete chelines y seis peniques y a los dos días soy un rico con más de diez libras en el bolsillo menos una para Peter el sapo, que nos hubiera delatado con míster McCaffrey. Coloco diez libras en la oficina de correos para el pasaje a América y esa noche nos damos una gran cena de jamón, tomates, pan, mantequilla, mermelada. Mamá pregunta si me gané la lotería y yo le digo que la gente me da propinas. Ella no está contenta de que yo sea mensajero porque eso es lo más bajo que se puede estar en Limerick pero si eso paga jamón como este deberíamos prender una vela en agradecimiento. Ella no sabe que el dinero para mi pasaje está creciendo en la oficina de correos y se moriría si supiera que me lo gano escribiendo cartas amenazantes.

Malachy tiene un nuevo empleo en el depósito de un taller entregando repuestos a los mecánicos y hasta mamá está cuidando todos los días a un anciano, míster Sliney, allá en la Circular del Sur mientras sus dos hijas están afuera en el trabajo. Me dice que si voy a repartir algún periódico por allá me pase por la casa por un té y un sándwich. Las hijas no se van a dar cuenta y al viejo no le importa porque está medio inconsciente casi todo el tiempo agotado después de todos esos años con el ejército inglés en la India.

Ella se ve tranquila en la cocina de esa casa con su delantal inmaculado, todo muy limpio y bruñido a su alrededor, flores que cabecean afuera en el jardín, pájaros que cantan, música de la Radio Eireana en el aparato. Se sienta a la mesa con una tetera, tazas y platos, montones de pan y mantequilla, toda clase de carnes frías. Puedo hacerme el sándwich que quiera pero lo único que conozco son el jamón y las menudencias prensadas. Ella no tiene menudencias porque esa es la clase de cosa que la gente come en los callejones y no en las casas de la Circular del Sur. Dice que los ricos no comen menudencias porque son las barreduras que quedan en el suelo y en los mostradores en las fábricas de embutidos y uno nunca sabe qué está comprando. Los ricos son muy escrupulosos con lo que ponen entre dos rebanadas de pan. Allá en América le dicen queso de cabeza a las menudencias y ella no sabe por qué.

Me da un sándwich de jamón con jugosas rodajas de tomate y té en una taza con angelitos rosados voladores que vuelan y que les disparan flechas a otros angelitos que vuelan pero que son azules y me pregunto por qué no pueden hacer tazas de té y orinales sin toda clase de ángeles y doncellas retozando en el prado. Mamá dice que así son los ricos, les encanta el detalle y el adorno y a nosotros también nos gustaría si tuviéramos con qué. Daría los ojos por tener una casa como esa con flores y pájaros afuera en el jardín y un radio que toque ese lindo *Concierto de Varsovia* o el *Sueño de Olwyn* y una infinidad de tazas y platos con angelitos disparando flechas.

Dice que tiene que ir a echarle un vistazo a míster Sliney porque está tan viejo y tan reblandecido que se le olvida pedir el orinal.

¿El orinal? ¿Le tienes que vaciar el orinal?

Claro que sí.

Nos quedamos callados porque creo que nos acordamos de la causa de todas nuestras cuitas, el orinal de Laman Griffin. Pero eso fue hace mucho tiempo y ahora se trata del orinal de míster Sliney, que no tiene nada de malo porque a ella le pagan por eso y él es inofensivo. Cuando vuelve me dice que míster Sliney quiere conocerme, así que vamos mientras está despierto.

Está acostado en una cama en la sala del frente, la ventana está cubierta con una sábana negra, no hay un rayo de luz. Le dice a mi madre: Levánteme un poquito, señora, y quite esa maldita cosa de la ventana a ver si veo al chico.

Tiene el pelo blanco y le cae hasta los hombros. Mamá me susurra que no se lo deja cortar de nadie. Él me dice: Tengo mi propia dentadura, hijo. ¿Puedes creerlo? ¿Tienes tu propia dentadura, hijo?

Sí, míster Sliney.

Ah. Viví en la India, ¿sabes? Yo y Timoney en la misma calle. Había un poco de gente de Limerick en la India. ¿Conoces a Timoney, hijo?

Lo conocí, míster Sliney.

Ya murió, ¿sabes? El pobre pillo se quedó ciego. Yo tengo mi vista. Tengo mis dientes. No pierdas los dientes, hijo.

No, míster Sliney.

Me estoy cansando, hijo, pero quiero decirte una cosa. ¿Me escuchas?

Sí, míster Sliney.

¿Sí me escucha él, señora?

Oh, sí, míster Sliney.

Bueno. Ahora oye lo que quiero decirte. Inclínate para poder decírtelo al oído. Lo que quiero decirte es: jamás te fumes una pipa ajena.

Halvey se va para Inglaterra con Rose y yo me tengo que quedar de mensajero todo el invierno. Es un invierno muy frío, hielo por todas partes, y nunca sé cuando se me va a resbalar la bicicleta y yo voy a volar contra la calle o el filo de la acera, desparramando revistas y periódicos. En las tiendas se quejan con míster McCaffrey de que *The Irish Times* está llegando decorado con trocitos de hielo y mierda de perro y él nos dice en voz baja que así deberíamos repartirlo, siendo el pasquín protestante que es.

Todos los días después del trabajo me llevo un ejemplar del *Irish Times* y me lo leo para ver en qué consiste el peligro. Mamá dice que afortunadamente papá no está. Diría: ¿Fue para esto que lucharon y murieron los hombres de Irlanda, para que un hijo mío esté sentado ahí en la mesa de la cocina leyendo un periódico masón?

Hay cartas al director de gente de toda Irlanda que asegura haber oído el primer cuclillo del año y se entiende entre líneas que la gente se está diciendo mentirosa. Hay fotos y reportajes de bodas protestantes y las mujeres se ven siempre más bellas que las que conocemos en los callejones. Se nota que las mujeres protestantes tienen dientes perfectos aunque la Rose de Halvey tenía dientes perfectos.

Leo las revistas femeninas inglesas por los artículos de comida y las respuestas a las preguntas de mujeres. Eamon y Peter ponen acento de ingleses y remedan las revistas femeninas.

Peter dice: Querida señorita Hope: Estoy saliendo con un chico de Irlanda de apellido McCourt y él no me quita las manos de encima y me hurga el ombligo con la cosa y estoy loca y sin saber qué hacer. De usted, toda ansiosa, señora Lulu Smith, Yorkshire.

Eamon dice: Querida Lulu, si el tal McCourt es tan alto que le hurga el ombligo con la vara le sugiero se busque alguien más bajito que se la meta entre las piernas. Sin duda podrá encontrar a un bajito decente en Yorkshire.

Querida señorita Hope: Tengo trece años, soy morena y me está pasando una cosa horrible que no le puedo contar a nadie ni siquiera a mi madre. Me sale sangre cada mes usted sabe por dónde y tengo miedo de que me descubran. Señorita Agnes Tripple, Little Biddle-on-the-Twiddle, Devon.

Querida Agnes: Felicitaciones. Eres ya una mujer y te puedes hacer la permanente porque te está llegando la regla. No te dé miedo de la regla porque a todas las inglesas les da. Es un don de Dios para purificarnos para que podamos tener hijos más fuertes para el imperio, soldados que mantengan en su sitio a los irlandeses. En ciertas partes del mundo una mujer con la regla se considera impura pero nosotros los ingleses apreciamos la regla, ciertamente.

En la primavera contratan a un nuevo mensajero y yo regreso a la oficina. Eamon y Peter se van para Inglaterra. Peter está harto de Limerick, no hay chicas y hay que emprenderla con uno mismo, pajas, pajas y pajas, no hacemos nada más en Limerick. Como hay empleados nuevos yo subo de rango y el trabajo es más fácil porque soy muy rápido y cuando míster McCaffrey sale en la camioneta y he terminado con mi trabajo me pongo a leer revistas y periódicos ingleses, irlandeses y americanos. Sueño noche y día con América.

Malachy se va para Inglaterra a trabajar en un internado católico de niños ricos y camina por ahí muy alegre y sonriente como si fuera igual a cualquier alumno del colegio y todo el mundo sabe que cuando trabajas en un internado inglés debes agachar la cabeza y arrastrar los pies como todo buen criado irlandés. Lo despiden por ese modo de comportarse y Malachy les dice que le pueden besar su real culo irlandés y ellos dicen que esa es la clase de lenguaje obsceno y de comportamiento que era de esperarse. Consigue empleo en una fábrica de gas en Coventry arrojando paladas de carbón a los hornos como el tío Pa, arrojando carbón y esperando el día en que pueda largarse para América detrás de mí.

XVIII ◈

CUMPLO DIECISIETE, dieciocho, voy a cumplir diecinueve años trabajando en Easons, escribiendo cartas amenazantes para la señora Finucane, que dice que no va a durar mucho en este mundo y mientras más misas digan por su alma mejor se va a sentir. Pone dinero en sobres y me manda a las iglesias de la ciudad a tocar en las casas curales y entregar los sobres con la solicitud de misas. Quiere que todos los religiosos excepto los jesuitas recen por ella. Dice: No sirven para nada, mucha cabeza y cero corazón. Deberían poner eso encima de sus puertas en latín y no les voy a dar ni un penique porque cada penique que le das a los jesuitas va para un libro de lujo o una botella de vino.

Envía el dinero, espera que digan las misas algún día, pero no está segura y si no está segura para qué voy a ir yo repartiendo todo ese dinero a los curas cuando lo necesito para viajar a América y si me guardo unas cuantas libras para mí y las coloco en la oficina de correos quién va a notar la diferencia y si rezo una oración por la señora Finucane y enciendo velas por su alma cuando se muera Dios me va a escuchar aunque yo sea un pecador que hace mucho no se confiesa.

Dentro de un mes cumplo diecinueve años. Me faltan unas pocas libras para completar lo del pasaje y otra pocas en el bolsillo para mi desembarco en América.

La noche del viernes víspera de mi cumpleaños la señora Finucane me manda a comprarle el jerez. Cuando regreso está muerta en la silla, con los ojos muy abiertos y el bolso en el suelo muy abierto. No soy capaz de mirarla a ella pero le echo mano a un fajo de billetes. Diecisiete libras. Saco la llave del baúl de arriba. Me llevo cuarenta de las cien libras que hay en el baúl y también el libro de cuentas. Sumando esto a lo que tengo en la oficina de correos ya tengo con qué ir a América. De salida me llevo la botella de jerez para que no se desperdicie.

Me siento a la orilla del Shannon junto a los diques secos a tomarme el jerez de la señora Finucane. El nombre de la tía Aggie está en el libro de cuentas. Debe nueve libras. A lo mejor sea el dinero que se gastó en mi ropa hace ya tanto tiempo pero ya no tendrá que pagarlo porque arrojo el libro al río. Me apena no poder contarle nunca a la tía Aggie que le ahorré nueve libras. Me apena haberle escrito cartas amenazantes a los pobres de los callejones de Limerick, mi propia gente, pero el libro ya no existe, nadie sabrá ya cuánto debe y no van a tener que saldar cuentas. Ojalá les pudiera decir: Soy Robin Hood.

Otro sorbo de jerez. Guardaré una libra o dos para una misa por el alma de la señora Finucane. Su libro ya va río Shannon abajo rumbo al Atlántico y sé que pronto lo seguiré.

El hombre de la agencia de viajes O'Riordan dice que no me puede enviar por aire a América a menos que viaje primero a Londres, cosa que costaría una fortuna. Puede ponerme en un barco llamado el *Irish Oak*, que zarpará de Cork dentro de unas semanas. Dice: Nueve días de navegación, septiembre octubre, la mejor época del año, camarote privado, trece pasajeros, la mejor comida, unas vacacioncitas para ti y eso te costaría cincuenta y cinco libras, ¿las tienes?

Sí.

Le digo a mamá que parto dentro de unas semanas y se pone a llorar. Michael dice: ¿Nos vamos a ir todos algún día?

Claro.

Alphie dice: ¿Me vas a mandar un sombrero de vaquero y esa cosa que tiras y se devuelve donde uno?

Michael le dice que eso es un bumerán y que hay que ir hasta Australia para conseguirlo, de eso no hay en América.

Alphie dice que en América sí hay de eso sí señor y se ponen a discutir sobre América y Australia y los bumeranes hasta que mamá dice: Por el amor de Cristo, su hermano nos va a dejar y ustedes ahí alegando por bumeranes. ¿Van a parar?

Mamá dice que tiene que hacerme una fiestecita la noche antes de que parta. En los viejos tiempos siempre había una fiesta cuando alguien iba a emigrar a América, que quedaba tan lejos que las fiestas se llamaban funerales americanos porque la familia no esperaba volver a ver en esta vida al que partía. Dice que es una lástima que Malachy no pueda venir desde Inglaterra pero que algún día todos vamos a estar juntos en América con la ayuda de Dios y de Su Santa Madre.

En mis días libres camino por Limerick y miro los lugares donde vivimos, la calle Windmill, la calle Hartstonge, el callejón de Roden, la carretera de Rosbrien, la calle Little Barrington, que en realidad es un callejón. Me quedo mirando la casa de Teresa Carmody hasta que su madre sale y dice: ¿Qué quiere? Me siento junto a las tumbas de Oliver y Eugene en el viejo cementerio de San Patricio y cruzo la calle para pasar al de San Lorenzo donde Teresa está enterrada. Dondequiera que voy oigo las voces de los muertos y me pregunto si te podrán seguir a través del Atlántico.

Quiero grabarme en la cabeza las vistas de Limerick por si acaso no vuelvo. Me siento en la iglesia de San José y en la de los redentoristas y me digo que hay que echarles una buena mirada porque tal vez no vuelva a verlas. Bajo por la calle Henry para despedirme de san Francisco aunque estoy seguro de que podré hablarle en América.

Ahora hay días en que no quiero ir a América. Quisiera ir a la agencia de viajes O'Riordan a retirar mis cincuenta y cinco libras. Podría esperar a cumplir los veintiún años y a que Malachy pudiera acompañarme para conocer al menos a una persona en Nueva York. Siento cosas raras y a veces cuando estoy junto a la chimenea con mamá y mis hermanos siento venir las lágrimas y me da vergüenza ser tan débil. Al principio mamá se ríe y me dice: Tienes la vejiga debajo del ojo, pero entonces Michael dice: Vamos a ir a América, papá va a estar allá, Malachy va a estar allá y vamos a estar todos juntos, y a ella también se le vienen las lágrimas y nos quedamos ahí, los cuatro, llorando como idiotas.

Mamá dice que esta es la primera fiesta que nos damos en la vida y que es de lo más triste celebrarla cuando los hijos se te están yendo uno a uno, Malachy a Inglaterra, Frank a América. Ahorra unos chelines de su salario por cuidar a míster Sliney para comprar jamón, menudencias, queso, limonada y unas botellas de amarga. El tío Pa Keating trae más amarga, whisky y un poco de jerez para el estómago delicado de la tía Aggie y ella trae una torta repleta de pasas y grosellas horneada por ella misma. El Abad trae seis botellas de amarga y dice: Está bien, Frankie, puedes beber con tal de que me dejes una botella o dos que me ayuden a cantar mi canción.

Canta primero *The Road to Rasheen*. Luego sostiene la cerveza, cierra los ojos y suelta un canto en un chillido agudo. La letra no tiene sentido y todos nos extrañamos de que le salgan lágrimas por los ojos cerrados. Alphie me cuchichea: ¿Por qué llora por una canción sin sentido?

No lo sé.

El Abad termina la canción, abre los ojos, se enjuaga las lágrimas y nos dice que esa era una canción triste sobre un muchacho que partió para América y los gángsteres le dispararon y se murió antes de que pudiera venir un sacerdote y me dice que no me deje disparar si no hay un sacerdote por ahí.

El tío Pa dice que es la canción más triste que ha oído en la vida y que si habrá posibilidad de oír algo más alegre. Le pide una a mamá y ella dice: Ah, no, Pa, que me quedo sin aire.

Vamos, Ángela, vamos. Échate una, una sola no más.

Está bien. Voy a tratar.

Todos nos unimos al coro de su triste canción:

El amor de la madre es una bendición
sin importar dónde te encuentres.

Cuida de ella mientras la tengas viva
que la vas a extrañar cuando ya no esté.[1]

El tío Pa dice que cada canción es peor que la anterior y que estamos convirtiendo la noche en un funeral completo, que si habrá alguna posibilidad de que alguien cante una canción que alegre la función o si no la tristeza va a obligarlo a beber.

Ay, Dios, dice la tía Aggie, se me olvidaba. La luna está teniendo un eclipse afuera en este instante.

Salimos al callejón a ver desaparecer la luna tras una sombra negra redonda. El tío Pa dice: Es muy buen signo para tu ida a América, Frankie.

No, dice la tía Aggie, es un mal signo. Leí en el periódico que la luna está practicando para el fin del mundo.

El fin del mundo, el culo, dice el tío Pa. Es el principio para Frankie McCourt. Volverá en unos años estrenando vestido y con grasa en los huesos como un buen yanqui y una linda muchacha de dientes blancos colgándole del brazo.

Mamá dice: Ah, no, Pa, ah, no, y la llevan adentro y la calman con una copa de jerez de España.

La tarde cae ya cuando el *Irish Oak* zarpa de Cork, pasa por Kinsale y el cabo Clear, y está de noche cuando se ven brillar las luces de Mizen Head, lo último de Irlanda que veré sabrá Dios por cuánto tiempo.

Seguro que debí haberme quedado, haberme presentado al examen de la oficina de correos, haber subido en esta vida. Podría haber recogido lo suficiente para mandar a Michael y Alphie a la escuela con zapatos decentes y la barriga llena. Podríamos habernos mudado del callejón a una calle o incluso a una avenida de casas

---

1 *A mother's love is a blessing / No matter where you roam. / Keep her while you have her, / You'll miss her when she's gone.*

con jardines. Debí haberme presentado a ese examen y mamá no hubiera tenido que volver a vaciar los orinales de míster Sliney ni de nadie más.

Es demasiado tarde. Voy en el barco y allá se pierde Irlanda en las tinieblas de la noche y es una tontería estar parado en esta cubierta mirando atrás y pensando en mi familia y en Limerick y en Malachy y mi padre en Inglaterra y es todavía más tonto oír canciones en la cabeza, Roddy McCorley se dispone a morir y mamá resollando Ay los días de los bailes de Kerry con el pobre míster Clohessy tosiendo ahí en la cama y ahora quiero a Irlanda de vuelta, por lo menos tenía a mamá y a mis hermanos y a la tía Aggie por mala que fuera y al tío Pa, que me brindó mi primera pinta, y tengo la vejiga debajo del ojo y ahí hay un religioso parado junto a mí en la cubierta y se le nota la curiosidad.

Es de Limerick pero tiene acento americano por los años que ha vivido en Los Ángeles. Sabe lo que es salir de Irlanda, a él también le pasó y nunca se sobrepuso. Vives en Los Ángeles con el sol y las palmeras día tras día y le pides a Dios que te conceda siquiera uno de esos días borrosos y lluviosos de Limerick.

El sacerdote se sienta al lado mío en la mesa del primer piloto, quien nos informa que las órdenes del barco han cambiado y que en vez de viajar a Nueva York vamos rumbo a Montreal.

A los tres día las órdenes han vuelto a cambiar. Vamos a Nueva York después de todo.

Tres pasajeros americanos se quejan: Malditos irlandeses. ¿Es que no pueden hacer nada al derecho?

En la víspera de atracar en Nueva York las órdenes vuelven a cambiar. Vamos a un sitio río Hudson arriba llamado Albany.

Los americanos dicen: ¿Albany? ¿Por qué demonios tuvimos que subirnos a una maldita tina irlandesa? Maldita sea.

El sacerdote me dice que no les haga caso. No todos los americanos son así.

Estoy en la cubierta en el amanecer del día en que arribamos a Nueva York. Estoy seguro de estar en una película, de que las luces se van a encender y voy a resultar en el cine Lyric. El sacerdote quiere señalarme cosas pero no hay necesidad. Puedo distinguir la Estatua de la Libertad, Ellis Island, el Empire State, el edificio de la Chrysler, el puente de Brooklyn. Miles de automóviles ruedan por las calles y el sol lo vuelve todo de oro. Los americanos ricos de sombrero de copa corbatín blanco y frac seguramente corren ahora a sus casas a acostarse con las espléndidas mujeres de dientes blancos. Los demás se dirigen al trabajo en sus tibias y cómodas oficinas y nadie tiene la más mínima preocupación en este mundo.

Los americanos están discutiendo con el capitán y un hombre que subió a bordo desde un remolcador. ¿Por qué no podemos desembarcar aquí? ¿Por qué tenemos que navegar todo el maldito trecho hasta la maldita Albany?

El hombre dice: Porque son pasajeros de la nave y el capitán es el capitán y no hay procedimientos para llevarlos a tierra.

Ah, ¿*yeah*? Bueno, pues este es un país libre y nosotros somos ciudadanos americanos.

¿De veras? Bueno, pues están en un barco irlandés con un capitán irlandés y van a hacer lo que él carajos les diga o pueden nadar hasta la costa.

Baja la escalerilla, el remolcador se aleja chapoteando y nosotros tomamos río Hudson arriba pasando por Manhattan, bajo el puente George Washington, frente a cientos de naves de transporte que hicieron su parte en la guerra, ahora ancladas y a punto de podrirse.

El capitán anuncia que la marea nos va a obligar a fondear por esa noche frente a un lugar llamado, el religioso me lo deletrea, Poughkeepsie. Me dice que ese es un nombre indio, y los americanos dicen maldita sea Poughkeepsie.

Por la noche un pequeño bote se arrima al barco y una voz irlandesa llama: Hola ahí, por Cristo, vi la bandera de Irlanda, sí señor. No podía creer lo que veían mis dos ojos. Hola ahí.

Convida al primer piloto a ir a tierra por un trago y que traiga un amigo y: Usted también, padre. Traiga un amigo.

El sacerdote me invita y con el primer piloto y el telegrafista bajamos una escalerilla hasta el bote. El hombre del bote nos dice que se llama Tim Boyle de Mayo Dios nos ampare y favorezca y que en buena hora atracamos allí porque hay una fiestecita y estamos todos invitados. Nos lleva a una casa con césped, una fuente y tres pájaros rosados parados en una sola pata. Hay cinco mujeres en un cuarto llamado la sala de estar. Las mujeres tienen el pelo tieso y faldas impecables. Tienen vasos en la mano y son muy amigables y sonríen con dientes perfectos. Una dice: Adelante, pasen. Justo a tiempo para la fiessta.

Fiessta. Así hablan ellas y me figuro que así hablaré yo dentro de unos años.

Tim Boyle nos dice que las chicas están aprovechando un poquito mientras sus esposos van a pasar la noche cazando venados, y una mujer, Betty, dice: *Yeah*. Compañeros de armas. Esa guerra se acabó hace ya casi cinco años pero ellos no se han podido acostumbrar así que matan animales todos los fines de semana y toman Rheingold hasta que ya no ven más. Maldita guerra, excúseme el lenguaje, padre.

El religioso me susurra: Son mujeres malas. No nos quedemos mucho rato aquí.

Las mujeres malas dicen: ¿Qué van a beber? Tenemos de todo. ¿Cómo te llamas, cariño?

Frank McCourt.

Bonito nombre. Así que tómate un traguito. Todos los irlandeses se toman sus traguitos. ¿Te gustaría una cerveza?

Sí, por favor.

Gee, tan educado. Me gustan los irlandeses. Mi abuela era medio irlandesa así que eso me hace medio ¿un cuarto? no sé. Me llamo Frieda. Aquí está tu cerveza, cariño.

El sacerdote está sentado en la punta de un sofá que ellas llaman tumbona y dos de las mujeres hablan con él. Betty le pregunta al primer piloto si quiere ver la casa y él dice: Claro, porque nosotros no tenemos casas de estas en Irlanda. Otra mujer le dice al telegrafista que debería ver lo que cultivan en el jardín, no podrías creer

tamañas flores. Frieda me pregunta si estoy okay y le digo que sí
pero que si no le molestaría mostrarme dónde queda el retrete.

¿El qué?

El retrete.

Ah, quieres decir el baño. Por aquí derecho, cariño, al final del
corredor.

Gracias.

Ella abre la puerta, enciende la luz, me besa en la mejilla y me
dice al oído que va a estar ahí afuera por si necesito algo.

Suelto el chorro en la taza del inodoro y me pregunto qué iba a
necesitar uno en un momento de estos y si será común en América
que las mujeres esperen afuera mientras uno se pega una meada.

Termino, suelto el agua y salgo. Ella me toma de la mano y me
lleva a una alcoba, pone su vaso en la mesa, cierra la puerta con seguro, me tumba en la cama. Me hurga la bragueta. Malditos botones. ¿No tienen cremalleras en Irlanda? Me saca la emoción se me
encarama encima se desliza arriba abajo arriba abajo Jesús esto es el
cielo y hay un golpe en la puerta y el religioso Frankie estás ahí
Frieda llevándose el dedo a la boca y poniendo los ojos en blanco
Frank estás ahí ¿y usted más bien por qué no se hace una bien buena, padre? y ay Dios ay Teresa estarás viendo lo que me está pasando
y por fin todo me importa el pedo de un violinista aunque el Papa
en persona golpeara en esta puerta y el colegio cardenalicio en pleno se asomara a mirar por las ventanas ay Dios todas mis tripas se
me fueron dentro de ella y ella se me derrumba encima y me dice
que soy maravilloso y que si no he pensado instalarme en Poughkeepsie.

Frieda le dice al padre que me dio un pequeño mareo después de
ir al baño, que eso pasa cuando estás de viaje y te bebes una cerveza
nueva como la Rheingold, que ella tiene entendido que no hay en
Irlanda. Puedo ver que el sacerdote no le cree y no puedo impedir
que los colores se me suban a la cara. Él ya había anotado el nombre
y la dirección de mi madre y ahora tengo miedo de que le escriba y
le diga que su buen hijo pasó la primera noche en América en una

alcoba de Poughkeepsie retozando con una mujer cuyo marido andaba lejos cazando venados para relajarse un poquito después de hacer su parte por América en la guerra y que si esa es una linda manera de tratar a los hombres que lucharon por su país.

El primer piloto y el telegrafista regresan de sus giras por la casa y el jardín y no miran al padre. Las mujeres nos dicen que debemos de estar muriéndonos de hambre y van a la cocina. Nos quedamos en la sala de estar sin decirnos nada y escuchando los cuchicheos y las risas de las mujeres en la cocina. El sacerdote me vuelve a susurrar: Mujeres malas, mujeres malas, ocasión de pecado, y yo no sé qué decirle.

Las mujeres malas traen sándwiches y nos sirven más cerveza y cuando acabamos de comer ponen discos de Frank Sinatra y preguntan si alguien quiere bailar. Nadie dice que sí porque uno nunca se levanta y se pone a bailar con mujeres malas delante de un sacerdote, así que las mujeres bailan las unas con las otras y se ríen como si tuvieran secreticos. Tim Boyle toma whisky y se queda dormido en un rincón hasta que Frieda se me agacha encima como si fuera a darme un beso en la mejilla pero el sacerdote dice buenas noches en un tono muy cortante y nadie se despide de mano. Mientras bajamos por la calle hacia el barco oímos las risas de las mujeres, tintineantes y claras en el aire nocturno.

Subimos la escalerilla y Tim nos llama desde el botecito: Cuidado al subir la escalerilla. Ay, hombre, ay, hombre, ¿no fue una noche fabulosa? Buenas noches, muchachos, y buenas noches, padre.

Nos quedamos mirando el botecito hasta que se pierde en las sombras de la ribera de Poughkeepsie. El sacerdote da las buenas noches y baja y el primer piloto lo sigue.

Yo me quedo en cubierta con el telegrafista mirando el titilar de las luces de América. Él dice: Dios mío, qué noche más buena, Frank. ¿No es este un gran país completamente?

XIX

AJÁ.